21 世纪高等学校
经济管理类规划教材
名家精品系列

人力资源管理理论、方法、实务系列教材

U0745703

人力资源管理
——理论、方法、实务

Human Resource Management
Theories, Methods, Practices

视频指导版

赵曙明 赵宜萱 ◎ 主编
白晓明 ◎ 编著

人民邮电出版社
北京

图书在版编目（CIP）数据

人力资源管理：理论、方法、实务：视频指导版 /
赵曙明，赵宜萱主编；白晓明编著. -- 北京：人民邮
电出版社，2019.10（2023.8重印）
21世纪高等学校经济管理类规划教材. 名家精品系列
ISBN 978-7-115-49495-5

Ⅰ. ①人… Ⅱ. ①赵… ②赵… ③白… Ⅲ. ①人力资
源管理－高等学校－教材 Ⅳ. ①F243

中国版本图书馆CIP数据核字(2018)第229113号

内 容 提 要

本书围绕人力资源管理这一主线，以"理论+方法+实务"的展现形式，构建了一个全新、实用的
人力资源管理体系。

本书在系统阐述人力资源管理理论的基础上，讲解了人力资源战略与规划、工作分析与设计、招
募与甄选、员工培训与开发、职业生涯管理、绩效管理、薪酬与福利管理、劳动安全及劳动关系管理、
人力资源管理的新趋势等理论和方法。

本书适合人力资源管理及相关专业的本科学生使用。

◆ 主　　编　赵曙明　赵宜萱
　　编　　著　白晓明
　　责任编辑　孙燕燕
　　责任印制　周昇亮

◆ 人民邮电出版社出版发行　　北京市丰台区成寿寺路 11 号
　　邮编　100164　　电子邮件　315@ptpress.com.cn
　　网址　http://www.ptpress.com.cn
　　北京天宇星印刷厂印刷

◆ 开本：787×1092　1/16
　　印张：16.5　　　　　　　　　2019 年 10 月第 1 版
　　字数：427 千字　　　　　　　2023 年 8 月北京第 4 次印刷

定价：49.80 元

读者服务热线：**(010)81055256**　印装质量热线：**(010)81055316**
反盗版热线：**(010)81055315**
广告经营许可证：京东市监广登字 20170147 号

总 序 PREFACE

  进入 21 世纪以来，创新已成为世界潮流。创新涉及技术、制度、管理等各个方面的协同，但归根到底是人才和人力资源管理的创新，实施创新驱动必须把人才和人力资源作为支撑创新发展的第一资源。任何一个国家欲引领全球创新发展的浪潮，任何一个企业欲赢得可持续发展的优势，都必须抢占人才和人力资源管理的制高点，把人力资源开发与管理作为战略发展的基点。毫无疑问，人力资源已然成为企业增强创新发展能力的第一内生动力，人力资源管理无疑也是 21 世纪现代企业的核心管理内容之一。

  伴随着移动互联网、大数据、人工智能等新技术革命时代的到来，经济全球化进程不断加快，我国的经济发展进一步转型升级，企业面临着更加激烈的来自国内外的竞争，对人才的吸引、开发、激励和对人力资源需求的变化引发人力资源管理的快速变革，派生了对人力资源管理新知识和专业人才的巨大需求。南京大学商学院开设的"人力资源管理"课程是第一批获得批准的国家精品课程，这门课程的开设可以追溯到 20 世纪 90 年代初。自 1991 年起，赵曙明教授作为该课程的负责人，开始在南京大学商学院率先开设"人力资源管理与开发"课程，并与国内外众多专家、学者和业界人士一道，共同致力于我国人力资源管理专业学科的建设和企业人力资源管理水平的提高。在引进发达国家在人力资源管理方面的先进理念和经验的同时，通过大量的一线教学研究和企业管理咨询，我们逐步加深了对我国人力资源管理实践的理解和认识，总结出了我国人力资源管理相关的理论知识。这为本套教材的编撰奠定了很好的基础。

  在学科专业建设过程中，教材建设是一项重要的基础性工作。为了适应当前经济发展的新形势和现代人力资源管理学科专业发展的新趋势，编写一套具有新思维、新内容的人力资源管理系列教材无疑是一项十分重要的基础性工作。为此，人民邮电出版社约请赵曙明教授、赵宜萱助理研究员与众多专家学者，在深入调研和充分讨论的基础上，编写了人力资源管理理论、方法、实务系列教材。本套教材在编写中遵循了两个基本要求。一是作者的教学和科研经验丰富。本套教材的主编及编写者不局限于一所高校，他们来自全国各大高校，且是从事人力资源管理教学与研究的一线优秀教师，由他们主笔，教材的质量得到了保证。二是教材体系完整。本套教材由《人力资源管理——理论、方法、实务（视频指导版）》《招聘甄选与录用——理论、方法、实务》《人员培训与开发——理论、方法、实务》《绩效考核与管理——理论、方法、实务（视频指导版）》《薪酬管理——理论、方法、实务》《人才测评——理论、方法、实务》组成。整套教材以现代企业人力资源管理流程为主线，力求反映当前企业运营中人们最关注的人力资源管理流程和规律。

1

本套教材立足于新时期人力资源管理学科发展的新趋势，按照高等学校人力资源管理专业本科层次人才培养目标、培养方案和课程教学大纲的要求，以科学性、先进性、系统性和实用性为目标进行编写。其特色主要体现在以下几个方面。

（1）强调内容视野开阔。基于全球人力资源管理学科专业发展的大背景，站在企业的战略角度阐释人力资源管理问题，确立新思维，扩展新内容，以期达到拓宽学生视野的目的。

（2）突出学术性和创新性。借鉴国内外人力资源管理最新的学术成果，反映了人力资源管理研究的最新进展。在消化吸收国外成功企业人力资源管理经验的同时，尽可能与中国本土文化衔接起来，创造性地加以整合，观点新颖，富有创新性。

（3）注重理论与实践相结合。本套教材融理论性与实践性于一体，既介绍了人力资源管理的理论、方法，又通过大量案例全面勾勒出了人力资源管理的流程，注重将理论与企业具体人力资源管理实际相对接，并提供可操作的管理技术和技巧，从而将理论、方法、实务、案例等纳入一个完整的体系中。

（4）重视学生能力的培养。本套教材以强化学生的自学能力、思维能力、创造性地解决实际问题的能力以及不断自我更新知识的能力为目标，设置了模拟训练、情景仿真等模块，注重教材形式的活泼性和内容的可读性，以培养和训练学生的创新思维能力。

此外，本套教材还引入了微信学习（如二维码）等方式，使之能满足移动网络时代教学发展的新需要。

最后，我们要感谢参与本套教材编写和审稿的各位老师，也要感谢人民邮电出版社对本套教材在出版上的支持。

南京大学人文社会科学资深教授、商学院名誉院长、博士生导师

赵曙明博士

南京大学商学院助理研究员

赵宜萱博士

于南京大学商学院

前 言 FOREWORD

人力资源是企业最重要的资源之一，对企业有着重要的作用。企业要想取得良好的发展，在经济全球化和网络信息化的今天，就必须做好人力资源管理工作。企业人力资源管理具有较强的实践性，因此环境的变化能够对企业人力资源管理产生巨大的影响。近年来，社会发生了巨大的变化，如共享经济的盛行、新生代员工的进一步成长、虚拟经济的发展等，这些变化都对人力资源管理产生了极大的影响。

本书在编写过程中，深入贯彻党的二十大精神，坚持与人力资源管理领域的经典理论、前沿理论和实践进行有效结合。本书遵从人力资源管理的基本逻辑，从人力资源管理的战略与规划开始，为企业的人力资源管理打下坚实的基础；在此基础上，通过工作分析，确定企业所需要的人的胜任素质，然后招聘符合企业价值观、具备满足企业发展需要能力的人；要想用好招聘来的员工，就要对他们进行必要的培训与开发，让他们掌握必备的技能，为他们做好职业生涯规划，使他们一方面能够满足企业发展的需求，另一方面自己也可以得到提升和发展；员工和组织的发展都需要通过必要的绩效指标来衡量，因此，合理的绩效管理就显得格外重要；基于绩效管理，企业要对员工进行薪酬管理，以体现员工的价值，强化员工的工作积极性和组织承诺；要想让企业取得良好的发展，企业还需要有一个良好的工作氛围，而这是劳动关系管理以及劳动安全管理所关注的。

基于对外部环境的关注，本书增加了全新的一章，以响应环境的变化。该章对近年来人力资源管理领域出现的几大趋势——全球性企业的人力资源管理、人力资源管理外包、虚拟人力资源管理、新生代员工人力资源管理、共享经济背景下的人力资源管理等进行了关注。为了保证与时代发展的匹配性，本书更新了部分案例，收录了近五年出版的教材或期刊中的优秀案例，能够体现当前较为规范或者前沿的人力资源管理实践内容。

在学习本书内容时，建议按照编写顺序进行学习。首先明确人力资源管理的内涵、人力资源战略与规划，在此基础上对企业的工作进行分析和评价，了解工作说明书和工作分析报告，进而基于人力资源规划与工作说明书进行有针对性的招聘；然后对招聘进来的员工进行培训和开发，培训和开发的着眼点应该放在员工个人的职业生涯发展和绩效的提升上，这方面的提升与绩效和薪酬挂钩，才能够产生真正的效果。

在此，我要感谢系列教材主编赵曙明教授与赵宜萱助理研究员，以及周路路、张戊凡、秦伟平、唐春勇、张宏远等老师。在本书编著过程中，他们给了我很多帮助。

白晓明

目录 CONTENTS

第1章　人力资源管理导论

学习目标

学习本章后，读者应达到以下目标：

1. 了解人力资源的定义和性质、人力资源的作用、人力资源管理的定义和功能、人力资源管理的职能；

2. 了解人力资源管理的发展历程；

3. 掌握人力资源管理者和非人力资源管理者在人力资源管理中的角色和作用；

4. 了解电子化人力资源管理。

人力资源管理导论
重难点

引导案例

IBM 的人力资源发展

虽然 IBM 在百年发展历程中面临过无数次的机遇和挑战，但是从企业战略的角度讲，其发展历程大致可以分为三个阶段。第一阶段为公司成立至 20 世纪 90 年代，我们将其称为传统时代。在这一阶段，无论是成立伊始生产的打孔机、记账机，还是后来生产的计算机，IBM 的战略定位主要是硬件厂商。第二阶段为 20 世纪 90 年代初到 21 世纪初，我们可以将其称为变革时代。在这一阶段，计算机行业发生了翻天覆地的变化，IBM 面临着战略转型和"救亡图存"的考验。郭士纳走马上任，对 IBM 实施了战略转型，提出要把 IBM 由硬件厂商转变为服务和解决方案提供商。第三阶段为 21 世纪初到现在，我们将其称为随需而变时代。2002 年，IBM 提出了"随需而变"的服务战略，出售了非核心业务，收购和整合了外部公司，组织结构由以产品为中心的职能制转向了以服务为中心的网络矩阵架构，并在全球范围内实现了整合。近年来，IBM 又不断抛出新的战略概念，如"SOA"和"云计算"等。

（一）传统时代的人力资源管理——保障型

在传统时代的老沃森时期，IBM 一度垄断了打孔机的全球市场。第二次世界大战（以下简称"二战"）期间，IBM 通过制造机枪、瞄准器、发动机等军火，积累了大量资金，增强了公司实力。小沃森接班后，实现了 IBM 从打孔机向计算机的转型。借朝鲜战争之机，IBM 与政府签订了合同，研发出"国防计算机（IBM 701）"，IBM 转变为生产适合消费者需求的商用计算机的公司。其主机板和系列机型在市场中占据了主导地位。后来，IBM 又成功推出了 IBM System/360 计算机。这一产品使 IBM 几乎统治了整个世界的计算机市场，捍卫了 IBM 的霸主地位。传统时代 IBM 的核心价值观是被后人称为"沃森哲学"的三句话——尊重个人、客户至上和追求卓越。其中，IBM 将"尊重个人"的价值理念演绎到了极致，表现出了"高福利、高保障"的色彩，如薪酬内部差距小、员工终身就业等，我们称之为保障型人力资源管理模式。

（二）变革时代的人力资源管理——激励型

到了 20 世纪七八十年代，IBM 面临的市场环境发生了翻天覆地的变化，通用计算机和个人

1

计算机（Personal Computer，PC）迅速兴起，但是 IBM 为了保护其大型机业务，并没有快速进行小型计算机的研发。因此，IBM 没有控制住个人计算机最关键的两个组成部分——微处理器和操作系统，这使得大量的兼容机厂商夺走了市场份额。为了防止竞争对手仿造，IBM 推出了与原来 ISA 总线不兼容的"微通道结构"总线技术，这使得 IBM 新研制的 PC 陷入困境，并没有在市场上确立起属于 IBM 的新标准。同时，在管理上，IBM 过去的巨大成功使其陷入故步自封的境况，其仍然沿袭过去的价值理念和人力资源管理模式，而且有过之而无不及。

战略的失误与管理的僵化使 IBM 陷入空前的困境，公司营收从 20 世纪 80 年代早期的 50 亿美元跌落到 1989 年的 30 亿美元。到 1993 年，IBM 公司的年度净亏损达到创纪录的 80 亿美元。郭士纳走马上任，拉开了 IBM 转型与变革的序幕。他提出要发挥 IBM 的原有优势，将 IBM 由一家硬件厂商转变为整体解决方案提供商。这一战略转型要求 IBM 员工能够快速响应客户需求，于是郭士纳给 IBM 文化注入了新的基因，那就是：力争取胜、快速执行和团队精神。

在这样的背景下，人力资源管理也与时俱进，从"重保障、轻激励"的员工激励到绩效工资、市场驱动的报酬和基于 PBC（个人绩效承诺）的绩效管理，从充满官僚气息、由规则决定一切到着眼于灵活性，给予员工和直线经理更大的薪酬决定权，从家长式管理的福利到选择和分担成本。这一时期的人力资源管理体现出更多的危机时期的绩效导向和激励色彩，我们称之为激励型人力资源管理模式。正是这种人力资源管理模式，使郭士纳新的价值理念落地，有效地支撑了 IBM 的战略转型。

（三）随需而变时代的人力资源管理——创新型

进入 21 世纪后，IBM 面临的市场环境又发生了很大的变化。IT 企业要想在市场上取得成功，就必须为客户提供更多的附加值，帮助其取得成功，和客户结成长期的、稳固的关系。2002 年，IBM 新任 CEO 彭明盛将 IBM 带入了"电子商务随需而变"的时代，即根据市场的需求，整合所有资源，创造性地为客户提供全方位的解决方案。"创新"成为这一时期 IBM 的关键词。

为了适应这一转型，彭明盛主导了 32 万名员工参与的价值观大讨论，形成了随需而变时代的价值理念——成就客户、创新为要、诚信负责。对人力资源部门而言，这体现在服务和员工素质两方面。"随需应变"的人力资源服务旨在向员工提供"更有效、更快捷、更及时"的服务。为此，IBM 的人力资源管理运营模式形成了人力资源共享中心、人力资源业务伙伴和人力资源专家中心的三角架构。IBM 通过创设创新的工作环境和创新的人才管理方法实现了人才的随需而变。因此，我们将这一阶段的人力资源管理实践模式称为创新型的人力资源管理实践模式。

（1）根据本案例，请具体说一说企业人力资源管理的内容包括哪些。

（2）企业人力资源管理的发展过程是怎样的？

（3）企业人力资源管理在企业中扮演的是什么角色？IBM 的人力资源管理部门是如何履行这个角色所要求的责任的？

（4）结合本案例，讨论现代人力资源管理的新特征与重要性。

资料来源：白光林，彭剑锋. IBM 的人力资源管理演变. 中国人力资源开发，2014，（14）：61-70.

"人力资源是第一资源"这一理念已经成为越来越多的企业管理者的共识。企业之间的竞争，归根到底是人的竞争。随着人力资源管理理论的发展和现代管理体系的形成，人已成为生产力的第一大要素。有效获取企业需要的优秀人才，并激励和开发人才，对保持企业的核心竞争力尤为重要。

1.1 人力资源管理概述

1.1.1 人力资源的含义

人力资源（Human Resource）是指一定范围内的人口中具有劳动力的人，是能够推动社会和经济发展的具有智力和体力劳动能力的人的总称。它是人体内的一种生产能力，是一种表现在劳动者身上并以劳动者的数量和质量来表示的资源。

人力资源在宏观上是以国家或地区为依据进行划分的，在微观上则是以部门和企、事业单位为依据进行划分和计量的。人力资源作为劳动力资源，既是生产的承担者，又是生产发展目的的实现者，即一切生产都是为了满足人的发展和社会全面进步的需要。因此，人力资源包括以下基本要点。其一，研究人力资源的目的，首先是为了有效地开发和运用"人力"。人力的最基本方面包括体力和智力，如果从现实的应用形态角度看，则包括体力、智力、知识、技能四个方面。这四个方面的不同配备组合，形成了内容丰富的人力资源。其二，人力资源所具有的劳动能力存在于人体中，只有在劳动时才能发挥出来。其三，人力资源是一定范围内的人口总体，是一个宏观的概念。可见，人力资源是一个内容涵盖面很广的理论概括。它的提出开拓了社会学科，特别是经济学对人和劳动力进行研究的全新领域。

1.1.2 人力资源的特征

根据以资源为基础的观点，一种资源要想成为核心竞争力之源，必须能为企业增加价值，必须是稀缺的，必须是不可模仿的，必须是不能被充分替代的[1]。因此，在这一部分，我们将展示人力资源是如何符合这些标准而成为核心竞争力之源的。

1．人力资源的增值性

人力资本理论提供了在什么条件下人力资源可能创造价值或不可能创造价值的检验方法。根据这个理论，当劳动力需求是同质的，且劳动力供给也是同质的时，个人对企业的贡献没有差异。在这种条件下，对人力资源进行投资不可能创造价值。然而，事实上，劳动力需求和劳动力供给都是异质的，因此，个人对企业的价值贡献是有差异的。这证明投资人力资源能够为企业创造价值。传统上，人力资源所提供的价值是很难让人明确的。然而，人力资源项目效用分析领域内的成果提供了人力资源增加企业价值的途径的理论基础和测算这种价值增加的技术[2]。

2．人力资源的稀缺性

一种资源要想成为核心竞争力之源，必须是稀缺的。由于有失业者存在，这个世界显然是劳动力过剩的。所以，人们会轻易地认为人力资源不是稀缺的。与上文讨论的劳动力供给的同质性相联系，如果所有现实的和潜在的员工都具有同样的技术水平，人力资源也不可能被认为是稀缺的。过去，许多科学管理文献关注工作设计，以使员工的技能与工作绩效无关。科学管理追求设计简单的、不需要专门技能的工作。在一定程度上工作被设计成这种方式，技能变得相对无关，这使得人力资源仅仅具有普通商品的特性，而不再是稀缺资源。

由于认识能力在人力资源中是呈正态分布的，因此，高能力水平的人力资源是稀缺的。可

① 赵曙明，张正堂，程德俊. 人力资源管理与开发. 北京：高等教育出版社，2011：15-18.
② 赵曙明. 人力资源与核心竞争力关系论. 现代经济探讨，2002，（12）：16-19，73.

以说，拥有认识能力高于平均水平员工的企业将比竞争对手拥有更有价值的人力资源。既然人才总量不是无限的，这项工作挑选了人才，获得了收获，那么其他工作由于这部分人才的缺失就会带来损失，之前的收获刚好被这部分损失抵消；同样，由于人才总量不是无限的，拥有高水平人力资源的企业，其资本获得是以其他企业的损失为代价的。

3．人力资源的不可模仿性

要想成为核心竞争力之源，人力资源必须是不可模仿的。如果高质量的人力资源的竞争优势是容易被模仿的，人力资源也就不可能成为核心竞争力之源。一种资源如果能够被模仿，首先需要竞争者准确地确认竞争优势之源。其次，竞争者必须能够准确地复制人力资源集合的相关因素和这些资源作用的环境。根据以资源为基础的观点，企业获得和利用其独特资源的能力取决于其独特的历史。当企业资源和竞争优势之间的联系无法被完全理解时，就存在因果关系模糊的情况。如果其他企业不能够识别企业资源实现竞争优势的特殊途径，也就不可能模仿这些重要的资源。最后，来源于企业相互作用的具有社会复杂性的竞争优势不可能被模仿，因为人力资源所具有的独特能力可能来自独一无二的历史条件。

随着时间的演变，人力资源在其能力水平上可能是能模仿的。例如，一个企业能比其邻近的竞争者开发出高认识能力水平的员工队伍，但在不同地区的竞争对手也可能开发出同样能力水平的员工队伍。然而，人力资源充当竞争优势的方式可能决定于独一无二的历史条件，可能取决于因果关系模糊，可能产生于社会复杂性。

每一个企业都具有独特的历史，并在这一过程中形成独特的文化。在这些文化的作用下，人力资源可能会被混合在一起创造出协同工作文化，使个人按照组织目标协同工作。此外，这种文化也可能反映利己主义和不信任的状况，并使丰富的人力资源得不到充分利用。对于竞争对手而言，企业独一无二的历史是不可能被模仿的，或者模仿成本巨大。因此，在一定程度上，由于历史与人力资源相关的竞争优势相关联，这种优势在实践上是不可能被模仿的。

人力资源可能也是伴随着团队生产而产生的因果关系模糊的源泉。团队生产指的是：①不同类型的资源被使用；②产品不是每个合作资源的可分离的结果之和，因此，不可能确认来自团队生产的竞争优势之源，这就是因果关系模糊。由于人力资源具有稀缺性，故竞争性企业不可能创造出与对手具有同样特性的团队来模仿其竞争优势。

社会复杂性所构成的竞争优势可能来自于具体处理的人力资源。关键员工（如销售代表）和购买代理之间的关系可能会随时间而发展，并成为包括由诸如设计与市场人员、生产和分销人员、经理和最终客户在内的更大团体的网络。一个非常复杂的社会状况可能产生或构成企业的竞争优势。尽管这种关系可能因太复杂而不能被详细研究，但它是值得投资的，因为社会关系的价值源于具体处理的人力资源，即由当地的人随时间发展而得到的知识和信任，且这仅在当地的关系中有价值。因为社会复杂性来源于人的相互作用，因此，人力资源与社会复杂性具有本质上的联系。

在理论上，如果企业能够确认和复制特有的历史事件和企业内的个性、程序以及相互作用，那么，来源于文化和规范、团队生产或具体处理的人力资源的竞争优势是能够被模仿的。然而，许多条件只存在于不同的组织环境中，这种模仿几乎是不可能的。

与人力资源不可模仿相关的一个潜在问题是人力资源的高流动性。如果人力资源是高流动性的，一个竞争性企业不必模仿对手的人力资源，只需雇佣他们。然而，事实上，这些资源远不是完全或高流动性的。

一方面，人力资源是不完全流动的，因为从一种雇佣状态向另一种雇佣状态转变的过程中存在着实际的交易成本。决定所有可供选择的工作状态的相关成本可能非常高，员工必须确定未来工作状态显著好于现在工作状态的可能性，员工也必须遭遇金钱上和非金钱上的重置成本。

另一方面，因为因果关系模糊或社会的复杂性，哪些人形成竞争优势可能也是不明显的。将整个团队雇佣是可能的，但整个团队的有效性还可能取决于独特的历史环境和与其他团队的相互作用，人力资源的有效性还可能与物质资源和组织资本资源相联系。因此，独特的历史条件、因果关系模糊和社会复杂性很强地影响着人力资源的不可模仿性。同样的原因导致源于人力资源的竞争优势是不可模仿的。

正是通过将社会的复杂性、因果关系模糊、独特的历史环境与不完全流动相结合，由人力资源创造的价值才能被企业获得。这意味着从经济学的角度看，如果忽略了这些条件，个人将能够获得与其创造的高价值相联系的附加租金。然而，正因为他们的投入与团队生产相联系，个人无法专门衡量其贡献，因而无法获得这些附加租金。这些租金被企业获得，用以增加企业的价值。

4．人力资源的非替代性

作为核心竞争力之源的人力资源必须具有非替代性。在这里有这样一个问题，即是否有其他资源，如技术，具有抵消由人力资源创造的竞争优势的潜力。如果其他资源能够替代人力资源，那么人力资源就不再具有作为核心竞争力的潜力。为讨论这一问题，我们必须指出，人力资源是企业少数重要资源之一，具有不可被废弃的可能和在技术、产品和市场中转化的可能。尽管技术的飞快进步导致新技术替代了原有的旧技术，许多人力资源是非常普遍化的，因此，人力资源在短期内被其他资源替代是可能的，但这种替代能形成核心竞争力是不可能的。在一定程度上能抵消人力资源优势的资源是富余的、可模仿的和可替代的，因此，一旦它被模仿，人力资源就会重新形成竞争优势。能替代人力资源的资源只能是那些自身也是有价值的、稀缺的、不可模仿的和不可替代的资源。

从以上讨论中我们可以清晰地认识到，人力资源符合具有核心竞争力的标准。它为企业创造价值，是稀缺的、不可模仿的和不可替代的。

1.1.3 人力资源管理的定义

人力资源管理是对员工行为、态度及绩效产生影响的各种政策、管理实践及制度体系的总称。许多企业都将人力资源管理视为一种"人员管理实践"。图 1-1 强调指出了几种重要的人力资源管理实践：工作分析与职位设计，支持组织战略（人力资源战略与规划），吸引潜在员工（招募），挑选新员工（甄选），教导员工如何完成工作以及如何为适应未来需要做好准备（培训与开发），为员工提供报酬（薪酬管理），对员工的工作绩效进行评价（绩效管理），创造一种积极的工作环境（劳动关系管理）。当一些组织中的这些人力资源管理实践都能够得到很好管理时，组织的运营状况将会达到最优[①]。

管理者和经济学家在传统上通常将人力资源管理视为一种必不可少的经费支出项目，而不将其视为一种组织的价值来源。经济价值往往是与资本（现金、设备、技术以及设施等）联系在一起的。然而，研究表明，人力资源管理实践同样能产生价值。组织做出的雇佣谁、支付何种薪

---

① 雷蒙德·诺伊，约翰·霍伦贝克，巴里·格哈特，等. 人力资源管理基础. 刘昕，译. 北京：中国人民大学出版社，2011：2.

酬、提供何种培训以及如何评估员工绩效等决定，都将会对员工为客户提供有价值的产品与服务的动机产生直接或间接的影响。那些试图通过投资新技术以及提高整个组织质量来提高自身竞争力的企业，同时也是对人力资源配备、培训以及薪酬管理实践等进行投资的企业。

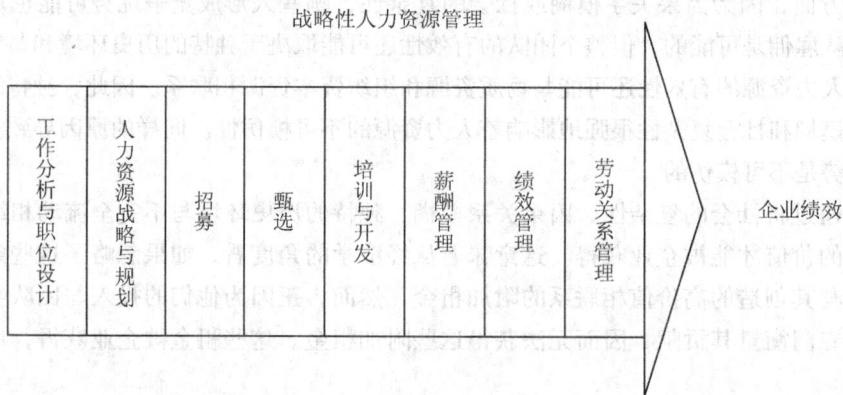

图1-1 人力资源管理实践

人力资源管理对于组织的成功是一个非常关键的因素，这是因为人力资源具有某些使其自身具有价值的特点。

1.1.4 人力资源管理的职能、作用与责任

1. 人力资源管理的职能

人力资源管理的职能主要包括以下几个。

（1）人力资源战略与规划

人力资源战略指的是组织战略确定之后，一个组织对于自己怎样吸引、保留、激励及开发员工，从而确保组织战略的实现所做的整体性的人力资源管理战略规划。人力资源战略确定了一个组织需要一支怎样的人力资源队伍来帮助自己实现组织战略。人力资源规划是指根据组织战略和内部人力资源状况制订的人员吸引或排除计划。这种人力资源管理活动的内容主要包括：对员工在组织内部的流动情况以及流入和流出组织的行为进行预测，然后根据预测的结果来制订相应的人员供求平衡计划，从而恰当地满足组织的未来经营对于人的需要。人力资源规划不仅包括人员数量的规划，还包括组织对于人力资源的质量需求及其之间匹配性的规划。

（2）工作分析与职位设计

组织需要根据自己的战略需求来设计科学、合理的组织结构，如直线职能制、矩阵制、事业部制、网络制及工作任务小组制等。每一种组织结构都有自己的优缺点，同时有自己适用的组织情况。在组织结构设计完成之后，组织还要确定在设立的每个部门中应当设置的职位数量、每个职位需要承担的主要工作职责和任务，以及承担该职位工作的人所需要具备的任职资格。这就是工作分析。工作分析的结果包括工作分析报告与工作说明书，工作说明书包括工作描述和工作任职规范两部分。

在工作分析结束之后，组织如果发现原有职位在工作内容设计以及工作量大小等方面存在不合理的情况，则需要对原有职位进行重新设计。

（3）招募与甄选

当组织的人力资源规划显示组织中将会出现职位空缺时，组织通常首先从内部寻找能够填

补职位空缺的候选人。当组织内部没有合适的或者足够的人来填补空缺时，组织就会从外部招募新员工。招募所要解决的是如何获得足够数量的求职者以供组织筛选的问题，甄选则要解决如何从求职者中选择适合组织需要的人的问题。在招募环节，组织需要考虑到哪里去招募，利用何种手段让潜在求职者得到招募信息，以及各种招募手段的有效性等。在甄选环节，组织需要了解笔试、面试、心理测试、评价中心等不同手段的特点及适用范围。

（4）培训与开发

培训与开发是指组织为使员工具备完成现在或未来工作所需要的知识、技能和能力，改善员工在当前或未来职位上的工作绩效而展开的一种有计划的连续性的活动。在员工的培训与开发方面，组织一方面需要端正对待培训与开发的态度，加大培训与开发的投入力度，另一方面还需要仔细选择培训与开发的内容，有针对性地设计培训课程和开发手段，同时对培训与开发工作的效果及其成本与收益进行分析。此外，职业生涯管理也是培训与开发工作中特别重要的组成部分，它从组织和员工的双重角度来考虑和实施，可使员工在组织内部成长和发展。

（5）绩效管理

绩效管理是组织进行人力资源管理乃至组织进行整体管理和运营的中心环节。绩效管理体系是确保员工个人以及员工群体的工作活动和工作行为对企业战略目标的实现产生积极作用的一种重要机制。绩效管理机制是一种通过将组织的经营目标或战略细化，将各种重要目标和关键责任层层落实，从而确保组织战略真正得到执行的机制。绩效管理是从制订绩效计划、形成绩效目标开始的，它不仅注重最终的目标实现和绩效达成情况，更重视在计划实施过程中，领导者对员工工作的指导、辅导以及激励。最后，在绩效管理中，各级管理人员还应当在完成绩效考核和评价工作之后，向员工提供诚实、直接的反馈，从而帮助员工不断改进自身的不足，满足员工不断成长的需要。

（6）薪酬管理

薪酬管理是一个组织针对所有员工提供的服务来确定他们应当得到的薪酬以及支付形式的过程。在这个过程中，企业必须就薪酬形式、薪酬构成、薪酬水平及薪酬结构、特殊群体的薪酬做出决策。除了需要关注劳动力市场上的整体薪酬水平，组织进行薪酬管理时还需要有两个内部的前提条件，即要有良好的工作分析和工作评价基础以及良好的绩效管理基础。薪酬管理绝不仅仅是一个分配问题，它不仅会影响组织能否引导员工朝着实现组织目标的方向努力，而且会影响组织能否贯彻价值观和文化。

（7）劳动关系管理

劳动关系指的是企业所有者、经营管理者、普通职工及其工会组织之间在企业生产经营活动中形成的各种权、责、利关系，主要包括所有者与全体职工的关系、经营管理者与普通职工的关系、经营管理者与工会组织的关系以及工会组织与职工的关系[1]。企业的劳动关系管理就是指以促进企业经营活动的正常开展为前提，以缓和和调整劳动关系的冲突为基础，以实现劳动关系的融洽为目的的一系列组织性和综合性的管理措施和手段[2]。

2．人力资源管理的作用

人力资源管理可以创造价值并影响组织结果，而且，人力资源作为核心竞争力，可以通过

---

① 赵曙明，周路路，罗伯特·马希斯，等．人力资源管理．13版．北京：电子工业出版社，2013：3-4.
② 吴晓巍．企业劳动关系管理．3版．大连：东北财经大学出版社，2017：13.

多种方式帮助组织。

（1）组织文化与人力资源

组织将人力资源视为核心竞争力的部分原因是组织文化的需要。组织文化的内容包括共同价值观和信仰，赋予组织成员意义，并给成员提供行为准则。

组织文化是指员工使用的，在一段时间内演变而成的行为、价值观、哲学、礼仪规范、符号。只有当组织员工有若干年的共同经验时，组织文化才会稳定。相对较年轻的企业（如存在时间少于 2 年）可能不具备稳定文化。

① 人力资源价值观与组织文化。组织文化的核心是包含在组织及其成员对待组织内外人员方式中的固有价值观。类似的价值观也很可能存在于管理人员和人力资源专业人士中，他们会影响组织文化的性质。

价值观可用来定义机会，规划策略和看待业务问题。组织的价值观相对稳定，随着时间的推移经久不衰。新员工从老员工那里获得价值观，因此，行为规则长期存在。这些规则可能有益或不利，所以价值观可能会促进或限制绩效。它们还影响员工士气，以及解决冲突的方式。

② 组织文化的竞争力优势。组织文化应被看作员工、管理者、客户和其他人感受到的组织工作环境。组织文化影响服务和质量，组织生产效率和财务结果。组织文化还会影响企业对优秀员工的吸引力。

组织文化和人力资源管理保持一致对组织绩效有益。组织文化的一个方面是创造力和创新。组织可以通过开发或修订新的或现有产品和服务，开始新业务，从事其他有竞争优势的活动来提升组织文化。

③ 全球文化因素。文化是影响国际人力资源管理的重要因素。说服不同宗教信仰、种族等背景的个人在一家全球性企业中一起工作在某些地区可能很难。

荷兰学者 Geert Hofstede 开发了一种广泛适用的文化分类和比较方法。他对 IBM 公司在 53 个国家的 10 万余名员工进行了研究，确定了识别和比较文化的五个维度：权力不平等、个人主义/集体主义、男性主义/女性主义、不确定性规避、长期导向/短期导向。

虽然许多其他方面的文化差异是可以商量的，但是国际人力资源管理人员和专业人士必须认识到，不同国家之间，甚至在某个国家内部，文化维度也不尽相同。因此，适合一种文化的人力资源管理活动可能要适当改变才能适应不同的文化。

（2）组织生产率

人力资源管理在组织中发挥着重要作用，它帮助组织创造强调效率和生产率的文化。从最根本的意义上来说，生产率用于衡量工作的数量和质量，并考虑所用资源的成本。生产率可以成为竞争优势，因为提供产品和服务的成本可以通过有效的流程来降低，并带来更低的价格或得到更多的收入。生产率高并不一定意味着更多产出，也可能意味着得到同样的产出所需的人员（或资金、时间）更少。

衡量人力资源生产率的一个有效指标是单位劳动力成本，即将工人的平均产出除以平均成本后得到的数值。人们通过单位劳动力成本可以看出，如果高生产率水平得以实现的话，即使支付较高的工资仍然可能带来竞争力。获得较低的单位劳动力成本是实施人力资源战略的基础。生产率和单位劳动力成本可以在全球、国家、组织、部门或个人层面上测量，可作为各种人力资源评估工具的基础。

组织层面的生产率最终会影响营利组织的盈利水平、竞争力以及非营利组织的总成本。也许在所有用于生产的资源中，受到关注最多的就是人力资源。图 1-2 所示为提高组织生产率的人力资源管理措施。

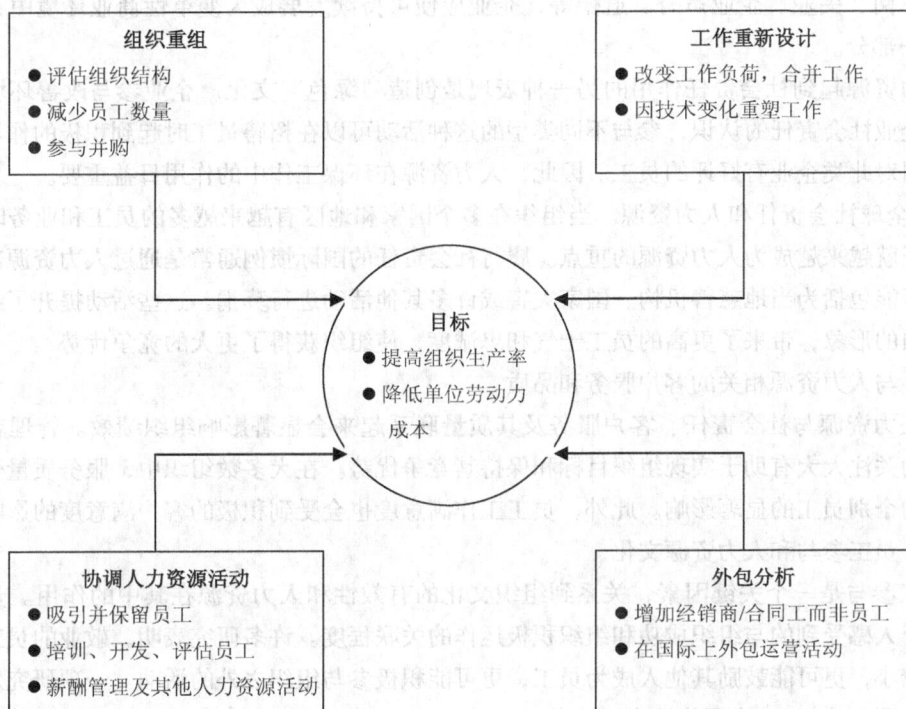

组织重组
- 评估组织结构
- 减少员工数量
- 参与并购

工作重新设计
- 改变工作负荷，合并工作
- 因技术变化重塑工作

目标
- 提高组织生产率
- 降低单位劳动力成本

协调人力资源活动
- 吸引并保留员工
- 培训、开发、评估员工
- 薪酬管理及其他人力资源活动

外包分析
- 增加经销商/合同工而非员工
- 在国际上外包运营活动

图1-2 提高组织生产率的人力资源管理措施

① 组织重组，指的是消除管理层级，改变汇报关系，以及通过缩减规模、解雇、提前退休等方式减少员工数量。

② 工作重新设计，指使用较少员工，延长工作时间并执行多项任务。它包括用设备取代劳动力，用技术或者新工艺来使劳动力更有效率。

③ 协调人力资源活动，指让人力资源工作符合组织目标，以提高生产力，包括确保人力资源职能不和生产力相冲突。

④ 外包分析，指进行成本效益分析，以确定外包的合理性，主要包括与外包厂商协商，以确保国内和国际合同的执行合法、合适，使外包公司的员工与公司员工成为一个整体。

（3）社会责任和人力资源

人力资源管理的部分工作是确保将社会责任融入组织文化中。在这个过程中，显性和隐性的要求是必要的。显性要求包括具体的法规、政策和培训。隐性要求指促进组织文化，当员工与客户、供应商、员工和其他人打交道时鼓励合适的组织行为。

① 人力资源的优势与社会责任。企业的社会责任可以使企业的人力资源具有许多优势。最重要的优势之一是可以吸引和保留员工。有社会责任感的工作越来越受欢迎，尤其会受到将要参加工作的大学生的欢迎。Panetta 公共政策研究所的一项调查发现，几乎一半的大学生对有社会责任感的企业更感兴趣，有些则希望为政府或非营利组织工作。这些数据表明在招聘前用社会责任感吸引到的员工，当他们进入企业后，可能会产生较低的离职率和较高的生产率。

可持续发展是社会责任的重要组成部分，在处理经济危机时能发挥重要作用。可持续发展指企业面对重大变革时能够继续经营、适应并生存。可持续发展能够平衡业务需求和社会因素，如下岗、失业、企业声誉、道德等，企业应使可持续发展成为变革性商业环境中人力资源管理的一部分。

人力资源起到社会责任作用的另一种表现是创造"绿色"文化。企业参与改善环境能提高员工对企业社会责任的认识，参与不同类型的这种活动可以在招聘员工时起到积极的作用，特别是会吸引对此类企业有好评的员工。因此，人力资源在环保工作中的作用日益重要。

② 全球社会责任和人力资源。当组织在多个国家和地区有越来越多的员工和业务时，全球社会责任就越来越成为人力资源的重点。履行社会责任的国际惯例通常是通过人力资源部门来实施的，可能包括为当地慈善机构、国家灾害或许多其他活动进行募捐。这些活动提升了组织在全球范围内的形象，带来了更高的员工士气和忠诚度，使组织获得了更大的竞争优势。

（4）与人力资源相关的客户服务和品质

将人力资源与社会责任、客户服务及其质量联系起来会显著影响组织绩效。管理者和员工对客户的关注大大有助于实现组织目标和保持其竞争优势。在大多数组织中，服务质量受到与客户互动的个别员工的显著影响。此外，员工工作满意度也会受到积极的客户满意度的影响。

（5）员工参与和人力资源文化

员工参与是一个关键因素，关系到组织文化的有效性和人力资源在其中的作用。员工参与度，是个人感受到的与组织成功和组织积极运作的关联程度。许多研究表明，敬业的员工辞职的可能性较小，更可能鼓励其他人成为员工，更可能积极参与组织之外的活动。一项研究发现，高度敬业的员工有 80%的可能性会成为优秀员工，请假较少。不幸的是，缺乏积极的组织文化会导致很多员工不满、离职率高、服务差，以及其他不良的后果和行为。这就是为什么员工参与是有效的人力资源管理的重要组成部分，并且与社会网络有较高相关性的原因。

有些员工，特别是年轻员工，惯于使用互联网与他人沟通。这些技术的使用给员工和雇主，以及与工作有关的法律问题带来了或好或坏的影响。德勤律师事务所（Deloitte）通过一项调查发现，60%的管理人员认为他们应该指导员工如何使用网络。此外，75%的雇主表示使用社交网络更容易对企业形象产生负面影响[1]。

此外，一些组织发现，使用社交网络有助于招聘新员工。借助互联网通过不同的平台能招聘到更多员工，并减少招聘成本。对这些技术的使用和该领域的其他问题我们将在后文讨论。

3．人力资源管理的责任

表 1-1 所示为人力资源管理部门的责任[2]。

表 1-1　人力资源管理部门的责任

职能	责任
工作分析与设计	工作分析、职位设计、职位描述
招募与甄选	招募、职位公告、面试、测试、临时劳动者的协调使用
培训与开发	新员工培训、技能培训、职业发展项目
绩效管理	绩效衡量、绩效评估人的准备及其管理、惩戒
薪酬与福利	工资与薪资管理、奖励性薪酬、保险、休假管理、退休计划、利润分享、股权计划

① 赵曙明，周路路，罗伯特·马希斯，等. 人力资源管理. 13 版. 北京：电子工业出版社，2013：4-8.
② 赵曙明，张正堂，程德俊. 人力资源管理与开发. 北京：高等教育出版社，2011：20-21.

职能	责任
员工关系	员工态度调查、劳动关系、员工手册、企业出版物、劳动法律的遵守、职位调配及离职服务
人事政策	政策制订、政策沟通、记录保留、人力资源管理系统
遵守法律	保障合法行为的政策、报告、信息公布、安全检查、适应性调整
支持战略	人力资源规划与预测、变革管理

虽然人力资源管理部门对于这些职能负有责任，但是人力资源管理中的许多任务是由员工的直接上级或者组织内部或外部的其他人来完成的。没有任何两家企业的人力资源管理部门会扮演完全相同的角色，因为两家企业的规模、员工队伍特征、行业特点以及管理价值观会有所不同。在有些企业里，人力资源管理部门可能会承担全部的人力资源管理职能。而在另外一些企业中，人力资源管理部门则需要与财务、运营或者信息技术等其他部门的管理者共同扮演人力资源管理者的角色并共担相应的职能。在有些企业中，人力资源管理部门会积极、主动地向企业高层管理人员提供建议；而在另外一些企业里，人力资源管理部门只能在高层管理人员做出管理决策之后再做出相应的反应，并且根据企业的战略和政策要求来实施员工配置、培训以及薪酬等方面的管理活动。

人力资源能改善企业对关键环境因素变化的敏感性，还能产生设计更为有效的应对环境变化的战略的能力。同时，战略一旦被设计出来，就需要迅速而有效地得到执行。高水平的人力资源能提供高度的灵活性，以使组织适应新技术或新环境。因此，人力资源在企业核心竞争力的形成中起到了重要的作用。

1.2 人力资源管理的发展

1.2.1 国外人力资源管理的发展[①]

1. 人事管理的出现

（1）早期人事管理思想的萌芽

第一次工业革命促进了资本主义工厂制度的兴起，催生了新的产业形式，工业逐步脱离农业成为一个独立的产业部门。大量的劳动力从土地中解放出来，从手工作坊中走出来，成为产业工人，专业的雇佣部门便出现了，劳工管理工作成为工厂管理中的重要工作。1912 年，在波士顿召开的"雇佣经理联合会"成立大会上，"员工管理"的概念首次被提出，员工管理成为公司的日常工作之一。这一概念是人事管理思想的萌芽，但此时的管理工作大多局限在劳资谈判、劳工关系等问题上，人们普遍认为员工管理是雇主解决劳工问题的方法。

这一时期有关员工管理的具体内容大致包括：通过"人际关系实践"使一线管理得以树立"人"的观念，为员工提供福利（包括休假、退休金等），举行一些非工会组织的员工代表会议或建立一些"企业民主"组织。这些内容反映了企业开始重视员工管理，理论界也将其纳入研究的框架，并形成了两种研究思路：一种被称为"内部主义者"的思路，主要是运用行为科学（如心

---

① 赵曙明，刘洪，李乾文. CEO 人力资源管理与开发. 北京：北京大学出版社，2011：9.

理学和社会学）的理论和工商管理、工程技术的知识，从公司内部解决自身的劳动问题，这一分支后来发展成现代人力资源管理；另一种被称为"外部主义者"的思路，主要运用经济学、历史、法律及社会学等宏观方面的知识，从公司外部解决劳工问题。

（2）科学管理理论在人事管理中的应用

19世纪末20世纪初，第二次工业革命引发了大机器生产方式，资本进一步集中，大生产要求更加专业化的劳动，工厂的一切生产都以"效率最大化"为原则。美国管理学家泰勒的科学管理就是以谋求高效率为指导思想提出的。这一管理思想的提出适应了时代的要求，在美国被广泛地采用，对人事管理思想的形成产生了重大的影响。要提高工作的专业化程度，取得最大的工作效率，就必须用科学化的管理方法代替传统的经验式管理。为此，泰勒首先提出了一些基本的管理制度。

① 提出科学的工人操作方法，以便有效利用工时，提高工效。研究工人工作时动作的合理性，去掉多余的动作，改善必要动作，并规定完成每一单位操作的标准时间，制订劳动时间定额。

② 科学地挑选工人，对其进行培训和晋升。将合适的工人安排在合适的岗位上，并培训工人使用标准的操作方法，使之在工作中逐步成长。

③ 实行具有激励性的计件工资报酬制度。对完成和超额完成定额的工人，以较高的工资率支付计件工资；对完不成定额的工人，则按较低的工资率支付工资。

④ 管理和劳动分离。管理者和劳动者在工作中密切合作，以保证工作按标准的设计程序进行。

科学管理提出了标准化的管理方式，但更重要的是里面提出的泰勒所倡导的心理革命，这才是科学管理观点的真正本质。泰勒认为，雇主和员工的利益应该是一致的。对雇主而言，所追求的是事业的发展，而不只是单纯的利润。事业的发展不仅可以给员工带来更丰厚的工资，而且能给员工创造一个发挥个人潜质的更好平台。泰勒倡导雇主和员工的合作，并在1912年美国众议院特别委员会意见听证会上指出这一场心理革命是科学管理的本质。可见，泰勒强调的是合作，而不是剥削。

遗憾的是，虽然泰勒早年就提出了要开展一场心理革命，但他也不知道如何有效地开展这一革命。并且，科学管理思想中有关效率方面的阐述影响太大，以致掩盖了对人的因素的认识。这一时期突然出现的大量的所谓效率专家，根本不懂如何理解人的心理因素。不管是有意的还是无意的，科学管理思想中有关人的思想，尤其是有关积极心理的思想被这个时代忽视了。但值得肯定的是，这一思想并没有被时代遗忘。

（3）人事管理概念的形成和内涵的发展

① 霍桑实验和人际关系运动。20世纪30年代的霍桑实验研究结果使人事管理从科学管理转向对人际关系的研究。1924—1932年，哈佛商学院的梅奥等人在芝加哥西方电器公司霍桑工厂中进行的实验证明，员工的生产率不仅受到工作方式和员工报酬的影响，而且受到某些社会和心理因素的影响。梅奥等人发现，员工的感情、情绪和态度会受到群体环境、领导风格和管理者的支持等影响，而员工情感等又对员工的生产力产生重要的影响。因而，对员工的尊重将会提高他们的满意度和劳动生产率。梅奥等人的研究使行为科学理论在人事管理中得到了广泛应用。设置培训主管、强调对员工的关心和支持、增强员工和管理人员之间的沟通等人事管理新方法被很多企业采用，人事管理人员负责设计和实施上述各项方案，这极大地丰富了人事管理的职能。

梅奥的研究结果否定了传统的经济人假设，表明工人的行为不仅会受到工资的刺激，很大程度上还会受到工作中人际关系的影响。为此，梅奥提出了新的观点：工人是"社会人"，而不是"经济人"；企业中存在着非正式组织；有效的领导表现为提高工人的满意度。

但是，正如科学管理一样，梅奥主义也出现了扭曲人际关系学说的现象。这一学说的崇拜者认为，"他们努力的目标是使每一个人在没有冲突的平衡状态中获得幸福，其结果是工人-管理层的幸福结合"。但是，同时出现了这样一种极端，即把人际关系看成目的，而不是手段，认为培养了良好的人际关系后，生产率的提高是必然的结果。但是，后人的研究表明，只有和工作相结合的工作幸福感才能提高绩效，不能脱离工作重心来单独强调人际关系。另外，领导者不仅需要具有人际关系技能，还不可忽视知识性技能。

② 组织行为理论的早期发展及其对人事管理的影响。20 世纪六七十年代是人事管理获得大发展的时期。在这一时期，组织行为学对人事管理的影响达到了顶峰。当时美国许多大学都开设了人事管理方面的专业，人事管理专业化程度得到提高（如组建了美国人事管理协会，即现在的美国人力资源管理学会的前身）。组织行为学的研究发现，组织中员工的行为是多种多样、复杂多变的，不能仅仅认为组织中员工的行为方式就是人际关系。组织本身对员工的表现具有塑造、控制和协调的作用。员工的行为还会受到员工所处的职位、承担的工作和技术要求的影响。组织行为学是"一个探讨个体、群体以及组织层面对组织内部行为的影响，以便应用这些知识来改善组织的有效性的研究领域"。组织行为学是和社会学、心理学以及政治学等密切相关的学科，工业心理学是它的一个分支。组织行为学通过对个体、群体及组织在工作中行为的研究，说明了它们是如何影响个体、群体的生产力水平以及生产绩效的。组织行为学的发展使人事管理中对个体的研究与管理扩展到了对群体与组织的整体研究与管理，人事管理的实践也因此发生了很大的变化。组织行为学对个体、群体行为动机和原因的研究，促进了员工激励理论的完善和应用，并发展了一大批经典的理论，如马斯洛的需求层次理论、赫茨伯格的双因素激励理论、奥尔德弗的ERG（生存需要、关系需要和成长需要）激励理论等。

2．人力资源管理的提出

（1）人力资源管理概念的诞生

在后工业化社会中，组织中员工的素质和需求发生了变化，具有相当知识基础和技能的员工大量出现，经济需求不再是人们的唯一需求，员工在组织中的"人性地位"发生了变化。作为组织一般生产资料的劳动力，员工开始成为组织的一种重要资源。人事管理开始向人力资源管理转变。

20 世纪 60 年代，企业中工会活动的规模以及影响力都在下降，其活动范围仅限于集体谈判活动，资本家和工人之间的关系也不再那么紧张，逐渐成为一个利益共同体，劳动关系向一元关系方向转化。在这种情况下，非工会企业应运而生，企业的组织结构以及工作制度发生了根本性的变革。企业不再看重泰勒提出的标准化的科学管理方法，开始重视对工人的关怀，关注人才的获取和培养，重视人的发展和价值的提高。新的管理方法体现了一系列相互联系的人力资源管理方法。在 20 世纪 50 年代初至 20 世纪 60 年代初，人事管理开始向人力资源管理方向转变。这种转变适应了后工业化时代经济和社会发展的要求，因而是必然的。虽然早期的人力资源管理理论仅仅从人事管理职能和管理活动的变化角度来阐述人力资源管理，但它毕竟将人事管理理论发展到了一个全新的发展阶段——人力资源管理。

管理学中"人力资源"的概念最先由彼得·德鲁克在其 1954 年出版的《管理的实践》一书中提出。在这部著作里，德鲁克提出了管理的三个更广泛的职能：管理企业、管理经理人员和管理员工及其工作。在讨论管理员工及其工作时，德鲁克引入了"人力资源"这一概念。他指出：

"和其他所有资源相比，唯一的区别就是它是人。"人力资源是经理们必须考虑的具有"特殊资产"性质的资源。德鲁克认为，人力资源拥有当前其他资源所没有的素质，即"协调能力、融合能力、判断力和想象力"。经理们可以利用其他资源，但是人力资源只能自我利用。"人对自己是否工作拥有绝对完全的自主权"。

（2）知识经济时代的人力资源管理

知识经济时代的一个最直观和最基本的特征是知识作为生产要素的地位空前提高。但是，知识经济问题不仅是工业文明条件下科学技术的地位问题。科学技术无论在广度和深度上，都还远远没有达到知识经济变革所要求的程度。与工业文明时代不同，在知识经济时代，对知识本身的认识是知识不再是资本的附庸，资本必须借助于知识这一要素才能创造价值，知识已成为生产过程中最为关键的要素。

在这一背景下，知识成为人类实现其他一切预期的首要前提，知识生产成为知识经济中企业经营的核心活动。企业不仅收缩经营领域，将资源集中到最具有竞争优势的少数产品上，而且不断缩小业务范围，将非核心业务或企业不擅长的业务外包出去，以增强企业核心竞争力，提高赢利能力和资本回报率。这一趋势对企业组织的演进产生了深刻影响，重新构建了企业的外部关系与内部关系。通过不同领域、不同层次的市场化实现企业经营与业务的归核化，成为企业组织发展的重要特征。在外部关系重构过程中，产生了业务外包、战略联盟、网络组织/虚拟组织等使企业业务及工作内容外部化的组织形式；而在内部关系重构过程中，出现了柔性工作团队、学习型组织等形式。随着企业内外部关系的不断重构，人力资源及人力资源管理外部化的趋势十分明显。人力资源管理领域不断拓展，出现了人才租赁、柔性雇佣或弹性工作制等人力资源供给新形式，管理咨询、人事代理、人力资源管理职能外包（如招聘、测评、培训等）等外部人力资源管理服务也被越来越多的企业采用。企业使用临时工、租赁工、独立承包人等外部员工的数量出现了迅猛增长。

这些现象表明，不仅企业所需的人力资源服务可以从外部市场购买，稳定地获得人力资源服务所必需的人力资源管理也可以通过外包从外部获取。企业人力资源管理系统也就不再是一个以自给自足为特征的半封闭的内部服务"生产"系统，而是一个兼有"生产"与"采购"两种职能，向外部市场开放的服务"经营"系统——不仅"生产"与"采购"生产经营所需的人力资源服务，还"生产"与"采购"确保前者顺利实现的人力资源管理[1]。

1.2.2　国内人力资源管理的发展[2]

改革开放以来，中国经济、社会等各个方面都实现了空前的发展，人力资源管理更是经历了从计划经济体制下的劳动人事管理向现代人力资源管理的转变。尤其是进入21世纪以来，"以人为本""人才资源是第一资源"等理念已成共识，作为国家竞争力来源的人力资源已上升至国家战略层面的高度。随着经济全球化，广泛性、快速性、复杂性和不确定性等市场环境特征日趋明显，这些变化对人力资源管理提出了新的要求。中国的人力资源管理如何适应新时代的发展，已成为当今社会面临的新课题。回顾改革开放几十年以来中国人力资源管理发展的历程，有助于我们深入认识中国人力资源管理发展过程中的特点和难点，为未来人力资源管理的前瞻性研究提供借鉴，从而推动中国人力资源管理实践的健康发展。

① 傅志明. 再论企业人力资源管理就是供求管理. 中国人力资源开发，2011，（4）：93-98.
② 赵曙明. 中国人力资源管理三十年的转变历程与展望. 南京社会科学，2009，（1）：7-11.

从总体上看，中国改革开放以来的人力资源管理的发展经历了理念导入、实践探索、系统深化的过程。20 世纪 80 年代以前，中国的人力资源管理基本处于传统计划经济体制下的"劳动人事管理"阶段。从 20 世纪 80 年代中后期开始，"人力资源管理"的基本理念被逐步引入中国，但人力资源管理实践尚未大规模地应用，这与当时中国社会经济管理体制改革的情况基本一致。到了 20 世纪 90 年代中后期，全社会已经意识到人力资源管理需要不断改革和发展创新，人力资源管理实践在中国开始得到普遍运用，但当时企业管理体制和劳动力市场经济体制的改革尚不能有力地支持现代人力资源管理制度的建立和健全。进入 21 世纪后，随着外部环境的重大变革，人力资源管理改革进一步深化，正朝着国际化、市场化、职业化、知识化的方向发展。

（1）人力资源管理理念的导入期

人力资源管理在美国兴起于 20 世纪 80 年代初期，是当时美国管理研究的前沿领域之一。然而在 20 世纪 80 年代中期的中国，大众对"人力资源管理"一词还比较陌生，甚至误以为"人力资源管理"就是"人事管理"，此时对人员的管理仍采用计划经济体制下的行政命令式管理。当时，劳动者只是生产关系的主体，而非和土地、资本等其他资源一样被看作生产力的基本要素。人们对人力资源管理的认识仍停留在员工只是企业管理和控制的工具的成本观念上，人事管理部门的工作内容仅仅是人事考核、工资发放、人事档案管理等日常的事务性工作。用工管理主要依靠行政调配的方式，工作岗位缺乏有效的考核，劳动合同的执行流于形式，缺乏有效的激励作用和竞争性用人机制。

人力资源管理的发展离不开人力资源管理理论的指导。虽然这一时期的计划经济烙印明显，但西方的人力资源管理理念开始导入中国。早期的研究主要集中在劳动人事管理和人才管理上，对这些问题进行研究的学者主要有赵履宽和王通讯等人。王重明、张德、时勘等人则是国内较早将心理学理论引入人力资源管理领域的学者，他们的研究成果丰富了中国人力资源管理发展的理论基础。赵曙明教授致力于将西方先进的人力资源管理理念介绍到中国，如他于 1991 年撰写的《国际企业：人力资源管理》与《企业人力资源管理与开发国际比较研究》等著作中，提出人力资源管理是对人力这一特殊的资源进行有效开发、合理利用和科学管理。从开发的角度看，它不仅包括人力资源的智力开发，还包括人的思想文化素质和道德觉悟的提高；不仅包括人的现有能力的充分发挥，还包括人的潜力的有效挖掘。从利用的角度看，它包括人力资源的预测与规划，还包括人力资源的组织和培训。

（2）人力资源管理的探索期

从 20 世纪 90 年代中期开始，中国开始探索人力资源管理在实践中的运用，人力资源管理已开始应用到企业和政府的人事管理工作中。赵曙明教授曾于 1999 年在全国范围内大规模地对中国企业的人力资源管理状况进行调查。研究结果发现，越来越多的企业开始试图从招聘、培训、绩效考核、薪酬等方面完善人力资源管理的各项职能，人力资源管理的各项专业技术有一定程度的提高。尤其是部分企业通过实施年薪制加大了对企业家的激励力度，强化了对企业家经营行为的约束，并且在一定程度上限定了企业家年薪收入的范围。而对一般员工已基本实现基于绩效的付酬。然而，此阶段企业薪酬制度的改革还主要停留在分配方式改革的层面上，真正的薪酬管理体系还没有建立，企业薪酬管理的依据和基础还不明确，岗位分析、绩效考核体系、薪酬体系还没有系统建立起来。

需要指出的是，由于市场发育程度不高，这一时期人力资源管理存在许多弊端，如模糊的企业产权制度导致企业内部管理权责不明确、国有企业内部管理机制问题、专业化的人力资源市场管理机制尚未建立等问题。

（3）人力资源管理的系统深化期

20世纪90年代末至今，人力资源管理改革得到了系统性的深化：国家对人力资源管理的重视程度日益提高；企业对人力资源管理的认识已经发生本质变化，人力资源的管理与开发水平大为提高。中国劳动力市场发育较为充分，劳动法律逐步健全；政府的人力资源管理水平提高；企业拥有了用人自主权，越来越重视人力资源管理实践。人力资源管理已经成为企业管理的重要内容，人力资源管理部门的职能正在由传统的人事行政管理职能转变为战略性人力资源管理职能，成为企业发展战略的参谋部、执行部和支持部。随着基础管理模式的深刻变革，人力资源作为核心资源，以人为本的思想得到了广泛的认同。在此背景下，以人才测评、绩效评估和薪资激励制度为核心的人力资源管理模型得以确立。

赵曙明教授于2012年对中国、美国、欧洲各国企业人力资源管理的标准进行了比较，如表1-2所示。

表1-2　中国、美国、欧洲各国企业人力资源管理标准的差异性比较[①]

类别	中国	美国	欧洲各国
人力资源规划差异性	服从企业总体战略规划：人力资源管理部门作为企业的支持部门，主要起到服务整个企业的作用。人力资源规划要服从企业整体安排，具有依赖性、不确定性	参与企业整体战略规划：人力资源规划与企业总体战略相结合，从业人员专业性强，对企业未来所需员工数和市场的员工供给数进行预测	与第三方合作确定人力资源规划：企业在全欧范围内优化配置人力资源，与专业管理公司、猎头公司合作，有企业的"人才库"
招聘与配置标准差异性	资历、关系和能力：中国是关系型社会，强调人们的资历和私人关系，选拔人才时会综合考虑资历、关系和被选拔者的能力；企业人力资源管理部门选拔人才时，除招聘外，还会通过专家和员工推荐选拔人才	标准招聘流程：美国企业喜欢标准化流程，从福特的T型车到苹果手机，都是标准化的产品；企业人力资源管理部门通过标准的人力资源招聘流程实现招聘	民族文化背景：欧洲企业有着特殊的欧洲情结，对于欧洲范围内的民族文化背景有着强烈的认同感和荣耀感；企业人力资源管理部门偏好从欧洲范围内选拔人才，甚至只偏好本国人
培训与开发标准差异性	就业：针对将要或正在从事的工作的技能培训，如工人技能培训、城镇失业人员技能培训、创业人员培训等	技能：对培训的重视程度高，大型企业会建立专业的培训中心，专门负责员工的技术或者操作技能培训，目的性、专业性、针对性较强	培优：国家和企业共同提供培训，基于培训者的现有能力，加强关键能力的培训
考核与评估标准差异性	德行：中国传统社会强调个体的品德修养，讲求"知行合一"；企业人力资源管理部门在考核过程中较为关注个体的品德，其次是个体的能力	绩效：美国社会奉行实用主义，强调个体的工作绩效，而不会过多关注个体工作之外的行为；在企业人力资源考核的过程中，绩效几乎是唯一的考核标准	权责：欧洲社会强调工作中权力和责任的等价，对工作时间和工作环境都有法律予以规范；企业的人力资源管理关注员工的工作责任和工作成果，不会对员工做出责任之外的要求
薪酬与福利标准差异性	学历：基于受教育水平和从业经验制订不同的薪酬水平。另外，正式员工和派遣制员工享受不同的薪酬	能力：按照市场化运作，薪酬体现为对能力的量化和奖励	工会与企业协商确定：由工会确定行业工资最低水平，欧洲企业福利水平普遍较高，另外，还根据员工的学历、能力确定薪酬

[①] 赵曙明. 中、美、欧企业人力资源管理差异与中国本土企业人力资源管理应用研究. 管理学报，2012，9（3）：380-387.

类别	中国	美国	欧洲各国
劳动关系标准差异性	工作和生活的融合：企业一般不轻易解雇员工，员工对企业感情较深，家庭生活和工作生活存在交叉	契约关系：企业与员工间是单纯的劳资买卖关系，员工忠诚度较低，流动频繁	双向选择，自由雇佣：欧洲的劳资关系发展较为成熟，已经形成工会、政府、企业间的三方协商机制

1.3 人力资源管理的角色

1.3.1 概述

关于人力资源管理的角色，不同的学者有不同的看法。在对以往研究文献进行分析整理的基础上，李隽、李新建和王玉姣（2011）将人力资源管理角色分为行政管理、服务传递、战略伙伴、战略参与四种[①]。赵晨等（2013）则列出了近年来人力资源管理领域出现的新角色，这些角色分别适用于企业的不同发展阶段，分别为：①初步萌芽期——政策制订者、政策实施者、组织监督者；②系统发展期——行政职能专家、业务顾问；③战略变革期——战略伙伴、变革推动者、员工服务者；④成熟繁荣期——知识管理者、组织设计师、领导者、人力资源实践者[②]。

21世纪，人力资源管理从业人员正越来越多地参与企业战略的制订。企业高层管理者也不再满足于人力资源部门提供的传统的、被动的项目，而要求他们主动提供并解决与人有关的业务问题，为企业业务增加价值。这些内容具体包括对员工绩效和生产率负责，开发员工潜能，服务于顾客需要，培养、建立高质量的员工队伍，以及开发企业的智力资本等。早在1987年，美国电话电报公司（AT&T）就创立了人力资源管理的伙伴关系，旨在使资深人力资源专业人士配合公司的业务发展，以公司战略业务为重点，参与公司的战略规划，共同塑造公司未来。也许正是基于人力资源与企业战略间的紧密伙伴关系，人力资源管理可以在企业内部催生一种接受变革、积极行动的风气。在1994年的美国人力资源管理协会会议上，理事会主席Gale Parker指出，企业再造、结构重组、规模精简的变革大潮都要求人力资源管理者成为首席执行官的战略伙伴，帮助其进行计划、实施组织变革。

密歇根大学的尤里奇（Ulrich）教授认为，作为企业获取竞争力的帮手，人力资源管理者应更注重工作的产出，而不仅仅是把工作做好。根据人力资源管理涉及的战略决策、行政效率、员工的贡献和变化能力这四个方面，尤里奇归纳了人力资源管理者的四种基本角色，如表1-3所示。

表1-3 人力资源管理者的角色

角色/区分	有效产出/结果	形象化比喻	行为
管理战略性人力资源	实施战略	战略伙伴	把人力资源和经营战略结合起来
管理组织的机制结构	建立有效的机制结构	职能专家	组织流程的再造："共享的服务项目"
管理员工的贡献程度	提高员工的能力和参与度	员工的支持者	倾听并对员工的意见做出反应："为员工提供所需的资源"
管理转型和变化	创建一个崭新的组织	变革的推动者	管理转型和变化："保证应变的能力"

① 李隽，李新建，王玉姣. 人力资源管理角色研究述评. 外国经济与管理，2011，33（4）：43-50.
② 赵晨，高中华，吴春波，等. 人力资源管理角色：研究综述与本土化启示. 2013，（17）：53-59.

其中，战略伙伴角色的任务主要是把人力资源的战略和行为与经营战略结合起来。在这一角色中，人力资源管理者以战略伙伴的面目出现，通过提高组织实施战略的能力来帮助其保证经营战略的成功。职能专家角色要求人力资源管理者设计和提供有效的人力资源管理制度等来管理人事培训、奖励、晋升以及其他涉及组织内部人员流动的事项。员工的支持者角色意味着人力资源管理者需要帮助维持员工和企业之间的心理契约，把精力投入到员工日常关心的问题和需求上，积极地倾听，积极地反应，并向员工提供他们不断变化的要求所需的资源，创造一种学习的氛围和环境，让企业员工置身其中，激发出一种自然的学习动力和工作成就感。变革的推动者要求企业人力资源管理者本着尊重和欣赏企业的传统和历史思想的同时，具备迎接未来竞争的观念和思维。

与人力资源管理者的四种新角色一一对应，尤里奇认为企业人力资源管理者为担当这四种角色应掌握四种技能，具体内容如下。

① 掌握业务（business mastery）。其要求人力资源管理者成为企业核心经营管理层的一员，了解并参与基本的业务活动，具备强烈的战略业务导向能力。

② 掌握人力资源（HR mastery）。这是指人力资源管理者要确保基本的管理和实践相协调，并担当起行政职能。

③ 个人信誉（personal credibility）。这是指人力资源管理者应具备良好的人际影响能力、问题解决能力和创新能力。

④ 掌握变革（change mastery）。其要求人力资源管理者懂得如何领导企业变革与重组[1]。

尤里奇还进一步定义了人力资源胜任素质的 6 个主要方面，分别是：可依赖的活动家、战略定位者、能力构建者、变革拥护者、人力资源创新者与融合者、技术支持者。他认为，企业的人力资源管理者需要在以下三个对企业成功产生较大影响的因素上继续努力：通过技术联系各方，使战略、文化、实践和行为相匹配，维持变革[2]。

赵曙明、周路路、罗伯特·马希斯和约翰·杰克逊（2013）认为：人力资源管理可以承担多种角色。这些角色的性质取决于高层管理人员希望人力资源管理做什么，以及人力资源管理能够做什么。因此，人力资源管理应该有三个典型角色，每个角色的关注点如图1-3所示[3]。

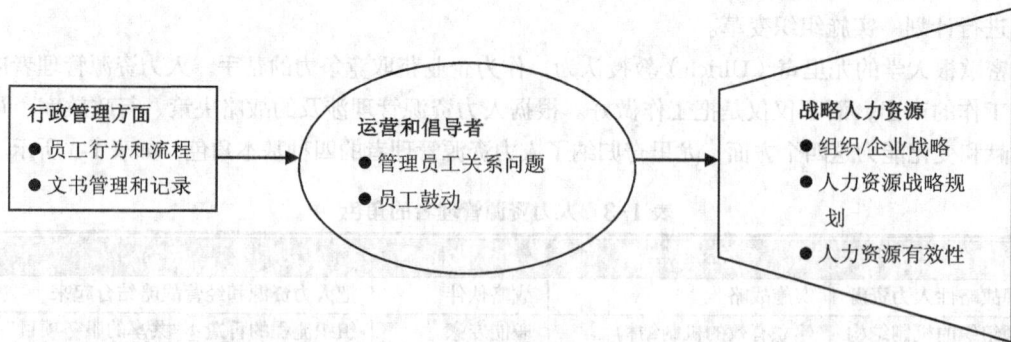

图1-3　人力资源管理的典型角色

① 赵曙明，张正堂，程德俊. 人力资源管理与开发. 北京：高等教育出版社，2011：15-18.
② 戴维·尤里奇. 高绩效的HR：未来HR的六项修炼. 钱峰，译. 北京：中国电力出版社，2014：36，42-43.
③ 赵曙明，周路路，罗伯特·马希斯，等. 人力资源管理. 13版. 北京：电子工业出版社，2013：4-8.

传统的行政角色一直是人力资源管理的主导角色。随着时代的发展，人力资源管理需要进行更广泛的变革，要大大减少人力资源文书工作需要使用的时间和人员数量。下文我们将简要阐述人力资源管理的每类角色的作用以及这些角色如何进行转变。

1.3.2　人力资源管理的行政作用

人力资源管理的作用严重倾向于处理和记录。这种角色使某些组织的人力资源管理有了"纸上谈兵"的名声，其主要告诉管理者和员工什么不能做。如果仅限于行政角色，那么人力资源工作人员会主要被看作文员和组织内较低水平的行政助手。促进行政角色转换的两个主要变化是企业更多地利用技术和外包。

1．科技改变人力资源

为提高人力资源的行政效率和人力资源对员工和管理者的响应，越来越多的人力资源功能逐渐电子化，或使用基于网络的技术在互联网上进行。技术被应用到大多数人力资源活动中，如从员工申请、员工福利登记到基于互联网资源的电子学习。

2．人力资源外包

越来越多的人力资源行政职能被外包给供应商。这种人力资源管理活动的外包在诸如员工援助（咨询）、退休计划、福利管理、工资服务和职业介绍服务等人力资源领域显著增长。

人力资源职能外包的主要目的是节省人力资源管理的成本，利用供应商的专业知识和技术优势，使企业专注于更具战略性的人力资源活动。人力资源服务的外包是一个不断演化的过程，它不断改变着很多公司的人力资源行政职能。

1.3.3　人力资源管理的业务和员工"倡导者"作用

人力资源通常被视为组织中的员工"倡导者"。作为员工问题的代言人，人力资源管理者用相当长的时间进行人力资源"危机管理"，处理员工与工作有关或无关的问题。他们的倡导和发声能确保员工被公平对待，而不论员工的个人背景或处境。有时，人力资源的"声张"作用可能会与运营管理人员发生冲突。然而，如果没有人力资源倡导者的作用，雇主可能会面临比现在更多的诉讼和监管。

业务角色要求人力资源专业人士与各部门、经营管理人员及主管进行合作，确保组织中必要的方案和政策得到执行。业务活动本质上是战术的组合，要遵守平等就业机会和其他法律，处理就职申请，通过面试填补空缺，培训监管者，解决安全问题，解答工资和福利问题。这些工作需要将人力资源活动与组织战略匹配起来。

1.3.4　人力资源管理的战略作用

一些人力资源领域存在着业务角色和战略角色之间的区别。人力资源的战略角色意味着人力资源管理者要解决企业实际问题，关注未来的业务需求，如战略规划、薪酬策略和人力资源绩效，并测量其结果。然而，现实中，人力资源对制订整个组织的战略往往没有帮助，相反，它仅仅通过人力资源活动执行战略。

许多执行者、管理人员和人力资源专业人士看到了人力资源管理在越来越多地为组织"业务"的成功做出战略上的贡献。事实上，人们提议，人力资源职能应该将自身作为"业务"进行管理。

人力资源部门应该知道企业人力资源的真实成本。例如，关键员工离职的话，企业重新招募员工并进行培训来代替离职员工的成本可能是原来的两倍。有的时候，离职率是人力资源管理者可以控制的，良好的人才保留和管理战略能成功地帮助企业节约成本，为组织绩效做出重要贡献。

不过，即使人力资源的战略作用是公认的，许多企业距离这个目标也还有很长的路要走。

企业人力资源部门的作用是支持而不是取代管理者对人力资源的责任。例如，人力资源部门可以制订一个表格来帮助管理者衡量其下属的绩效，但应该是由管理者本人进行实际的评估。也就是说，人力资源部门主要通过设计人力资源计划来帮助企业实现经营目标，但是管理者必须执行这些计划，这意味着每一位经理都是人力资源经理[①]。

企业可以采取一些特定的步骤去培育管理者和人力资源部门之间有效的伙伴关系。具体地讲，企业应该做到以下几点。

① 分析生产率中人的因素而不是仅仅依靠技术来解决问题。这要求管理者接受某些人力资源方面技能的培训，并且把人力资源看作企业绩效中的一个关键因素。

② 将人力资源管理者看作内部咨询师，他们可以为企业提供很有价值的建议和支持，从而改进企业的经营管理。

③ 在企业内部各个部门和单位间灌输一种互利共赢的理念，而不是一种非赢即输的零和博弈的理念。

④ 要将某些管理经历作为培养人力资源管理者的参照。这一要求会使人力资源部门的职员对于管理者面对的问题更敏感和更清楚。所以，越来越多的企业在招聘人力资源管理者的时候，要求他们入职之后先进行几个月的轮岗，了解其他重要部门的工作性质和内容。

⑤ 积极地参与企业高层和部门管理者制订、实施和检查所有的人力资源计划和战略的过程，与人力资源部门紧密合作。

⑥ 要求人力资源部门的高级主管以平等的地位同其他职能部门的主要负责人一起参与企业战略方向的制订。

斯蒂芬·罗宾斯和蒂莫西·贾奇斯（2016）进一步认为，人力资源管理者不仅是战略的参与者和推动者，而且在职场环境的方方面面都发挥着关键的领导作用。

他们认为，人力资源管理者在以下几个方面的角色作用最为突出：设计和实施福利项目，起草并执行雇佣政策，管理工作-生活冲突，调解、解雇和裁员[②]。

其中，从 20 世纪 80 年代起，工作-生活冲突就引起了管理层的注意。很多管理者都认识到，工作-生活冲突对企业的整体绩效与员工的组织认同有着巨大的影响。因此，管理工作-生活冲突就成为一项具有重要作用并且极具难度的工作。管理者要帮助员工实现工作与生活之间的平衡，要坚持以下原则：要向员工阐明什么是重要的，要把员工作为完整的人来看待，要确保员工成功完成所有目标[③]。根据这些原则，表 1-4 中列出了减少工作-生活冲突的一些方法或政策。

---

① 路易斯·R 戈麦斯-梅希亚，戴维·B 鲍尔金，罗伯特·L 卡尔迪. 人力资源管理. 6 版. 沈桂发，童新耕，沈泽华，译. 上海：格致出版社，上海人民出版社，2015：42.
② 斯蒂芬·罗宾斯，蒂莫西·贾奇. 组织行为学. 14 版. 孙健敏，王震，李原，译. 北京：中国人民大学出版社，2016：454-459.
③ 李贵卿，井润田. 管理者工作生活融合倾向研究：基于多角色责任感的视角. 北京：科学出版社，2012：159.

表 1-4　减少工作—生活冲突的方法或政策

战略	方法或政策
基于时间的战略	弹性工作制； 工作分享； 给新生儿父母提供假期； 远程办公； 提供带薪假期； 工作/生活支持； 搬迁援助； 老人护理方面的资源； 咨询服务
基于物质的战略	保险补贴； 灵活的福利； 领养补助； 儿童保育费用的打折； 直接经济援助； 家庭伴侣福利； 奖学金和学费补贴
直接服务	工作场所中的托儿中心； 健身中心； 暑期托儿项目； 工作场所中的其他便利服务； 礼宾服务； 免费或打折的公司产品
文化变革战略	创建工作-生活平衡文化氛围，对管理者进行培训，使他们更好地帮助员工处理工作-生活冲突； 管理者的收入与员工的满意度挂钩； 关注员工的实际绩效，而不是"表面工作时间"

资料来源：斯蒂芬·罗宾斯，蒂莫西·贾奇. 组织行为学. 16 版. 孙健敏，王震，李原，译. 北京：中国人民大学出版社，2016：454-459.

1.3.5　非人力资源管理者在人力资源管理中的角色

战略人力资源管理理念和人力资源营销理念的出现，使人力资源（Human Resource，HR）部门的服务职能得到了拓展。HR 部门的服务对象由传统的企业内部较少的顾客扩展到企业内外部多层顾客。企业要充分发挥 HR 部门的各项职能和职责，完善顾客关系管理理念下的 HR 管理实践，必须满足 HR 部门内外部顾客的总体需求[①]。在新的时代背景下，HR 部门与其顾客的关系主要是伙伴型的，"全面人力资源管理"的理念受到了越来越多人和企业的关注。这个时候，人力资源管理不再是 HR 部门一个部门的责任了，而是整个企业所有部门共同的责任。因此，为了更好地满足 HR 部门顾客的需求，HR 部门的顾客就需要参与到人力资源管理的过程中来。

---

① 王晓灵. HR 部门顾客关系管理研究. 桂林：广西师范大学出版社，2015：47-51.

2014 年，继托马斯·斯图沃特在《财富》杂志上扬言要"炸掉人力资源部"后，著名的管理学家拉姆查兰在《哈佛商业评论》上发表了《分拆人力资源部！》一文，声称"是时候跟人力资源部说再见了。我指的不是撤销人力资源部执行的任务，而是人力资源部本身"。该文引起了国内外人力资源管理领域的广泛讨论。随后，戴维·尤里奇做出回应，在《哈佛商业评论》上发表了《不要分拆人力资源部！》。

从这些讨论中我们可以看出，随着时代的发展，人力资源管理工作已经不再仅仅是人力资源管理部门的职责，同时也是高层管理者、各业务部门、职能部门以及员工个人的责任。所有的管理者——不管他们的工作领域、他们在管理层级中的地位及他们所在的企业的规模——必须有效地处理人力资源问题，因为处理好这些问题是当好一名管理者的核心。

加里·德斯勒和陈水华认为，在一定程度上，所有的管理者都是人力资源管理者。他们都参与招聘、培训和奖励下属。从人力资源管理的角度来看，直线经理是负责实施人力资源管理实践以及为人力资源管理者开发有效的实践而提供必要信息的人员[1]。

彭剑锋曾对非人力资源部门管理者的人力资源管理职责与技能进行了探讨，如表 1-5 所示。

表 1-5 非人力资源部门管理者的人力资源管理职责与技能[2]

职能领域	职责	技能（应知、应会）
人力资源规划	• 根据公司战略发展要求，确定未来本部门人员在数量、结构和能力上应该达到的状态 • 盘点部门人员的结构，如在年龄、学历、专业、职称等要素上的分布情况 • 部门内的人员流动预测 • 确定本部门人员在数量、结构和能力上存在的差距 • 参与人力资源数量、结构与能力规划的讨论 • 就本部门及其他部门未来人才发展的状态提出建议 • 参与制订并执行人员补充调配计划和胜任素质提高计划 • 对管理体制调整计划及退休解聘计划提出建议 • 就这些计划的实施效果向高层反馈	• 人才的定义与人才分层、分类标准，人力资源存量的静态描述（年龄结构、学历结构、专业结构） • 员工能力与员工心态分析 • 基于战略的关键岗位分析，识别未来需求 • 人员过剩及人员短缺问题的处理 • 人才任职资格、胜任素质模型及人才培养开发 • 人才成长路径与培养速度分析
工作分析	• 提供本职工作和下属岗位工作的一些信息 • 对工作分析的最终成果进行确认 • 对工作分析的成果进行贯彻落实 • 在公司的战略、组织、业务与管理发生变化时，对基本任务说明书进行动态修订	• 下属岗位的工作内容、工作要求等信息 • 工作分析中收集信息时会使用问卷法、观察法、访谈法等 • 工作说明书的主要内容 • 工作分析成果的应用

---

[1] 加里·德斯勒，陈水华. 人力资源管理（亚洲版）. 2 版. 赵曙明，高素英，译. 北京：机械工业出版社，2012：13-15.

[2] 彭剑锋. 战略人力资源管理：理论、实践与前沿. 北京：中国人民大学出版社，2014：605-608.

职能领域	职责	技能（应知、应会）
招募与甄选	• 根据部门内员工发展和流动情况，提前制订部门的人力资源计划 • 根据部门的工作与人员匹配状况，提出并描述招聘需求 • 根据岗位性质，就招聘渠道提出建议 • 针对岗位要求，协同人力资源部门开发面试流程与试题库 • 面试求职者，并向理想的求职者推荐工作 • 对员工的胜任素质与能力进行科学的评价，提供员工的工作再配置建议	• 平等就业的法律法规 • 空缺岗位的工作内容与任职资格要求 • 不同岗位人员的招聘渠道和招聘周期，提前做好招聘规划 • 应该向求职者提供哪些信息和提供信息的方式 • 招聘的操作流程及要点 • 人员测评的不同工具和技术 • 履历分析的技巧 • 面试的技巧与误区
绩效管理	• 从公司战略目标出发，参与开发部门工作目标的制订，建立部门的绩效考核招标体系 • 与员工沟通，共同确认员工在各个阶段的绩效目标、评价标准、行动计划等 • 定期根据员工的业绩完成情况和外界环境变化，对其绩效目标进行动态调整 • 追踪、记录下属的行为与业绩表现 • 与员工沟通工作中存在的问题，为其提供资源支持，并指导员工获得良好的绩效 • 定期向员工提供绩效反馈 • 根据员工的日常表现和目标完成情况，定期对员工的业绩和能力进行评价 • 将绩效考核的结果反馈给员工，接受员工的绩效申诉 • 定期召开绩效总结会议，对员工的业绩完成情况进行分析 • 制订绩效改进措施，激励员工不断改进	• 目标管理 • 绩效招标开发技术 • 绩效辅导 • 绩效评估工具 • 绩效评估中容易出现的错误 • 评估系统的合法性 • 沟通与反馈的技巧 • 如何进行绩效总结 • 绩效考核结果在人力资源管理决策中的应用
薪酬管理	• 控制所在部门的薪酬总额 • 参与职位评价 • 与新员工协商起薪并向公司提出建议 • 了解和掌握员工的期望和需求，为制订有效的员工激励计划提供依据 • 参与制订员工薪酬计划 • 根据员工的业绩和能力提出调薪建议 • 了解员工的薪酬满意度和因薪酬问题引起的离职倾向 • 协助处理员工离职时的薪酬争议	• 与工资相关的法律法规 • 薪酬总额控制 • 职位评价的技术 • 职位评价结果的应用 • 公司整体薪酬体系 • 公司绩效激励方案
培训与开发	• 评估并提出本部门的培训需求 • 基于业务流程，对其他部门需要进行的培训提出建议 • 参与本部门培训计划的制订 • 对受训者、培训内容、培训教材和培训方式等提出建议	• 培训需求分析模型 • 岗位胜任素质模型与任职资格要求 • 工作分析与绩效分析 • 培训技术

（续表）

职能领域	职责	技能（应知、应会）
培训与开发	• 合理安排任务和时间，确保员工有足够的时间和精力投入到培训中 • 督促员工积极参与各项必要的培训 • 新员工入职辅导与"组织社会化" • 员工绩效辅导 • 为员工将培训所得用于实践提供机会和支持 • 追踪受训者在行为、态度、能力和业绩方面的改变，评估培训效果 • 听取员工对相关培训的反馈，就下次培训如何改进提出建议 • 与员工共同讨论未来职业发展规划 • 为员工的职业发展提供指导，争取更多的资源和机会 • 参与员工开发与继任计划等方案的设计与执行	• 如何营造将培训内容应用于实践的环境 • 培训效果评估方法 • 员工需求分析与职业生涯规划 • 辅导员工的技巧
劳动关系	• 营造相互尊重、相互信任的工作环境 • 一贯遵守劳动合同中的各项协定 • 基于公司的规章制度，对员工进行公平惩罚 • 确保员工的休息时间、劳动报酬、工作环境、安全与保障等落实到位 • 了解员工的心理状态，为员工提供支持与辅导 • 创建员工参与管理的氛围 • 避免不当的管理行为 • 做好员工不端行为记录，为可能的劳动诉讼搜集证据 • 确保员工申诉按照相关法规或者劳动合同执行，并在调查之后对员工的申诉进行妥善解决 • 参与离职员工的面谈及辞退员工的沟通 • 参与劳动争议谈判	• 劳动合同法 • 关于养老保险、工伤保险、失业保险、医疗保险和生育保险的政策规定 • 公司相关管理的规章制度 • 沟通与辅导的技巧 • 离职面谈的技巧 • 谈判的技巧 • 冲突管理的技巧

在实践中，管理者和人力资源工作者在做人力资源决策时，对于谁有权或者谁有责任做出决策等问题会存在一些冲突，而这种冲突在很多时候都是功能失调的，对企业不利。所以，在管理者与人力资源部门间实现平衡就显得非常重要。首先，管理者是企业人力资源管理制度的建议者和执行者。企业在编制人力资源管理制度时，应充分征求管理者的意见。制度出台时，管理者应向部门员工讲解，并不折不扣地执行。其次，人力资源部门应与管理者进行经常性的沟通，及时得到他们的意见与反馈。对管理者面对的问题要及时解决，不能及时解决的要给出合理的解释或一个解决期限。最后，人力资源部门和直线经理都应该承担起自己的责任，建立一种互相理解、互相信任的合作关系。

1.4 电子化人力资源管理

电子化人力资源管理（electronic human resource，e-HR）是指基于先进的软件、网络新技术以及高速且大容量的硬件，借助集中式的信息库、自动处理信息、员工自助服务以及服务共享等方式实施人力资源管理的一种新型人力资源管理实践。它通常能够起到降低成本、提高效率以及改进员工服务模式等作用。概括地说，电子化人力资源管理实际上是一种电子商务时代的人力资源管理综合解决方案。它极大地方便了组织人力资源管理工作的开展，同时为各级管理者和广大员工参与人力资源管理工作以及享受人力资源管理服务提供了很大的便利。电子化人力资源管理的实质是人力资源信息化系统。它是人力资源管理信息化的全面解决方案，是基于先进的软件和高速、大容量的硬件的新的人力资源管理模式。它通过集中式的信息库自动处理信息，提供员工自助服务，并运用信息化的平台整合从人力资源规划、招聘、在职管理（人事信息管理、考勤休假管理、培训管理、绩效管理、薪酬管理、员工关系管理）到员工离职管理等所有的人力资源管理职能模块，从而可实现人力资源管理的便捷化、科学化和系统化[①]。

与传统的人力资源管理信息系统不同，e-HR 是从"全面人力资源管理"的角度出发，利用 Internet/Intranet 技术为人力资源管理搭建一个标准化、规范化、网络化的工作平台，在满足人力资源业务管理需求的基础上，将人力资源管理生态链上不同的角色联系起来，使企业中包括中高层管理者在内的所有员工都参与人力资源管理，真正实现全员管理。因此，e-HR 是企业实现"全面人力资源管理"的纽带。e-HR 是面向企业不同角色的网络自助服务系统，建立在人力资源管理信息系统基础上，是针对 HRMIS（人力资源管理信息系统）在技术上与理念上的延伸。

1.4.1 电子化人力资源管理的优势

电子化人力资源管理基于企业网络化的组织平台。这种组织平台打破了过去传统的科层制管理，面向企业业务处理流程实施管理。其采用电子化管理手段，在处理组织的日常人力资源业务方面具有明显的优势。

1．提高人力资源开发管理的效率

电子化人力资源管理采用 Internet/Intranet 技术，可使人力资源管理人员方便、快捷地共享信息，高效地协同工作；改变了过去复杂、低效的手工办公方式，实现了迅速、全方位的信息采集、信息处理。电子化管理不仅能够促进个人办公效率的提高，还可以实现群体的协同工作。这意味着人力资源部门的员工之间要进行大量的信息交流、工作协调与合作，从而大大提高了组织的人力资源开发管理水平与效率，可为组织的科学决策提供及时、准确的依据。

2．节约管理成本

组织实施人力资源管理活动以及提供人力资源管理服务的速度加快，效率大大提高。与此同时，人力资源管理活动或服务所占用的组织人员数量和工作时间相应大幅减少，管理成本得到了大幅节约。

3．提高人力资源管理活动的标准化和规范化水平

由于电子化人力资源管理通常是对数据进行集中式管理，将数据库放在客户服务器上，然后通过全面的网络工作模式实现信息全面共享。只要得到授权，无论分散在哪里，无论在什么时间，客户都可以接触和调用数据库中的信息。此外，在电子化人力资源管理中，很多人力资源管理实践都是建立在标准的业务流程基础上的，它要求使用者的个人习惯服从于组织的统一管理规范，这对实现人力资源管理行为的一致性有着非常重要的意义，可以确保整个组织的人力资源管理信息和人力资源管理过程具有规范性、统一性、一致性。

---

① 田青，张海军. 人力资源管理信息化应用教程. 北京：中国人民大学出版社，2016：3.

4．改变人力资源部门和专业人员的工作重心

在传统的人力资源管理中，人力资源管理部门和人力资源管理者从事的工作中占很大比例的是行政事务性工作，其次是职能管理类工作，在战略性工作方面投入的时间和精力都比较少。在电子化人力资源管理环境中，人力资源工作者所从事的大量工作变成了为企业在人员管理上提供管理咨询服务，行政事务性工作被电子化、自动化的管理流程所取代，人力资源管理的效率明显提高。因此，电子化人力资源管理积极推动了人力资源职能的变革进程，它使人力资源部门和人力资源管理工作者从烦琐的日常行政事务中解脱出来，转变为人力资源管理知识和解决方案的提供者。因此，电子化人力资源管理还有助于提高人力资源部门和人力资源管理者的专业能力和战略层次。

5．强化领导者和各级管理者的人力资源管理责任

随着人力资源管理过程的标准化、简便化以及决策支持力度的增强，除了人力资源管理体系的建立，人力资源管理活动的规划，对整个组织人力资源管理过程的监控，人力资源管理结果的汇总、分析，以及电子化人力资源管理平台的搭建等工作仍然需要人力资源部门统一完成，具体的人力资源管理活动将会越来越多地委托给直线经理人员来完成。

同时，电子化人力资源管理会成为组织领导者对重要的人力资源信息和人力资源指标变化情况进行查询、展示以及做出决策的有力支持。领导者可以自助式地获知组织的人力资源状况并且对其进行实时监控，同时这有助于他们获得做出决策所需要的各项人力资源指标的变动情况，从而使他们越来越直接地参与到人力资源管理的各项决策中。

此外，员工也可以利用电子化人力资源管理平台，查看组织制定的各项规章制度、组织结构、岗位职责、业务流程等信息。员工还可以在得到授权的情况下自行更新某些个人信息数据[①]。

1.4.2 电子化人力资源管理的应用

1．查询人力资源管理信息

运用信息化技术，如生成各种电子数据库，我们可以方便地查询人力资源管理各个方面的信息，这便于人力资源管理人员进行分析。这既提高了工作效率，又能够将经常性的信息放置在企业内部网站上供员工查询，增加了管理的透明度，增强了快捷性。

2．开展企业文化建设

采用电子化管理有利于人力资源部门进行企业较深层次的文化建设工作。将企业的规章制度、内部文件在网上公布，有利于企业规章制度的贯彻执行。采用电子公告等方式向员工发布通知和消息，可以避免小道消息的传播。人力资源部门为企业员工搭建 BBS，可以使员工在工作之余获得与同事交流的机会。

3．提高人力资源管理实效

电子化管理系统的应用，有利于企业对人力资源业务信息的查询、统计、整理、分析以及监测预警。企业应用这种管理系统可以获得大量统计信息，大大减少人力资源部门工作人员的工作量，使他们将时间与精力投入到企业更深层次的管理中。同时，采用电子化管理的方法也能为企业员工提供更好的内部服务。

4．加强组织与员工间的联系

随着组织结构的扁平化、网络化、柔性化，组织信息共享的普遍化，企业中知识员工所占的比例越来越大，人力资源开发与管理应该更加兼顾柔性化、个性化、模糊化与规范化、标准

---

① 刘昕. 人力资源管理. 2版. 北京：中国人民大学出版社，2015：373-374.

化、程度化。人力资源部门逐渐成为一个经营性、战略性、研究性、指导性的部门。采用信息化网络管理技术后，人力资源部门可以将更多的时间用于与组织员工的交流沟通，帮助其改善工作，从而提高企业的人力资源竞争力。

1.4.3 电子化人力资源管理的建设

企业要想进行人力资源电子化管理，需要对管理内容、形式、工具进行全面创新。

1．整合人力资源管理内涵

整合人力资源管理内涵时，要树立程式化和人性化相融合的思路。程式化思路强调，在一个组织中，从员工到团队、从上级部门到下级部门、从主管到普通员工，都应该按照一定的标准化程度、规范化思路以及规章制度行事。人性化相融合的思路是强调认识人性、尊重人性、以人为本。建立这样的人力资源开发与管理解决方案，关键在于根据组织文化、人员、组织战略等实际情况建立规章制度，使本组织的各种人力资源开发与管理制度规范化、程度化、标准化。

2．建设在线管理平台

首先，要搭建企业人力资源电子化管理应用平台。其次，需要使用一套支持企业内部员工群体信息共享和协同合作的通用网络管理系统。最后，除硬件设施的要求外，企业要真正实现信息网络化管理，还必须对现有的规章制度进行完善。

3．强化人力资源虚拟管理

企业要进一步加大人力资源开发管理信息化的力度，发挥网络的独特优势，开发全面的人力资源虚拟管理系统，使其成为企业管理、员工工作切磋、员工信息交流、员工培训学习的虚拟中心，不断增强网络在人力资源开发与管理领域的积极作用。

人力资源部门需要进一步关心员工的职业发展，为员工提供关于职业生涯的信息和竞争的机会，加强职业生涯信息库建设，关注员工的能力与发展需求以及他们对未来的展望，鼓励员工去开发各种具有挑战性的目标。

4．完善内部知识共享系统

人力资源管理团队应由人力资源领域的专业精英组成，他们拥有现代化的知识、能力与经验，能有效地整合组织的知识资源，强化其知识研发能力，从而保证全体员工能够有效地共享知识和资源[①]。

【启发与思考】

扫一扫→三支柱

【思考练习题】

1. 传统人事管理和现代人力资源管理的区别是什么？

---

① 姚裕群，姚春序，李中斌．人力资源开发与管理概论．3 版．北京：高等教育出版社，2011：268-271.

2. 人力资源管理理论的发展经历了怎样的过程？

3. 在企业管理过程中，人力资源管理扮演着什么样的角色？

4. 人力资源管理的作用和责任分别是什么？

5. 非人力资源管理者在人力资源管理工作中扮演着什么样的角色？

【模拟训练题】

A 公司是一家生产制造公司。公司现有员工 500 余人，在全国有 20 多家办事处。随着公司销售额的不断增加和人员规模的不断扩大，公司整体管理水平需要提高。请分析公司在人力资源管理方面可能需要做出什么样的改进。

【情景仿真题】

你是 B 公司人力资源部部门经理，随着公司业务的扩展和人员的增多，公司的人力资源管理工作也在不断增多，公司准备招聘更多的人力资源管理人员。为了招募到合适的人力资源管理专业人员，公司需要明确其相应的素质要求，请你列出人力资源管理专业人员在企业中扮演的角色以及相应的素质要求。

第 2 章　人力资源战略与规划

学习目标

学习本章后，应达到以下目标：

1. 了解人力资源战略产生的环境；
2. 理解影响人力资源战略的各种因素；
3. 了解人力资源战略的构成；
4. 理解人力资源规划的必要性；
5. 理解人力资源规划的主要内容；
6. 了解人力资源存量分析的基本方法；
7. 掌握人力资源供给和需求分析的基本思路和方法。

人力资源战略与
规划 重难点

引导案例

江苏某电气公司人力资源规划

江苏某电气公司是两大集团于 2003 年元月重组而成的。通过整合资源，公司相继建成了集团管控架构下的十多个专业子公司、一个研发中心和遍布全国的营销网络。经过五年的发展，公司规模不断壮大，经济总量持续攀升，综合实力明显增强，股东权益、职工收入协调增长，公司得到了长足发展，已经发展成以成套输配电、电能传输为主业，电力电子和自动化为辅业，集新能源、环保和船舶配套为一体的综合性企业集团。

2007 年，公司成功实施了厂区的整体搬迁，实现了集团发展史上的第二次创业。2008 年是其进入新发展期的第一年，公司意识到战略规划的重要指导意义，委托江苏大学战略规划项目组为其制订 2009—2013 年战略规划。

公司人力资源管理工作原来由党委办负责，管理中心于 2007 年 7 月成立，人力资源管理工作转由管理中心下的人力资源部负责。人力资源部有三位工作人员，部长助理主要负责招聘、薪酬发放等工作，一科员负责培训，另一科员负责社保与劳动关系。专业子公司的人力资源工作由管理部或办公室负责。较大的专业公司一般有 2~3 人参与人力资源管理工作，包括该部门的专管领导；较小的专业公司仅有一人负责相关工作。

公司与专业子公司均没有做人力资源规划，有关人力资源规划的内容仅在一些报告中体现。某电气公司没有真正的人力资源规划，也不重视人力资源规划。已有的一些与人力资源规划相关的工作，主要凭经验完成，没有应用专业人员用科学的方法进行预测。某电气公司推行的事业计划中包含了部分人力资源规划内容，如《江苏某电气公司电气集团子公司 2008 年年度事业计划》中，包含了人力资源目标分解表、公司组织机构图、人员运用计划表、2008 年年度人员需求计划表、2008 年年度培训计划表、关键人才培训计划表、两保办理计划表、绩效考核计划表。

项目组在人力资源管理诊断的基础上，制订了五年人力资源规划。

原人力资源管理中存在的三大核心问题是：现有人员与公司发展所需人员相匹配问题，制度建立与管理执行相统一问题，员工职业发展与企业发展相适应问题。针对这三大问题，项目组制订了三大人力资源规划（HR 规划）：人力资源获取规划、人力资源保留规划、人力资源发展规划。为了使人力资源战略规划得以实现，公司人力资源部进行战略重组，着重从岗位重构、职责重定、人员重选三方面展开。

人力资源规划的总目标是为整个公司的顺利运行及战略实现提供人才保障，提高人力资源利用效率，保证人力资本持续增值，达到员工与公司共同发展的最终目标。为了支持总目标的实现，三大 HR 规划设立了相应的分目标：人力资源获取规划的目标是"能岗匹配，人尽其才"；人力资源保留规划的目标是"体制改革，激发活力"；人力资源发展规划的目标是"提高素质，和谐共赢"。

问题：

1. 试分析江苏某电气公司人力资源规划的主要内容。

2. 结合本案例，请分析企业制订人力资源规划的必要性。

资料来源：宋联可，杨东涛. 高效人力资源管理案例——MBA 提升捷径. 北京：中国经济出版社，2009.

2.1 人力资源战略

2.1.1 人力资源战略概述

一个组织采取的战略指的是它如何成功竞争以获得生存和发展的主张。目前，存在着几种不同的形成战略的方法。大多数组织采用一个相对正式的程序来制订书面战略，该战略一般是包含各部门目标的五年期计划[①]。

战略决策涉及资源利用，通过这种决策组织可以超越竞争对手。组织通过以竞争对手无法复制的方式为顾客提供高质量的产品和服务，来努力获取和保持竞争优势。战略的内容包括调整现有产品或服务、开展新业务，或者利用现有能力开发新产品或服务等。其他的战略方针可以是利用一种稳定的产品或服务维持安全的地位，或者持续推出新产品或服务（如苹果公司）。这些都是针对不同业务的可行战略，组织所选择的战略将决定组织所需人的数量和能力，组织中已有的人也会限制战略的成功实施。

无论组织采取哪种战略，在正确的时间将正确的人放在正确的位置对整体战略效用的发挥至关重要。战略人力资源管理意味着对组织战略规划进行投入，开发特别的人力资源举措来帮助组织实现目标。

战略人力资源管理意味着不只要做好人力资源管理和法律规定的任务，还要通过提高业务绩效来增加价值。一些业务高度依赖人力资本以获取竞争优势，其他的则不是这样。然而，任何企业战略都需要人来实施，因此，人力资本也是成功的一项重要因素。本章涉及的战略人力资源管理的一个重要方面就是人力资本和人力资源实践的价值测量和价值的决定因素。

战略人力资源管理指的是企业为了实现其长期经营目标，基于组织文化导向，针对人力资

---

① 赵曙明，周路路，罗伯特·马希斯，等. 人力资源管理. 13 版. 北京：电子工业出版社，2013：38-39.

源获取、开发、保留和激励所进行的筹谋、实施和改进活动[①]。人才招募、人才配置、人才开发和人才奖励都是战略人力资源管理的方法和途径，这些会影响组织完成战略目标的能力。人力资源管理的重点正从传统领域转向战略性领域，具体内容如表 2-1 所示。由于企业战略影响人力资源的规划和政策，因此对人力资源的考虑应该成为战略制订过程的一部分。战略人力资源探讨的是人力资源战略对实现组织效能和竞争优势的贡献，以及这些贡献如何实现。

表 2-1　传统人力资源与战略人力资源的比较

关注点	传统人力资源	战略人力资源
对组织的观点	◆ 微观 ◆ 狭窄的技能应用	◆ 宏观 ◆ 广泛的技能应用
关键技能	◆ 组织 ◆ 管理 ◆ 服从 ◆ 执行的 ◆ 战术的	◆ 战略的 ◆ 规划 ◆ 诊断的 ◆ 分析的 ◆ 咨询的
对员工的观点	◆ 关注人数 ◆ 基于成本 ◆ 可利用资源	◆ 贡献者 ◆ 基于资产 ◆ 关键资源
规划前景	◆ 短期 ◆ 低风险 ◆ 传统的	◆ 长期 ◆ 高风险 ◆ 实验的
人力资源体系和实践	◆ 常规、传统的 ◆ 反应的 ◆ 回应显性需要	◆ 适应性的，创新的 ◆ 先行的，前摄的 ◆ 识别潜在需要
教育和培训	◆ 传统的人力资源管理通才和专才 ◆ 其他专家	◆ 商业智慧 ◆ 全面的人力资源管理知识体系 ◆ 组织发展

战略人力资源管理的一个重要方面是在组织中开发维持员工个人绩效和组织战略目标相匹配的流程。一旦理解组织的优先次序，员工就会运用个人技能为推进组织战略目标而做出更大的贡献。理解总体蓝图的员工能够做出有益于企业目标的决策。促进这些活动的人力资源举措包括建立人才开发和奖励体系，这会引导员工为了实现组织目标而努力。

2.1.2　人力资源战略的影响因素

企业需要有自己的外部战略，即企业选择的一种在市场上竞争的方式。同样，它也需要一种内部战略来决定自己的人力如何获取、配置、激励和控制[②]。

人力资源战略指的是企业根据内部和外部环境分析，确定企业目标，从而制订企业的人力资源管理目标，进而通过各种人力资源管理职能活动实现企业目标和人力资源目标。这一概念中包含两个方面的关键假设。其一，假设应该将注意点放在人力资源系统，而不是人力资源的职能上。人力资源系统是众多组织系统的一部分，每一个系统都对组织战略的形成发挥作用，并且每

---

① 宋培林. 战略人力资源管理：理论梳理和观点评述. 北京：中国经济出版社，2011：7.

② 赵曙明. 人力资源战略与规划. 4 版. 北京：中国人民大学出版社，2017：47-48.

一个系统都有自己细分的子系统。其二，假设如果不对组织的内外政策、环境及法律的影响统筹考虑，就不可能全面、彻底地理解人力资源战略的性质。这一假设的基础是，我们几乎不可能让战略适应任何层次或任一组织系统，除非整个形成过程是完全理性的、清晰的且是自上而下的。战略形成是一个妥协的结果，所有监督者的意志都有可能对改变战略产生影响，就如同战略受到战略决策过程的影响一样。

经理在开始对组织进行战略规划之前，会研究和评估经营所处的动态环境，以了解这些要素会如何影响他们的规划。环境扫描的过程可以帮助组织查明在规划中面临的优势、劣势、机遇和威胁。

内部环境包括人才的质量和数量、组织文化及人才和领导骨干通道。外部环境包括影响未来的许多经济、政治和竞争要素。表 2-2 所示为对人力资源要素的 SWOT 分析。

表 2-2　对人力资源要素的 SWOT 分析

优势	劣势
◆ 智力资本 ◆ 忠实的员工 ◆ 有创新力和适应力的员工 ◆ 高绩效工作实践	◆ 缺乏有技能的员工 ◆ 缺乏领导晋升通道 ◆ 过时的人才管理实践
机遇	**威胁**
◆ 市场定位 ◆ 未开发的市场 ◆ 全球扩张 ◆ 技术进步	◆ 法律要求和限制 ◆ 竞争者力量 ◆ 经济的不确定性 ◆ 人才缺乏

1. 内部环境分析

人力资源战略的内部环境因素主要包括企业战略、企业的组织结构、企业发展阶段、企业文化等[①]。

（1）企业战略

人力资源战略是企业战略的一部分，企业战略是企业人力资源战略的主要决定因素。人力资源战略必须与企业战略相匹配，即企业必须依据企业战略来制订相应的人力资源战略，如吸引式的人力资源战略、参与式的人力资源战略等，以与不同的企业战略相匹配。同时，人力资源战略必须对企业战略起支持作用，人力资源管理的各项实践都要与企业战略相匹配，通过系统、有效的人力资源管理，协调员工与企业间的关系，充分调动全体员工的积极性和创造性。

（2）企业的组织结构

组织的结构性质，如规模、资源的丰富程度和复杂性都会影响组织采取的战略性人力资源管理措施。许多研究表明，丰富的资源会为组织采用和执行战略性人力资源管理措施提供物质支持，从而促进整个人力资源体系的创新。大型组织具有复杂的组织结构，比小型组织更需要采用精细的管理措施。

（3）企业发展阶段

企业生命周期理论指出，企业是一个有机的生命体，有其诞生、成长、壮大、衰退直到死

---

① 赵曙明. 人力资源战略与规划. 4 版. 北京：中国人民大学出版社，2017：35-38.

亡的过程。在这个生命周期的不同阶段，企业的生产经营和人才使用有着不同的特点。企业生命周期通常被划分为创业期、成长期、成熟期和衰退期。在各个阶段，企业的主要矛盾和特点不同，人力资源战略也不同。

（4）企业文化

企业文化是企业在长期的生产经营中逐步形成和发展起来的特定的价值观、员工行为规范、道德准则和企业精神等。企业文化作为一个企业"社会情境"的重要组成部分，会对企业经营管理的各个方面产生重要影响，在很大程度上影响着战略人力资源管理的动态过程。企业的战略决策通常是企业领导者价值观的体现，由于企业文化是企业共享的价值观与行为规范，规定了企业内做事的方式，因此会影响企业领导者对企业战略目标的取舍。人力资源战略是基于战略目标的一系列有计划的人力资源活动，势必会受到企业文化的影响。

2．外部环境分析

机遇和威胁源于外部环境，但会影响组织的绩效。许多因素组织都无法控制，但是在扫描过程中一定要考虑。处理外部环境的不确定性已经成为规划者的一项关键技能。如图 2-1 所示，外部环境扫描包括对经济条件、法律和政策影响、人口结构变化、地理和竞争问题的评估[①]。

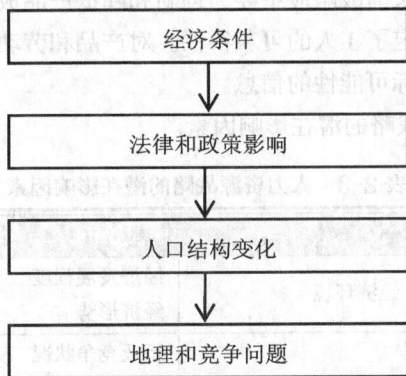

图 2-1　外部环境扫描的内容

（1）经济条件

当时的经营环境会影响战略规划，因为未来是由现在的环境塑造的。生产力水平、利率、经济增长、顾客、价格、通胀和失业率都影响着商业前景。信贷、资本和劳动力的获取影响着组织的成长及其为员工提供期望报酬的能力。在经济高速发展时期，劳动力和材料会出现短缺。在经济衰退时期，资源无法得到充分利用，组织必须努力提高生产率，降低成本。当面临艰难的经济环境时，组织可以通过实施裁员、削减工资和其他激进措施来保持活力。

（2）法律和政策影响

规模不断扩大且经常变化的政府规章影响着劳动力市场和组织实践。因为新的指令可能会影响组织的规划和执行，所以在评估过程中组织应考虑现有和即将通过的法律法规。

有关税收、工会、工资、福利、雇佣和安全健康的法律影响着所有组织的人力资源实践。雇佣关系的许多方面都受规制，企业必须在考虑这些限制的情况下进行战略规划。在战略规划过程中，组织必须考虑政府政策、法规法律等。

---

① 赵曙明，周路路，罗伯特·马希斯，等. 人力资源管理. 13 版. 北京：电子工业出版社，2013：42-45.

（3）人口结构变化

人口结构正发生着显著的变化，影响着未来劳动力的组成。人口结构的变化多方面地影响着组织战略。消费者人口特征影响着其对产品和服务的需求。例如，随着人口的老龄化，大家对医疗服务和辅助设备的需求会增加。劳动力的人口结构也会影响组织劳工的质量和数量。

这些因素中，影响劳动力多样性的有年龄、性别、代际差异和民族。管理者需要评估劳动力构成的变化，那种利用普遍适用性的方法来进行员工雇佣、激励、培训和绩效管理的举措已经不再有效。随着中国乃至全球人口老龄化现象的日益严重，在不远的将来，许多组织都将面临人才缺乏的问题。

（4）地理和竞争问题

当地的产业基础和经济环境影响着战略制订的过程。组织在哪里经营业务对它的绩效会产生影响。工业中心能够为组织提供基础设施，为组织的成功提供基础。如果当地产业集中于某个特定行业，那相应的资源就容易获得。如果在人口稀少的地区经营，组织在高速成长时就会面临工作人员匮乏的挑战。理解地理优势和劣势可以帮助管理者拟订合适的规划。

无论是产品还是劳动力市场都存在着竞争。产品市场的竞争决定着组织的潜力。如果组织处于一个高度竞争的行业，成长的战略应主要为创新和降低产品成本。劳动力市场的竞争建立了高质量人才的定价机制，并决定了工人的可获得性。对产品和劳动力市场的详细竞争性分析可以为管理者提供关于实现战略目标可能性的信息。

表 2-3 中列出了人力资源战略的潜在影响因素。

表 2-3　人力资源战略的潜在影响因素

因素		例证
外部因素	经济环境	经济发展程度
		经济形势
	行业环境	行业竞争状况
		竞争对手战略
		竞争对手人力资源战略
	制度和法律因素	法律完善程度
		法律法规执行力度
		监督者的预期
		行业标准
		人事法律法规修订
	技术因素	产品流程的性质
		内部相关性的程度和类型
		技术革新
	劳动力市场状况	劳动力市场完善程度
		可用劳动力数量
		结构
		分布
	工会化	工会力量
		完全工会化
		完全非工会化

因素	例证	
内部因素	战略	企业总体战略
		业务战略
	组织结构	规模
		资源丰富度
		私营/国有/合资/外资
		人事复杂性
	企业发展阶段	初创
		成长
		成熟
		衰退
	企业文化	发展式
		家长式
		官僚式

资料来源：加里·德斯勒. 人力资源管理. 曾湘泉，译. 北京：中国人民大学出版社，2006.

2.1.3　人力资源战略的构成及分类

1．人力资源战略的构成

许多人力资源管理领域的学者特别重视"规划好的人力资源的配置方式和能使企业达成目标的行为"，它们有两种不同适应类型：垂直方向和水平方向。垂直方向的适应包括人力资源管理措施和组织战略管理的过程，它能引导人力资源发挥积极性；水平方向的适应是指众多人力资源管理战略之间的一致性，它能有效地配置人力资源。

除了讨论适应性外，越来越多的研究开始关注人力资源战略中的柔性。组织面临的复杂环境要求其灵活地采取措施。从这一角度来说，人力资源战略从根本上说是开发组织能力以谋求与环境的一致。

（1）适应性和柔性的定义

很多理论从个人、群体和组织层次上提出适应性这一概念，将适应性定义为"某个组织单位的需求、目标、任务、结构与其他组织单位的需求、目标、任务、结构的结合程度"。大多数论述中的适应性有一个前提，即如果获得适应性，组织会有效得多。

柔性战略不仅是一种适应性战略，更强调创造或利用变化，是一种破坏旧的竞争优势并通过变化创造新的竞争优势的战略。高度柔性的企业具有这样一种能力，即"扫描环境，评估市场和竞争者，在竞争之前快速完成变形和转变"。柔性化的人力资源管理模式是一种以人为中心，以柔性方式去管理和开发人力资源，运用弹性工作制，激励导向的薪酬战略与自助餐式的福利相结合的管理模式，是激发知识型员工积极进取的重要手段之一，体现了"和谐、融洽、协作、灵活、敏捷、韧性"的柔性特征，是一种反应敏捷、灵活多变的人力资源管理模式。

（2）适应性与柔性的关系

目前，关于适应性与柔性之间的关系的观点有两种：第一种是垂直观点，即适应性和柔性是连贯体的两个端点，它们不可能同时存在；第二种是互补观点，该观点认为两者之间是相互依赖的。两种观点之间的差别在于时间参数和研究目的。在时间参数方面，垂直观点支持者关心与组织相关的每一个时点上发生的事，因此不可能发生同时存在适应性和柔性两种方式的情形；互补观点支持者认为，两个概念对于组织绩效来说是必要的，战略管理的挑战就是处理变化，持续地适应企业发展和外部环境，这本身就是适应性和柔性的统一。适应性与柔性互补的另一个原因是它们侧重于组织的不同方面。我们也可以把适应性看作在某一个时点的存在状态，同时由于适应性体现在内部（人力资源方面）和外部（战略）两个变量的交叉处，因此适应性处理了不少动态的互补关系。

（3）适应性、柔性与人力资源战略管理

人力资源战略管理的根本作用在于推动组织适应竞争性环境。在可以稳定预测的环境中，组织通过官僚体制可以有效地达成目标，人力资源的技能开发只在很小的范围里，人力资源系统也只产生小范围的员工行为。在动态而不可预测的环境中，组织需要采取有机的人力资源系统，推动人力资源开发广泛的技能，使员工能在相当广泛的范围内工作。目前，我们面临的是不断变化的、竞争性的环境，组织只有成为柔性的组织才能获得适应性。人力资源战略管理就是推动组织向柔性化方向发展从而达到动态适应状态的一系列政策和措施。

企业中存在着不同的人力资源管理措施，有的可能支持组织适应性，有的可能推动组织柔性，有的可能兼而有之。很多人力资源管理措施重在开发员工技能和进行行为规范，这同样也可以增强组织柔性。甄选程序的创新有助于企业识别那些具有学习能力并能很快适应新环境的候选人，这无疑也会形成组织的竞争优势。培训计划提高了员工的技能，对行为进行了规范，同时也对员工的效率和其在组织中的适应程度有所影响。工作轮换、临时性委派都会使员工获得更多的经验，拓展个人技能。

（4）企业的人力资源战略

人力资源战略是组织战略将人与组织连接起来的一个很有说服力的例证，许多行业领先的企业很重视制订有效的人力资源战略，人力资源经理最关心的就是必要的战略分析、战略制订以及战略实施。

2．人力资源战略的分类

（1）关注重点不同的四类人力资源战略

目前，根据关注的重点不同，西方的人力资源战略可以分为四大类：利用战略、聚焦战略、促进战略和投资战略，如表2-4所示。具体来讲，不同的企业在不同阶段可能需要进行调整。

表2-4　西方的四类人力资源战略

人力资源战略	重点关注
利用战略	怎样利用好每一个人？更多地从挖掘现有人才的角度思考问题
聚焦战略	通过现有人员进行人才的积累
促进战略	企业对个人投资，促进其成长
投资战略	企业在员工身上大量地投入，同时对员工的期望和要求也非常高，即相互投资

资料来源：孙健敏．MBA全景教程之三：人力资源管理．北京：北京大学出版社，2003．

（2）实施条件不同的三类人力资源战略

根据人力资源战略的特点和实施条件，西方的人力资源战略大致可以分为三种类型：以美国为代表的劳动契约型、以日本为代表的资源开发型和权变型。三者的比较如表2-5所示。

表 2-5　西方人力资源战略的三种类型

名称	定义	特点	实施条件
以美国为代表的劳动契约型	整个人力资源管理体系建立在以雇佣关系为基础的契约之上，企业与员工的关系完全是一种合同关系，或者说是一种契约关系，一切制度都以这个契约为前提	特别强调个人能力，不管过去和未来，只管签约合作的这一段时间，因此晋升特别快	整个社会的劳动雇佣体系是自由的
以日本为代表的资源开发型（也叫资历主义）	通过个人能力的积累达到提高整体实力的目标	稳步晋升，终身雇佣制	劳动力市场非常发达。雇主有充分的选择余地，劳动力供大于求
权变型	把能力跟资历结合起来	以上两种类型的结合	文化必须是个人主义文化，因为合同是针对个人签订的

资料来源：孙健敏. MBA 全景教程之三：人力资源管理. 北京：北京大学出版社，2003.

2.1.4　人力资源战略的模式

根据战略开发过程和路径的不同，人力资源战略的模式可以被初步划分为由内而外的和由外而内的两大类。在此基础上，根据人力资源战略关注焦点的不同，由内而外的人力资源战略模式可以被进一步划分为关注企业绩效、关注人力资源、关注人力资源职能三种模式。

1．由内而外的人力资源战略模式

当前，我国大部分的人力资源管理属于此模式。该模式一般基于微观视角，即制订人力资源战略时从企业内部出发，如从招聘和甄选、培训和职业生涯设计、绩效考核等职能角度出发。根据其人力资源现状，确认自己需要关注的外部目标，设计制订相应的人力资源实践。在该模式下，人力资源战略的制订虽然从内部出发，但不同企业关注的外部目标层次是不同的，不同的层次对应不同的人力资源战略模式。

（1）关注企业绩效的人力资源战略模式

该模式以提高整个企业的财务绩效或非财务绩效为目标，强调员工对组织的贡献，主要通过控制目标和指导的手段来提高员工的工作绩效。员工的考核和奖励多以工作绩效为标准，目标管理和绩效反馈是企业常用的管理方式。该模式的评价方式主要有传统财务指标、股东价值最大化（EVA）和平衡计分卡三种。其中，以平衡计分卡为基础的评价方式关注了财务、客户、流程和学习/成长四个方面。

（2）关注人力资源的人力资源战略模式

该模式关注企业的人力资源，从资源视角出发，将员工看作企业的一种资源，把员工和人力资源管理看作组织战略实施、组织竞争优势的基础以及组织适应性的来源，侧重人力资源管理实践对组织战略的影响，通过人力资源开发和管理来提高员工绩效，建立企业竞争优势。该模式常常通过人力资源管理系统来调动人力资源储备，激发员工积极主动的行为，把人力资源视为最宝贵的资源，对其进行有效、有针对性的开发和规划，使之成为企业获得核心竞争力的重要推动力。

（3）关注人力资源职能的人力资源战略模式

该模式关注人力资源职能问题，通过对当前人力资源状况进行分析，得出人力资源应该达到的期望绩效。该模式侧重于对人力资源价值的计量和管理，企业将人力资源视为成本，对其进行投资收益分析，期望得到回报。该模式中的人力资源实践常以财务计量和管理为主，员工激励制度的设计多以人力资源投入和回报为基础，如管理层持股、员工持股计划。

2．由外而内的人力资源战略模式

由外而内的人力资源战略模式主要关注企业战略，人力资源战略的制订模式是战略驱动型的。这种模式将企业的宏观战略和环境问题与企业微观的人力资源相结合，力求人力资源战略与企业战略需求相匹配。企业在人力资源战略的制订过程中，应首先对企业所处的环境和面临的优势、劣势进行深入了解；其次，确定面临的问题和企业战略需求，在此基础上设计相应的人力资源实践，以支持企业战略的实施和企业运营。战略性人力资源管理是该模式常用的管理方式，即将传统的人力资源职能放在战略位置，从企业整体出发，确定企业的主要需求和问题，并据此组织设计人力资源制度，建立满足战略需求的人力资源系统。这种系统建立的人力资源理念、政策、实践行动相互协调，并与企业战略匹配，能够带来较高的企业绩效。

从总体上讲，一方面，由内而外的人力资源战略模式主要从企业的微观视角出发（企业员工），将企业的人力资源管理职能与企业中的人/人力资源相匹配。其中，关注企业绩效的人力资源战略模式，阐述了人力资源职能、企业中人和企业宏观绩效问题之间的联系；关注人力资源的人力资源战略模式，将人力资源活动与人力资源问题和人力资源绩效相匹配，并不直接与诸如企业绩效类的宏观问题挂钩，而关注人力绩效，也不直接与企业宏观问题挂钩。另一方面，由内而外的人力资源战略模式从宏观的企业环境和企业整体战略出发，通过人力资源职能与微观的企业中的人相联系。

2.1.5 雇主品牌

近年来，随着中国经济的高速发展，企业对人才的需求越来越强烈，人才的紧缺程度在不断地扩大。为了争夺人才，许多企业许以高位，提供高薪。但是，很多关键人才都只把企业当作跳板，并没有长期在企业工作的打算，企业单纯依靠高位高薪来吸引和留住人才已经很难奏效。由此一种新的人力资源战略理念产生了，即通过营造雇主品牌形成人才对企业的向心力，从而吸引和留住人才。作为人力资源管理领域中一个较为前沿的话题，雇主品牌为人力资源管理提供了一个新的视角、一个新的目标。雇主品牌这一概念产生于 20 世纪 90 年代初，是继企业形象品牌、产品品牌之后的第三种品牌。它是以雇主为主体，以核心员工为载体，以为员工提供优质与特色服务为基础，旨在建立良好的雇主形象，提高雇主品牌在人才市场的知名度与美誉度，从而汇聚优秀人才，提高企业核心竞争力。雇主品牌的树立和推广是近些年来企业关注的热点。

1．雇主品牌的概念与评价角度

（1）内部评价

世界知名人力资源管理咨询公司翰威特（Hewitt）认为，雇主品牌是一种雇主的允诺，内容包括员工加入企业后能体验到的工作文化、环境和机会等，包含了 26 个与之相关的因素，如职业发展前景、自由/自主权、社会责任、领导力、团队合作、变革、重视结果等。该定义主要从内部软环境（氛围）方面对雇主品牌进行解释。

（2）外部评价

媒体开展的雇主品牌调查针对的不仅是企业的在职员工，还包括未来可能成为企业一员的群体。该界定是从外部角度理解雇主品牌的，如大学生选择未来雇主时，会从全面薪酬（Compensation）、品牌实力（Brand）、公司文化（Culture）三个维度进行评价。其中，全面薪酬包括有竞争力的薪酬、解决户口、工作条件与环境、培训开发机会、弹性工作时间等；品牌实力包括企业知名度与影响力、产品的创新水平和市场前景、企业领导人的胆识和魅力、企业在校园的声誉等；企业文化包括稳定的雇佣关系、晋升空间、用人理念、只招募优秀的人才、组织文化、国际化氛围等。而全面薪酬、品牌实力和企业文化之间又存在着相互联系，交叉影响着大学生选择未来雇主。

（3）综合评价

世界知名人力资源管理咨询公司华信惠悦（WatsonWyatt）认为，雇主品牌是雇主在人力资源市场上的定位，并与企业品牌保持一致。对外，在潜在员工中树立品牌，使他们愿意到企业工作，为企业树立最佳工作场所的形象；对内，在现有员工中树立品牌。雇主品牌由五个部分组成：人才形象、CEO 形象、管理制度、企业文化环境和公民形象。

2．雇主品牌的价值

在战略同质化、知识资本化、工作人性化、人才竞争化的时代背景下，人才、工作、雇主三者之间的关系发生了巨大的变化，雇主品牌的价值得到了日益广泛的认可和重视。一个良好的雇主品牌在企业人才竞争中能发挥以下作用。

（1）增强企业的整体竞争优势

人力资源是企业产品市场的派生需求，企业人力资源的质量、激励水平和绩效承诺等对于企业在产品市场上的竞争优势具有决定性作用。雇主品牌是雇主与员工之间情感关系的体现，决定了员工在企业中的工作满意度、文化认同感和工作责任感，从而会影响企业产品和服务的质量，因此，雇主品牌是企业竞争优势的基石。

（2）带来丰厚的财务回报

最佳雇主通常拥有最敬业的员工，员工的敬业度能够显著提高他们的工作业绩，最敬业的员工往往会为企业带来卓越的经营成果。因此，最佳雇主对员工的投入能够给予明显的回报。

（3）提高企业对人才的吸引力

毫无疑问，具有公信度的最佳雇主品牌将极大提高企业对人才的吸引力。目前，最佳雇主已经成为人才市场上人才应聘的风向标。雇主品牌将会成为人力资源市场上的一面旗帜，吸引优秀人才前来应聘加盟，使企业成为人才蓄水池。

（4）帮助组织找到符合组织价值观的人才，减少雇佣双方的适配性风险

企业在选择应聘者时，即使应聘者已经达到企业要求的条件，也仍然存在着双方不适配的风险。毕竟双方接触时交流的信息都是初步的、表面的，影响雇佣双方适配的因素还有很多，这些因素企业往往要等到人才进入企业半年之后才能够觉察到。通过雇主品牌，企业积极向潜在的应聘者传递企业关于价值观、企业文化、雇佣关系等方面的信息，能够吸引更认同该企业文化的人才，屏蔽一些价值观念不一致的人才，从而可减少双方不适配的风险。

（5）降低企业人力成本

雇主品牌建设需要企业投入大量的人力和财力，但是这种投入能够在其他方面给企业带来成本优势。首先，招聘支出减少。人才吸引力提高的直接结果是应聘者数量和质量的提高，这大大减少了企业为吸引足够的候选人而产生的宣传和推广支出。其次，由于人才队伍更加稳定，人员离职损失和重置成本比较低。最后，薪酬成本的压力减小。一个声名在外的雇主品牌可以作为求职人才选择时的一个尺度，促使其在选择时在心理上更加倾向于品牌雇主，哪怕品牌雇主的薪酬水平不是很有竞争力。

3．雇主品牌的独特性

企业品牌是一个更广的概念，包含产品品牌和雇主品牌（见表 2-6）。它们针对的目标群体不同。产品品牌针对的是产品或服务的顾客，雇主品牌针对的是企业的员工。对于那些企业品牌不知名或者所处行业缺乏吸引力的企业来说，在雇主品牌建设方面更需要有所作为。积极的雇主品牌建设可以帮助企业摆脱劣势，吸引到一流的人才。

表 2-6　产品品牌与雇主品牌的比较

项目	产品品牌	雇主品牌
针对主体	产品或服务的顾客	企业的员工，尤其是特定人才
品牌目标	获得顾客对产品或服务的忠诚，保持并增加产品或服务的市场份额	获得员工对企业的忠诚，保持并建立员工与企业的良好关系与情感纽带，提高人才竞争力
品牌功能	1．产出优质产品或服务的承诺 2．吸引和留住企业的客户 3．提高企业的内在价值 4．用品牌价值整合多种资源，提高企业的核心竞争力	1．传递良好管理和发展的承诺 2．吸引或留住企业的人才 3．通过员工帮助企业实现价值最大化 4．用雇主品牌价值整合员工绩效，赢得企业的核心竞争力
品牌回报	企业业绩、利润和市场占有率	企业持久的竞争优势和发展潜力

4．雇主品牌建设策略

与产品品牌一样，对于发展与推广雇主品牌，策略同样起着至关重要的作用。新 4P 策略，即 People、Product、Position 和 Promotion，在发展与推广雇主品牌方面具有很好的效果。企业应发展和强化雇主品牌，研究目标人才的特征，识别驱动目标人才的关键因素，提炼出雇主品牌的关键诉求，并进行内外沟通，以迎合目标人才的独特需求。

（1）识别战略对核心人才的要求和驱动因素（People）

组织内任何项目或活动的推动都要与企业战略相结合，方能推动业务目标的达成，发展雇主品牌也不例外。首先，需要明确的是企业的愿景、长短期战略目标以及达成目标的关键成功因素（KSF）是什么。其次，要知道为达到关键成功因素的要求，企业需要哪些核心人才。再次，要了解企业目前的人才状况如何，还存在哪些差距。最后，应考虑什么是核心人才工作的驱动力，薪酬待遇、福利制度、发展与升迁的机会、工作内容丰富程度、工作环境等因素中哪些是核心人才最关心的，现状是否满足其需求，在此基础上制订求才、留才策略。

（2）提供满足目标人才需要的工作体验（Product）

企业识别出目标人才的特征后，就需要为工作的"消费者"——人才提供满足其需要的"产品"。例如，美国西南航空公司在发现优秀员工崇尚公司的自由理念后，制订了包括自由保健、自由建立财务保障制度、自由学习与成长、自由进行积极变革等在内的八项"自由员工计划"，既增强了雇主的吸引力，又使得其"自由飞行"的产品品牌在组织内部得到了透彻的理解和贯彻。

（3）定位雇主品牌（Position）

"好酒也怕巷子深"，在掌握核心人才驱动力的基础上，企业需要用简洁的语言提炼出雇主品牌的定位。例如，西南航空公司的"自由从我开始"、花旗银行的"一份没有不可能的事业"等雇主品牌定位，都是在宣传雇主独特的价值观和文化。

（4）雇主品牌推广（Promotion）

雇主品牌的沟通过程同样类似于产品品牌营销。内部员工是企业最佳的代言人。很多在校园招聘中享有盛誉的雇主，都会选择让员工成为雇主品牌的代言人，让潜在的员工认识到雇主带来的独特工作体验，如渣打银行以其领先的网络招聘系统吸引了大量优秀人才的眼球，从而招聘到了符合其价值观要求的杰出人才。

5．人力资源部实施雇主品牌建设的要点

人力资源部作为企业人力资源战略管理的主体，显然承担着打造企业雇主品牌的主要任务。因此，对于一个重视雇主品牌的企业，人力资源部需要从战略的高度上重视企业在现有员工和潜在员工心目中的形象，同时要接受员工和社会的监督，并依照这些评价来调整人力资源部的管理体系。在战略层面，企业需要将人力资源战略在企业经营过程的方方面面贯彻执行，旗帜鲜明地强调人力资源的作用，真正地将人作为一种资源来经营。在雇主品牌建设实施过程中，应注意以下几点。

（1）在建设雇主品牌的过程中，应该接受企业品牌部门的指导

雇主品牌是企业在人力资源市场上的定位，用于支撑企业品牌，因企业品牌的存在而存在，是企业品牌资产的一部分。

品牌部门是企业的总体品牌规划和实施部门。通常情况下，该规划是面对所有市场的（目标客户、合作伙伴、人力资源、投资者、社会公益市场等），但实施起来通常只针对目标客户或者公益市场。虽然面对人力资源市场的品牌规划由人力资源部来实施，但归根结底要在企业统一的品牌规划下进行。

因此，雇主品牌建设是企业品牌建设的一部分，在建设雇主品牌的过程中，人力资源部应该接受企业品牌部门的指导。在实际工作中，人力资源部常常会配备一个品牌专员（内部兼职），来完成和企业品牌部门的对接，同时接受品牌部门的培训和指导。

（2）雇主品牌在打造过程中应该与企业品牌保持一致性和连续性

企业在打造雇主品牌的过程中，应该遵循企业的品牌规划战略，保持企业的品牌识别、品牌个性、品牌核心价值定位等企业品牌基因不变，即雇主品牌在打造过程中应该与企业品牌保持一致性和连续性，不应该与企业品牌定位发生冲突。换句话说，企业应根据其核心价值观规划其雇主品牌。

因此，雇主品牌不是独立于企业品牌存在的，它最终是为了促进企业品牌的打造。我们经常看到中国的许多企业在报纸上的招聘广告和产品广告在色彩和风格上完全不同，虽然只是表象的识别问题，但这反映了企业在雇主品牌打造上对企业品牌的忽视，最终会模糊受众的品牌感知与联想。

（3）雇主品牌建设的目的是让员工更好地为客户或合作伙伴服务

许多企业的人力资源部忽略了雇主品牌建设的这一目的，常常使企业内部营销（视员工为客户的思维方式）陷入僵局。

例如，某房地产企业为了体现统一的企业形象，人事行政部要求员工必须穿着企业统一发放的西装。该企业的工程部人员则对此叫苦连天，因为他们穿这样的衣服常常无法为客户提供最好的服务（例如，与合作伙伴在建设工地现场工作等）。

因此，雇主品牌的管理与实施必须切合实际情况，内部服务应该以外部服务为基础。明智的企业会通过雇主品牌建设的实施培育一种服务文化，从而更好地为客户或合作伙伴服务。

（4）在打造雇主品牌过程中应该注重与其他部门协作

成功打造雇主品牌的一个关键环节是不同部门紧密合作，扮演好各自的角色，从而共同推动品牌建设。

① 高层人员：负责设定战略、企业价值观和使命。

② 人力资源部：负责识别核心人才的驱动因素，建设可以推动雇主品牌建设的人力资源流程、制度、架构和激励体系。

③ 营销和公关部：使雇主品牌和产品品牌价值协调一致，并与内部和外部沟通品牌价值。

④ 各业务单元：负责确保业务目标、方向，下属员工行为与企业价值观和雇主品牌一致。

⑤ 员工：在工作中理解、执行并向潜在员工宣传品牌含义。

由于目标市场之间会产生重叠（如产品品牌针对的客户将来也可能成为企业的员工），企业面对其他市场塑造品牌的过程也会提升企业的雇主品牌形象。因此，人力资源部在雇主品牌推广方面应该注重与其他相关部门的协作，如在企业形象广告中提到企业的人才观等。

此外，企业品牌的打造对雇主品牌建设有很大的促进作用，因此，如何统一规划、相互促进是品牌部门和人力资源部应共同考虑的问题。

（5）雇主品牌的打造是一个持续且长期的过程

人力资源部在制订雇主品牌打造策略时应该明白：与企业的品牌建设一样，雇主品牌的打造也是一个持续且长期的过程。

建立一套有效的公平、合理的考核机制需要时间，员工适应该机制也需要时间，进一步转变员工的行为习惯更需要时间。

员工培训的效果在短期内不会呈现，但对企业的长期发展必会起到很大的作用。企业对员工的承诺（如职业规划）通常也不可能是一种短期行为，企业实现承诺需要时间。也就是说，让员工建立起对企业的情感是需要时间的。从这一点上说，人力资源部需要促使企业管理层对雇主品牌持续地加以关注，将雇主品牌的打造进行到底。

2.2 人力资源规划

2.2.1 人力资源规划概述

1. 人力资源规划的含义及其作用

人力资源规划（Human Resource Planning）是指企业从战略规划和发展目标出发，根据其内外部环境的变化，对企业未来人力资源需求和人力资源供给状况进行分析及预测，并通过人力资源管理使之平衡的过程。对于企业来说，人力资源规划的实质是根据经营方针，通过确定企业的人力资源管理来实现其目标的过程，是把企业的人力资源问题与外部环境变化相联系的过程，是对企业人力资源数量、质量和结构的规划。

人力资源规划的内容应包括企业内部员工的转换、临时解雇员工、削减员工的数量、继续培训现有的员工，以及特殊部门员工数量的增加。需要考虑的因素包括目前企业员工的知识、技术和能力，以及由于退休、晋升、离职、解雇而引起的岗位空缺。总之，人力资源规划需要人力资源管理者和部门经理一起付出足够的时间和努力。

人力资源是企业最宝贵的经营资源，如何对人力资源进行合理规划一直是企业经营管理中的关键问题。具体而言，人力资源规划的作用主要体现在以下几个方面。

（1）人力资源规划是企业发展战略总规划的核心要件

如何最大限度地招聘符合企业发展需要的人才，做到人尽其才的同时储备后续人才，是企业需要优先考虑的问题。企业通过系统地分析不同环境下人力资源的需求来制订与企业长期利益一致的人力资源政策。预先准备人力，充分体现了人力资源规划的战略性质。因此，人力资源规划是整个企业总体规划和财务预算的有机组成部分，也是企业发展总规划的核心要素。

（2）人力资源规划是企业进行各项人力资源管理决策的基础，确保了企业在发展中对人力资源的需求

企业通过人力资源规划，了解人事动态，可以减少发展过程中人事安排的困难，并在用人的时候能够首先考虑好员工将来在组织中的可能位置；企业根据人力资源未来发展规划的要求，可预测何时对何部门、何职位员工采取什么样的政策，并根据制订的人员增补和培训计划，实现对企业内部人力资源的有效开发和利用。

（3）人力资源规划可以降低企业的人力资源成本，提高人力资源的利用效率

企业的人力资源成本指的是企业为获取、维护、开发和利用人力资源的资金投入，也称为人力成本，包括获取成本、维护成本、开发成本和利用成本。企业通过人力资源规划可以控制其人员结构、职务结构，从而可避免因企业发展过程中的人力资源浪费而造成利用和维护成本过高；可以比较准确地预测未来的人力资源需求，避免因错误招募、选拔员工而造成多余的获取成本；可以正确把握员工培训的需求，避免造成多余的员工专业培训和素质培训成本。所以，企业通过人力资源规划可以预测企业人员的变化，逐步调整其人员结构，避免人力资源的浪费，使企业人员结构尽可能合理，把企业的人力资源成本控制在合理的水平上，从而大大提高了人力资源的利用效率[①]。

2．人力资源规划的分类及内容

（1）人力资源规划的分类

按照期限长短，我们可以将企业的人力资源规划分为长、中、短期规划。短期规划通常是一年的规划，中期规划一般是 3～5 年的规划，长期规划则在五年以上。企业人力资源规划的期限长短，主要取决于企业环境的稳定性、确定性及其对人力资源素质高低的要求。如果经营环境不确定、不稳定，企业对人力资源的素质要求不高，可以随时从劳动力市场上补充所需的劳动力，则企业的人力资源规划可以以短期规划为主；反之，则必须制订较长期限的人力资源规划。

（2）人力资源规划的内容

从企业人力资源规划涉及的范围看，企业的人力资源规划包括两个层次，即人力资源的总体规划和专项业务计划。企业的人力资源总体规划是指计划期内人力资源开发利用的总目标、总政策、实施步骤及总体预算的安排。总体规划与企业的战略直接相关，是实现企业战略目标的人力资源保证。总体规划又是制订各项人力资源专项业务计划的依据。

人力资源规划中涉及的专项业务计划主要包括人员补充计划、人员使用计划、人才接替及提升计划、教育培训计划、薪资激励计划、劳动关系计划等。人力资源专项业务计划是总体规划的展开和具体化，以保证企业人力资源总体规划目标的实现。各专项业务计划也都由目标、政策、步骤及预算等部分组成。各项人力资源规划涉及的大致内容如表 2-7 所示。

---

① 赵曙明，周路路，罗伯特·马希斯，等. 人力资源管理. 13 版. 北京：电子工业出版社，2013：87-89.

表2-7　人力资源规划的内容

类别	目标	政策	步骤	预算
总规划	总目标（绩效、人力资源总量、素质、职工满意度等）	基本政策（如扩大、收缩、改革、稳定等）	总体步骤（按年安排），如完善人力资源管理系统等	总预算
人员补充计划	类型、数量，对人力资源结构及绩效的改善等	人员标准，人员来源，起点待遇	拟订标准，广告宣传，测试，录用	招聘、挑选费用
人员使用计划	部门编制，人力资源结构优化及绩效改善，职务轮换幅度	任职条件，职务轮换，范围及时间	略	由使用规范、类别及人员状况决定的工资、福利预算
人才接替及提升计划	保持后备人才数量，完善人才结构，提高绩效目标	选拔标准、资格、试用期、提升比例，未提升资深人员的安置	略	职务变动引起的薪酬变化
教育培训计划	素质及绩效改善，培训类型、数量，提供新人力资源，转变态度及作风	培训时间的保证，培训效果的保证	略	教育培训总投入，脱产损失
薪资激励计划	人才流失率降低，士气水平，绩效改进	激励重点，工资政策，奖励政策，反馈	略	增加工资、奖金额
劳动关系计划	降低非期望离职率，干群关系改革，降低投诉率及不满	参与管理，加强沟通	略	法律诉讼费

3．人力资源规划制订的原则

企业在制订人力资源规划时，必须注意以下原则。

（1）充分考虑内部、外部环境的变化

未来总是充满许多不确定的因素，人力资源规划应充分考虑内外环境的变化，"随机应变"。这里的内部环境变化主要包括企业发展战略的变化、企业员工流动等，外部环境的变化主要包括政府有关人力资源政策的变化、宏观上人才市场供需矛盾的变化等。例如，户籍管理政策的变更、社会保障法规的变更、环境保护法规的变更等都会引起人员流动及供求的变化，进而影响人力资源规划。

（2）目标性原则

人力资源规划的制订和实施要与组织的发展目标相统一。人力资源规划的应用范围很广，既可以运用于整个组织，又可以局限于某一部门或某个集体。不管哪种规划，都必须与组织的整体发展目标相统一，这样才能确保组织各项资源的协调，使人力资源规划具有准确性和有效性。

（3）兼顾原则

人力资源规划不仅是面向企业的规划，还是面向员工的规划，因此兼顾原则是指尽量达到组织和员工双方的共同发展。在知识经济时代，随着人力资源素质的提高，员工越来越重视自身的发展前景，组织的发展也离不开员工的贡献，两者是相互依托、相互促进的。如果规划只考虑企业的发展需要而忽视了员工的发展需要，则会阻碍企业发展目标的完成。优秀的人力资源规划一定是能够使企业和员工得到长期利益的规划，一定是能够使企业和员工共同发展的规划。

4．人力资源规划的过程

企业要想利用劳动力市场获取竞争优势，需要明确三个重要方面的问题：首先，明确认识企业自身的人力资源状况，特别是现在人力资源的优势和劣势；其次，要预见企业未来走向，根据企业未来走向明确对未来人力资源的需求；最后，识别现有人力资源结构与未来所需人力资源结构的差别，并针对差别提出方案，采取行动。

根据以上思想，企业的人力资源规划工作应按以下步骤进行，如图 2-2 所示①。

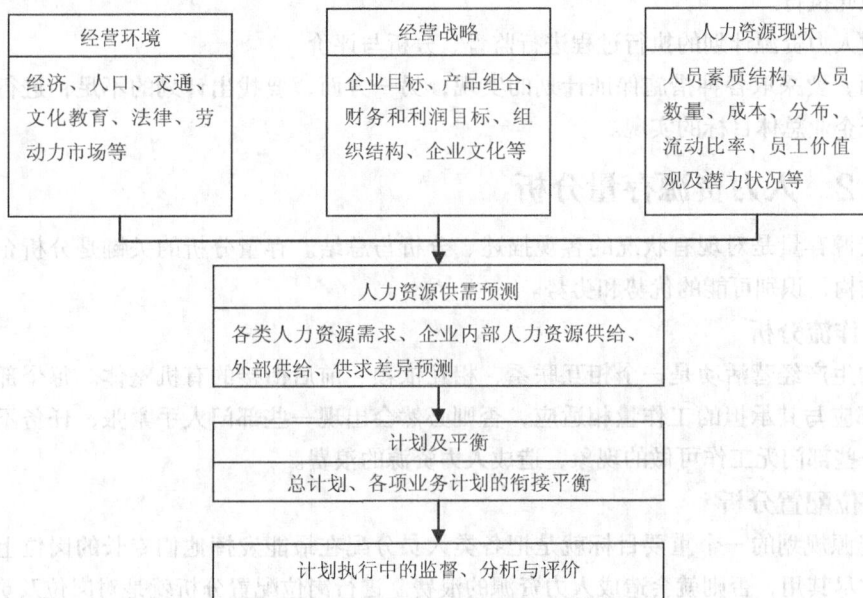

图 2-2　人力资源规划的过程

（1）分析与研究企业的经营战略

确定企业经营战略对人力资源的要求及其变化趋势，是企业人力资源规划的依据。不同的产品组合、不同的生产技术、不同的生产规模以及不同的市场等，对所需人员必然会有不同的要求，这些要求既有数量方面的，又有结构方面和质量方面的。

（2）研究企业经营环境及其变化

企业的经营战略是在一定的经营环境中实施的，因而经营环境对企业经营战略的实施有着重大的影响。人力资源规划就是要根据经营环境的变化，对企业的人力资源进行预先的统筹安排，以确定经营战略的有效实施。经营环境的变化会影响企业对人力资源的需求。

（3）摸清企业现有的人力资源状况

此即对企业的内部人力资源环境进行扫描。企业现有的人力资源是人力资源规划的基础，企业战略目标的实现首先要立足于开发现有的人力资源，因此，企业制订规划时必须对现有的人力资源状况有一个全面的了解。利用一定的方法，对企业的人力资源数量、质量、分布情况、利用状况等进行认真的统计分析，是企业人力资源规划的一项基础性工作。

（4）对企业的人力资源需求与供给进行预测

这是企业人力资源规划的关键性工作，科学、合理的预测是人力资源规划有效性的必要保证。规划就是对未来的人力资源工作进行预先的统筹安排，因而有必要对计划期内人力资源的余缺状况有充分的了解。

---

① 赵曙明，张正堂，程德俊. 人力资源管理与开发. 北京：高等教育出版社，2011：104-111.

（5）制订人力资源开发与管理的总规划与各专项业务计划

这是人力资源规划中比较具体、细致的工作，也是整个人力资源规划工作成果的表现阶段。它要求企业在对经营战略、经营环境和人力资源现状进行分析研究的基础上，根据计划期内人力资源的供需预测，提出企业人力资源管理方面的各项具体要求、目标、措施及步骤等，以便有关部门照此执行。

（6）对人力资源计划的执行过程进行监督、分析与评价

一方面，要采取各种措施保证计划的实现；另一方面，要找出计划的不足，进行适当的调整，以保证企业总体目标的实现。

2.2.2 人力资源存量分析

人力资源存量是对现有状况的客观描述、分析与总结。存量分析的关键是分析企业现有的人力资源结构，识别可能的优势和劣势。

1．工作流分析

企业的生产经营活动是一个相互联系、相互依赖、前后衔接的有机整体。每个部门的人力资源配置都应与其承担的工作量相适应，否则必然会出现一些部门人手紧张，任务不能按时完成，而另一些部门无工作可做的现象，造成人力资源的浪费。

2．岗位配置分析

人力资源规划的一个重要目标就是把各类人员分配在最能发挥他们专长的岗位上，做到人尽其才、才尽其用，否则就会造成人力资源的浪费。进行岗位配置分析就是对岗位及员工进行分类，用矩阵表列出企业现有人力资源及其使用情况，从中可以分析出企业人力资源的实际使用状况和使用效果。

3．冗员分析

企业中的人力资源问题主要表现在两个方面，一是人力资源的短缺，二是人力资源的过剩和浪费。实际上，绝大部分企业同时存在这两种现象，解决问题必须从现有人力资源的浪费开始。

企业中过剩的人员表现为企业的冗员。所谓冗员，就是指超出企业正常生产经营活动需要的人员。根据劳动经济学的观点，冗员属于"隐性失业"。冗员不包括正常的后备人员。后备人员是为保证生产经营的正常开展和企业长远发展而进行的适量的人员储备，如替补人员和在职培训人员。

因此，企业的冗员=全部职工-实际需要-合理储备。

冗员分析不只是确定企业冗员人数的多少，还要分析冗员的具体构成和具体情况，以便制订切实可行的冗员利用与处理方案。

企业的冗员一般可分为两大类。一类是素质与工作不适应的人员，包括老弱病残人员、知识技能不足的人员、思想觉悟不合格的人员；另一类是素质与工作适应但超过实际需要的富余人员，包括只愿干本职工作和希望调换工作的人员。

4．人力资源素质分析

企业的人力资源素质是指企业成员具有的对企业生产力有直接和显著影响，并具有相对稳定性的品质特性。人力资源的素质分析可以从以下几个方面进行[1]。

---

[1] 赵曙明. 人力资源战略与规划. 4版. 北京：中国人民大学出版社，2017：116-119.

（1）人力资源的思想觉悟和企业的群体文化

有价值的行为源于有价值的思想观念的引导，这一点对个人和组织都是一样的。目前，企业文化的建设也正是建立在这种认识的基础上的。有没有效率观及雷厉风行的工作作风，有没有顾客至上的信念及热情服务的职业道德，有没有集体意识和协作精神，有没有开拓创新的意识和勤奋拼搏的精神等，对企业生产力的提高和战略目标的实现有着至关重要的影响和作用。凡是事业有成的员工，都有着过硬的思想觉悟和工作作风；凡是成功的企业，也都有明确的企业精神和企业理念。

个人的思想觉悟和企业的群体文化虽然难以用客观而明确的标准来测定，但可以通过社会心理调查及员工绩效数据加以分析。

（2）员工知识与技能水平

任何组织都希望提高工作人员的素质，以为组织做出更大的贡献。员工的知识与技能水平包括知识水平和技能水平两个方面。员工的知识水平主要是指员工的文化知识、专业知识和工作经验等，员工的技能水平则包括操作技能、表达能力及管理技能。员工的这些技能对企业产品的市场竞争力及企业的发展有着直接的影响。随着科技的日益发展，企业对员工的知识与技能水平的要求也会越来越高。

企业员工的知识与技能水平，从员工个人角度看，可以用员工所获得的专业技术职称及最终学历来表示。企业整体的知识与技能水平，则可以用专业技术人员占全部员工的比重、中高级职称人员占全部员工的比重、大中专毕业生占全部员工的比重、员工的平均文化程度等指标来表示。

通常，企业组织内的工作人员可能会出现如下两种情况：一部分人员的能力不足，难以胜任目前的工作，限制了组织的业务发展；另一部分人员能力有余但未能充分利用，浪费了人才，还导致了人员的不满和变动。

提高人员素质可以通过工作轮换、工作扩大化、工作融会贯通和培训开发等方法来实现，也可实施工作分析，确定详细的工作规范，将其作为选拔人才的标准。

（3）员工的心理健康分析

随着竞争的日益激烈，员工承受的工作与生活压力越来越大。企业员工的心理健康与否会影响企业内部的人际关系与人际沟通，进而影响企业文化。因此，企业一定要注意保持员工的心理健康。

在我国，衡量心理健康的标准有以下几个。

① 智力水平。正常智力水平是人们生活、学习、工作的最基本的心理条件。人的智力主要由感知能力、记忆能力、思维能力、想象能力和操作能力组成。这五种能力要相对平衡，以防止智力畸形发展。

② 情绪健康。情绪健康的标准如下。

第一，情绪是由适当的原因引起的；

第二，情绪的作用时间随客观情况的变化而变化；

第三，情绪稳定；

第四，情绪愉快。

③ 意志健全。人的意志品质是衡量意志健全的主要依据。人的意志品质包括意志的自觉性、果断性、顽强性和自制力。

④ 统一、协调的行为。心理健康的行为协调表现在：第一，意识与行为一致；第二，在相

同或类似情况下的行为表现是一致的。

⑤ 人际关系适应。人生活在社会里，人与人之间要结成各种各样的关系。一个人能正确对待与处理这些关系，就具有正常的心理适应能力。

⑥ 反应适度。反应适度是心理健康的又一重要标志。人的反应的心理变态表现在反应的异常兴奋或异常淡漠。

⑦ 心理特点与年龄相符。人的一生中会经历多个年龄阶段，在一定的社会条件下，人在不同的年龄阶段会表现出不同的心理特点。不同年龄的人的心理特点与其年龄应有的心理特点基本符合，这是心理健康的表现。

（4）群体的知识和技能结构

企业生产经营的顺利进行需要各方面的人才，企业既需要掌握不同知识的专业人员，又需要不同技术层次的人员。这样才能既保证生产经营任务的完成，又尽可能降低人工成本；既保证了组织的需要，又使员工能力得到最充分的利用和发挥。

群体知识和技能的年龄结构非常重要。一方面，它关系到企业发展过程中员工新老更替的顺利进行；另一方面，不同年龄的员工对不同的岗位有不同的作用。

专业技能结构主要是指企业员工中掌握不同知识与技能人员的比例关系。企业的运营需要多方面的人才，既要有一线的操作人员，又要有工程技术人员，还要有管理人员。在各类人员中，又要面对其专业分工结构的问题。

知识和技能层次结构指的是企业所拥有的高、中、初级职称人员的比例关系。

（5）员工队伍的整体素质评价

由于各企业所处的行业不同，面对的目标市场不同，经营的产品层次不同，因此对员工的素质要求也不相同，但任何企业都要求其员工必须适应自身岗位。企业员工对其岗位的适应性是衡量该企业员工整体素质高低的通用标准。企业员工对其岗位的适应性可用适职率来表示。

2.2.3　人力资源供需状况分析

由外部环境监测和内部优劣势分析得到的信息，可用来预测要实现企业目标和战略所需要的人力资源供求状况。预测是利用过去和现在的信息来估计未来的情况。当然，对未来的预测也可能存在着主观的错误。但是，一般来说，经验丰富的专业人士完全有可能做出足够正确的预测，从而为企业的长远规划做出贡献[①]。

1. 预测方法与阶段

人力资源预测的方法可以是定性的，也可以是定量的。人力资源预测的方法从经理人员的主观判断到计算机模拟，不尽相同。尽管用到了复杂的数学模型和技术，预测技术仍是定量方法与主观判断的结合。各项因素必须由一些知识丰富的人士（如经理和人力资源专家）进行评估和加权，他们综合使用数学模型这一分析工具与主观判断做出决定。

依据时间长度，人力资源预测可分为三种：长期、中期、短期。使用最普遍的是短期预测，通常是 6 个月到 1 年预测一次。这些短期预测为一个企业的即期人力资源需求提供了最好的估计。中期预测和长期预测相比之下更为困难。中期预测通常需要对未来 1～3 年进行预测，而长期预测需要对未来 3 年以上的时间进行预测。

---

① 赵曙明，周路路，罗伯特·马希斯，等. 人力资源管理. 13 版. 北京：电子工业出版社，2013：7-89.

2．预测人力资源需求

企业预测人力资源需求可以以整个企业为对象，也可以以各个部门为对象。例如，我们可以预测明年企业将需要 125 名新员工，也可以预测明年企业销售与顾客服务部门需要 25 名新员工，生产部门需要 45 名新员工，财会与信息部门需要 20 名新员工，人力资源部门需要 2 名员工，仓储部门需要 33 名新员工。显然，这种部门细分预测要比总体预测考虑更多的因素。

企业预测人力资源需求需要考虑可能发生的具体需求，这种需求在新的工作岗位出现或目前岗位减少时产生。除此之外，还要考虑员工晋升、调动、辞职和终止合同等离开岗位的情况。

每一份工作都制订了与之对应的规则或上岗评估说明。例如，一个金融机构的工作岗位规则规定，50%的分支管理者必须由顾客服务员晋升而来，25%的人选由个人银行家晋升而来，最后的 25%要面向新员工。但是，预测人员必须清楚企业中的连锁反应，因为随着一些员工的晋升，他们原来的工作岗位将出现空缺。基于上面的例子，我们必须做出对顾客服务员及个人银行家的需求预测。这种分析的总体目标就是，对预测期所需的人力资源数量及类型做出估计。

（1）人力资源需求预测的步骤

人力资源需求预测需要经过以下四个步骤。

① 预测企业未来生产经营状况。

② 根据对企业未来生产经营状况的预测，测算各职能工作活动的总量。

③ 确定各职能及各职能内部不同层次类别人员的工作负荷。

④ 根据各职能的活动内容和活动量及工作人员的工作负荷，推算各职能及各职能中不同层次对各类人员的需求量。

（2）人力资源需求预测的具体方法[①]

① 经验预测法。经验预测法根据过去的经验来预测未来的人力资源需求总量及需求结构。一些企业用这种方法预测未来一段时间内的人力资源需求。

② 上级估算法。上级估算法即先由企业各职能部门的基层管理人员根据本部门未来的业务培养情况，提出本部门各类人员的需求量，再交由上一管理层进行估算平衡，经过层层上报，最后由最高层做出人力资源的需求总量预测。

③ 替换单法。替换单法通过职位空缺来预测人力资源需求。职位空缺主要是因为员工离职、晋升、企业辞退或业务扩大而产生的。企业通过替换单可以得到用职位空缺表示的人员需求量，也可得到在职者由于年龄和晋升的可能性将要产生的职位空缺。

④ 德尔菲法。这是一种专家预测法，一般适用于长期预测。专家可以是企业的员工，也可以是外部的专业人士。

3．预测人力资源供给

一旦对人力资源需求做出预测，我们就必须明确其可获得性。预测人力资源的可获得性必须同时考虑外部和内部供给。测量人力资源内部供给较容易，对人力资源外部供给的衡量要尽可能准确。

我们进行人力资源供给预测应该从企业内部开始，考虑人员的流动及其适应未来工作的能力，弄清楚计划期内企业现有人力资源能够满足企业需要的程度，再综合考虑企业外部的人力资源供给状况。

---

① 赵曙明，张正堂，程德俊. 人力资源管理与开发. 北京：高等教育出版社，2011：116.

（1）企业内部人力资源供给预测

图 2-3 所示为内部劳动力供给的估计。对内部供给的估计要考虑员工因晋升、平调和辞职而发生的变化。同时，要考虑内部人力资源供给受到培训与发展计划、调动与晋升制度，以及退休政策等其他因素的影响。预测内部供给、替换图（Replacement Charts）和继任计划中的数据以了解潜在的人员变动，甄选候选职员，以及为企业各个部门追踪辞职和退休的情况。

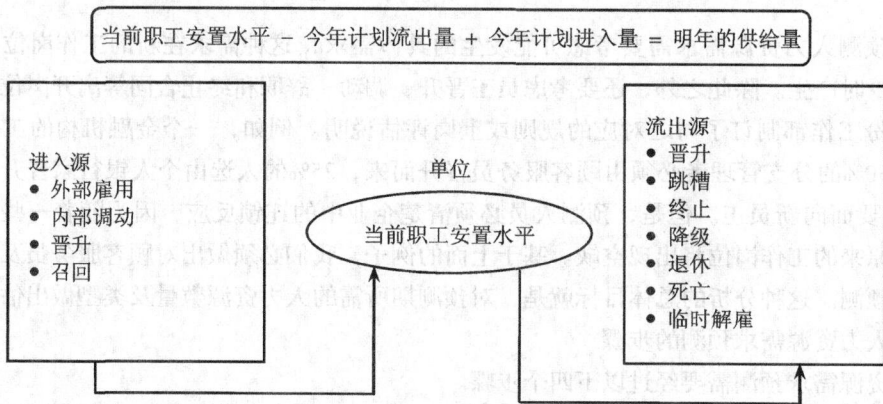

当前职工安置水平 － 今年计划流出量 ＋ 今年计划进入量 ＝ 明年的供给量

进入源
● 外部雇用
● 内部调动
● 晋升
● 召回

单位

当前职工安置水平

流出源
● 晋升
● 跳槽
● 终止
● 降级
● 退休
● 死亡
● 临时解雇

图 2-3　内部劳动力供给的估计[①]

常用的企业内部人力资源供给预测方法有三种：人员核查法、替换单法和马尔科夫模型法。

① 人员核查法。人员核查法是通过对企业现有人力资源的数量、质量、结构和在各职位上的分布状态进行核查，从而掌握企业可供调配的人力资源数量及其利用潜力。

人员核查法的典型步骤是：先对组织的工作进行分类，并进一步划分级别，有些企业的工作种类及其级别划分经工作分析和设计后在工作说明书中体现出来，有些并没有明确体现在文件中，需要做归类工作；然后统计每一职位每一级别的人数。

② 替换单法。替换单法可以用于对每一位内部候选人进行跟踪，以便为组织重要职位挑选候选人。这种方法通常用于管理职位的供给预测。在替换单中，要给出职位名称、现任职位、职工姓名、年龄、预计提升时间以及可能的替换候选人及其预计提升时间。

该方法以绩效为预测依据。当员工的绩效很低时，其将被辞退或调离；当绩效很高时，其将被提升。对于预计提升时间，很大程度上也以此为依据，当然还要考虑人员的技能、能力等。该方法的步骤如下。

第一，确定要进行人力资源规划的工作职能范围；

第二，确定关键职位的候选人；

第三，评价候选人的工作情况及对提升要求的满足情况；

第四，了解候选人的职业发展需要，将个人职业发展与组织发展相结合。

③ 马尔科夫模型法。这种方法用于预测具有等时间间隔的时点上各类人员的分布状况。在具体运用中，假设前提为：第一，马尔科夫性假定，即 $t+1$ 时刻的员工状态只依赖于 t 时刻的状态，而与 $t-1$、$t-2$ 时刻状态无关；第二，给定时期内从低一级向高一级或从某一职位转移到另一职位的人数是起始时刻总人数的一个固定比例，即转移率一定。在给定各类人员起始人数、转移率和未来补充人数的条件下，就可以确定各类人员的未来分布状况，做出人员供给的预测。

① 赵曙明，周路路，罗伯特·马希斯，等. 人力资源管理. 13 版. 北京：电子工业出版社，2013：89-98.

马尔科夫模型的基本表达式为：

$$N_i(t) = \sum N_i(t-1) \times P_{ij} + V_i(t)$$

式中　$N_i(t)$——时刻 t 时 i 类人员数；

　　　　P_{ij}——人员从 j 类向 i 类转移的转移率；

　　　　$V_i(t)$——在时间（$t-1$，t）内 i 类所补充的人员数。

某类人员的转移率 P=转移出本类人员的数量/本类人员原有数量。

这一模型要求具有大量的数据信息，以获得员工转移概率矩阵，再加上其假定前提，就使得其预测的有效性和对实际的指导性有所减弱[1]。

（2）企业外部人力资源供给预测

从企业外部招聘引进人员也是一条不可缺少的途径。如图 2-4 所示，影响企业外部人力资源筹措的因素很多。我们必须对企业潜在可得员工的外部供给加以估计，必须对劳动力市场人数进行估计，也必须对行业趋势及许多其他更为复杂的内部相关因素进行认真考虑。

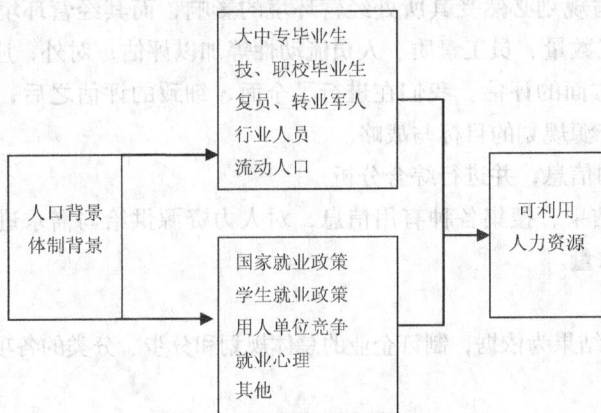

图 2-4　外部人力资源供给预测模型[2]

2.2.4　人力资源规划的制订与实施

企业必须根据其整体发展的战略目标和任务来编制有效的人力资源规划。一般来说，企业编制人力资源规划时，应该考虑人力资源规划编制的目的、内容和程序等。在编制工作完成之后，要进行有效的控制实施，并对规划方案和实施结果进行正确的评价审核[3]。

1．人力资源规划的分解

在确定了所需人员的类型和数量后，人力资源管理人员就可以着手制订战略规划和采取各种措施以获得所需的人力资源了。这一阶段的工作是人力资源规划中比较细致的工作，一般首先编制人力资源战略规划，然后制订相应的战术规划。

（1）战略规划

企业的人力资源战略规划是根据企业内部的经营方向和经营目标，考虑外部的社会和法律

---

① 文跃然. 人力资源战略与规划. 上海：复旦大学出版社，2017：189.
② 赵曙明，张正堂，程德俊. 人力资源管理与开发. 北京：高等教育出版社，2011：117-120.
③ 赵曙明，张正堂，程德俊. 人力资源管理与开发. 北京：高等教育出版社，2009：124-127.

环境对人力资源的影响而制订的一般为两年以上的规划方案。在制订时，要注意国家和企业人力资源政策环境的变化、企业内部经营环境的变化、企业文化这三个因素。

（2）战术规划

企业的人力资源战术规划是企业根据未来面临的外部人力资源供求预测以及由于发展而对人力资源需求量的预测，进而制订的具体方案，主要内容包括招聘、辞退、晋升、培训、工资福利政策和组织变革等。

2．人力资源规划编制的程序

由于各企业的具体情况不尽相同，所以编制人力资源规划的步骤也不完全相同。一般而言，企业人力资源规划的编制应包括以下几个步骤。

（1）成立人力资源规划编制小组

人力资源规划是企业进行各项人力资源管理决策的基础。它不仅是人力资源管理部门的事情，而且涉及企业内部其他部门。所以，企业编制人力资源规划需要成立专门的工作小组，并由总经理（或分管人事的副总经理）直接领导，协调各部门一同工作。

（2）进行环境评估，设定目标与战略

企业的所有战略与规划必然受其所处经营环境的影响，而其经营环境一般分为内外两个方面。在内部，应对员工数量、员工素质、人员流动性等加以评估；对外，应包括对宏观环境、政府政策、技术进步等方面的评估。我们在进行了全面、细致的评估之后，根据企业的目标与战略，制订相应的人力资源规划的目标与战略。

（3）搜集各方面的信息，并进行综合分析

根据环境评估的结果，搜集各种有用信息，对人力资源供给与需求进行预测，并进行综合分析，确定人员净需求量。

（4）拟订方案

以上述综合分析的结果为依据，制订企业的总体规划和分步、分类的各项具体业务规划。

（5）报请批准

将确定的最终方案交由企业的最高层审核批准，并存档保存，以便于下一步的具体实施。

3．人力资源规划的实施

人力资源规划归根结底是一个实践的过程，企业在完成人力资源规划的编制后，规划的实施就成为十分重要的环节。

人力资源规划的实施主要包括执行、检查、反馈、修正四个步骤。

（1）执行

在执行过程中要注意：执行前做好充分准备工作，严格按照计划执行。

（2）检查

如果忽略监督、检查，就会使人力资源具体业务规划流于形式，缺少实施的必要压力。检查最好由实施者的上级进行，避免由实施者本人或其下级进行。

（3）反馈

要保证反馈的真实性，以便进行人力资源规划的修正。反馈可以由实施者进行，也可以由检查者进行。

（4）修正

企业所处的内外部环境在不断地发生变化，同时，规划的制订也不可能完全正确，因此，企业要根据反馈的信息及时对原计划进行修正。

4．人力资源规划的评价

对人力资源规划进行评价的目的是通过找出人力资源规划实施的成果和事先确定的企业人力资源规划预期目标间的差距，指导下一阶段的人力资源规划活动。

在进行人力资源规划评价时，首先要考虑规划目标本身的合理性，其方法与内容应该与人力资源规划工作的发展程度相适应。评价时要注意以下几个问题。

① 考虑人力资源规划者熟悉人力资源工作的程度以及对它们的重视程度。

② 处理好人力资源规划者与提供数据和使用人力资源规划的人事、财务部门及各业务部门经理间的工作关系。

③ 掌握与有关部门进行信息交流的难易程度。

④ 考察决策者对人力资源规划中提出的预测结果、行动方案与建议的重视和利用程度。

⑤ 关注人力资源规划在企业高层管理者心目中的价值。

⑥ 应该达到五个基本标准：客观性、一致性、协调性、可行性及有利性。

此外，企业在评价人力资源规划的同时，还需要将执行的结果与预期目标相比较，通过发现规划与现实间的差距来指导以后的工作。主要比较的方面有：①人力资源实际招聘数与预测的人力资源净需求量相比较；②实际的劳动生产率与建立的目标相比较；③人员流动率的实际水平与预测值相比较；④人力资源规划的实施结果与预期目标相比较；⑤实际执行的行动方案与规划方案相比较；⑥规划实施的实际成本与预算相比较；⑦人力资源规划的成本与收益相比较。

2.2.5 国内人力资源规划现状

1．国内人力资源规划发展的不足

国内人力资源规划的发展相对比较滞后，主要表现在以下六个方面。

① 人力资源规划工作没有引起管理者的足够重视，在组织中的地位明显不如薪酬管理、绩效管理等板块。

② 人力资源规划缺乏系统的研究，很多组织在研究和应用人力资源规划时都显得比较功利，强调技术、模型、方法的学习，而缺乏对企业人力资源规划体系的整体构建，造成人力资源规划的有效性减弱。

③ 组织成员对人力资源规划的参与度不够，人力资源规划仅仅由人力资源部门开展，获取内外部信息的渠道和途径不够全面，难以形成有指导意义的人力资源规划。

④ 人力资源规划停留在纸面上，不重视执行、修正、评估、反馈等后续工作，使得人力资源规划不能充分发挥其对企业活动的指导作用。

⑤ 缺乏独立研究开发的人力资源规划体系或者模型，大多数组织使用的都是从国外引进的技术。

⑥ 人力资源规划停留在操作阶段，离战略阶段还有一段距离。

2．国内人力资源规划水平相对落后的原因

造成我国人力资源规划水平相对落后的原因主要有以下三个。

① 在人力资源管理的各个模块中，薪酬管理、绩效管理、培训管理更受关注，也是传统人事工作的重点，很多企业认为人力资源规划不是人力资源管理的核心组成部分，所以并不重视。

② 很多企业还没有从计划经济思想和行为习惯中转变过来，没有对人力资源的稀缺性产生正确认知，很难认识到开展人力资源规划的重要性。

53

③ 人力资源规划强调管理理性，倡导计划、规划对于管理的指导作用，这与中国的文化和管理哲学存在矛盾，因此，国内企业很难真正自发地开展理性的人力资源规划活动[①]。

【启发与思考】

扫一扫→雇主品牌

【思考练习题】

1. 人力资源战略的影响因素包括哪些？
2. 人力资源战略是如何构成的？是如何分类的？
3. 人力资源战略模式有哪些？
4. 人力资源存量分析方法有哪些？
5. 人力资源需求预测与人力资源供给预测的影响因素各有哪些？
6. 人力资源规划的制订与实施过程包括哪些步骤？

【模拟训练题】

A 公司有四类工作人员：高级管理人员、中层管理人员、班组长和操作工。已知 2017 年年初这四类人员的数量分别是 40 人、80 人、120 人和 160 人。假设四类人员每年的流动情况为：高级管理人员有 80%留下，其余的离职；中层管理人员有 70%留任，20%离职，10%升迁为高级管理人员；班组长有 80%留下，5%成为中层管理人员，5%成为操作工，10%离职；操作工有 65%留下，15%成为班组长，20%离职。

请计算 2017 年 A 公司四类人员的供给情况。

【情景仿真题】

以某一企业为例，分析企业人力资源内部环境（人才内部供给分析、人才的需求分析、人力成本分析等），分析企业人力资源外部环境（企业所需各类人才的需求分析、社会上该类人才的成本分析、相关环境因素分析），进行人才供需预测。

① 文跃然. 人力资源战略与规划. 上海：复旦大学出版社，2017：199-200.

第 3 章 工作分析与设计

📎 学习目标

学习本章后，读者应达到以下目标：

1. 了解工作分析的作用。
2. 理解工作分析的内容与程序。
3. 掌握工作分析的基本概念与基本方法。
4. 掌握编写工作说明书的技能。

工作分析与设计
重难点

📋 引导案例

N 公司的招聘瓶颈

N 公司是国家发展和改革委员会定点的一家专业从事农药等精细化工产品研发、生产和销售的高科技公司。自成立以来，凭借高质量的产品和优质的服务，该公司获得了海内外客户的广泛认可，公司得以迅速发展，产品畅销四十多个国家和地区，在国内同行业中处于领先地位。公司的快速发展使其对员工，尤其是具备一定专业技术的一线岗位员工的需求大幅增加。以前，公司在化工院校举办的校园招聘会上招聘到的人员数量就可以基本满足一线岗位人员需求。这些来自化工院校的学生进入企业以后很快就成了企业一线岗位的业务骨干，为公司的快速发展做出了贡献。但进入新世纪以来，情况发生了很大的变化。虽然每年到了招聘季节，公司人力资源部也会去相关化工院校及各类人才招聘会现场组织招聘，但招聘的结果却令人失望。前来应聘的学生越来越少，同意签约的学生则更少。这同其他非化工类企业招聘摊位前的热闹场面形成了鲜明的对比。公司人力资源部注意到即使那些学化工专业的学生也纷纷走向其他非化工企业的招聘现场。更严重的是，企业在职的一线员工也纷纷离开现有岗位，少数要求调整到别的岗位，多数投奔非化工类单位。尽管 N 公司采取了一些诸如对老员工加薪或晋级等紧急措施，留住了一些技术成熟、对公司有感情的老员工，但总体上一线岗位员工离职的趋势并没有得到根本扭转。随着招聘的难度越来越大及离职率的持续增加，N 公司甚至出现了"员工荒"现象（一线岗位）。这对处于快速发展阶段的 N 公司而言，是一个非常棘手的问题。

1. N 公司一线岗位员工招聘难可能是哪些原因造成的？
2. N 公司如何突破其招聘难的瓶颈？

资料来源：王玉峰，杨多. 农化企业如何突破一线岗位的招聘瓶颈——来自一家农药企业的案例研究. 中国人力资源开发，2015，（2）：75-80.

3.1 工作分析

3.1.1 工作分析概述

1. 工作分析的相关术语及内容

工作分析是人力资源管理的基础性活动，也是容易被人力资源管理忽视的活动。我们在运用工作分析之前，首先要深入理解工作分析。工作分析是指完整地确认工作整体，以便为管理活动提供各种有关工作方面的信息所进行的一系列工作信息收集、分析和综合的过程。几乎所有的人力资源管理活动都以全面、深入的工作分析为基础[1]。

（1）工作分析的相关术语

微动作（micromotion）：工作最简单的单位是微动作，是指触及、抓起、安置或放下一个物体等一些非常基本的动作。

要素（element）：要素是两个或两个以上微动作形成的集合，它是一个整体。要素是形成职责的基本单位和分析的基础，往往不直接体现在工作说明书中。

任务（task）：一组工作要素的集合。任务是为了达到某个目的而结合在一起的工作要素集合，是工作分析的基本单位。

责任（responsibility）：为取得关键成果而完成的一系列相关联的任务集合。

职位（position）：当职责与责任相结合时就界定了一个职位，它是组织的基本构成单位。

职务/工作（job）：主要任务和责任相同的一组职位的集合。

职业（occupation）：一组相似的职务/工作形成一种职业。

工作族（job family）：一组相似的职业构成了工作族。

（2）工作分析的内容

工作分析的内容主要是与工作相关的各种信息，企业通过这些信息可以确定关于每项工作的以下内容[2]。

① 工作存在的原因。首先，工作为什么存在？这个问题的回答是很有必要的，是进行其他内容分析的前提。如果工作没有存在的价值，我们就没有必要进行分析。特别是对于面临巨大变革的组织来说，分析工作目的可以据此去掉某些工作职务或岗位。其次，该项工作的使命是什么？

② 工作做什么。该工作具体做什么事情？承担哪些任务与责任？

③ 工作谁来做。该项工作由什么人来做？需要具备怎样的素质或条件？如对受教育程度、身体素质、心理素质、工作经验等的要求如何？

④ 工作地点。在哪里工作？是否有外出（出差）要求？还有什么其他特定的工作环境和条件？

⑤ 工作时间。工作总时间和工作进度、班次等如何安排？每周的工作时间是多少小时？早、中、晚班如何轮流？法定节假日如何安排？

⑥ 服务对象。该项工作的承担者与哪些人存在工作上的联系？怎样联系？

⑦ 工作程序。要完成这项工作，需要哪些具体的工具或设备？需要什么样的材料、数据或信息？在工作过程中需要做什么？

只有明确工作分析所要获得的各项内容或指标，才能有针对性地进行资料收集，这样工作

---

① 迈克尔·阿莫特. 工业与组织心理学. 6版. 于丹，武琳，邵燕萍，译. 北京：中国轻工业出版社，2011：28.
② 赵曙明，张正堂，程德俊. 人力资源管理与开发. 北京：高等教育出版社，2011：65-59.

分析结果的效度和信度才会高。

2．工作分析的地位和作用

工作分析是整个人力资源开发与管理工作的基础。一个企业对人力资源的管理是否规范，首先体现在这个企业的人力资源管理人员是否进行工作分析上。只有全面和深入地进行工作分析，企业才能充分了解各项工作的具体特点和对员工各方面的基本要求，从而为人力资源管理的决策奠定基础。工作分析与人力资源管理其他环节的关系如图3-1所示。

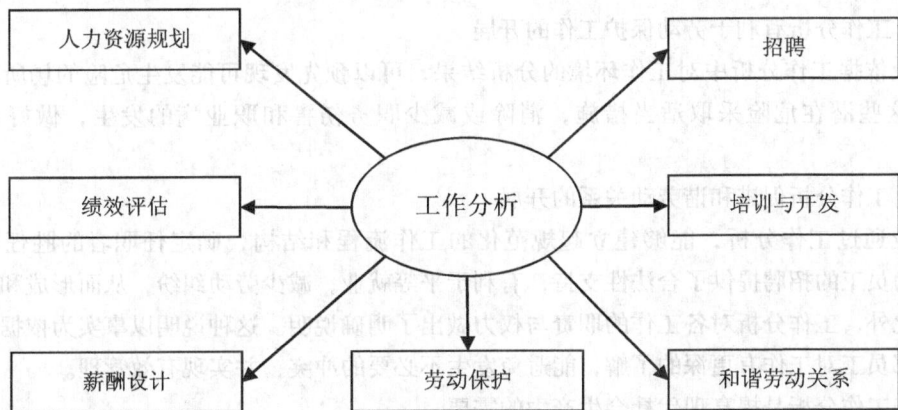

图3-1 工作分析与人力资源管理其他环节的关系

（1）工作分析是预测人力资源需求，制订人力资源规划的基础

工作分析有助于制订适应企业战略目标的人力资源规划。例如，企业可以利用对现有工作分析的信息预测未来工作的变化，重新设计工作，充实工作内容，确定未来对员工数量及其能力等的要求。此外，利用工作分析数据，还可以将某一特定工作所要求的技能与企业现有员工的实际技能相比较。如果员工的实际技能不能满足现有岗位的需要，企业就可以采取一些措施来进行调整。

（2）工作分析为招聘提供了标准

明确的工作描述和工作规范为确定招聘人员的类型、工作内容、职责以及对其知识、能力、经验、个人特质等方面的要求提供了基本标准。如果有明确的工作描述，求职者可以将申请应聘的工作与劳动力市场上的同种工作相比较，以便确定自己愿意接受的薪酬水平。否则，有可能造成员工就职后因对工作不满而跳槽，增加招聘成本。如果有详细的工作规范规定了对聘用人员的基本要求，企业就可以以此为标准来选择应聘人员。

（3）工作分析可以作为员工培训和开发的目标

工作分析规定了对员工知识、能力、技能等的要求，通过比较员工在实际工作中表现出来的知识、能力、技能，可以发现二者之间有无差异。如果有差异，可以很容易地确定员工需要哪方面的培训。反过来，工作标准可以用来评估培训是否取得了应有的效果，即是否满足了工作分析确定的要求。从员工职业生涯的发展管理来看，员工希望能够通过努力得到升迁。员工从低一级向高一级职位晋升的要求是不同的，工作分析为企业中的每一职位确定所需的要求，这实际上为员工确定了晋升的路线和标准。

（4）工作分析为员工绩效评估确立了标准

工作分析对工作的描述为以后评估从事这一工作的员工的绩效提供了标准。在进行员工绩效评估时，其标准必须是与工作相关的。如果评估标准不是与工作相关的，则易导致评估的不公正，同时使从事该工作的员工感到评估结果不可信。因此，使用或参照工作分析中确定的工作标准对员工绩效进行评估，更易被员工接受。

（5）工作分析有助于确定员工的报酬

在确定一个从事某一工作员工的工资水平时，其工作价值是一个重要的因素。这种价值要根据该项工作以特定的要求来确定，如技能、努力程度、职责，以及工作条件和安全程度等。这些在工作分析中都做了具体的说明，工作分析对工作的描述和对员工的要求便可以作为测量工作价值的参考标准。

（6）工作分析有利于劳动保护工作的开展

企业依据工作分析中对工作环境的分析结果，可以预先发现可能发生危险的场所或设施，并针对这些潜在危险采取适当措施，消除或减少职务伤害和职业病的发生，做好劳动保护工作。

（7）工作分析促进和谐劳动关系的开展

企业通过工作分析，能够建立起规范化的工作流程和结构，确定任职者的胜任要求和条件。这为员工的招聘提供了合法性支持，有利于平等就业，减少劳动纠纷，从而形成和谐的劳动关系。此外，工作分析对各工作的职责与权力做出了明确说明。这种说明以事实为依据，可以使组织内部员工对工作有更深的了解，能避免发生不必要的冲突，并实现有效管理。

（8）工作分析是提高现代社会生产力的需要

随着现代生产过程越来越复杂，企业规模越来越大，工艺流程越来越长，分工越来越细，具体的劳动形式和生产环节越来越多，对劳动协作在空间和时间上的要求越来越高。为了科学地配置与协调不同劳动者之间的工作，企业必须对生产过程分解后的基本单位——工作岗位进行科学的分析。

（9）工作分析是组织现代化管理的客观需要

传统的管理模式存在着很多弊端：①凭经验管理；②忽视人力因素的作用；③重视人的现有能力，而忽视人的潜力的发掘。在现代社会生产中，工作效率的提高越来越依赖于人力因素的作用。因此，现代管理的突出特点是强调以人为中心，强调在工作分析的基础上工作的再设计和恰当的定员和定额，为工作者创造和谐的人际关系和组织氛围，创造良好的工作条件与环境，激发工作者的自觉性与创造性，以满足组织现代化管理的需要[①]。

3.1.2 工作分析的过程

工作分析是现代组织实行科学管理的重要手段之一，是每一个人力资源管理工作者必须熟练掌握的一门专业技术。工作分析是为了收集、分析、综合和报告工作要求及奖励的信息而对工作进行研究的整个过程。所以，工作分析不只是指分析的特定方法和技术，更是指整个过程[②]。

工作分析的过程必须按照逻辑的方式进行，要遵循恰当的管理实践和专业的心理测量实践。因此，不管使用何种工作分析方法，分析者一般要经历一个多阶段的过程，如图3-2所示。对于每个阶段我们会在下面具体讨论。

---

① 赫伯特·G 赫尼曼，蒂莫西·A 贾奇. 组织人员配置. 4 版. 王重鸣，陈学军，译. 北京：机械工业出版社，2005：69.
② 萧鸣政. 工作分析的方法与技术. 4 版. 北京：中国人民大学出版社，2014：7-8.

```
┌─────────────────────────────┐
│  1. 计划工作分析              │
└─────────────────────────────┘
              ↓
┌─────────────────────────────┐
│  2. 准备和介绍工作分析        │
└─────────────────────────────┘
              ↓
┌─────────────────────────────┐
│  3. 执行工作分析              │
└─────────────────────────────┘
              ↓
┌─────────────────────────────┐
│  4. 起草工作描述和工作说明书  │
└─────────────────────────────┘
              ↓
┌─────────────────────────────┐
│  5. 维护、更新工作描述和工作规范 │
└─────────────────────────────┘
```

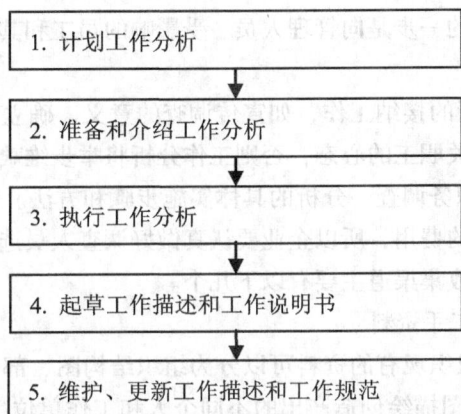

图 3-2　工作分析的阶段

1．计划工作分析

在进行工作分析的过程中，在从管理者和员工那里搜集资料之前，首先要做一个计划。也许最重要的考虑是明确工作分析的目标，从单纯的更新工作描述到修订组织中的薪酬计划。不管确定的目标是什么，至关重要的是要得到高层管理者的支持[1]。

这一阶段的具体任务如下。

① 要明确工作分析总目标、总任务，并根据总目标、总任务对企业现状进行初步分析。

② 设计调查方案。此项工作涉及内容范围较广，包括明确调查目的、确定调查单位和对象、确定调查项目、确定调查表格和填写说明，以明确调查时间、地点、方法等。

同时，这一阶段还要解决如何开展分析活动的问题，具体包括下列几项内容。

① 选择信息来源。信息来源于工作执行者、管理监督者、顾客、工作分析人员等。

② 选择工作分析人员。工作分析人员应具有一定的经验与学历，同时应保持工作分析人员开展活动的独立性。

③ 选择信息收集的方法和分析信息适用的系统。信息收集的方法和分析信息适用的系统是由工作分析的目的决定的。

④ 取得认同和合作。对于所有的工作分析计划方案，组织领导充分了解方案目标、合作方法、所需费用、所耗精力，都是很重要的。因此，在计划实施前，应该把工作分析方案和计划向上级领导报告并争取他们的同意。

为了保证工作分析的顺利进行，上级领导应该深刻理解工作分析方案，向其他人就计划方案做出解释，并与下属一起积极推行计划方案。计划方案要有明确的目的，尽量取得中层管理者的支持。同时，必须与员工代表进行讨论。员工代表代表着员工的利益，有很强的责任感。解释和讨论计划方案，是为了征求各方面的意见并取得统一。

对于工作分析操作的要求及其作用，也应该向相关单位的成员做出清晰而完整的说明[2]。

2．准备和介绍工作分析

工作分析的准备始于对所考察岗位的识别。审查现存的岗位描述、组织系统图、以前的岗位分析信息、其他与行业相关的资源，这些都是规划的一部分。在这一阶段要明确谁来进行工作

---

① 赵曙明，张正堂，程德俊．人力资源管理与开发．北京：高等教育出版社，2011：72-75．
② 萧鸣政．工作分析的方法与技术．4 版．北京：中国人民大学出版社，2014：54-58．

分析及要使用的方法。重要的一步是向管理人员、受影响的员工和其他有关人士解释工作分析的过程。

① 做好职工对工作分析的接纳工作，如宣传调查的意义，确立良好的心态，建立友好的合作关系。要特别注意调节相关职工的心态，否则工作分析将举步维艰。

② 组织有关人员学习职务调查、分析的具体实施步骤和方法。负责调查的人员很大程度上影响着资料的准备及所发生的费用，所以企业要认真做好调查人员选派、培训工作。

在这个过程中，信息的收集渠道主要有以下几个。

（1）背景资料收集——二手资料

① 组织现有的资料。组织现有的资料可以分为组织结构图、部门职能说明书、组织中现有的工作说明资料。组织结构图描绘创造产出的不同个人和工作单位/部门之间的静态关系，是一个粗略的框架。传统的组织结构形式有职能结构形式和事业部结构形式，现在主要有矩阵结构形式和工作团队等形式；部门职能说明书用于描述部门的职能、每一个要素及其设置，工作分析就是将职能和使命分解到部门内部职位上；对于新的组织，组织中现有的工作说明资料主要是公司规章及招聘广告等少量资料。对于已经存在的组织，主要是以前工作分析的结果。

② 职业分类标准。职业分类是指根据一定的标准和分类原则，对社会职业进行的全面、系统的分类。我国有《职业分类大典》，美国有《职位名称词典》。我们在进行工作分析时可以查阅相关工作分类资料，找到相关工作及工作描述，进行参考和借鉴。

（2）一手资料收集

工作信息收集通常采用下面几种方法：关键事件分析法、观察法、访谈法、写实法、工作分析问卷法等。这些我们将在3.1.3小节进行详细说明。

3．执行工作分析

企业如果使用问卷调查，最好让员工先把问卷交给他们的主管或者管理者审阅一下，再交给进行工作分析的人。与问卷同时发放的还应该有一封解释该过程的信，以及关于如何完成和交还问卷的说明。一旦整理完从工作分析中得来的资料，就应该按照岗位、组织单元、岗位类别对这些信息进行分类[1]。

企业按选定的方法、系统和程序收集信息后，接下来需要开展信息分析活动和综合活动。其中，信息分析活动主要包括信息描述、信息分类、信息评价；综合活动对所有获得的分类信息进行解释、转换和组织，使之成为可供使用的条文。具体而言，工作信息的分析包括以下内容。

（1）工作名称分析

工作名称分析的目的是使工作名称标准化，以力求通过名称使人了解工作的性质和内容，所以工作名称要满足准确、美化的要求。

（2）工作规范分析

工作规范是工作分析的一项重要内容。工作规范分析的目的是全面认识工作整体。它包括工作内容分析、工作责任分析、工作关系分析、劳动强度分析。

工作内容分析是指明确工作行为，如工作的中心任务、工作内容、工作的独立性和多样化程度、完成工作的步骤、使用的设备和材料等。

工作责任分析是指通过对工作相对真实性的了解来配备相应权限，保证责任和权力对等。

[1] 赵曙明，周路路，罗伯特·马希斯，等. 人力资源管理. 13版. 北京：电子工业出版社，2013：74.

应尽量用定量的方式确定责任和权力。

工作关系分析是为了了解工作的协作关系。例如，该工作制约哪些工作，受哪些工作制约；相关工作的协作关系；在哪些工作范围内升迁或调换。

劳动强度分析的目的在于确定工作的标准活动量。劳动强度可用本工作活动中劳动强度指数最高的几项操作来表示。如果劳动强度指数不易确定，可用标准工作量来表示，如劳动的定额、工作核算基准、不合格率等。

（3）工作环境分析内容

① 工作物理环境，即温度、湿度、照明、噪声、震动、异味、粉尘、空间、油渍以及工作人员每天和这些因素接触的时间。

② 工作安全环境，如工作危险性、可能发生的事故、事故发生率、劳动安全条件等。

③ 社会环境，如工作所在地的生活方便程度、工作环境的孤独程度、上级领导的工作作用、同事关系。

（4）工作执行人员必备条件分析

① 必备知识分析，如最低学历要求，对所用设备的材料、工艺规程、安装技术的最低要求，与管理有关的技术理论的最低要求。

② 必备经验分析，指对各工作执行人员为完成工作任务所必需的操作能力和实际经验的分析。

③ 必备操作能力分析，指根据前两项提出的要求，通过典型操作来规定从事该项工作所需的决策能力、创新能力、组织能力、适应性、注意力、判断力、智力、操作熟练程度。

④ 必备的心理素质分析，即根据工作的特点确定的工作执行人员的职业性倾向。

4．起草工作描述和工作说明书

在第四阶段，工作分析者起草工作描述和工作说明书。组织通常不主张让管理者和员工写工作描述。因为，第一，那样做减少了形式和细节的连贯性，而这两项对于工作描述的法律后果是很重要的；第二，管理者和员工的写作能力各不相同，并且他们所写的工作描述和工作说明书可能反映他们所做的和他们的个人能力，而不是该岗位要做什么。写完的草稿在定案之前应该先由管理者和主管审查，然后才是员工。

工作说明书用文件的形式来表达工作分析的结果，基本内容包括工作描述和任职者说明。工作描述一般用来表达工作内容、职务、职责、环境等，任职者说明则用来表达工作所需的资格要求，如技能、学历、训练、经验、体能等。

（1）工作说明书的内容

① 基本资料，包括：职务名称、直接上级职位、所属部门、工资等级、工资水平、所辖人员、定员人数、工作性质等。

② 工作描述，包括以下几项。

a. 工作概要，用简练的语言来说明工作设立的目的、工作的性质、中心任务。

b. 工作活动内容，具体包括：各工作活动的基本内容，各活动内容占工作时间的百分比，权限，执行依据，其他。

c. 工作职责，逐项列出任职者的工作职责。

d. 工作结果，说明任职者执行工作应产生的结果，最好采用定量的形式。

e. 工作关系，包括：工作受谁监督，工作的下属，职位的晋升、转换关系，常与哪些职位发生联系。

f. 工作人员运用的设备和信息说明，主要指的是所使用的设备名称和信息资料的形式。

③ 任职资格说明，主要包括以下几个方面：所需最低学历，培训的内容和时间，从事本职工作以及相关工作的年限和经验，一般能力，兴趣爱好，个性特征，职位所需的性别、年龄规定，体能要求，其他特殊要求等。

④ 工作环境，具体包括如下内容。

a. 工作场所，指在室内、室外还是其他特殊场所工作。

b. 工作环境的危险性说明，指的是危险存在的概率大小，对人员可能造成伤害的程度、具体部位，已发生的记录，危险产生的原因等。

c. 职业病，即从事本工作可能患上的职业病的性质说明及轻重程度表述。

d. 工作时间要求，如正常工作时间、额外加班时间的估计等。

e. 工作的均衡性，即工作是否存在忙闲不均的现象及发生的概率。

f. 工作环境的舒适程度，即是否在恶劣的环境下工作，工作环境给人带来的愉悦感如何。

（2）工作说明书的编制

编制工作说明书时需要注意以下几点：工作说明书的内容可根据工作分析的目标加以调整，内容可简可繁；在形式上，工作说明书可以用表格形式表示，也可采用叙述形式，一般应加注工作分析人员的姓名、人数；工作说明书中，对需个人填写的部分应运用规范术语，字迹要清晰，力求简洁明了、美观大方。企业应根据工作分析的目标选择编制适合的工作说明书。

5．维护、更新工作描述和工作规范

一旦工作描述和说明形成，并已经由相关人员审查完成，企业就必须开发一种系统来使它们满足当前的需要。为了保证在合适的时机进行审查，在其他人力资源活动中使用工作描述和工作规范[①]不失为一种有效的方法。

3.1.3　工作分析的方法

1．关键事件分析法

关键事件分析法是一种在工作分析专家、管理者或工作人员大量收集与工作相关信息的基础上详细记录其中关键事件以及具体分析其岗位特征、要求的方法。其特殊之处在于基于特定的关键行为与任务信息来描述具体的工作活动[②]。

关键事件分析法认定员工与工作有关的行为，并选择其中最重要、最关键的部分来评定其结果。它首先从领导、员工或其他熟悉工作的人那里收集一系列与工作有关的行为事件，然后描述"特别好"或"特别坏"的工作绩效。对每一事件的描述内容包括：导致事件发生的原因和背景，员工特别有效或多余的行为，关键行为的后果，员工自己是否能够支配或控制上述后果。

关键事件分析法的主要优点是将焦点集中在工作行为上，而这些行为是可观察、可测量的。它为解释绩效评估结果提供了确切的事实证据，可克服评价的近因效应的影响，能够记录员工如何消除不良绩效。但它也存在着以下缺点：第一，费时，需要花大量的时间去搜集那些关键事件，并加以概括和分类；第二，关键事件是显著的、对工作绩效有效或无效的事件，遗漏了平

---

① 赵曙明，周路路，罗伯特·马希斯，等. 人力资源管理. 13版. 北京：电子工业出版社，2013：74.
② 周亚新，龚尚猛. 工作分析的理论、方法及运用. 2版. 上海：上海财经大学出版社，2010：107.

均绩效水平，而对工作来说，最重要的一点就是要描述"平均"的工作绩效[1]。

2．观察法

观察法是指工作分析者通过对特定对象的观察，把各部门有关工作的内容、原因、方法、程序、目的等信息记录下来，最后把取得的职务信息归纳整理为适用的文字资料。

观察法的主要流程如下。

① 确定观察目标，即确定通过观察要达到什么目的，并根据不同的目的选择不同的观察对象和观察方法。

② 制订观察方案，即根据观察目标设计观察方案和观察记录表，以确定观察怎么展开。

③ 选拔和培训观察人员，通常观察人员应由外部专业人员担任，也可从组织内部选拔。

④ 实施观察，要求观察人员选择不同的工作者在不同的时间进行观察，并记录所有主要的工作内容与形式。

⑤ 数据整理及分析。

⑥ 检验与修正，即工作分析人员对观察分析所得的结果进行检验，对偏差进行修正，根据观察结果，编制调查问卷、访谈提纲和职位说明书。

企业通过此种方法可以了解广泛的信息，如工作活动内容，工作中的正式行为和非正式行为，工作人员的士气、价值观等隐含的信息。

采用此种方法取得的信息比较客观和正确；而且观察法提供的信息具有深度，不仅可以用于描述任职者做什么，而且可以描述其如何组织自己的行为以实现工作目标；同时，观察法在收集信息的目的性方面有较强的灵活性，可以根据工作分析的实际需要，有选择地收集各种不同的信息；使用观察法收集信息时可以避免信息二次加工产生的失真现象。

观察法的局限性主要表现在：要求观察者有足够的实际操作经验；不适用于工作循环周期长的工作；不能得到有关任职者资格要求的信息等；由于被观察者认为观察法必然会带有分析师主观评价的成分，因此往往会表现出超常的工作绩效，从而造成工作分析"失真"；观察法只能描述任职者可观察的外在行为部分，而不能准确刻画其不可观察的内在心理活动[2]。

3．访谈法

访谈法是通过工作分析者与工作执行者面对面谈话来收集信息资料的方法。企业在座谈时应使座谈人员的构成呈随机性，并注意选择参加座谈的工作执行人员。此方法一般不用于单独收集信息，而是和其他方法一起使用。

访谈法的基本程序包括：确定访谈目标，即确定此次访谈主要达到什么样的目的；制订访谈计划，即确定访谈对象，选择合适的访谈方法，确定访谈的时间和地点；组织访谈培训，即对访谈人员进行访谈原则、知识、技巧的培训，以及针对本次访谈的专项培训；选择适当的访谈对象进行访谈，进行访谈时要注意营造访谈氛围，寻找较好的切入点，根据任务清单进行访谈，以获取必要的访谈信息；访谈资料整理与分析，作为整个访谈过程的最后一个环节，由职位分析师在速记员的协助下，整理访谈记录，为下一步信息分析提供清晰、有条理的信息记录[3]。

访谈法的优点是：能够准确收集任职者思维层面的信息，深入、广泛地探讨与工作相关的信息；工作分析人员能对所提问题进行及时的解释和引导，避免因双方对书面语言理解的差异

① 陈国海，马海刚. 人力资源管理学. 北京：清华大学出版社，2017：65.

② 萧鸣政. 人力资源开发与管理. 北京：科学出版社，2016：73-75.

③ 萧鸣政. 人力资源开发与管理. 北京：科学出版社，2016：76.

而导致收集的信息不准确；对工作分析有敌对情绪的任职者，可以通过与其沟通，引导其最大限度地参与其中；工作分析人员能根据实际情况及时修正访谈提纲中的信息缺陷，避免重要信息缺失。

访谈法的缺点是：工作分析人员在访谈过程中容易受到任职者个人因素的影响，导致收集的信息扭曲；访谈法会影响任职者的工作甚至组织的日常运转；访谈双方的公开性，可能会导致任职者的不诚实行为或自利行为。

4．写实法

写实法主要通过结构化的问卷来收集信息，与观察法相比较，其最大的优点是工作分析人员不必亲临现场观察。最常见的写实法就是职务调查表法，职务调查表法的适用范围很广，是一种普遍使用的工作信息提取方法。它根据工作分析的目的、内容等编写的结构性调查表，由工作执行者填写后回收整理，提取大量信息。一份完整的调查表包含以下几个基本调查项目：基本资料，如姓名、职称、责任职务、薪资、任职时间等；工作时间要求，包括正常工作时间、休息时间、加班时间、出差情况、时间均衡等情况；工作内容调查；工作责任调查；任职者所需知识技能调查；工作的劳动强度调查；工作环境调查。职务调查表的调查项目可根据工作分析的目的进行调整、变化。职务调查表的优点在于费用低，速度快，可在工作之余填写；调查内容广泛，可用于多种用途的工作分析。其缺点在于被调查者的主观态度对调查结果的干扰较大。

5．工作分析问卷法

工作分析问卷中有 194 个问题，共分为六部分。第一，信息来源：员工获得执行工作所需信息的来源及方法。第二，智力过程：执行工作所涉及的推理、决策、计划和信息处理活动。第三，工作产出：员工执行工作时所进行的身体活动、工具以及方法。第四，人际关系：执行工作时所要求的与他人之间的关系。第五，工作背景：执行工作时的物理和社会背景。第六，其他职位特征：其他与工作相关的活动、条件和特征。

工作分析问卷法的优点是：由于同时考虑了员工与工作两个变量因素，并将各种方法所需要的基础技能与基础行为以标准化的方式罗列出来，故为人事调查、薪酬标准的制订等提供了依据。此外，它还具有不需修改就可用于不同组织、不同工作的优势。但同时其也存在着以下缺点：时间成本较高，过程烦琐；问卷填写人应是受过专业训练的工作分析人员；其通用化或标准化的格式导致工作特征抽象化；对于工作描述与工作再设计不是理想的工具[1][2]。

6．职能工作分析法

职能工作分析法是分析非管理性工作时最常用的一种方法。该方法收集和分析以下四个方面的工作信息。第一，工作人员在工作中做什么（what）？包括工作动作和工作对象？第二，工作人员为什么这么做？即工作的目的和期望是什么？第三，工作人员如何做这一工作？包括工作中使用的工具、设备或其他有用的东西，工作指导的来源等。第四，工作人员在工作中发生的工作关系，这方面的信息是职能工作分析的重点[3]。职能工作分析法的程序包括：回顾现有的工作信息；安排同 SMEs（主题专家组）的小组会谈；分发欢迎信；确定职能工作分析的任务描述的方向；列出工作的产出；列出任务；推敲任务库；产生绩效标准；编辑任务库[4]。

① 李中斌，涂满章，江历明，等. 人力资源管理理论与实务. 杭州：浙江大学出版社，2014：114.
② 周亚新，龚尚猛. 工作分析的理论、方法及运用. 2 版. 上海：上海财经大学出版社，2010：120.
③ 陈国海，马海刚. 人力资源管理学. 北京：清华大学出版社，2017：63.
④ 周亚新，龚尚猛. 工作分析的理论、方法及运用. 2 版. 上海：上海财经大学出版社，2010：161-164.

7．管理职位描述问卷（MPDQ）法

管理职位描述问卷是专门针对管理人员设计的工作分析系统，是所有工作分析系统中最有针对性的一种系统。MPDQ 是一种结构化的、工作导向的问卷，分析对象是管理职位和督导职位，由任职人员自己完成。通过各种回答形式，MPDQ 能够提供关于管理职位的多种信息，如一般信息、决策、计划与组织、行政、控制、督导、咨询与创新、联系、协作、表现力、监控商业指标、综合评定、知识技能与能力、组织层级结构图、评论等[①]。

管理职位描述问卷法的优点包括：首先，它适用于不同组织内管理层级以上职位的分析，具有很强的针对性；其次，为培养管理人才指明了培训方向，也为正确评估管理工作提供了依据；再次，为管理工作的分类和确定管理职业发展路径提供了依据；最后，它为管理人员的薪酬设计、选拔程序以及提炼绩效考核指标奠定了基础。同时，管理职位描述问卷法存在着如下缺点：由于管理工作具有复杂性，故难以深入分析所有类型的管理工作；成本较高，投入较大[②]。

伴随着企业组织的变革和发展，以及新技术的快速革新，传统的工作分析方法已不能很好地适应工作分析的新需求。因此，在传统工作分析理论及方法的基础上，新的工作分析方法应运而生，如基于网络的工作分析方法、以战略为导向的工作分析方法、工作取样的工作分析方法。工作分析的这些新方法改变了传统的、静态的、自下而上的分析路径，而采取了自上而下的分析路径，将企业发展目标纳入工作分析之中，从而使工作分析既能为企业内部管理提供指导，又可以为企业提供宏观的战略方向，以促进企业对内外环境的有效应对[③]。企业应根据具体的目的和实际情况，有针对性地选择方法，一般会综合运用几种方法，但运用的方法也不是越多越好，应综合考虑条件限制，在选择方法时进行权衡[④]。

3.2　工作设计

当原有的工作规范已不适应组织目标、任务和体制的要求，或现有人力资源在一定时期内难以达到工作规范的要求，或员工的精神需求与按组织效率原则拟定的工作规范发生冲突时，企业都需要重新进行工作设计，以满足新的组织目标的需要。同时，越来越多的研究认为应该把动机概念引入工作结构的变革中。工作设计指的是为了有效地达成组织目标，通过对工作内容、工作职责、工作关系等有关方面进行变革和设计，满足员工与工作有关的要求，最终提高工作绩效的一种管理方法。工作设计是将组织的任务组合起来构成一项完整的工作，它确定了关于一项工作的具体内容和职责，并对该项工作的任职者所具备的工作能力、所从事的日常工作活动以及该项工作与其他工作之间的关系进行设计。为了有效实现组织目标并满足个人需要、不断提高工作绩效，企业需要对工作内容、职责、权限和工作关系等各方面进行分析和整合，这个过程就是工作设计[⑤]。在工作设计中，工作要素的组合方式会提高或降低员工的努力程度，所以好的工作设

① 周亚新，龚尚猛. 工作分析的理论、方法及运用. 2 版. 上海：上海财经大学出版社，2010：137.
② 周亚新，龚尚猛. 工作分析的理论、方法及运用. 2 版. 上海：上海财经大学出版社，2010：143-144.
③ 康廷虎，王耀. 工作分析方法的进展分析及启示. 中国人力资源开发，2012，（12）：57-61.
④ 迈克尔·阿莫特. 工业与组织心理学. 6 版. 于丹，武琳，邵燕萍，译. 北京：中国轻工业出版社，2011：38-42.
⑤ 潘泰萍. 工作分析：基本原理、方法与实践. 上海：复旦大学出版社，2011：115-116.

计具有激励员工的作用[①]。

3.2.1 工作设计的内容与要求

1．工作设计的内容

工作设计的内容主要包括以下五部分。

① 工作内容，即确定工作的一般性质。

② 工作职能，指每项工作的基本要求和方法，包括工作责任、权限、信息沟通、工作方法和协作要求等。

③ 工作关系，是指个人在工作中发生的人与人之间的关系，包括与他人交往的关系，建立友谊的机会和集体工作的要求。

④ 工作结果，是指工作的成绩与效果的高低，包括工作绩效和工作者的反应。前者是指完成工作任务所应达到的数量、质量和效率等具体指标，后者是指工作者对工作的满意程度、出勤率和离职率等。

⑤ 工作结果的反馈，主要指工作本身的直接反馈和别人对所做工作的间接反馈，即指同级、上级、下属人员三方面的反馈。

2．工作设计的要求

好的工作设计可以减少单调、重复性强工作的不良效应，而且有利于建立整体性强的工作系统，还可以为充分发挥劳动者的主动性和创造性提供更多的机会和条件。工作设计必须达到下述四个基本要求。

① 全部职务的集合通过工作设计应能顺利地完成组织的总任务，即组织运行所需的每一项工作都要落实到工作规范中去。

② 全部职务构成的责任体系应能保证组织总目标的实现，即组织运行所要达到的每一工作结果、组织内每一项资产的安全及有效运行都必须明确由哪个职位负责，不能出现责任空当的情况。

③ 职务分工应有助于发挥人的能力，提高组织效率，这就要求工作设计全面权衡经济原则和社会原则，找到一个最佳的结合点，并保证每个人能够有效地工作并充分发挥积极性。

④ 每个职务规定的任务、责任可以根据当时的资源条件确定适当人选，不能脱离资源约束来单独考虑组织的需要。

3.2.2 工作设计需要考虑的因素

1．组织因素

组织因素主要包括专业化、工作流程及工作习惯。

（1）专业化

专业化就是按照所需工作时间最短、所需努力最少的原则分解工作，结果是形成很小的工作循环。

（2）工作流程

工作流程主要是在相互协作的工作团体中，需要考虑每个岗位负荷的均衡性问题，以便保证不出现所谓的"瓶颈"，不出现任何等待停留的问题，确保工作的连续性。

[①] 斯蒂芬·罗宾斯，蒂莫西·贾奇. 组织行为学. 14 版. 孙健敏，王震，李原，译. 北京：中国人民大学出版社，2016：191.

（3）工作习惯

工作习惯是在长期工作实践中形成的传统工作方式，反映工作集体的愿望。

2．环境因素

环境因素主要包括人力资源和社会期望。工作设计必须充分考虑人力资源的供应问题以及人力资源的欲望满足。

（1）人力资源

人力资源指在工作设计时要考虑能否找到足够数量的合格人员。

（2）社会期望

社会期望指人们希望通过工作满足什么。

3．行为因素

（1）自主权

自主权是指员工对从事的工作有责任，因此有权对环境做出自己的反应。组织给予员工决策权力、提供附加责任，可增强员工受重视的感觉。

（2）多样性

工作时需使用不同的技巧和能力。如果缺乏多样性，会导致疲劳和厌烦，甚至可能产生更多的失误。工作设计时考虑工作的多样性特征，能减少疲劳引起的失误，从而减少效率降低的诱因。

（3）任务一体化

如果缺乏任务一体化，员工不能参与一项完整的工作，就会毫无责任感，缺少对成果的自豪感，完成本职工作后无任何成就感。

（4）任务意义

任何一种工作如果本身缺乏意义，就不可能使执行者对职务工作产生满足感。

（5）反馈

若职务不能给予员工工作反馈，就无法对员工形成引导和激励[1]。

3.2.3 工作设计的形式

工作设计的形式主要可以分为三种：基于任务的工作设计、基于能力的工作设计和基于团队的工作设计 。

1．基于任务的工作设计

基于任务的工作设计指的是将明确的任务目标按照工作流程层层分解，并用一定形式的岗位进行落实。这种做法的好处是岗位的工作目标和职责简单明了，易于操作，员工经过简单培训即可上岗；同时，便于管理者实施监督管理，在一定时期内会有很高的效率。在这种形式下，企业内部的岗位管理主要采用等级多而细的职位等级结构，员工只要在本岗位上干满一定年限，考核合格就能被提级加薪。这种方法也存在一定的不足，其只考虑了任务的要求而往往忽略了员工个人的特点和需求，员工往往成为岗位的附庸。

2．基于能力的工作设计

基于能力的工作设计与基于任务的工作设计的区别在于岗位的任务种类是复合型的，职责也比较宽泛，对员工相应的工作能力也要求多一些。这种形式的优点在于岗位的工作目标和职责边界比较模糊，员工不会拘泥于某个岗位设定的职责范围，从而有更大的发挥个人能动性的空

---

① 赵曙明，张正堂，程德俊. 人力资源管理与开发. 北京：高等教育出版社，2011：84-87.

间。这种设计形式要求赋予直接管理者更大的责任，由直接管理者对下属进行指导、监督和考评。这种形式的缺点是会因为员工的灵活性强而带来工作成果不确定性的上升。同时，由于对员工的能力要求高，劳动力工资成本和培训费用也会相应增加。

3．基于团队的工作设计

基于团队的工作设计指的是以为客户提供服务为中心，把企业内部相关的各个岗位组合起来形成团队进行工作的一种更加市场化、客户化的设计形式。它最大的特点是能够迅速回应客户，满足客户多方面的要求，同时又能克服企业内部各部门、各岗位自我封闭、各自为政的弊端。员工也可以在团队中学到许多新的知识和技能，能在企业内形成良好的团队协作氛围。但是，这种形式对企业内部的管理、协调能力要求很高，否则很容易出现管理混乱的局面[①]。

3.2.4　工作设计的类型

根据强调的重点不同以及各学科领域的发展水平，工作设计主要分为四种类型。

1．效率型工作设计

这种工作设计强调用可以实现效率最大化的方式来构建工作，强调任务的专门化、简单化和重复性。

2．激励型工作设计

激励型工作设计强调寻求可能对员工的心理价值和激励潜力产生影响的工作特征，与此对应，将员工满意度、内在激励、出勤率等行为变量看作工作设计的重要结果。

3．生物型工作设计

生物型工作设计主要关注员工个体特征与物理工作环境之间的交互界面，促进人—机—环境相互协调，将员工的紧张程度降到最低。该类型多用于对体力要求较高的设计，能改进不合理的工作条件，提高员工满意度，降低工作成本。

4．知觉运动型工作设计

知觉运动型工作设计是指通过采取一定的方法降低工作对信息加工的要求来改善工作的安全性、可行性和使用者反应，确保工作没有超出员工的心理能力和极限。

表 3-1 和表 3-2 所示是对上述四种基本工作设计类型的概述。

表 3-1　不同的工作设计类型对工作特征的不同描述

效率型工作设计	激励型工作设计
1．工作专门化	1．自主性
2．工具和程序的专门化	2．内在工作反馈
3．任务简单化	3．外在工作反馈
4．单一性活动	4．社会互动
5．工作简单化	5．任务/目标清晰度
6．重复性	6．任务多样性
7．空闲时间	7．任务一致性
8．自动化	8．能力/技能水平要求
	9．能力/技能多样性
	10．任务重要性
	11．成长/学习

---

① 潘泰萍. 工作分析：基本原理、方法与实践. 上海：复旦大学出版社，2011：118-119.

生物型工作设计	知觉运动型工作设计
1. 力量	1. 照明
2. 抬举力	2. 显示
3. 耐力	3. 程序
4. 座位设计	4. 其他设备
5. 体格差异	5. 打印式工作材料
6. 手腕运动	6. 工作场所布局
7. 噪声	7. 信息投入要求
8. 气候	8. 信息产出要求
9. 工作间隔	9. 信息处理要求
10. 轮班工作	10. 记忆要求
	11. 压力
	12. 厌烦

表 3-2 不同工作设计类型的结果总结

工作设计类型	积极的结果	消极的结果
效率型工作设计	更少的培训时间 更高的利用率 更低的差错率 精神负担和压力出现的可能性降低	更低的工作满意度 更低的激励性 更高的缺勤率
激励型工作设计	更高的工作满意度 更高的激励性 更高的工作参与度 更高的工作绩效 更低的缺勤率	更多的培训时间 更低的利用率 更高的错误率 精神负担和压力出现的可能性增大
生物型工作设计	更少的体力付出 更低的身体疲劳度 更少的健康抱怨 更少的医疗事故 最低的缺勤率 更高的工作满意度	由于设备或者工作环境的变化而带来更高的财务成本
知觉运动型工作设计	出现差错的可能性降低 发生事故的可能性降低 精神负担和压力出现的可能性降低 更少的培训时间 更高的利用率	较低的工作满意度 较低的激励性

资料来源：雷蒙德·诺伊，约翰·霍伦贝克，巴里·格哈特，等. 人力资源管理基础. 刘昕，译. 北京：中国人民大学出版社，2011：161.

3.2.5 工作设计的方法

1．工作专业化

工作专业化（job specialization）是一种传统的工作设计方法。它通过动作和时间研究，把工作分解为许多很小的单一化、标准化和专业化的操作内容及操作程序，并对工人进行培训和激励，使其工作保持高效率。此种工作设计的方法在流水线生产中应用最广泛。

工作专业化的主要特点是：机械动作的节拍决定工人的工作速度；工作简单重复；每个工人所要求掌握的技术比较少；每个工人只完成每件工作任务中很小的工序；工人被固定在流水线上的单一岗位，限制了工人之间的社会交往；工人采用什么设备和工作方法，均由管理职能部门做出规定，工人只能服从。

工作专业化具有以下优点。

① 把专业化和单一化最紧密地结合在一起，从而可以最大限度地提高工人的操作效率。

② 由于把工作分解为很多简单的高度专业化的操作单元，因此对工人的技术要求低，可以节省大量的培训费用，并且有利于劳动力在不同岗位之间的轮换，不致影响生产的正常进行。

③ 专业化对工人技术水平要求低，可大大降低生产成本，因为只需廉价的劳动力来完成工作设计所规定的岗位要求。

④ 由于机械化程度高，有标准化的工序和方法，因而加强了管理者对工人生产的产品数量和质量的控制，以保证生产的均衡。

工作专业化的不足是，它只强调工作任务的完成，而不考虑工人对这种方法的反应，因而工作专业化带来的高效率往往会因工人对重复、单一工作的不满与厌恶而产生的缺勤、离职抵消。

2．工作轮换

工作轮换（job rotation）指定期地将工人从一种工作岗位换到另一种工作岗位，同时必须保证工作流程不受影响。这种方法并不改变工作设计本身，而是让员工定期进行工作轮换，这样会使员工具有更强的适应能力，提高其应对工作挑战的能力以及使其在一个新职务上产生新鲜感，能够激励员工做出更大的努力。

工作轮换的主要不足之处在于：员工实际从事的工作没有真正得到重大的改变，其只是在一定范围内缓解了员工对这份专业化的、重复性强的工作所产生的厌烦感。轮换后，员工长期在几种常规的、简单的工作之间重复交替，最终还是会感到单调与厌烦，但不容忽视的是，此种工作设计方法给员工提供了发展技术与较全面地观察和了解整个生产过程的机会。

3．工作扩大化

工作扩大化（job enlargement）是通过增加职务的工作内容，使员工的工作变化增加，要求员工掌握更多的知识和技能，从而提高员工的工作兴趣。工作扩大化一般是指横向任务多样性，即在横向水平上增加工作任务的数目或变化性。

企业通过工作扩大化可提高产品质量，降低劳务成本，提高员工满意度，改善工作效率，生产管理也变得更加灵活。工作扩大化的实质内容是增加每个员工应掌握的技术种类和操作工作的数目，目的在于缓解员工对原有工作的厌烦情绪，从而提高员工对工作的满意程度，发挥其内在潜力。

但此方法没有从根本上解决员工不满的缘由，所以企业要真正通过工作设计解决员工的不满与厌烦，必须应用现代工作设计方法。

4．工作丰富化

工作丰富化（job enrichment）是一种纵向扩大工作范围，即向工作的深度方向扩展的工作设计方法。与向工作的横向扩展的工作扩大化相比较，其扩展范围更广泛，主要是因为此种方法可以集中改造工作本身的内容，使工作内容更加丰富，从而使工作设计本身更富有弹性。工作丰富化主要通过增加职务责任、工作自主权以及自我控制，满足员工心理的多层次需要，从而达到激励的目的。

5．工作特征的再设计

工作特征的再设计主要表现为充分考虑个人存在的差异性，有区别地对待各类人，根据不同的要求把员工安排在适合他们独特需求、技术、能力的环境中。不同的员工对同一种工作会有根本不同的反应，个人的工作成效及其从工作中获得的满足，取决于工作设计的方式和对个人有重要影响的需求的满足程度。

工作特征的再设计的基本条件是：①组织能够使员工获得高层次需求满足的条件和心理状态；②工作设计的范围直接影响员工需求的满足程度和工作成果；③员工成长需求存在且在其工作范围、工作成绩上可起到重要的调节作用。

但以上几种工作设计的方法均有优劣。工作专业化过分强调专业化和高效率，可能会导致员工对工作的厌烦。工作轮换与工作扩大化也只是略微变通的方法，不能根治员工低落情绪带来的工作效率降低问题。工作丰富化和工作特征的再设计也都存在一定的局限，所以工作设计工作通常与人员安排、劳动报酬及其他管理策略配套进行，我们要系统考虑才能使组织需要与员工个人需要得到最佳结合，从而最大限度地激发员工的积极性，有效地促进人力资源管理工作的开展[①]。

3.3 胜任素质

随着企业经营者的职业化和市场化发展，经营者的选拔和考核被认为是影响企业通过人力资源管理获取竞争优势的重要途径。因此，经营者胜任素质测评越来越受到国内外学者、企业界及政府管理部门的广泛关注。

3.3.1 企业经营者胜任素质的界定

20 世纪 70 年代初，McClelland 首次提出了"胜任素质（competency）"的概念，胜任素质理论的研究和应用随即风靡美、英、加等西方国家。此后，诸多中西方学者纷纷提出了自己对胜任素质的理解，学界对胜任素质的界定具有三个共同特点：①与特定的工作有关；②创造高绩效；③包含了人的个性特征。企业经营者胜任素质的概念可以界定为：从事企业经营管理工作的人应当具备的能够为企业创造高绩效的心智模式、价值观、个性、兴趣，以及能够使其胜任岗位的知识、技术、能力等。企业经营者指从事企业经营管理工作的人，包括企业的高、中、基层管理者。

3.3.2 组织内部胜任素质管理体系及测评方法的研究

胜任素质测评作为对以文化水平和工作经验为衡量标准的传统人力资本评价方式的补充和

---

① 赵曙明，张正堂，程德俊．人力资源管理与开发．北京：高等教育出版社，2011：95-98．

拓展，越来越广泛地应用在组织内部人力资源管理的各个环节中。胜任素质测评不仅在营利性组织内部得到了广泛推崇，在非营利性组织内部也发挥着重要作用。

随着组织中"以人为本"价值理念的深化，以及人力资源管理职能的战略转变，人力资源的获取、选拔、培养以及评价显得越来越重要。人们对胜任素质管理的研究逐渐由从岗位和职能专业化入手的单一胜任素质测评，转换到组织内部胜任素质模型的建立，继而发展到在道德、专业知识、技能以及心理层面上建立组织内部的胜任素质综合评价体系。在这个发展过程中，大多数学者认为，胜任素质的测评如同组织的发展过程一样，也是周而复始、循环进行的，最终的测评结果能够指导原始胜任素质模型的修正。在此基础上，学者们建立了胜任素质测评体系，提出了胜任素质生命周期模型。胜任素质生命周期模型包括胜任素质管理的六个环节：第一，鉴别胜任素质，即识别和确定能够使组织实现高绩效的胜任能力；第二，建立胜任素质模型，即为目标工作建立胜任素质模型；第三，确定胜任素质测评标准，即根据不同的目标岗位确定经营者应该具备的知识和技能；第四，测量胜任素质，即测量经营者的能力是否与胜任素质模型和标准吻合；第五，建立胜任素质管理体系，即将胜任素质模型与人力资源管理体系相结合，应用到人员的招募、选拔、培训、评估、激励、继任等环节，以提高组织绩效；第六，评估胜任素质拟合度及有效性。该模型强调了胜任素质鉴别的客观性和科学性，建立了胜任素质测评的客观标准，提出了应建立胜任素质管理体系并将其应用到各项人力资源管理职能中。此外，其还强调了胜任素质测评绩效的评估与反馈，有助于提高胜任素质的拟合度和胜任素质管理体系的整体效率。

3.3.3　胜任素质模型的应用

胜任素质评价提供了一种新的人力资源管理方法，改变了传统测验在职业选拔中的应用方式，并且会对人力资源管理模式的变革和创新带来影响。

图 3-3 所示为基于胜任素质模型的人力资源开发的整体框架和构思。

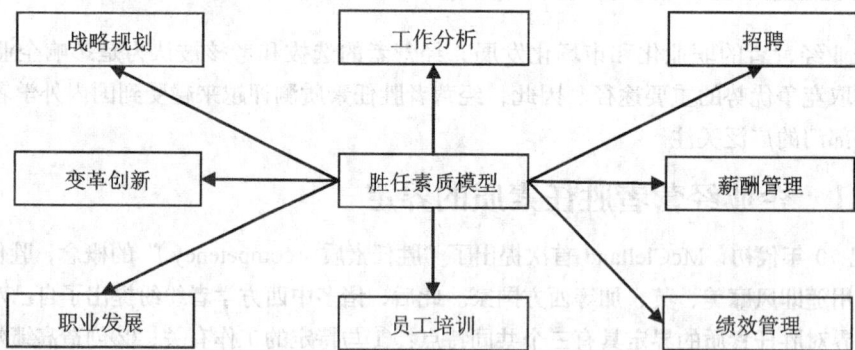

图 3-3　人力资源开发的整体框架和构思

1．战略规划

人力资源管理最大的变化在于从个体层面向群体、组织层面发展，人力资源管理必须从企业战略的高度来看待人力资源开发问题。企业的战略设计和规划成为人力资源管理的依据，企业的发展战略中也提出了企业的胜任素质模型，即核心竞争力的要求问题。所以，企业的战略规划、组织结构设计等制约着胜任素质模型的要素构成及要素之间的相互关系。

2．工作分析

工作分析是人力资源管理的基础，传统的工作分析关注工作的组成要素，而基于胜任素质模型的工作分析突出了与优异表现相关联的特征及行为。企业根据这些员工的特征和行为的等级及结合的模式，来定义这一工作职位的职责和岗位责任说明书，并以此为依据为选拔、培训、职业生涯规划、薪酬设计提供评价标准。

3．招聘

基于胜任素质的招聘是围绕关键胜任素质进行的。目前，随着信息化、经济全球化对员工素质要求的演变和提高，加之企业之间人才竞争的加剧，高层次的研发、市场和管理等岗位，对知识、技能的要求都很高，怎样才能从这些具有相同的知识和技能的条件者中选拔出未来业绩优秀者，越来越引起企业的重视，由此，基于胜任素质模型的人才招聘技术将发挥越来越重要的作用。

4．薪酬管理

薪酬制度的设计需要同时解决外部公平性和内部公平性问题，这就需要企业根据胜任素质模型来设计岗位薪酬因子的评价工具。

5．绩效管理

目前，企业不仅要通过多种管理措施来吸引人，还要关注如何发挥人的潜能，创造最大的绩效。绩效管理的发展趋势是，考核从仅仅评价任务绩效（结果）向评价任务绩效和行为表现（结果和行为）的双维模式方向转化。基于胜任素质模型的 360° 反馈评价不仅能从多个侧面考核员工和管理者，还能够根据评价结果提供反馈和发展的建议。

6．员工培训

基于胜任素质的培训以培训对象和特定职位所需的关键胜任素质的培养为重点，将高绩效者表现突出的素质作为培训的重点内容，这样对在职人员的培训就能够更加具有针对性，能取得更好的培训效果，增强受训者适应未来环境的能力和发展潜能。

目前，基于胜任素质的培训课程主要包括：改善业绩的动机优化课程（managing motivation for performance improvement）、领导风格评价（leadership style assessment）、组织改善课程（organizational improvement program）和绩效管理课程（performance management program）。

7．职业发展

在职业生涯发展管理中，不论是个人指导还是组织管理，都会涉及不同职位的胜任素质要求。所以，企业进行的任何方面的职业生涯发展管理工作，都要基于不同职位的胜任素质模型的要求。

8．变革创新

建立学习型组织是企业适应当前变革的最主要的应对策略之一。适应性学习的最大特点是培训需求评估的针对性。因为企业需要根据市场变化不断调整自己的发展战略，员工也需要不断地学习新的知识和技能，所以企业就需要在培训计划设计中体现这种胜任素质的要求[①]。

3.3.4　胜任素质模型的构建步骤与方法

胜任素质模型的构建通常需要经历以下几个步骤：胜任素质模型构建的准备阶段、胜任素质原始信息收集阶段、胜任素质模型初步建立阶段、胜任素质模型的验证阶段。

---

① 时勘，时雨. 人力资源管理：心理学的理论基础与方法. 北京：高等教育出版社，2017：72-74.

1．胜任素质模型构建的准备阶段

这一阶段的主要任务是组建胜任素质模型开发小组、确定目标以及收集整理对胜任素质模型开发有价值的各种相关信息和资料。胜任素质模型开发小组通常包括组织领导成员、胜任素质模型专家以及胜任素质模型涉及的相关职位的任职者及其上级。开发小组首先要统一思想，对胜任素质模型的内涵、作用以及完成构建工作的程序、方法与目标等达成共识。其次，对组织的战略、文化等进行分析和研究。最后，开发小组需要制订详细的开发计划，同时收集整理与被分析的职位有关的组织结构图、职位说明书、工作流程图、现有的绩效评价表格及其他相关资料。

2．胜任素质原始信息收集阶段

企业在获取胜任素质信息方面，可以采用两种方法：行为事件访谈法与综合评价法。行为事件访谈法要求企业首先在需要建立胜任素质模型的职位中依据一定的绩效标准挑选出绩效优秀者。先要求这些人列出他们的主要工作职责以及在履行职责时经历的关键情境，然后要求他们列出在此情境中发生过的三件成功或正面事件和三件不成功或负面事件。综合评价法综合采用文献研究、问卷调查、专家评价以及标杆参照等方法来获得胜任素质原始信息。

3．胜任素质模型初步建立阶段

在这一阶段，企业需要对上一阶段收集的胜任素质原始信息进行整理和提炼，以得出相应的胜任素质的各个模块。对于采用行为事件访谈法收集的信息，企业需要对访谈记录进行内容分析，计算各种胜任素质要素在访谈中出现的频率，然后对绩效优秀组和一般组在各个要素上提及的频率或程序进行统计和比较，找出两组之间的共性特征与差异特征。最后，根据不同的主题对胜任素质要素进行模块归类，从而初步形成胜任素质模型。如果在上一阶段采用综合评价法，则企业在这个阶段需要安排专家对收集的胜任素质信息根据对相关职位的重要性以及发生的频率等标准进行筛选，最终确定初步胜任素质模型。

4．胜任素质模型的验证阶段

企业在初步建立模型之后，还需要通过实践检验其有效性，即考察在实际绩效评价中，绩效优秀者和一般者在这些胜任素质方面是否存在显著的差异。模型只有被证明是有效的，才可以被运用到人力资源管理的各项决策中。但这一步骤往往被企业忽略[1]。

【启发与思考】

扫一扫→共享办公对工作的影响

【思考练习题】

1．工作分析在人力资源管理中有什么作用？
2．工作分析收集信息的方法有哪些？分别有什么特点？

---

[1] 刘昕．人力资源管理．2版．北京：中国人民大学出版社，2015：116-118.

3. 工作分析的一般程序是什么?

4. 什么是工作扩大化和工作丰富化? 为什么要进行工作扩大化和工作丰富化?

5. 什么是工作说明书? 编制工作说明书时应该注意哪些方面?

【 模拟训练题 】

同学们分成若干小组,每个人对自己的搭档进行访谈,了解自己的搭档非常熟悉的一个职位,明确职位的主要职责和任务,以及完成职位工作必须具备的知识、技能、能力和人格特质。每个人对自己的搭档进行访谈之后,编写一份这个职位的职位描述。

【 情景仿真题 】

某饭店刚成立不久,招聘、培训、考核等方面的制度尚不完善,人员的招聘选拔、能力提高方法基本遵照领导的主观意见;饭店基层和中层管理者多是通过猎头公司"挖"过来的,他们对执行层员工的管理主要凭借经验;企业现行规章制度和操作流程也是"复制"过来的;饭店员工在上岗前曾接受过简单的入职培训,内容主要集中在日常的基本技能上;在工作设计方面,饭店实行专业化策略,无岗位轮换、工作丰富化等内容,员工的职业生涯发展更无从谈起。

现要求你设计一份工作分析方案,交给总经理办公室,说明本项目实施的意义、构想、实施范围、任务、拟采取的方法、步骤、日程安排以及相应费用预算等内容。

第 4 章 招募与甄选

📎 **学习目标**

学习本章后，读者应达到以下目标：

1. 了解人员招募的原则和目的；
2. 掌握人员招募的主要程序；
3. 掌握外部招募和内部招募的适用条件、方法和优缺点；
4. 理解测评的主要方法和优缺点；
5. 掌握面试的基本方法；
6. 了解录用的主要程序。

招募与甄选 重难点

📋 **引导案例**

近年来 S 公司整体运营不善，为此 S 公司委托有关咨询公司进行调查，总结出四大问题。①人才流失情况严重。主要原因是公司的地理位置不佳，员工在这样一个偏僻的位置没有更好的发展机会，不但不能与外界接触，而且公司内部的发展环境也不利于员工的成长。为了谋求更好的发展，很多员工纷纷离职到城里去谋求新的发展机会，导致公司人才大量外流，面临人才断档危险。②技术管理水平与大城市同类企业相比无优势，物流环节也受制于交通不便，公司发展前景缺乏对员工的吸引力，优秀员工预感到自己的职业生涯面临危机。③技术人才严重缺乏，导致公司不但缺乏创新型产品，而且产品质量问题越来越严重，公司的产品市场萎缩。④员工对公司的满意度下降。

1. 公司应该如何应对人才流失问题？
2. 公司应该如何招募符合其发展战略和目标的员工？
3. 公司可以采用的招募方法和渠道有哪些？
4. 公司如何留住员工？

资料来源：孟祥林. 人力资源管理案例分析. 3 版. 北京：机械工业出版社，2016：208.

4.1 招聘概述

4.1.1 招聘的概念

员工招聘是组织获取合格人才的渠道，是组织为了生存和发展，根据人力资源规划和工作分析的结果，通过发布信息和科学甄选获得所需人才，并安排他们到相关岗位上工作的过程。

员工招聘建立在人力资源规划和工作分析的基础之上。人力资源规划决定了要招聘的职位、部门、数量、时限等因素；工作分析则对企业中各职位的责任和所需素质进行分析，为招聘提供主要参考依据，同时为应聘者提供职位的详细信息。

招聘不等于招募。招聘是企业吸引与获取人才的过程，是获得优秀员工的保证。招聘实际上包含两个相对独立的过程，即招募（recruitment）和甄选（selection）。招募是聘用的基础和前提，聘用是招募的目的和结果。招募主要通过宣传来扩大影响，树立组织形象，达到吸引更多的人来应聘的目的。甄选是指采取科学的测评方法选择符合要求的人来填补职务空缺。所以，招聘过程就是选择的过程，是企业选择合适人才的过程[①]。

4.1.2　招聘的意义

员工招聘对企业来说有着非常重要的意义，主要包括以下几个方面。

① 确保录用人员的质量，提高企业核心竞争力。企业间的竞争归根结底是人才的竞争。员工招聘一方面关系到企业人力资源的形成，另一方面直接影响企业管理其他环节工作的开展。

② 降低招聘成本，提高招聘效率。招聘时应考虑三方面的成本：一是直接成本，包括招聘过程中的广告费、招聘人员的工资和差旅费、测评费、办公费用等；二是重置成本，即因招聘不慎，重新招聘所花的费用；三是机会成本，即因人员离职而新员工尚未完全胜任工作而产生的费用。

③ 为企业注入新的活力，增强企业创新能力。新员工可以给企业带来新的管理思想、新的工作模式，给企业带来制度创新、管理创新和技术创新。

④ 提高企业知名度，树立企业良好形象。企业利用各种各样的形式发布招聘信息，有助于提高其知名度，让外界更好地了解企业。企业在招聘的同时，通过招聘工作的运作和招聘人员的素质向外界展现了企业的良好形象。

⑤ 减少离职率，增强企业凝聚力。有效的招聘一方面可以使企业更多地了解应聘者的工作动机与目的，从诸多候选人中选出个人发展目标与企业发展目标一致并愿意和企业共同发展的员工；另一方面，可以使应聘者更多地了解企业及应聘岗位。有效的双向选择使员工能够更加积极地从事可胜任的工作，减少人员离职及其可能带来的损失。

⑥ 有利于人力资源的合理流动，促进人力资源潜能的发挥。有效的招聘能促使员工通过合理流动找到适合自己的岗位，实现能职匹配，调动人的积极性、主动性和创造性，使员工的潜能得以充分发挥，人员得以优化配置。

4.1.3　招聘的影响因素

由于招聘是在一定环境中进行的，因此招聘是否有效会受到各种外部因素、内部因素的影响。

（1）外部因素

① 国家政策法规。国家政策法规从客观上界定了企业人力资源招聘的对象及其限制条件。另外，国家对产业、行业的扶持或限制政策也会对招聘产生极大的影响。

② 社会经济制度。经济制度对招聘工作的影响主要体现在对劳动力的调节机制上。改革开放以前，我国实行的是高度统一的计划经济体制。人事管理实行统包统配，由国家统一计划管理，个人和用人单位缺乏自主权，几乎不存在招聘工作。改革开放以后，我国实行的是市场经济体制，由计划指导转向市场配置，供求双方自主选择，招聘工作从无到有，逐步发展。

③ 宏观经济形势。一般而言，宏观经济形势良好，则失业率低；反之，宏观经济出现危

---

① 葛正鹏，李芸. 人力资源管理. 3 版. 北京：科学出版社，2016：76.

机，企业生产能力弱，招聘机会少，则失业率高。

④ 技术进步。技术进步对招聘的影响主要体现在以下三个方面：技术进步会引起人才市场上招聘职位分布的变化，技术进步会对就业者的素质提出新的要求，技术进步会影响人们的工作和生活方式。

⑤ 劳动力市场。劳动力市场是招聘工作进行的主要场所和前提条件。劳动力市场状况影响着企业招聘的计划、范围、来源、方法、费用等。

⑥ 产品/服务市场。产品/服务市场不仅会影响企业的支付能力，还会影响员工的数量和质量。当产品/服务市场增长时，市场压力会迫使企业将生产能力和雇佣能力最大化。市场份额大，表示企业具有发展潜力，能够吸引更多的人才加入企业。而当市场萎缩时，市场就会迫使企业减少对人力资源使用的数量。如果企业的市场份额和远景欠佳，人们就不愿意加入该企业，企业就难以有充裕的应聘者进行筛选。市场份额同时也会影响企业的工资支付能力。

（2）内部因素

① 职位的性质。企业招聘要么为了储备人才，要么为了填补空缺，后者发生的概率更高。空缺职位的性质由两方面因素决定：人力资源规划决定空缺职位的数量和种类，工作分析决定空缺职位的职责、素质要求等。空缺职位决定了招聘什么样的人以及到哪个相关劳动力市场进行招聘。此外，它还可以让应聘者了解该职位的基本情况和任职资格，便于其做出求职决策，并取得进一步发展。

② 企业的经营战略和发展规划。企业的经营战略和发展规划都会对招聘产生影响。

③ 企业文化会影响招聘人员的态度和行为方式，影响招聘方式的选用。企业根据应聘者的价值观和行为方式是否与企业文化相吻合来决定聘用与否。

④ 企业形象和自身条件。企业形象和自身条件会影响其对应聘者的吸引力，这主要体现在以下几个方面：企业的声望、企业的发展阶段、企业的管理水平、企业的报酬及福利待遇、企业的地理位置。

⑤ 企业的用人政策。企业的用人政策不同，对员工的素质要求也就不同。

⑥ 招聘成本。由于招聘目标包括成本和收益两方面，而且各种招聘方法奏效的时间不同，因而招聘成本会显著影响招聘效果。招聘资金充足时，企业可以做更好的广告，选择更多、更精细的甄选方法，进行更广泛的背景调查[1]。

4.2 招募

4.2.1 招募概述

人力资源规划工作完成之后，企业可能会发现某个职位或某些职位在当前或未来需要用新的人员来填补，这时企业就需要开展人力资源招募活动。招募指的是企业为吸引足够数量的具备相应能力和态度，有助于实现企业目标的员工而开展的一系列活动。人力资源招募所扮演的角色就是发现和吸引适合职位需要的潜在合格候选人，从而使企业在产生人力资源需要的时候能够从中雇用到合适的员工，因此，人力资源招募实际上是人力资源规划和员工甄选之间的桥梁。

---

[1] 张丽华. 人力资源开发与管理. 北京：中国人民大学出版社，2017：89-90.

在员工配置的过程中，人力资源的规划和保持是关键，其中必然包括成功的招募和甄选。有关这些活动的新方法还在不断涌现，如果企业不加以关注和考虑的话，招募和甄选就仅仅成为一系列行政职能，即协调内部职位空缺，传递候选人资料，处理管理报告以及将候选人纳入系统[①]。

招募是为企业工作岗位建立一个合格的申请者"池"的过程。如果合适的候选人的人数等于企业所需的人数，则没有必要进行甄选——因为选择已经做出了。企业要么将某些职位空着，要么录用所有候选人。一项对企业在劳动力市场中的长期调查显示，近一半的招募经理不能获得足够的合格应聘者。招募应该被视为企业人员构建的关键，而绝非仅仅是管理和操作行为的集合。

4.2.2 招募程序

总的来说，人力资源招募工作主要包括确定招募需求、制订招募计划、开展招募活动、评估招募效果四个程序。

1．确定招募需求

招募需求是在人力资源规划的基础上，根据各部门的实际用人需求确定的，具体取决于需要招募人员的职位本身。通常情况下，招募需求必须由用人部门和企业的人力资源部门共同确定。在很多时候，用人部门由于没有控制成本的压力，在没有必要增加人员雇用的情况下，也会提出招募需求。在这种情况下，人力资源部门就要根据自己的专业知识对用人部门的人力资源需求理由进行分析和判断。

人力资源部门在确定招募需求的同时还需要做出的另一个相关决定是，当企业中出现了一个职位空缺后，到底应当采用内部招募的方法来填补职位空缺，还是采用外部招募的方法来达到这一目的。前者是指从企业内部寻找合适的候选人来填补空缺，后者则是指从企业外部寻找其他人选进入企业内部来填补职位空缺。若企业采取内部招募的做法，则问题相对简单，通常只要采取职位公告的做法即可。所谓职位公告，就是指一个企业将在内部出现的某个或某些职位空缺的信息，包括职位名称、工作地点、职责描述、任职资格条件甚至薪资等级与薪资浮动区间等，通过企业内部的公告栏、出版物或者内部网页等媒介告知员工，要求对空缺职位感兴趣的员工提出申请的一种做法。

2．制订招募计划

如果最终确定为外部招募，企业就需要制订较详细的招募计划。一份招募计划通常包括招募范围、招募规模、招募渠道、招募时间以及招募预算等。

招募范围是指企业需要确定将在什么样的范围内招募空缺职位的候选人。招募范围主要取决于职位本身的要求、填补职位的候选人的地区可得性，以及组织的战略定位。通常情况下，职位对任职者的要求越高，招募的范围就越大。

招募规模指的是企业根据自己需要雇用的人数所确定的需要获得的求职者的人数。通常情况下，企业会通过招募和筛选的各个阶段不断地筛选求职者，从而最终雇用到自己所需要的合格求职者。在这一过程中，候选人的范围逐渐被缩小。这样，一开始需要招募到的人数和最终需要雇用的人数之间就需要保持一个适当的比例。这是因为如果一开始招募到的人数过多，可能会导致企业投入大量的人力和时间进行筛选，从而浪费企业的资源；如果招募到的人数过少，又会导

---

① 赵曙明，周路路，罗伯特·马希斯，等. 人力资源管理. 13版. 北京：电子工业出版社，2013：105-126.

致企业最终可能无法聘用到自己想要的合格员工。

招募渠道，通常是指企业在外部进行空缺职位的候选人招募时所确定的招募途径、招募方向或所要招募的目标人群。招募渠道主要有报纸、杂志、电视广告、校园、网络、猎头公司、就业服务机构等。

招募时间指的是对整个招募活动所需要的总时间长度以及招募活动各个阶段的时间进度所做的安排。招募时间通常根据企业填补空缺职位的时间紧急程度确定。如果企业需要尽快从外部招聘人员填补某一空缺，则招募的时间要求就会很紧迫。另外，如果企业的人力资源规划工作做得比较好，企业在人员招募方面可能就不会因为时间过于紧急而对招募工作形成不必要的时间压力或影响招募的质量。

招募预算指的是整个招募活动所需要的总费用。一方面，招募预算会对招募的质量产生一定的影响，如果预算过少，则招募渠道的选择或招募方式可能会受到一定的限制；另一方面，招募预算不仅取决于企业的财务能力，还取决于恰当的招募渠道选择。有时，有些招募渠道可能需要的费用很多，但是招募的效果却很差。

3．开展招募活动

在这一阶段，企业的人力资源部门需要根据招募计划书，通过适当的渠道公布招募信息，同时收集求职者通过各种方式投递的简历，为下一步的人员甄选做好准备。

企业发布的招募信息必须简洁、明确，而且要注明接收简历的截止时间以及组织中的联系人和联系方式，以便求职者查询。在发布招募信息的时候，企业的人力资源部门需要和用人部门共同撰写相关职位的简要说明书，其中特别需要注意对任职资格条件的描述一定要清晰，以确保只有那些符合职位任职资格条件要求的求职者才会投递简历。

在实施招募计划的过程中，有些企业主要让人力资源管理者与求职者接触，到后来的甄选阶段才会让用人部门的业务或职能专家参与。有些企业则会在一开始就让业务或职能专家和人力资源部门一起从事招募工作。这两种做法各有利弊，前一种做法节约人力和成本，后一种做法可能效果更好。

4．评估招募效果

评估各种招募资源和方法是否有效，重要的还是看招募的效果。但是在现实中，企业经常会碰到没有足够的质量评价标准来评价新进人员及新进人员与企业匹配度的情况。

判断招募是否经济高效的主要方法是进行"招募评估"中的常规分析。事实上，当使用招募成功的时间作为衡量标准时，招募成功的时间越短，企业的招聘效率和效果就越好，股东的价值就会越高。诸多研究发现，如果招募在两周内完成，股东总的回报约为60%，相比之下回报率为10%的公司大概需要七周的时间完成。同样的，更多地使用员工推荐会比使用其他方法能创造更高的股东回报。

评估招募效果时可以测量的领域很多。图4-1所示为企业常用的评估测量领域。

（1）招募的数量与质量评价

企业可以通过对招聘数量与质量的评价了解与以前的方式相比，以及与其他企业的招募表现相比，评估自己的招募情况如何。招募效果的这种标准能够显示企业是否吸引到了足够多的目标申请人群。

工作绩效、旷工频率、培训开销和离职率的信息，同样可以帮助企业对以后的招募做出调整。例如，一些企业发现，在特定学校进行招募时，能够获得稳定的高绩效者，而在其他学校招募到的员工相对来说就更容易跳槽。一般评价招募的标准包括评价招募的应聘者数量与质量。

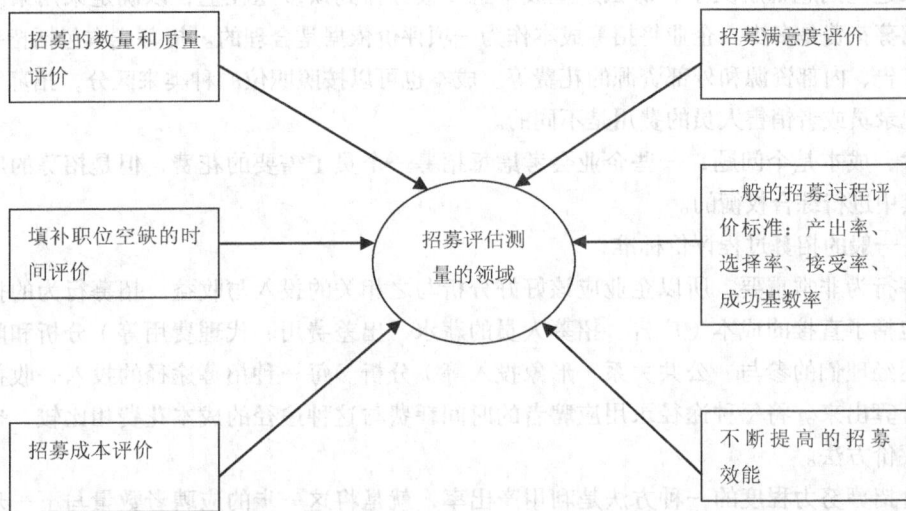

图 4-1　招募评估测量的领域

① 应聘者数量。优秀招募计划的目标是创造一个较大的可供选择的应聘者"池"，所以，数量是进行评价的第一步。这里，最基本的衡量标准是应聘人员数量是否足够满足职位空缺。一个相关的问题是：是否招募到了足够的满足资格的应聘者？

② 应聘者质量。除了数量，另一关键点是：申请者的资格素质是否能满足空缺职位的要求？他们被雇用后能胜任吗？每个招募人员招募的失败率是多少？可用的衡量条目有每一个招募人员的绩效评价得分、晋升所需时间、招募人员的产出和销售指标等。

（2）招募满意度评价

两个群体的满意度在企业进行招募评价时都是需要被参考的。空缺职位管理者的看法当然是很重要的，因为他们在某种程度上来说是"客户"。但是，应聘者（被录用的和没有被录用的）也是有用数据的重要来源。

管理者能够反馈很多问题，如应聘者"池"的质量、招募人员的服务、进程时间安排以及他们发现的任何问题。应聘者也会反馈一些问题，如他们被如何对待、他们对企业的期望以及招募过程的时间跨度等。

（3）填补职位空缺的时间评价

考察填补职位空缺所用时间的长短，是评价招募成效的一种常用手段。如果企业没有及时招募到满足条件的候选人，工作进程和组织的生产率都会受到制约。如果花费了相当长的时间来填补空缺职位，需要这些人员的管理者会很不高兴。同样，正如前面所说，职位空缺不能填补的代价也很高。

一般来说，计算每种申请渠道的平均耗费时间是非常有用的，因为招募的某些方式会比其他方式需要的时间短一些。

（4）招募成本评价

招募成本评价可能会用到很多不同的公式。测量招募成本最常用的方法是计算每年的招募花费与招募数量之比。

这种方法的难点是确认哪些应该包括在招募花费中。例如，调研、背景调查、地点调换以及签约费用等是包括在内，还是不包括在内比较合适？

如果这些问题都解决了，那么这些成本就要被分摊到众多途径上，以确定采用某一种途径时单位招募花费是多少。企业将招募成本作为一项评价依据是合理的。招募成本包括招募机构的费用、广告、内部资源和外部资源的花费等。成本也可以按照职位的种类来区分，招募管理者、秘书、记录员或者销售人员的费用是不同的。

当然，成本是个问题，一些企业会考虑每招募一个员工需要的花费，但是招募的质量也是要纳入其中进行综合权衡的。

（5）一般的招募过程评价标准

招募行为非常重要，所以企业应该好好分析与之相关的投入与收益。招募行为的投入—收益分析包括了直接的成本（广告、招募人员的薪水、出差费用、代理费用等）分析和间接的成本（营运经理们的参与、公共关系、形象投入等）分析。每一种招募途径的投入—收益信息都能够被计算出来。将每种途径录用应聘者的时间耗费与这种途径的成本花费相比较，也是一种很好的评价方法。

评价招募努力程度的一种方法是利用产出率，就是将这一步的应聘者数量与下一步的数量相比，这也是估计最初应聘者"池"大小的工作。产出率呈金字塔状，开始时有很大的申请者基数，然后急剧变小。

利用产出率的另一种方法是按进度，即企业控制重要比率的范围。一旦给定的指标超出了范围，就表示招募过程出现了问题。在校园招募中，可能会使用下列比率：

$$\frac{学校毕业班的学生进行第二次面试的人数}{参加面试的毕业生的总人数}=（变化区域）30\%\sim50\%$$

$$\frac{接受提供工作的人数}{受邀请参观公司的人数}=（变化区域）50\%\sim70\%$$

$$\frac{被雇用的人数}{提供的工作总数}=（变化区域）70\%\sim80\%$$

$$\frac{最终被雇用的人数}{到公司参加面试的总人数}=（变化区域）10\%\sim20\%$$

另一个有用的计算指标是选择率，它是指企业在特定的候选者群体中录用的比例。它等于录用人数除以应聘者人数。例如，30%的比率表明 10 位应聘者中有 3 人被录用了。选择率不只可以评价招募情况，同时也测量了选择事宜。接受率和成功基数率也是如此。

（6）不断提高的招募效能

企业评价招募效果的原因应该是使招募行为更有效。企业通常会采取以下一些行动来回顾招募过程。

简历挖掘——用软件从大型数据库中找出最好、最合适的简历。

申请者追踪——对申请者进行全过程的业绩评估。

内部调动——跟踪和调动企业内有潜力并与相关职位空缺相匹配的员工。

工作预览——让相关人员详细了解企业和工作。

招募回应——及时回应申请者。

利用不同申请者"池"的数据、选择更宽泛的劳动力市场、采用不同的招募手段、提高内部操作和面试的能力、对招募人员和管理者进行培训等，都是改善招募效果的方法。

另一个提高招募效果的方法有赖于招募人员自身。他们中有一些人在招募过程中能够带动整体的士气。非常了解职位和企业的招募人员，以及那些很热情并尊重应聘者的招募人员，相对来说更加具有正面形象。而正面形象更容易促使更多的应聘者寻求与企业的合作[1]。

4.2.3 战略招募决策

当一些特定的地区和行业出现经济下滑时，企业也许可以趁势招募到很多人才，而且招募的成本较低。但是，不管人才是充沛还是短缺，企业在一些招募问题上必须要做一些决策。

1．招募现场与形象

招募一般被分为持续型和密集型。持续型招募的优势在于能够在招募市场上保持企业的影响力。例如，一些企业发现，对于校园招募来说，每年在特定学校进行招募是有好处的，那些偶尔进行校园招募的企业一般是不会在这个校园再做一些后续工作的。此外，企业进行持续型招募还有一些措施，如在网络上公布职位信息，与招募顾问接触以及其他一些与市场相关的行动。

密集型招募是指以一种强劲的招募竞赛形式招募到特定数量的员工，通常要在短期内完成。企业采取此招募方式可能是因为人力资源计划系统失败。这种失败缘于该系统无法提前识别预期的工作量，因而导致劳动力需求发生剧烈变化。

2．自主招募 vs 招募外包

企业首要需要决定的是，招募工作是由自己完成还是将其外包出去。这个决策不能仅局限于"是或不是"。在大多数企业中，很多招募工作都由人力资源部门来处理。但是，招募是一个非常耗时的过程，人力资源部门以及企业的其他经理人员还有很多其他职责。外包是一个减少企业内人事职员需求和将相关人员的时间节约出来去做其他工作的方法。

招募过程外包（Recruitment Process Outsourcing，RPO）可以提高招募候选人的数量和质量，同时可减少招募成本。在不久的将来，RPO 会有显著增长。来自不同行业的大大小小的企业都会将诸如招募广告的投放、简历的初选、与潜在申请者最初的电话接触等事情外包出去。例如，通用电气（GE）使用 RPO 节约时间和减少人力资源部门职员，使招募工作更具效率。这样，人力资源部门的职员才能腾出手来接管招募工作中的其他事宜。

3．正规人员配置 vs 弹性人员配置

是使用正规全职员工还是弹性员工，这个决策会影响招募对于填补岗位空缺的效果。有不少企业已经表示正规员工的成本已经变得难以承受，随着经济、竞争以及政府等方面带来的影响，情况将会进一步糟糕。当然，这不仅是钱的问题。各种雇佣关系也束缚这种关系本身，这导致企业不愿意再新招正规的全职员工。

弹性人员配置是指使用那些非传统型员工。弹性人员配置允许企业免除一些如有薪假期以及退休金计划等的全职福利，同时也允许企业在一些不同的市场上招募。有些企业会使用临时员工，这些企业可以自己招募临时员工，也可以与代理签订合同，由代理按天数或者按周来提供临时员工。这些代理最初向企业提供办事员和办公室职员，但是现在也可以提供临时的专业工人、技术人员，甚至管理人员。

[1] 刘昕. 人力资源管理. 2版. 北京：中国人民大学出版社，2015：137-140.

一些企业将招募临时员工作为未来选择全职员工的途径之一。临时员工足够胜任其工作的时候，就能够晋升到正式职位上了。这种先尝后买的方式对企业与员工双方都有潜在好处。然而，一旦临时员工被雇用为全职员工，很多提供临时员工服务的企业都会向委托企业收取人员配置费用。

4．招募渠道的选择：内部 vs 外部

大多数企业会综合使用内部和外部招募资源。内部提拔（内部招募）和从企业外招人（外部招募）各有利弊。

当企业面对着快速变化的竞争环境时，除了要发展内部提拔外，还需要更加重视外部渠道。而对于环境变化缓慢的企业，内部提拔也许更合适。

一旦企业做出了各种招募政策决定，那么具体的招募方法就能够被确定与使用了。

4.2.4　互联网招募

互联网已经成为许多企业搜寻人才和求职者寻找工作的主要途径。互联网使用率的增长是下列企业行为产生的关键原因。

① 调整通用的招募系统来使用新的招募方法；

② 为具体工作岗位寻找新的招募方法；

③ 对经理人员和人力资源专员在招募资源、技能和责任方面的培训。

1．电子招募手段

互联网的发展使企业和员工都开始使用互联网这一招募工具。博客、微博、微信基于网络的招募方法的使用已经成为招募工作的一部分。电子招募软件供应商将很多企业识别为客户企业。在这些使用特别软件的招募网站中，最常见的有专业网站和企业网站。

（1）专业网站

很多专业企业在它们的网站上都有招募部分。智联招聘、前程无忧、猎聘网等网站给很多招募者和企业提供了公布职位空缺的平台。使用这些比较有目的性的网站在一定程度上减少了招募者的搜索时间和努力。

（2）企业网站

除了职位公告板和协会职位网站外，很多企业也建立了自己的网站。这样，在招募时能更有效率。一些成功的企业网站往往都是由那些优秀的企业创建的，它们通过自己的网站、职位公告板、专业招聘网站等引导求职者找到这些企业。企业在网站上把雇用和职业发展等信息放在以"招募信息"或者"职业生涯"为标签的项目之中。它们会鼓励求职者通过电子邮件或在线投递简历。

企业网站的招聘模块也被看作这家企业营销努力的一部分。因此，一个企业网站的招聘模块必须有效地适合市场工作和职业。一家企业的网站也应该通过列出企业的信息、企业的产品和服务、企业和行业的增长潜力，以及企业的运营情况，来帮助企业进行营销。企业网站的吸引力、有用性和风格能够影响求职者对企业看法的好坏。

2．招募和互联网社会网络

互联网让人们的社会网络延伸到博客、微博、微信和一定范围的网站上。很多人对这一社会媒体的使用已经开始不再局限于工作公告板网页了。互联网使同事和朋友可以经常便捷地联系。

这种对网络的非正式使用对企业和员工双方都存在着利弊。社交网络允许求职者与潜在企

业的员工接触。例如，一些网站展示了所要为之工作的老板是什么样子，寻找职位的人可以与公布者联系并提问。领英（LinkedIn）就是一个例子，它有一个工作搜索引擎，可以让人们与公布职位空缺的企业接触。

企业间现在正通过加入社交网络开展社会合作。企业在这些网站上公布职位信息意味着可以让数百万的网络用户看到并且可以开展在线沟通。通常这些动作可以将求职者引到企业网站上，使他们可以投递电子简历或者完成在线申请。

3．互联网招募的优势

企业已经发现互联网招募有很多优势。重要的一点是，许多企业利用互联网招募比用其他方法，如在报纸上刊登招募广告、聘用中介机构等要节省很多开支。

另外一个重要优势是，互联网招募可以形成一个巨大的申请者"池"。人们会认为这样的企业态度更为积极，而且可以获得更多的有用信息，结果就是会有更多的申请者提交申请材料。实际上，很多候选人可以看到所有职位列表，尽管这些列表的点击率取决于其所在的网站。互联网招募的一个好处就是可以进行大范围的信息发布，这样潜在的申请者即使是在其他地区甚至是在其他国家也可以通过互联网看到这些信息。通过对类别、信息和其他变量的使用，企业可提高寻找特定受众的能力。

互联网招募还可以节约时间。申请者可以很快地收到电子回复。招募者之所以要更快地回复，是为了能获得申请者更多必要的信息，获取更多的细节，安排时间进一步沟通（包括面试）。同时，快速的回复可以减少申请者的等待时间，降低他们申请其他单位的比例。

一个好的网站可以帮助招募者找到积极的求职者——那些有一份好工作，但是当一个更好的机会出现时会认真考虑的人。这些人并不会常常在网络上填一些求职表格，但是他们会出于其他目的访问企业网站。他们一般会点击职业生涯或招募信息板块。一个设计优秀的企业网站可以激发积极职业搜寻者的兴趣，这里面也包括其他潜在的候选人。

4．互联网招募的弊端

互联网招募也有一些弊端。由于影响范围大，互联网招募经常给人力资源部门职员和其他一些内部人员带来额外的工作：需要发送更多的在线职位公告，需要查看更多的简历，需要去处理更多的电子邮件、博客、微博，对于申请者的增加需要昂贵的专用软件来跟踪。求职者数量的增加也给企业的服务器和其他软、硬件设备带来了压力。

互联网招募的另外一个问题就是，对于那些上网有困难的群体而言，如低收入人群和来自特定种族的人群，是一个限制。此外，还有一些人仅仅是相关信息的浏览者，他们并不是真正积极地在找新的工作。

互联网招募仅仅是招募的一种方法，它的作用在一定程度上被夸大了。事实上，互联网招募必须与其他的外部和内部招募资源整合起来使用。

4.2.5　外部招募

即使全面的失业率提高，企业在招募方面仍旧面临着挑战。外部招募是高效人力资源配置的一部分。外部招募的优势和劣势如图 4-2 所示。对于一些重要的、传统的和正在发展的招募方法，接下来我们会重点讨论。

1．媒体资源

报纸、杂志、电视、广播和户外广告牌等媒体资源被使用得非常广泛。一些企业购买特定领域或行业的人员名单，然后利用邮件直接联系。互联网的使用让这些可以在线完成，包括公告、广告、视频、网络会议以及其他很多扩展的媒体服务。在一些地方，报纸广告仍然非常重要，它们可以促使求职者通过网络资源获悉更多详细的信息。报纸广告更加适用于那些经常阅读报纸的求职者。

优势	劣势
<ul><li>可以带来新思想、新观念，补充新鲜血液，使企业充满活力</li><li>可以促进战略性人力资源目标的实现</li><li>可以规避涟漪效应导致的各种不良反应</li><li>可以避免过度使用内部不成熟的人才</li><li>可以大大节省培训费用</li></ul>	<ul><li>人才获取成本高</li><li>可能会选错人才</li><li>给现有员工带来不安全感</li><li>文化的融合需要时间</li><li>要实现对工作的熟悉以及与周边工作关系的密切配合需要时间</li></ul>

图 4-2 外部招募的优势与劣势[1]

随着企业及其所在地的不同，招募也会有所差异。例如，偏远地区社区银行的招募就会和城市大银行的不同。不管使用什么渠道，企业都需要把关于企业和职位的充分信息提供给相关的劳动力市场。因此，对于招募广告的措辞而言，最关键的是易读易懂，而不是使用很多缩写，也不可以将有用的细节省略。

人力资源招募人员应该对广告产生的反应做出评估，以确认各种媒体方式的有效性。最简单的追踪广告回应的方法就是在每个广告中使用不同的联系人名字、电子邮箱或电话号码，然后，企业就可以了解应聘者是通过哪种广告途径得知消息的了。

企业虽然需要跟踪求职者对每个广告的反应的总数，但是仅靠这个数字来判断一个广告的成功与否是错误的。举例来说，10 个申请者中有 2 个是合格的，这样的反应比 30 个申请者中仅有 1 个合格申请者的反应要好。因此，在个体被雇用后，为了了解哪些资源会带来任职较久、表现较好的员工，企业需要做一些后续的工作。

2．竞争的招募资源

招募的其他渠道有职业和商业协会、商业性出版物以及竞争者等。很多专业团体和商业协会都出版报刊，并且配有可张贴招募广告的网站。这类渠道对于招募行业内特殊的专业人员是非常有帮助的。

一些企业会将招募延伸至客户端，如沃尔玛和百思买在它们的店内就有旨在将顾客转变为员工的积极的招募项目。在店堂内，顾客能够拿到应聘表格，现场申请，或者约定与经理及人力资源人员的面谈时间，这一切都发生在店里。

3．公共和私营就业服务机构

在市场经济背景下，各种类型的就业服务机构是非常重要的一个新员工招募来源。主要的就业服务机构包括两种：一种是由政府举办的各级公共就业服务机构以及由各种非营利机构举办的就业服务机构；另一种是由私营部门建立的各种职业介绍服务机构。一般情况下，市场经济国家都会在各个城市设立就业服务办公室，形成统一的公共就业服务介绍机构。

企业将公共就业服务机构作为招募来源主要有两个方面的好处：一是这种公共就业服务

---

[1] 廖泉文. 招聘与录用. 3 版. 北京：中国人民大学出版社，2015：82-83.

机构主要是为了帮助失业者实现再就业，因此，它们一般提供免费服务，所以这种招募渠道的招募成本非常低；二是来自这种招募渠道的求职者往往都处于失业状态，他们一旦被录用，可以迅速办理入职手续。但是，这种招募渠道也存在着一些明显的问题，主要问题在于大多数公共就业服务机构推荐来的人是缺乏工作经验或者专业化程度比较低的人，其中有些人可能还存在着一些不良特征。因此，要想从中挑选出专业素质比较高的潜在求职者，难度通常比较大。

除了公共服务部门提供的就业服务，私营部门中也有一些就业服务机构。不过，私营部门中的就业服务机构对希望得到它们服务的求职者以及希望从它们那里获得求职者的企业是要收费的。由于通过私营部门中的就业服务机构寻找工作的很多人实际上并非失业者，只不过希望通过私营部门中的就业服务机构寻找更理想的职位，因此对于许多企业而言，这一招募渠道是一种非常好的吸引积极求职者的渠道。

在私营部门中的就业服务机构中，有一种非常特殊的高端就业服务机构，即所谓的猎头公司。猎头公司的正式名称是高级人才代理招募机构。这种特殊的高端就业服务机构通常受雇于客户企业，专门帮助这些客户企业寻找所需要的高层次管理人才和高级专业技术人才[①]。收费水平和这些企业搜寻高层管理人员以及其他空缺职位候选人的"攻击"程度，使得他们被称为猎头公司。这些代理招募机构只关注高层的、管理层的以及专业的职位。猎头公司可以分为两种类型：①成功收费型，即仅在有候选人被客户企业录用以后才收取费用；②固定收费型，指不管搜寻成功与否都要收取费用。很多大公司以固定收费为基础。从道德角度看，猎头公司不能再将客户企业的员工作为为另一家企业物色的候选人。

4. 工会

工会是提供特定工人的一种比较好的渠道。在一些特定行业中，传统上工会为企业提供员工。工会通常有一个劳动力"池"，工人能够被工会分派到特定的岗位上，以满足企业的需求。

有时候，工会能控制或影响招募以及员工需求。与那些没有工会的企业相比，拥有强大工会的企业在决定雇用谁、将雇用的人安排在哪里等问题上灵活性较差。

5. 人才招募会和特殊招募

在各种劳动力市场中寻求人才的企业也会使用人才招募会和特殊招募渠道。人才招募会是由一些经济实体举办的，企业、人力资源协会以及其他一些社团把企业和潜在的职位候选人聚拢到一起。有两点需要注意：①一些参加的企业会发现它们现在的员工可能会在人才招募会中寻求其他企业中的职位；②一般性的招募会会吸引很多人到场，这其中的一些人是没有被雇用的，而且是不能被雇用的。行业性或特定技能性的招募（即特殊招募渠道）往往可以提供更多让人满意的候选人。这样的招募还可以吸引那些在网上只看信息而不投简历的人。

6. 教育机构

大学生是专业化和技术化员工人选的重要来源。大多数大学都有就业指导中心，企业可以在那里与申请者见面。在校园面试过程中企业的一些考虑会影响企业的选择，如图4-3所示。

由于校园招募需要花费很多财力、精力和时间，故企业需要决定现在和未来在特定领域大学层次的岗位需求。尽管行业中和企业之间会有经济形势的变化，但是由于大学毕业生具有易塑性，同时大学毕业生是最具发展潜质的群体，对企业来说，采用校园招募的形式，其用于评价应

---

① 刘昕. 人力资源管理. 2版. 北京：中国人民大学出版社，2015：145-146.

聘者潜质的信息相对完整、可信度较高，因此，大多数企业还是计划将招募名额的一半以上留给大学生。

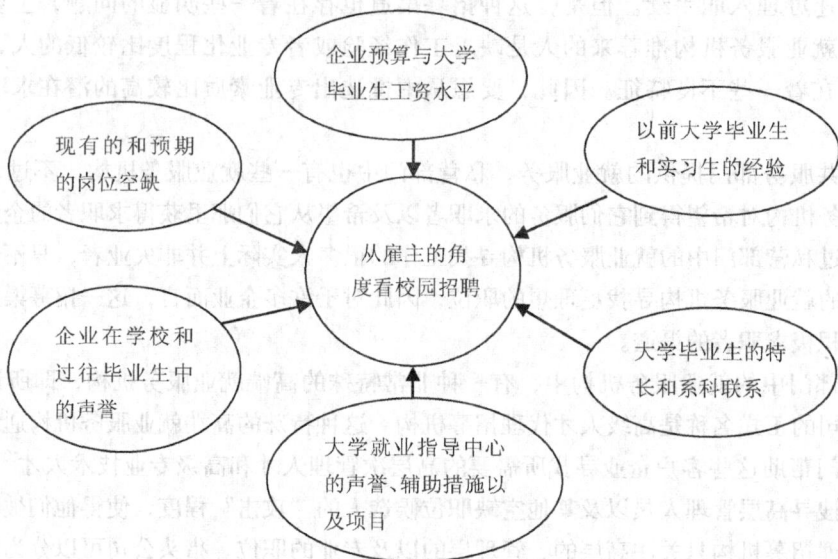

图 4-3　校园招募中企业的考虑

很多因素决定了校园招募的成功。一些企业积极与指定学校的系科负责人和职业指导人员建立持久的联系。企业可以通过邀请嘉宾到校园给学生开展讲座的形式来增进彼此间的联系，不断地在校园中开展支持性活动会给企业带来积极的校园招募结果。

4.2.6　内部招募

用内部人员来填补空缺能有效地增加员工留在组织内成长的动力，减少员工到外部寻求职业发展机会的概率。最常用的内部招募方法包括：晋升与轮岗、员工推荐，以及雇用以前的员工和求职者等。内部招募的优势与劣势如图 4-4 所示。

优势	劣势
● 被提升人员的斗志通常较高 ● 企业可以通过以前的表现评价候选人 ● 招聘的成本较低 ● 这一过程对于绩效优良的员工来说，是一个激励因素 ● 这一过程有助于继任计划、未来晋升和职业发展 ● 企业必须招聘入门级别的人员，然后基于经验和业绩提高员工能力	● 企业内"近亲繁殖"导致鲜有多元化能力的劳动者，并缺少新的想法 ● 没有得到升迁的人会产生斗志问题 ● 为了晋升，员工可能会忙于一系列明争暗斗 ● 内部招募往往需要给予员工提拔或者更重要的岗位，但是受限于高层次岗位数量，提拔过程中可能时常需要将员工转入监督和管理岗位 ● 一些管理人员可能会拒绝接纳员工提升至他们的部门

图 4-4　内部招募的优势与劣势

1．内部招募数据库和内部相关资源

人力资源管理系统日趋广泛的使用让人力资源工作者能够持续了解现有员工的背景及 KSAs（知识、技能和能力）信息。当出现职位空缺时，人力资源招聘专家就能够在数据库中输入职位需求，随即便能得到符合条件的现有职员的名单。很多招聘软件会将员工数据按照职业领域、教育背景、职业兴趣方向、以前的工作经历以及其他一些变量来分类。例如，如果企业有一个职位空缺，需要一位有营销经验的工商管理硕士（MBA），那么人力资源工作者在搜寻框内输入 MBA 和营销等关键词，现有员工中所有满足条件的人员就都会显示出来。

内部招募数据库的优点在于它能够与其他人力资源活动连接起来。缺乏职业生涯发展与提升的机会是很多员工离职的一大原因。通过数据库，员工的内部机会就会显现出来。

2．职位公告

招募内部员工用于企业其他工作职位的最主要方法是职位公告。它是指在一个系统中，企业公布职位空缺公告，员工对特定空缺职位提出申请的内部招募方式。没有职位公告系统，很多员工是很难知道企业内其他部门的职位空缺的。企业可以通过很多途径向员工通报职位空缺，包括在企业内部网和外部互联网上发布公告通知，给管理者和员工发电子邮件等。在一个成立了工会的企业中，职位公告和竞岗可能非常正式，因为程序都是在劳动协议中写明的。企业可以利用资历明细严格按照资历进行提拔。

职位公告可给员工提供更多在企业内转换岗位的机会。企业在建立和管理一个职位公告系统时，有很多问题需要回答。

① 回应公告的人员中没有合适的候选人怎么办？

② 员工是否要告知主管，他在申请其他职位？

③ 在申请另一个职位时，有没有对在现有职位上工作时间的限制？

④ 哪一类或哪一层面的职位将不会被公布？

3．以内部员工为中心的招募

一种可靠的招募方式是通过现有或以前员工的推荐进行招募。因为以前和现有的员工比较了解企业，他们通常不会介绍那些不够资格的人员。

（1）现有员工的推荐

在这种方式下，填补职位空缺的人是员工认识的人，如其朋友和家人等。现有员工能够将企业职位的优点告知潜在应聘者，并写介绍信，鼓励他们申请。

员工推荐这种方式可使企业以低成本获得很多有资格的人员，所以通常是招募员工很重要的方式之一。一些企业中有超过 60%的新员工来源于员工推荐。在拥有很多员工的企业中，利用这种方式可以创建一个很大的潜在员工群。

在很多地区和领域，很多企业建立起了员工推荐激励计划。大中型企业更倾向于使用员工推荐激励计划。一些推荐激励计划为难以满足的职位提供了相对于普通岗位更多的申请者。

由于现有员工比较熟悉或者了解所推荐的人，同时如果被推荐的人未来在企业表现不佳，也会影响推荐人本身的声誉和地位，因此，采用员工推荐方式的时候，推荐人会比较慎重地选择适合企业的优秀的潜在对象，从而可保证被推荐的员工能够很好地胜任其将要从事的工作。

（2）雇用以前的员工和求职者

雇用以前的员工和求职者是招募的另一个方式。因为企业对他们有一定的了解，所以这种方式具有节约时间的优点。

为了强化这种方式，一些企业建立了类似"校友聚会"的制度来与离开的人员保持联络。

当有合适的职位空缺时，也允许他们被回聘。在决定是否回聘某人时，企业关键要考虑：他以前为什么要离开？他的绩效和能力是否足够好？

以上我们介绍了外部招募与内部招募的内容、形式、方法以及各自的优点和缺点。企业获取人力资源时必须注意以下几个方面。

① 外部招募是企业补充人员的主渠道。

② 招募高层管理人才时，应保持外部招募与内部招募两个渠道的畅通。

③ 高新科技人才应主要从外部获取，企业应委托专门的猎头公司或从专门的科研机构中获取。

④ 雇用中层管理人员时可考虑以内部招募为主，企业在调整发展战略时，应着眼于战略人才资源储备，此时应将内部招募与外部招募相结合。

⑤ 无论从何种渠道招募，都应争取企业外部专家、顾问的帮助。

⑥ 无论从何种渠道招募，均应保证公平、公开、公正。这既是对企业文化的锤炼，又是对企业形象的锻造，还是增强企业凝聚力、创造力的关键所在。

⑦ 人力资源的招募既是人力资源管理部门的主要工作，又是企业领导的核心工作，企业领导必须予以关心、关注并积极参与[1]。

4.3 甄选

甄选活动一般聚焦于求职者的知识、技术和能力（KSAs），也应关注求职者与工作和组织环境匹配的程度，心理学家称之为人-环境匹配，在人力资源管理领域，人们常称之为人-职匹配。是否匹配不仅同工作满意度相关，还同组织承诺和离职意愿相关。

个人的需要、兴趣、能力、人格和对工作特征、回报的期望，以及与企业之间的糟糕的匹配，都可能导致 KSAs 和岗位需求之间的不匹配。下面列出了五种不匹配的情境：技能/任职资格，地理/工作地点，时间/工作量，收入/期望，工作/家庭。

与技能/任职资格和时间/工作量有关的不匹配常导致人们更换工作，其他的不匹配更多地与冲突有关。造成安置工作困难而复杂的原因在于需要将人与工作进行多维度的匹配。

作为工作分析的一部分，对在岗员工的分析能帮助工作分析人员识别产生工作成就的最重要的 KSAs（知识、技术和能力）。为国际派遣、选拔员工时，个人和企业特征之间的匹配尤为重要，因为员工必须拥有在国际环境中恰当的人格、合适的技能和人际能力。

除了人-职匹配之外，企业还关注人和企业之间的匹配，即人-组织匹配。从价值的角度看，人-组织匹配非常重要，许多企业尝试在个人价值观和企业价值之间建立积极的联系。企业对能与工作有效融合的求职者青睐有加。人-组织匹配能影响员工和顾客对企业的看法，这使得人-组织匹配成为甄选的一个关键问题。

4.3.1 甄选过程

许多企业采取一系列连贯的步骤开展甄选活动。企业规模、工作特征、需求的员工数量、电子技术的使用和其他因素都会带来基本甄选过程的变化。甄选可以在一天之内进行，也可能会

[1] 廖泉文. 招聘与录用. 3 版. 北京：中国人民大学出版社，2015：83-84.

经过很长一段时间。甄选过程的特定阶段可能会被取消，或者次序会被打乱，这都取决于企业自身。如果求职者在一天之内就走完了流程，企业常需要在甄选结束之后查看相关材料。图4-5所示为一个典型的甄选流程。

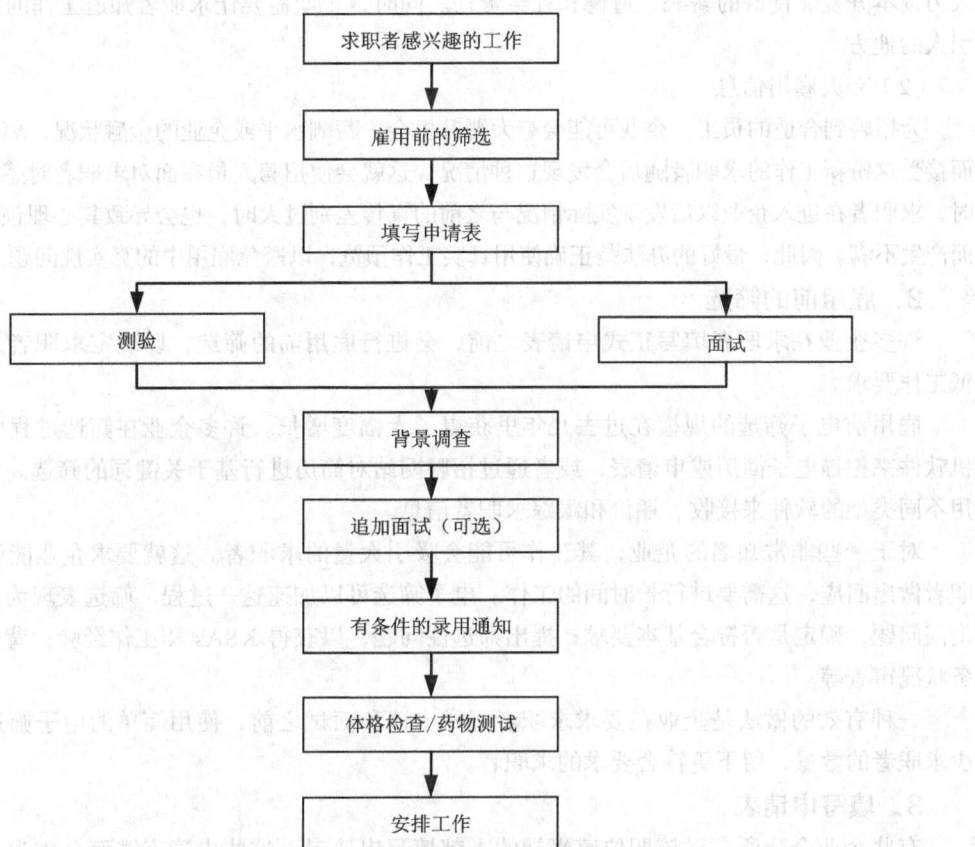

```
┌─────────────────────┐
│   求职者感兴趣的工作   │
└─────────────────────┘
          │
          ▼
┌─────────────────────┐
│    雇用前的筛选       │
└─────────────────────┘
          │
          ▼
┌─────────────────────┐
│     填写申请表        │
└─────────────────────┘
          │
     ┌────┴────┐
     ▼         ▼
┌────────┐  ┌────────┐
│  测验   │  │  面试   │
└────────┘  └────────┘
          │
          ▼
┌─────────────────────┐
│      背景调查         │
└─────────────────────┘
          │
          ▼
┌─────────────────────┐
│   追加面试（可选）     │
└─────────────────────┘
          │
          ▼
┌─────────────────────┐
│   有条件的录用通知     │
└─────────────────────┘
          │
          ▼
┌─────────────────────┐
│  体格检查/药物测试     │
└─────────────────────┘
          │
          ▼
┌─────────────────────┐
│      安排工作         │
└─────────────────────┘
```

图4-5 一个典型的甄选流程

1．求职者感兴趣的工作

希望被雇用的人可以通过多种途径来展现其职业兴趣。以前，人们通过邮件或者传真提交简历，或者亲自到企业申请职位。随着互联网招募的发展，许多人在网上完成申请或者提交电子简历。

不管求职者怎样表达对工作的兴趣，甄选过程都有个重要的公共关系维度。歧视性的雇用行为、不礼貌的面试官、不必要的长时间等待、没有回复电话咨询、不合适的测试程序以及缺少跟踪反馈都会使企业给人留下不好的印象。求职者对企业的看法会受到申请过程中企业对待他们的方式的影响。

（1）真实工作预览

许多求职者在求职前对企业知之甚少，因此，在决定是否接受一份工作时，他们会相当看重在甄选过程中得到的信息，包括薪水、工作特征、工作地点、晋升机会等。有些企业美化了工作，使其看上去比实际情况好。真实工作预览为潜在求职者提供了有关工作的正确介绍，以便他们能更好地评估工作环境。事实上，真实工作预览能直接提高员工的培训效果，并有助于澄清他们的职业角色。在全球委派中，真实工作预览提高了个体的自信心，改善了国际外派的决策质量。

在通过真实工作预览开发企业品牌并将其传递给潜在员工时，企业应考虑多种策略。企业有必要评估自己的能力，并开发雇用优势清单，这将帮助企业吸引潜在员工。这些优势可能包括人力资本开发、良好的薪酬、道德和社会责任。同时，企业需要让求职者知道工作的那些不太吸引人的地方。

（2）夸大雇用信息

为招聘到合适的员工，企业可能会夸大晋升机会、薪酬水平或企业的金融状况，离开原有工作而接受这份新工作的求职者随后会发现这种情况，这就会使招聘人员在面对求职者时感到压力；同时，求职者在进入企业以后发现实际情况与之前的宣传差别过大时，也会导致其心理预期破灭，进而产生不满。因此，最好的办法是正确使用真实工作预览，以避免雇用中的真实性问题。

2．雇用前的筛选

许多企业在求职者填写正式申请表之前，会进行雇用前的筛选，以确定求职者是否符合最低工作要求。

雇用前电子筛选的规模在过去几年里获得了大幅度增长。许多企业在筛选过程中使用计算机软件来扫描电子简历或申请表，或者通过招聘网站对简历进行基于关键词的筛选。大企业常使用不同类型的软件来接收、评价和跟踪求职者信息。

对于一些非常知名的企业，其工作可能会吸引大量的求职者。这就要求企业能够对每个求职者做出回应，这需要进行长时间的工作。电子筛选可以加速这一过程。筛选表现为多种形式：询问问题，确定是否符合基本要求；提出筛选性问题，以获得 KSAs 和工作经验；背景调查和财务状况审查等。

一种有效的做法是企业在要求求职者正式申请和面试之前，使用简单的电子筛选来尽量减少求职者的数量，留下更符合要求的求职者。

3．填写申请表

有些企业会让所有对该职位感兴趣的人都填写申请表。这些申请表继而会成为下一步筛选的基础。但是，收集、评价和跟踪这些信息会显著增加人力资源部门的工作。

申请表的使用非常广泛，形式各异。经认真准备的申请表具有以下作用：它是求职者求职意愿的记录，它为面试官提供了求职者的概况，它是求职者被聘用后的基本员工资料，它能够用于对甄选过程进行有效性研究。

很多企业即使招募多个职位，也只使用一种申请表；另一些企业则针对不同职位使用不同的申请表。

申请表中需要有说明以及告知条款，以便企业能够陈述适当、合法的保护性条款。说明和告知条款一般包括以下几项。

① 雇用测试：通知求职者按要求参加笔试、面试、体检或者别的测试。

② 申请截止时间：说明申请在多长时间内有效。

③ 伪造信息后果：向填写了表格的求职者说明申请表中的虚假信息将会是终止合约的根据。

企业应该把所有的申请表和与雇用相关的文件、记录保留三年。申请表中的内容可包括：婚姻状况、身高或体重、家庭成员的人数和年龄、配偶情况、受教育经历、联系方式。

求职者可将简历作为申请表。求职者通常通过简历提供背景信息。有些企业要求所有递交简历的人同时填写申请表。

不管背景信息是怎样获得的，企业有责任检查简历或申请表所提供信息的真实性。

4.3.2 人才测评

人才测评是建立在管理学、测量学、心理学等多学科基础上的一门交叉学科。人才测评即通过现代科学的人才测评技术对人的知识水平、能力、个性特征、职业和发展潜力等方面的素质进行客观、科学的测量和评价，以此构建公开、公平、公正的选人理念和用人机制，为企业的人员招聘、录用、晋升、培训提供支持[①]。

1. 人才测评的流程

企业进行人才测评工作需要遵循一定的流程和步骤。通常，人才测评工作分为三个阶段：测评准备阶段、测评实施阶段、测评应用阶段。

（1）测评准备阶段

在测评准备阶段，需要做好以下四项工作[②]。

① 确定测评目的和内容

不同的测评目的决定了不同的测评内容。以人员选拔为目的的人才测评的内容主要是岗位任职资格及企业文化与战略实施对候选人的要求，测评的目的是剖析候选人是否具备目标岗位所要求的素质，能否支持企业的长远发展和促进企业战略目标的实现。

② 建立测评指标体系

在以人员选拔为目的的测评中，建立测评指标体系就是确定一些具体的标准。这些标准可以告诉我们什么样的被测者是合格的、是满足企业和职位需求的。测评指标体系的内容一般来自目标职位的任职资格，是那些与产出高绩效密切相关的素质特征。建立测评指标体系可以让整个测评过程有明确的目的和关注点。

③ 确定测评方法

人才测评的内容和目的决定了测评的方法。测评方法选取不当会导致我们无法准确地收集信息，甚至产生错误的结果和判断。如果我们想知道候选人是否具备团队合作能力，通过笔试或面试无法准确地测出候选人真正的团队合作能力，这时最好采用无领导小组讨论或情景模拟的方法。

④ 建立测评小组

人才测评是专业性极强的工作，一般测评人员有两种：第一种是企业内部人员，主要包括人力资源部门专业人员和目标岗位所在部门的直线经理；第二种是企业外部的人才测评专家。一般测评小组是由外部人才测评专家和企业内部人员共同组成的，人才测评专家必须先对企业内部人员进行人才测评，让内部人员熟悉测评的目的、流程、技术、信息处理方法等。

（2）测评实施阶段

① 实施人才测评

在人才测评的过程中，企业要做到客观和准确，以确保测量结果能够公平、公正地反映被测者的素质特征，尤其要注意在人才测评过程中不能夹杂个人主观情感。

在测评过程中要详细观察、记录被测者的语言和行为，一些细节应该被记录下来。

人才测评要保证在一个舒适的测评环境中进行，避免外界干扰对被测者的影响，确保被测

---

① 徐世勇，刘亚勇. 人才素质测评. 北京：中国人民大学出版社，2014：6.
② 徐世勇，刘亚勇. 人才素质测评. 北京：中国人民大学出版社，2014：11-13.

者的正常水平得到发挥。

② 测评数据的分析处理

对测评数据进行分析处理就是指测评小组对在测评过程中记录的信息进行讨论，对被测者的表现进行深度分析，由其行为表现得到被测者的素质特征。如果测评方法是心理测验，分析方法就会比较简单，因为心理测验都是在事先确定好的模型和流程下展开的，测评人员只需按照心理测验的方法和步骤进行测评即可。

（3）测评应用阶段

人才测评是为人员选拔、问题诊断或绩效预测服务的。以人员选拔为目的的人才测评的最终结果是人员素质分析报告，用来判断被测者和目标岗位是否匹配；以问题诊断为目的的人才测评的最终结果是被测者特长和不足的分析报告；以绩效预测为目的的人才测评的最终结果是关于员工未来绩效和行为表现的预测。

在应用测评结果的过程中需要注意，人才测评是为了给最终的决策提供信息和参考，其结果不能直接作为决策的依据。我们既要尊重人才测评的科学性和客观性，促进人才测评在企业内部的使用，又要考虑人才测评的有效性和可靠性，不能过分夸大人才测评的精度和适用范围。

2．甄选测试

有许多种测试方法可以用来帮助企业甄选好的员工。心理测验、能力测验、智力测验、人格测验和诚实/正直测验等被用以评估各种各样的个体因素，这些因素对员工完成工作来说非常重要。这些有用的甄选测试可帮助企业预测哪些候选人最有可能获得职业上的成功。

但是，在把这些测验当成甄选工具之前，企业应该进行小心、仔细的评估。开发测验条目应建立在彻底的工作分析基础上。同时，这些条目的最初测试应有专家参与，企业还要对条目进行统计和效度分析。不仅如此，企业还应协调测验工具的充分安全性，确定采用这些测验所产生的花费。

（1）心理测验

心理测验是通过对一部分人某些代表性行为的研究来推断人们在行为活动中心理状态及其变化的一种方法。心理测验能够在一定程度上弥补传统人事测评方法的不足，增进人岗匹配程度，加强人的职业适应性，提高职业活动效率和职业培训的效率[①]。

心理测验的五个要点包括：行为样本、标准化、客观性、信度、效度。

① 行为样本。在心理测验中，施测者会要求被测者做一些事情，被测者的反应会成为推测大群体反应的重要依据。行为样本的选择和使用需要注意以下几点。一，行为样本要具有代表性。那些特立独行的反应测验是无法对日常生活中的行为进行预测的，也是在人事测评的心理测验中需要避开的。二，心理测验的题目要有代表性，这样才能准确地预测出被测者的心理活动。

② 标准化。标准化是指心理测验的前期准备过程、实施过程、评估过程都需要在标准化的条件下进行。心理测验的问卷编制、施测、结果的处理和呈现都必须保持一致性，这样施测者才能保证测试条件对所有的被测者是相同的，从而有效预测和比较个体的心理素质。

③ 客观性。心理测验的实施和结果的评估都需要具有客观性，不能掺杂施测者的主观情感因素。通过严谨、科学的分析、试测等环节对测验问卷进行调整，剔除过于简单和过于困难的题

---

① 萧鸣政. 人员测评与选拔. 3 版. 上海：复旦大学出版社，2015：191-193.

目，保证题目能很好地测出大部分人的心理素质。

④ 信度。信度是指测试结果的一致性，即同一组被测者在进行几次同一测验后得到的分数保持一致的程度。一致性越强，信度就越高。

⑤ 效度。效度是指测验的有效性，也就是测验能够真实地测出想要测量的东西的程度。

（2）能力测验

评估个人在特定工作中表现的测验被归为能力测验。有时人们将其进一步区分为能力倾向测验和成就测验。认知能力测验用于测量个体的思维能力、记忆力、推理能力、语言能力和数学能力，可以用于确定求职者在术语和概念上的基本知识、语言的流利程度、空间定位能力、理解和记忆能力、综合和智力能力以及概念推理能力。旺德利克人员测验和一般能力倾向成套测验（GATB）是两种广泛使用的认知能力测验。施测者需要确保这些测验确实评估了与工作相关联的认知能力。

体能测验测用于测量个体的力量、耐力以及肌肉运动能力。电气行业的一线员工经常要抬搬仪器、爬梯子，进行大量体力活动，因此，施测者需要测量求职者的灵活性、力量以及其他与工作相关的体能。有些体能测验用于测量运动幅度、力量和体态，以及心血管健康等。

进行体能测验时，可以使用基于不同技能的测验，包括精神运动方面的测验。这类测验可用于测量个体的灵巧程度、手眼协调程度、手臂坚定程度等。麦考瑞机械能力这一类的测验可以用于测量流水线工人和其他经常使用精神运动技能员工的双手灵巧度。

很多企业使用情境测验或者工作样本测验。后者要求求职者完成一项模拟任务，该任务是目标工作的一部分。要求申请主管助理一职的求职者尽快打出一封商务信函就是一项工作样本测验。"文件筐"测验是一项工作样本测验，求职者要对假设的文件筐中的文件做出回应，这些文件处理的事务都是求职者从事该工作会遭遇的典型事务。

情境判断测验用于测量个体在工作环境中的判断力。求职者面临一个情境以及一系列可能的解决方案，之后求职者必须对怎样处理该情境做出判断。情境判断测验是工作模拟的一种形式。

应用评价中心测验也是测验的一种方式。评价中心不是一个地方，而是一种包含了一系列用于甄选和开发的评估题目的测验工具。评价中心大多用于管理人员的甄选，包含很多题目并且需由多个评分者打分。在评价中心测评中，求职者要经历全面的面试、笔试、个人和小组模拟测验以及工作练习，之后由一组受过培训的评分者来评估求职者的表现。

在评价中心测评中，测验和练习应该反映求职者所申请工作的内容及其从事该项工作过程中经常遇到的问题。

（3）智力测验

智力测验是通过特定的标准化测验来衡量人的智力水平高低的一种科学方法[①]。

① 斯坦福—比奈智力测验。斯坦福—比奈智力测验是当今很有影响力的智力测验，是很多智力测验的检验标准。其突出贡献在于使用"比率智商"[IQ=（智龄 MA/实龄 CA）×100]以及韦克斯勒的"离差智商"[IA=100+15Z，其中 $Z=[X-\text{mean}(X)]/SD$]的概念来衡量个体的智力水平。

② 韦克斯勒智力测验。1939 年，韦克斯勒编制了测试成人的智力量表。1955 年，韦克斯勒将其修订为韦氏成人智力量表（WAIS）。1981 年，他又发表了韦氏成人智力量表修订本（WAIS-R）。1997 年，该表第三版修订完成，为 WAIS-Ⅲ，如表 4-1 所示。

① 孙健敏. 人力资源测评理论与技术. 2 版. 北京：首都经济贸易大学出版社，2014：58-62.

表 4-1　WAIS-Ⅲ测验内容

测验名称		测验内容
言语量表	常识	知识的保持和广度
	理解	实际知识理解与判断能力
	算术	算术推理能力
	类同	抽象概括能力
	数字广度	注意力和机械记忆能力
	词汇	词语知识的广度
	操作量表	
	编码	学习和书写速度
	填图	视觉记忆及视觉理解能力
	积木	视觉的分析综合能力
	图片排列	对故事情境的理解能力
	拼图	处理部分与整体关系的能力

③ 瑞文标准推理测验（SPM）。该测验是英国心理学家瑞文（J. C. Raven）于 1938 年创制的。该测验是非文字的测验，测验的结果较少受特殊文化背景的影响。瑞文标准推理测验一共由60 个题目组成，每个题目由一幅缺少一小块的图案和作为选项的 6～8 张小图片组成，要求被测验者从这些小图片中选择合适的填充到图案里去，以形成一个完整的图案。60 个题目的难度逐步增加，分成 A、B、C、D、E 五组，每一组都有一定的主题，题目的类型略有不同。该测验可用于智能诊断及人才的选拔与培养，可用于进行各类比较性研究，特别有利于做跨文化研究。

（4）人格测验[①]

人格测验主要用于测量个人在一定条件下经常表现出来的、相对稳定的性格特征，如兴趣、爱好、态度、价值观等[②]。人格是个体特征的独特组合，影响个人与工作环境之间的互动。许多组织使用多种人格测验方法来评价求职者的特征与工作标准相匹配的程度。例如，一个运动商品连锁店让求职者参加基于互联网的测验，以评估他们的人格倾向，测验分数被当成分类依据，以便对求职者做出甄选决策。人格测验有许多种，包括明尼苏达多项人格量表（MMPI）和梅耶尔-布里格斯人格类型问卷（MBTI）。

虽然存在许多种人格测验方法，但有些专家认为其中对潜在的主要特质进行测验的为数不多。对这些（而不是某一个）潜在特质进行研究并得到大家广泛认可的人格测验是"大五"人格模型。在不同职业、不同行业中，"大五"人格对各种绩效都是良好的预测因子。

①"大五"人格。"大五"人格调查表是由美国心理学家科斯塔（Costa）和麦克雷（McCare）在 1992 年编制的，两位学者将人格特质分为五大类，分别是外倾性、自觉性、开放性、一致性和精神性。

外倾性（extraversion）指一个人对与他人间关系满意的程度。一个人对自己和他人之间的关系感到越舒适，则表示其外倾性越强，这样的人表现为合群、热情、主动、乐观等。

自觉性（conscientiousness）指一个人对待事物的专心、集中程度。一个人的目标越少，越专心致力于某项，则其责任感越高，表现为胜任工作、公正、自律、克制、有成就感等。

① 徐世勇，刘亚勇. 人才素质测评. 北京：中国人民大学出版社，2014：77-80.
② 萧鸣政. 人员测评与选拔. 3 版. 上海：复旦大学出版社，2015：197.

开放性（openness）指一个人兴趣的多少以及其对兴趣的投入程度。开放性强的人表现为兴趣广泛、好奇心重、富有创造力和想象力。

一致性（agreeableness）指一个人对他人的态度。一致性强的人表现为容易相信他人，愿意奉献自己的精力和时间，谦虚和顺从，人际关系和谐。

精神性（neuroticism）指一个人在不同的刺激下情绪的平衡程度。精神性强的人表现为少情绪化、高安全感、镇定等。

不管在工作情境还是在非工作情境中，我们都发现"大五"人格的一些维度同职业倦怠和意外事件的卷入相关。

② 特尔 16 种人格因素问卷。这种人格因素问卷是由美国伊利诺伊州立大学人格及能力研究所的卡特尔教授编制的。他对人格特征用 16 个词进行描述，构成了人格的 16 种各自独立的基本要素，分别是：乐群性、聪颖性、稳定性、恃强性、兴奋性、有恒性、敢为性、敏感性、怀疑性、幻想性、世故性、忧虑性、实验性、独立性、自律性和紧张性。

测验中每个基本因素有 10～13 个题目，题目的排序遵循轮流的原则，从而有效地降低了被测者因猜题而造成的误差。为了降低题目的表面效度，题目的设置相对比较中性。尽管一些题目看起来与某种人格特质有关，但是实际上测量的是另一种人格特质。这样就有效地减弱了社会赞许性（social desirability，是指个体不正确地将积极的特征归于自身，或者否认自身具有的令人不悦的特征的倾向性）造成的误差。

③ 艾森克人格问卷。艾森克人格问卷是由英国心理学家艾森克于 1975 年编制的，简称EPQ。这套测验基于艾森克的人格整合理论，将人格分为三个维度——内外倾、神经质和精神质。该问卷属于自陈式人格测验的范畴，即被测者本人回答问题，通过一些多选或必答的问题展现个人的人格特征。该问卷分为四个量表。

第一，E 量表用于测量个体内外倾向性，分数越高则人格的外向程度越高。分数高的群体人格表现为热爱交际、喜欢冒险和变化、情绪稳定性差等。

第二，N 量表用于测量个体神经质，分数的两极分别表示情绪稳定和神经敏感。在神经质方面得分高的群体人格表现为容易集中、情绪起伏大且反应激烈等。

第三，P 量表用于测量个体精神质，在这一维度上，高分人群表现出来的人格为攻击性强、冷淡、自尊极强。

第四，L 量表即测谎量表，为了考察被测者的回答是否出于内心的真实想法。

④ MBTI 性格测验。这套量表也是一种自陈式的评估量表，其中包含个性的四个基本特征[1]。

第一，外向型（E）—内向型（I）。该维度用来衡量一个人的心理与外界的相互作用程度。外向型的人倾向于与外界沟通交流，喜欢与外界互动，更多地注意外部环境的变化；内向型的人则正好相反。

第二，感觉型（S）—直觉型（N）。该维度测量的是个体收集信息时注意的指向。感觉型的个体更关注具体的事物或者事实，他们相信自己真实的感受，倾向于使用记录、测量等手段获取信息；直觉型的个体更关注未来的发展和变化，关注自身的直觉。

第三，思维型（T）—情感型（F）。该维度测量的是人们思考和决策的方式。思维型的人更倾向于逻辑决策，喜欢客观分析和推理。

第四，判断型（J）—知觉型（P）。该维度测量的是一个人的生活方式及其对生活的态度。

---

[1] 徐世勇，刘亚勇. 人才素质测评. 北京：中国人民大学出版社，2014：77-80.

判断型的人更倾向于选择有序、井井有条的生活方式，对自己的生活方式有很强的控制欲。

以上四个维度分别有自身的两级，不同的排列组合形成了 16 种性格类型，每一种用 4 个字母代表。如 ISTJ 是内向、感觉、思维、判断型，这种人认真细致，而且开明豁达，注重实务，追求效率和准确性。这类人适合的工作是技术性的工作或者程序性很强的工作。

大多数测验的项目是可以造假的，因此一些问题试图被用来计算社会赞许性和"说谎"分数，以减少作假。研究人员也对测验分数进行了修正，这对于人格测验的专业评分来说是必要的。另一种可能的办法是"作假警告"，这种办法提醒求职者作假是可以被检测出来的，但这会导致求职者对企业产生负面印象。

（5）诚实/正直测验

企业使用不同类型的测验来评估求职者和员工是否诚实和正直。企业利用这些测验可形成一种筛选机制，来甄别那些可能不诚实的人，降低员工说谎和偷窃行为的发生率，并传递这样的信息给求职者和员工，那就是企业不会容忍不诚实的行为。如果使用得当的话，诚实/正直测验会成为应用广泛的有效的筛选工具。

但是，这些测验也有其局限性。例如，社会赞许性问题就是一个关键问题，有些问题被认为是发散的、无礼的、与工作不相关的，有时会产生"错误的正向结果"（或者一个本来诚实的人被评估为不诚实）；测验分数也会受到求职者的人口统计特征（如性别和种族）的影响。

（6）职业兴趣测验[1]

① 斯特朗—坎贝尔兴趣问卷。该问卷包括五类量表，分别是：一般职业主题量表、基本职业兴趣量表、具体职业量表、特殊量表和管理指标量表。一般职业主题量表包括艺术型量表、习俗型量表、经营型量表、研究型量表、现实型量表和社交型量表。一般职业主题量表能够将各种职业按其内在联系进行分类，使其结果易于理解。基本职业兴趣量表的题目一致性很强，属于同质性量表。具体职业量表可用于测量被测者的兴趣与效标组（具有一个测验所要测量的某种共同特征的一组人）兴趣之间的一致性。特殊量表包括学术满意度量表和内-外向量表两个量表，前者反映了被测者在学术环境中的满意程度，后者反映了被测者与他人合作的意愿。管理指标量表指的是通过对每一份答案进行常规性检查，以确保在施测及数据录入过程中没有意外情况发生的量表，它是对个体结果进行统计的量表。

② 库德职业兴趣调查表。1966 年，库德（G. F. Kuder）出版了库德职业兴趣调查表（KOIS）。这一调查表采用了比较的方法，主要用于测量被测者的兴趣和从事各种职业人员的兴趣之间的相似程度。KOIS 主要包括 5 种量表，分别是：验证量表（verification scales）、职业兴趣评估量表（vocational interest estimates，VIE）、职业量表（occupational scales）、大学主修专业量表（college major scales）和实验量表（experimental scales）。

验证量表类似于测试量表，用来考察被测者是否真实、认真地填写这份问卷。这一部分的分数也决定了这份问卷的数据是否有效。职业兴趣评估量表涉及 10 种职业兴趣，可得到被测者适合从事这 10 种职业的分数，这 10 种兴趣的百分数会被转换成霍兰德的 6 种职业类型的分数。职业量表用于考察被测者的兴趣和从业者兴趣的一致性，是总体量表的核心。大学主修专业量表用来测量被测者的兴趣和那些主修不同学科的大学四年级学生的兴趣之间的一致性。实验量表用来确定整个量表的效度。

③ 霍兰德职业兴趣量表。在霍兰德职业兴趣理论中，个体的职业兴趣被分为六种，分别

[1] 徐世勇，刘亚勇. 人才素质测评. 北京：中国人民大学出版社，2014：83-85.

是：现实型（realistic）、研究型（investigative）、艺术型（artistic）、社会型（social）、企业型（enterprising）和传统型（conventional）。

霍兰德职业兴趣量表的具体操作如下。

量表的第一部分要求被测者写出心目中理想的职业或专业；第二部分会为被测者列举一些具体的活动，要求被测者在这些活动中判断自己的喜好；第三部分同样也会为被测者列举一些具体的活动，要求被测者在这些活动中选出自己擅长的活动；第四部分为被测者列举了一些具体的职业，要求被测者选出自己喜欢的职业；第五部分是一个能力类型简评，要求被测者自评，通过与同龄者比较自身各方面的能力，对自己的能力进行评估，分数越高代表能力越强；第六部分是统计表格部分，要求被测者统计第二到第五部分的得分，根据累加的分数高低判断个体的职业倾向；第七部分要求被测者列举自身的职业价值观，此处为被测者列举 9 种人们在选择工作时通常会考虑的因素，要求被测者按照积极性进行排序。

（7）甄选测验中的争议

在甄选测验中，有两个方面存在争议：一方面是一般能力测验的适用性，另一方面是甄选测验中人格测验的有效性。

对许多职业来说，一般能力测验都是有效的甄选工具。但因为少数人在一般能力测验中得分比较低，这样是否必须使用该测验就引发了争议。当使用这些测验时，组织应确定是否必须使用这些测验，必须确认该测验是有效的。

将人格测验用于甄选领域是在 20 世纪 50 年代左右兴起的，超过 60%的大公司曾把人格测验用于甄选过程中。西尔斯百货、标准石油公司、宝洁都大量应用过人格测验。但到了 20 世纪 60 年代，研究人员得出结论，人格测验并非良好的甄选工具，之后人们对人格测验的使用大幅减少。到了 20 世纪 90 年代，人们又重新对人格测验产生了兴趣，人格导向的甄选测验开始得到大规模的使用。但发表在《人事心理学》杂志上的一篇有重大影响力的文章表示，人格只能解释真实情境中的很小的一部分工作结果，因此，企业在应用人格测验进行任何人事决策时，都必须非常仔细、小心。

4.3.3　甄选面试

对求职者进行甄选面试一方面是为了得到额外的信息，另一方面是为了鉴别甄选过程中收集的信息。一般情况下，面试在两个层次上进行：首先是作为初步筛选的面试，目的只是看看求职者是否具有最起码的资格；然后是之后不久的深入面试，面试官可能包括人力资源部门的人员和求职者应聘部门的经理。在深入面试之前，面试官先将各种可以收集到的信息集中在一起，以便识别和询问求职者在测试、申请表和参考资料中表现出的相互矛盾的信息[①]。

面试并不是非常好的甄选工具，在甄选中使用面试应该致力于收集那些通过其他途径无法获得的信息。因为甄选面试的效果不尽如人意，所以应用甄选面试的关键在于减少误差和提供最佳信息。

1．评分者间的一致性（信度）和表面效度

面试必须是可靠的，允许面试官（不考虑其限制）用同样的标准反复对求职者做出判断。高的评分者内部信度（对同一个面试官来说）较容易达到，但评分者间（多个面试官间）的一致性程度常常较低。当多个面试官都从某一批求职者中挑选员工，或者企业采用团队或小组面试的

---

① 赵曙明，周路路，罗伯特·马希斯，等. 人力资源管理. 13 版. 北京：电子工业出版社，2013：131-147.

形式，即多个面试官同时面试时，评分者间的一致性程度就变得尤其重要。

相较于其他甄选活动，企业更愿意使用面试，因为它具有较高的"表面效度"。人们常假定如果有人在面试中表现很好，并且在面试中获得的信息是有效的，那么所挑选的员工将来会在岗位上有良好的表现。然而，非结构化面试并不是特别有效，这就是为什么结构化面试的使用越来越普遍的原因。

图 4-6 所示为不同类型的甄选面试。

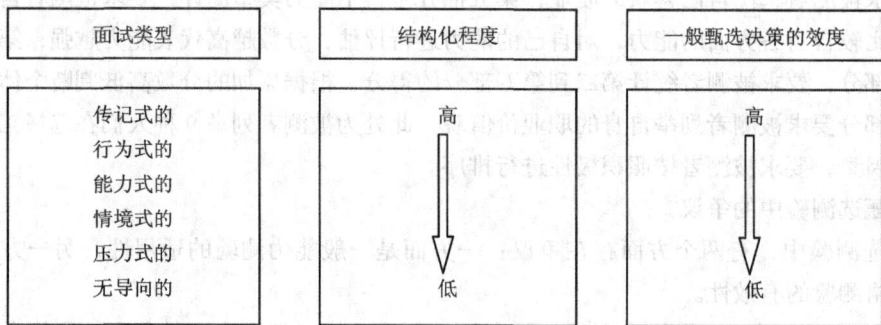

图 4-6　不同类型的甄选面试

2．结构化面试

结构化面试使用一套标准化的问题来询问所有的求职者，这使得对求职者进行比较变得容易。这种面试允许面试官提前准备好与工作相关的问题，然后填写一张标准化的面试评估表，记录选择某个求职者而不是其他人的原因。

结构化面试在开始的筛选阶段尤其有用，因为在这个阶段面试官需要评估和比较大量求职者。预先确定的问题应该遵循一定的逻辑顺序，但是面试官不需要严格按照顺序一字不差地提问。此外，求职者应该有足够的机会解释他们的答案，并且每个面试官都应该进一步问一些额外的问题，直到彻底理解求职者的意思为止。这样的过程使得结构化面试比其他面试形式更为可靠和有效。

结构化面试可以确保面试官了解每个求职者相似的信息，也能确保当几个面试官都问求职者相同的问题时，之后评估这些求职者时有更强的一致性。

但是，企业需要提供进一步的指导，以促使面试官按照结构化的要求开展面试。

① 个人传记式面试。个人传记式面试的重点在于根据时间顺序探索求职者过去的经历。它的使用范围很广，并且通常与其他形式的面试一起使用。总的来说，它大体上能够描述出求职者的过往经历。

② 行为式面试。在行为式面试中，面试官要求求职者给出几个具体的例子来说明自己过去是如何处理某个问题或者完成某项任务的，以此来预测他们在未来可能的工作表现，以及判断求职者是否适合所申请的职位。一项研究表明，行为式面试比情境式面试能更好地预测求职者未来的职业成功，因为这种面试集中于求职者在真实情境中已经完成的事情，而不是他们在假设的情境中可能会怎么做。

③ 能力式面试。能力式面试与行为式面试类似，但其不是为了测量求职者的反应，而是为了给面试官提供一些信息以便评估求职者是否具备其所要求的资格。常用的有关职位的个人能力资料包括做好特定工作所必需的一系列资格。把能力作为某种标准来预测求职者是否会成功确实

有效，因为面试官可以识别特定工作所需要的能力。但是，这种面试花费时间，有时那些表达能力强的和擅长给别人留下积极印象的人会在能力式面试中讨巧。企业应该培训面试官，使他们能够辨别那些能够明显体现工作能力要求的回答。

④ 情境式面试。情境式面试中会涉及许多有关求职者如何处理具体工作事宜的问题。面试官提出的问题和求职者可能的反应以工作分析为基础，并且通过了这一工作领域专家的检验以确保其内容效度。面试官可以根据求职者回答的合宜程度进行编码，分配一定分值，最后加总得到求职者的总分数。案例研究式面试是情境式面试的一种变体，它要求求职者在面试过程中对企业面临的挑战加以诊断和改善。情境式面试可评估在特定情境中员工认为的最佳选择，而不一定是他们在相似情境中做过什么。

3．低结构化面试

一些面试并没有经过计划，也没有任何结构。这种面试对于搜集事实或者咨询性质的面谈来说也许有效，但对于人力资源甄选却不是好的选择。一般这些面试是由那些缺乏培训的运营经理或主管开展的。当面试官未经事先准备即兴提问时，一场低结构化面试就开始了。半结构化面试则是一种有一定引导性的谈话，随着问题的不断提出和求职者的不断回答，面试官又提问一些新问题来追问的面试。

无指向性的面试使用一些由上一个问题的回答引申出的问题。面试官通过问一些设计好的比较宽泛的问题去激发求职者谈论自己，然后面试官从求职者的陈述中选择一个观点，并用这个观点形成下一个问题。同其他低结构化面试相比，无指向性的面试的难处在于保持谈话的工作关联性，或者获得对于不同求职者来说可以比较的信息。许多无指向性的面试仅仅是半组织化的，因此，对一般性和特定问题相结合后问题的提问没有固定的顺序，并且对应聘同一工作的不同求职者也可以问不同的问题。在这种形式下，比较不同求职者和对他们进行排序更容易受到主观判断的影响和合法性的挑战。因此，企业要尽量少把无指向性面试用于甄选。

压力式面试是一种特殊的面试，用来制造焦虑并给求职者施加压力以观察他们的反应。在压力式面试中，面试官会摆出一种盛气凌人的态势。这种方法通常用来检验那些将在工作中遭遇很大压力的人，如百货商场消费者投诉处的员工或航空调度员。

对企业来说，压力式面试是一种高风险的面试方法。在任何面试中，一般的求职者在某种程度上已经很焦虑了，压力式面试很容易造成面试官与企业的负面形象。一个企业很愿意接受的求职者可能会因此拒绝录用通知。即便如此，许多面试官还是要刻意地将求职者置于压力之下。

4．谁来面试

面试可由一个人来完成，也可以由几个人按顺序完成或由一个团队、一个小组完成。某些职位，如入门级别的职位需要相对较少的技能，求职者通常由人力资源代表单独面试。对于其他工作，企业会用多重面试来甄别求职者，开始时由人力资源代表面试，接着由合适的主管和经理继续面试，最后进行面试的人讨论做出甄选决定。面试官需要明确多重面试并不多余。

其他面试形式也常被采用。在小组面试中，几名面试官同时与候选人见面，所有面试官听到同样的答案。小组面试可以和个人面试相结合。但是，如果没有合适的计划就会演变为非结构化面试，求职者在小组面试中常常会因此感到不自在。而在团队面试中，求职者被他们可能会与之一起工作的团队成员面试。团队成员参与甄选会更容易挑选出合适的员工，确保团队更好地发展。然而，要确保团队成员明白选择过程，也应该确保团队成员在甄选决策上达成一致。

5．有效的面试

许多人认为面试能力是一种先天能力，但这种说法很难站住脚。仅仅有个性、很健谈并不能保证这个人可以成为一名有能力的面试官。图 4-7 中列举了甄选面试中经常出现的问题。

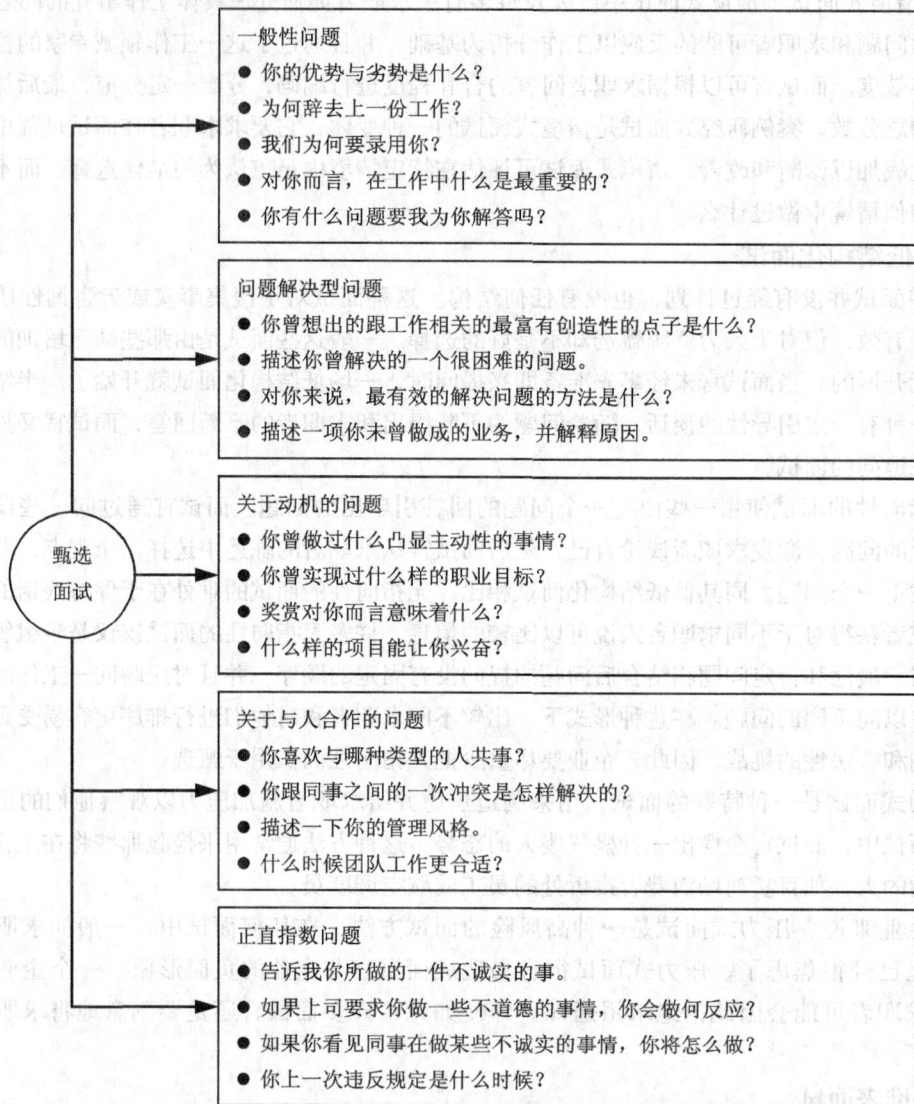

```
                  ┌──────────────────────────────────────┐
                  │ 一般性问题                            │
                  │ ● 你的优势与劣势是什么？              │
             ┌───►│ ● 为何辞去上一份工作？                │
             │    │ ● 我们为何要录用你？                  │
             │    │ ● 对你而言，在工作中什么是最重要的？  │
             │    │ ● 你有什么问题要我为你解答吗？        │
             │    └──────────────────────────────────────┘
             │    ┌──────────────────────────────────────┐
             │    │ 问题解决型问题                        │
             │    │ ● 你曾想出的跟工作相关的最富有创造性的点子是什么？ │
             ├───►│ ● 描述你曾解决的一个很困难的问题。    │
             │    │ ● 对你来说，最有效的解决问题的方法是什么？ │
             │    │ ● 描述一项你未曾做成的业务，并解释原因。│
             │    └──────────────────────────────────────┘
             │    ┌──────────────────────────────────────┐
             │    │ 关于动机的问题                        │
  ┌─────┐    │    │ ● 你曾做过什么凸显主动性的事情？      │
  │ 甄选 │───┼───►│ ● 你曾实现过什么样的职业目标？        │
  │ 面试 │    │    │ ● 奖赏对你而言意味着什么？            │
  └─────┘    │    │ ● 什么样的项目能让你兴奋？            │
             │    └──────────────────────────────────────┘
             │    ┌──────────────────────────────────────┐
             │    │ 关于与人合作的问题                    │
             │    │ ● 你喜欢与哪种类型的人共事？          │
             ├───►│ ● 你跟同事之间的一次冲突是怎样解决的？│
             │    │ ● 描述一下你的管理风格。              │
             │    │ ● 什么时候团队工作更合适？            │
             │    └──────────────────────────────────────┘
             │    ┌──────────────────────────────────────┐
             │    │ 正直指数问题                          │
             │    │ ● 告诉我你所做的一件不诚实的事。      │
             └───►│ ● 如果上司要求你做一些不道德的事情，你会做何反应？ │
                  │ ● 如果你看见同事在做某些不诚实的事情，你将怎么做？ │
                  │ ● 你上一次违反规定是什么时候？        │
                  └──────────────────────────────────────┘
```

图 4-7　甄选面试中经常出现的问题

面试技能可以通过培训得到开发。下面列出了一些使面试更有效的建议。

① 面试前进行计划。在面试开始前，面试官应当回顾求职者的信息，然后确认在面试过程中要发问的具体范围。准备工作十分关键，因为许多面试官并没有自己做过研究。

② 面试中加以控制。这包括事先应当知道要采集什么信息，面试官在面试过程中要系统地采集信息，当信息采集完成后停止面试。面试官不能独占面试时间。

③ 运用有效的提问技巧。提问那些能产生完整答案的问题，以便进行工作关联度分析。

下面是在甄选面试中应该避免提的问题。

① 是/否问题：除非为了确认某些特定信息，否则面试官应该避免提问可以用是或否来回

答的问题。

② 显而易见的问题：是指面试官已有答案而求职者也知道答案的问题。

③ 很少会得到真实回答的问题：例如，如果提问"你和你同事的关系怎么样"，最可能得到的回答是"不错"。

④ 引导性问题：是指从提问方式中可以很明显地得到答案的问题。例如，如果提问"你和其他人一起工作感觉如何"，则暗示了答案"我很喜欢"。

⑤ 与工作无关的问题：所有问题都应与求职者申请的工作直接相关。

面试官在面试中应避免如点头、停顿、做一些随意评论、随声附和等倾听反应，因为这样求职者可能会通过观察面试官的反应而尽力去取悦面试官。然而，面试官对求职者的回答完全不做回应也可能会使求职者认为面试官不耐烦或对其漠不关心。因此，面试官应对求职者表现出友好和中立的态度。

4.3.4　录用

1．测验分数的合成

企业在做录用决策前，首先要选择适当的测验分数合成方法，即如何处理通过各种测评方法和渠道收集的有关求职者的定性和定量信息。其次，要确定录用标准。录用标准不可太高，也不可太低。如果太低，则录用的员工可能不能胜任工作；如果其个人能力已经能够100%地完成他所应聘的工作，那么他在该岗位上也不会长久，因为对他来说该工作缺乏挑战性。最后，要留有备选人员名单。并不是所有企业看中的人最终都能加盟。因此，企业一定要留有备选人员名单，以免第一顺序选中的人员不能入职时一切招聘工作又得从头开始。测验分数合成的方法主要有以下几种，如表 4-2 所示。

表 4-2　测验分数合成的方法

类型	主要内容
临床判断	根据经验对各测验分数做直觉组合 比较适合应用在特殊的、非典型的模式中 主观加权易受评定者偏见或个人好恶的影响，不够客观 缺乏精密的数字分析，没有精确的测量指标 对评定者有较高的要求
推理法	不考虑各测验分数间的经验关系，根据某种理想加权程序来做推理性加权 单位加权：对所有分数做等量加权，事实上是对每个分数做与其标准差成比例的加权 等量加权：将各分数转化成标准分数后，再加以组合 差异加权：一般采用多重回归进行计算 测验较多时，单位加权与差异加权同样有效 一般可对测验中的各题目做单位加权，各个测验做差异加权
多重分段	只把人分成达到最低标准与未达到最低标准两类 前提假设是：不同测验间不具有互偿性 综合分段：各测验无最低可接受水平，各测验分数可同时获得，把它们与效标的关系综合起来考虑，在保证合成体（整份测试）预测效度最高的前提下，确定各测验的最佳分数线 连续栅栏：测验分数只能陆续获得，各测验有自己特定的可接受的最低水平时，不必让每个申请者都接受所有的测验，只有通过前一项才能进入下一项 在顺序安排上，首先采用最有效的测验 在测验成本上可首先使用简单的方法

（续表）

类型	主要内容
多重回归	同时采用几个测验来预测一个效标，而这些测验间又具有互偿性 可导入每个人的预测效标分数，有利于选拔具有不同专长的人才 常在多重分段遭到拒绝后，再来计算可接受者的预测效标分数
区分分析	搜集每一团体成员的各种资料，找出不同特征 确定能对这些团体加以区别的测验 将最能区分团体的测验组合起来，得到区分方程式，使团体间差异最大，团体内差异最小 将个人测验分数代入区分方程，看与哪个团体的分数模式最相符，如比较流行的依据职位胜任特征来选人的方案就是按照类似的步骤操作的
因素分析	最大功用是能够从许多变量中抽出少数几个共同因素，并推知因素的性质，以达到科学上的简化 通常做法是保留能对每一因素做出最好测量的测验，在合成分数时，根据每个测验的因素的负荷量做不等量加权
完形记分	将各个测验分数看作一个整体，不是孤立地看每一个反应结果，而是看总的反应模式
轮廓记分	与完形记分相似，主要考察被试在各个测验上所得分数的轮廓，而非将各分数做简单的线性组合

资料来源：杨杰. 有效的招聘. 北京：中国纺织出版社，2003.

2. 体格检查

对测试成绩符合录用标准的人员，企业还应对其进行体格检查和重点考察。体格检查分为两个层次，一是一般的体检检查，无病者即合格；二是更深层次的对应试人员的机体能力、体质优劣、适应能力、反应能力等做检查。对一部分人，还要根据其报考的专业或工种的特殊要求做相应的专门考查。对招收的那些重要的管理人员、科技人员、机要人员和某些关键岗位上的人员，要对其历史与经历做进一步调查、核实，最后择优确定录用名单。

3. 签订劳动合同

根据《中华人民共和国劳动法》，建立劳动关系时应当订立劳动合同。劳动合同依法订立，即具有法律约束力，当事人必须履行劳动合同规定的义务。双方签订合同后报劳动人事部门备案，或请劳动人事部门对合同进行鉴证。备案或鉴证可使合同更完善，符合国家政策，便于维护用人单位和被录用员工双方的合法权益。合同是企业与被聘者的契约，也是建立劳动关系的依据，应成为当事人的行为准则。

签订合同关系到企业与员工双方的责任、权利和义务，双方必须认真谨慎。双方一旦签订合同，就应按合同规定严格执行[①]。

【启发与思考】

扫一扫→人工智能对招聘的影响

---

① 赵曙明，张正堂，程德俊. 人力资源管理与开发. 北京：高等教育出版社，2011：152-154.

第 4 章　招募与甄选

【思考练习题】

1. 员工招聘的意义是什么？
2. 招聘活动的程序是怎样的？
3. 内部招聘的优缺点是什么？
4. 外部招聘的优缺点是什么？
5. 企业通过什么手段来增强选拔和测试的有效性？

【模拟训练题】

全班分成三个小组：面试官小组、求职者小组和观察者小组，进行面试模拟训练。假设面试是在学校就业办公室中进行的。角色扮演从求职者到达开始，在两组求职者都完成自己的面试之后结束。在角色扮演的最后阶段，面试官需要完成面试官报告，并且和求职者分享。接着，观察者需要跟小组分享自己对观察到的情况所做的反馈。之后，整个小组从面试官的角度和求职者的角度讨论和找出面试过程中最困难的部分。

【情景仿真题】

假设你是一名在校大学生，准备创业，打算在校园内开办一个计算机服务中心，为学生提供代采购、组装、维修等服务，现在准备招聘几名店员。

请你制订详细的招聘计划。

第5章 员工培训与开发

学习目标

学习本章后，读者应达到以下目标：

1. 了解培训与开发工作对企业和员工的重要意义。
2. 掌握企业培训与开发的类型以及不同的培训方法。
3. 掌握企业培训与开发的工作流程。
4. 了解培训成果及其主要影响因素。

员工培训与开发
重难点

引导案例

江苏 XSJ 大酒店培训的困惑

江苏 XSJ 大酒店是一家四星级大酒店，于 1997 年开业，是一家国家四星级信息化商务酒店。它坐落在南京玄武湖畔，毗邻南京火车站及南京国际会展中心。

江苏 XSJ 大酒店坚持以市场为导向，以效益为中心，发展多元化产业，强化内部管理，建立产品优势，打造企业文化，努力提高顾客的忠诚度，打造特色品牌。

江苏 XSJ 大酒店的战略规划是：不断开拓新的客源市场，实现多元化经营，完善产业链建设；围绕市场、效益、服务和产品升级，培育新的增长点；以信息技术为手段，注重品牌建设，精心打造卓有成效的电子商务酒店；强化基础管理，认真落实工作规范和工作流程，全面提高管理水平，初步建立科学的管理机制和系统的培训制度，全面提高员工的素质。

近年来，江苏 XSJ 大酒店进行了多形式、多层次的培训。起初，这些培训以完成工作任务、提高员工的劳动技能水平为目的，主要由各部门自己进行培训，都是与生产同时进行的在职培训。后来，人力资源部设立了一个培训主管职位，通过近八年的摸索，江苏 XSJ 大酒店的员工培训工作开始逐步走上正规化、系统化的道路。

目前，江苏 XSJ 大酒店的员工培训工作是由人力资源部管辖的，每一个部门设有一个培训员。目前，其有一间培训教室和一些培训设施。

江苏 XSJ 大酒店每年年底都会制订下一年度的全年培训计划，计划经人力资源部经理审批后，报分管总经理批准后执行。每个月的月底各部门根据全年计划和当时的实际情况再制订下个月的培训计划，将其交至人力资源部，人力资源部每月要抽查数次。

江苏 XSJ 大酒店的培训有管理类、技能类、语言类三大类别，分为外派培训、内部培训两种形式。

目前，江苏 XSJ 大酒店的现状是：许多酒店管理人员基本不了解培训，对培训的理解和认识仍然停留在表面，认为培训只是单纯的经验传授；培训的效果较差，培训的作用远没有得到充分的发挥；酒店的高层管理人员对培训所具有的规律缺乏了解，对培训缺乏足够重视；员工的整体素质不高，人力资源问题成为影响酒店发展的核心问题。

酒店的培训工作虽然已被提到前所未有的高度上，在酒店的经营会议上都会频繁地出现重视培训等字眼，但仍然存在很多问题：酒店搞了多次培训活动，但还是没有解决员工士气低落、服务质量差、管理混乱、员工流动率高等问题。

江苏 XSJ 大酒店的人力资源部认为其企业培训存在以下问题：没有进行科学、细致的培训分析，培训计划实施过程存在不足，培训效果评估存在不足。

结合江苏 XSJ 大酒店的员工培训现状和存在的问题，你认为：

（1）企业员工培训的形式和内容包括哪些？

（2）哪些因素可能会对培训质量造成影响？

（3）江苏 XSJ 大酒店需要采取什么样的措施，才能解决其在培训中面临的问题？

资料来源：吴冬梅，白玉苓，马建明. 人力资源管理案例分析. 2 版. 北京：机械工业出版社，2015：273-278.

培训是提高企业员工人力资本存量，实施人力资源开发战略的有效途径。对企业而言，培训可以发掘人的潜能，发挥人才的作用，为企业目标的实现服务；对员工个体而言，培训可以使员工适应新环境，掌握新技术，了解新的企业任务。员工通过培训会要求分配更具挑战性的工作，企业则变"一次性教育"为继续教育、终身教育。员工培训与开发已成为工商管理学、心理学、教育学、教育心理学、工业与组织心理学、组织行为学等诸多学科共同关注的研究领域[1]。

培训（Training）与开发（Development）在英文中是两个既相互联系又有区别的单词：Training 是企业向员工提供工作所必需的知识与技能的过程；Development 是企业依据员工需求与组织发展要求，对员工的潜能开发与职业发展进行系统设计与规划的过程。但两者的最终目的都是通过提高员工的能力实现员工与企业的共同成长[2]。

表 5-1 所示为培训与开发的区别。

表 5-1　培训与开发的区别

区别	培训	开发
重点	当前的工作	当前和未来的工作
范围	个别员工	员工群体或组织
时间框架	当前	长期
目的	弥补当前不足	为未来的工作需要做准备

培训和开发的另一个区别是："培训"可能有一种负面的含义。其结果是人们可能会重视今后的发展机会，而不满足目前的培训计划。因为"培训"通常暗含着技能不足的意思，所以员工们也许会把被挑选去培训看作负面消息，而不是一个提高能力的机会[3]。

5.1　人力资源培训

5.1.1　培训管理概述

1. 培训的目的和作用

（1）提高员工的工作绩效水平

培训作为一种继续教育、终生教育，可以弥补学校教育的不足，使员工在经济、技术的不

① 赵曙明，张正堂，程德俊. 人力资源管理与开发. 北京：高等教育出版社，2009：159-161.
② 彭剑锋. 人力资源管理概论. 上海：复旦大学出版社，2011：503.
③ 路易斯·R 戈麦斯-梅希亚，戴维·B 鲍尔金，罗伯特·L 卡尔迪. 人力资源管理. 6 版. 沈桂发，童新耕，沈泽华，译. 上海：格致出版社，上海人民出版社，2015：273.

断发展变化中，通过完善自身的知识结构、能力结构，大大提高企业和个人的工作绩效水平。

学校教育主要完成的是基础教育和基本专业技术的教育。员工在进入企业前是"半成品"，只有通过培训，才能适应企业的实际工作。21世纪经济、科技飞速发展。据科学家调查，在19世纪到20世纪初，知识更新的周期为30年；20世纪中后期，这个周期缩短到5~10年；21世纪，知识更新的周期很可能缩短到1~2年。企业员工如若不能紧随这一步伐，调整自身的知识结构、能力结构，必然会使企业人力资本存量过低，从而导致生产力水平停滞或下降。企业通过培训改善员工的文化素质，提高员工的工作能力，可以有效地改善这一局面。

（2）增强组织或个人的应变能力、适应能力和创造能力

现代化生产技术更新迅速，企业外部环境不断变化，这就要求企业不断提高其应变能力和适应能力。此外，企业的发展更依赖于其内部创新能力，只有不断创新，不断变革，企业才能具有长久、旺盛的生命力。一个企业的技术设备可以购买，资金可以借用，少数专门人才也可以引进，但是员工队伍整体素质的提高，必须而且只能通过加强培训来实现。培训可以使企业员工的整体素质保持在一个较高的水平上，从而可保证企业发展对人力资源的需求。

（3）建立优秀的企业文化，提高员工对企业的认同感和归属感

使员工的知识和技能得到提高仅仅是培训的目的之一。员工培训的另一个重要目的是使具有不同价值观、信念、工作作风及习惯的人，按照时代及企业经营要求，通过进行企业文化教育，形成统一、团结、和谐的工作集体，使劳动生产率得到提高，员工的工作及生活质量得到改善。只有在和谐、宽松的企业文化环境中，员工才能正确认识自身的能力、价值，获得企业对他们的承认和重视。当他们产生了对企业的强烈的认同感和归属感后，员工的能力和潜能才能得到真正而充分的发挥，进而表现为工作绩效的提高。对于企业来说，充分发挥企业优良传统、优良风气和高尚的企业精神，更是其在市场竞争中立于不败之地的法宝[①]。

（4）能提高员工的满意度

很多员工对企业满意度不高的原因是在工作中遇到问题或困难的时候得不到应有的帮助和指导。员工培训可以解决员工在工作中的困惑。经过培训，员工不但在知识和技能上有所提高，自信心增强，而且能够感受到管理层对他们的关心和重视。这使得员工士气和员工满意度得以提高，在一定程度上也降低了员工的缺勤率和流失率[②]。

（5）能解决企业经营管理中存在的其他问题

除了能提高员工的工作能力与满意度外，员工培训也是解决企业在经营管理中遇到的问题的良方。一方面，管理者可以通过培训的方式将企业的战略目标、组织变革的必要性、变革的举措等与员工进行沟通和交流，这不但可以得到员工的理解，使其产生贯彻领导意图的自觉性，还可以增强决策的科学性。另一方面，针对企业经营管理中普遍存在知识缺乏、知识分布不均等问题，企业通过开展积极、有效的培训，可以使员工主动贡献自己的知识，实现知识在企业内的共享。

2．培训的原则

为了做好员工培训工作，根据国内外企业实践经验，企业必须贯彻以下原则。

（1）理论联系实际，学以致用的原则

企业员工培训与普通教育的根本区别在于员工培训特别强调针对性。企业发展要什么、员工缺什么就培训什么，要努力克服脱离实际、向学历教育靠拢的倾向。不搞形式主义的培训，要

---

① 赵曙明，张正堂，程德俊. 人力资源管理与开发. 北京：高等教育出版社，2009：159-161.
② 刘芳. 人力资源管理：理论与实务. 合肥：合肥工业大学出版社，2010：191.

讲求实效。

（2）因材施教的原则

企业不仅岗位繁多，而且员工个体水平的差异是客观存在的，这就要求企业根据不同的培训对象选择不同的培训内容和培训方式，有的甚至要求个人制订培训发展计划。正是这种从实际工作的需要出发，与职位特点紧密结合，进而与培训对象的年龄、知识结构、能力结构、思想状况相吻合的培训，才能真正起到实效，推动员工工作水平的提高。

（3）专业技能培训与企业文化培训兼顾的原则

员工培训的内容应该兼顾专业技能与企业文化两方面。具体而言，企业除了安排有关文化知识、专业知识、专业技术的培训外，还应安排理想、信念、价值观、道德观等方面的培训，将企业目标、企业哲学、企业道德、企业制度、企业传统密切结合在一起。

（4）全员培训与重点提高的原则

全员培训就是有计划、有步骤地对在职的各级、各类人员进行培训，这是提高全员素质的必经之路。但全面并不等于平均使用力量，仍然要有重点，要重点培训技术、管理骨干，特别是中上层管理人员。

（5）前瞻性与持续性原则

员工培训有的能立竿见影，很快反映到员工绩效上，有的则可能若干年后才能收到明显的效果。对很多主管人员来说，若缺乏长远眼光，其对员工培训就不会有积极性。因此，要想抓好员工培训，各级主管人员要把目光放长远，从企业长远发展的角度考虑，舍得投入必要的资金和人力。在考虑培训长远性的同时，鉴于培训在时间上具有阶段性，企业还应该注意一项培训计划与另外的培训计划之间的连贯和衔接，通过各项培训的有机结合，将整个企业对其员工的长远培训目标和总体计划体现出来，使员工通过一个层次一个层次、一个阶段一个阶段的培训，不断提高自己各个方面的能力。

5.1.2　员工培训的实施过程

员工培训是按一定程序实施的，程序化是其可操作性、目的性和有效实施的基本保证。良好的组织和管理理念可以使程序化的培训落到实处，起到事半功倍的理想效果[①]。

按照培训的时间序列和内在逻辑，我们通常将一个完整的培训周期划分为培训的需求分析、培训的设计、培训的实施和培训效果的评估。

1．培训的需求分析

培训开始于对其需求的分析，企业只有正确把握了培训的需求状况，才能真正有效地组织实施培训。通常企业要进行三方面的培训需求分析：员工的需求分析、工作任务的需求分析与组织的需求分析。确定被培训人员的计划如图 5-1 所示。

（1）员工的需求分析

通过对员工的能力素质和技能进行分析，以及对员工当前工作绩效的评价，我们可以得出通常三种人员需要培训。

① 第一种是可以改进目前工作的人，目的是使他们更加熟悉自己的工作；

② 第二种是有能力而且组织要求他们掌握另一门技术的人，组织可能考虑在培训后，安排他们到更重要、更复杂的岗位上工作；

---

① 赵曙明，张正堂，程德俊. 人力资源管理与开发. 北京：高等教育出版社，2009：171-172.

③ 第三种是有潜力的人，组织期望他们掌握各种不同的管理技能或更复杂的技术，目的是让他们从事更高层次的岗位。

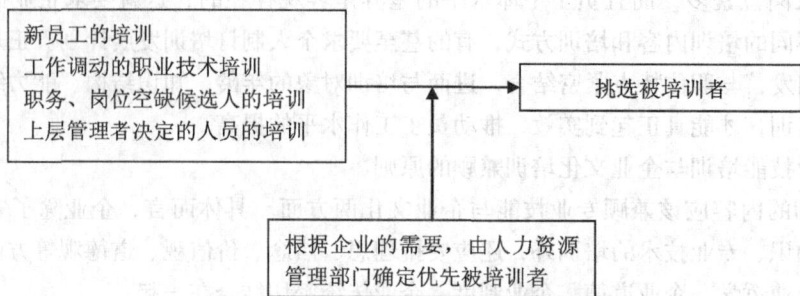

图 5-1　确定被培训人员的计划

（2）工作任务的需求分析

这类分析可明确地说明各项工作的任务要求、能力要求和其他对人员素质的要求。通过进行工作任务的需求分析，每个人都能认识到一项工作的最低要求是什么，只有满足了一项工作的最低要求，人员才能上岗，否则就必须接受培训。工作任务需求分析的结果应该准确、规范，企业以此确定相应的培训标准。

（3）组织的需求分析

组织的需求分析开始于组织目标的设置。组织的需求分析包括以下内容：一是对企业未来的发展战略与方向进行分析，以确定企业现在的培训重点和培训方向；二是对企业的整体绩效做出评价，找出存在的问题并分析问题产生的原因，以确定企业目前的培训重点。通过进行组织的需求分析，企业可以确定在其层面上需要进行什么样的培训[①]。组织的长期目标与短期目标决定了开展培训的深度。一般而言，长期目标对培训的要求较高，而且培训较持久。

2. 培训的设计[②]

一旦确定了培训目标，企业就可以开始进行培训设计了。不论是岗位培训还是更广泛的培训，企业都必须针对特定目标进行设计。有效的培训设计需要考虑学习者、指导策略以及怎样更好地将培训内容应用于实践（即培训转移）[③]。

由于学习涉及复杂的心理过程，因此对不同的学习者需要采用不同的方法。为了提高培训的效果，培训设计应该考虑以下要素，如图 5-2 所示。

（1）学习者的特征

为了保障培训有效进行，学习者必须愿意学习并具有一定的学习能力。此外，学习者还需要有学习的动力，具有自我效能感，能够理解学习的价值，并具有与培训相一致的学习风格。

① 学习能力。学习者必须拥有基本的学习能力，如基本的阅读能力和数学能力，以及足够的认知能力。企业可能会发现有些员工缺乏有效理解培训内容的必要技能，许多企业也会发现应聘者和现有员工缺乏工作需要的阅读、写作和数学技能。企业可以采用以下一些方法解决员工基本技能缺乏的问题。

第一，为现有劳动力提供所需的弥补性培训；

---

① 董克用，李超平. 人力资源管理概论. 4 版. 北京：中国人民大学出版社，2015：182.
② 赵曙明，周路路，罗伯特·马希斯，等. 人力资源管理. 13 版. 北京：电子工业出版社，2013：166-171.
③ 赵曙明，周路路，罗伯特·马希斯，等. 人力资源管理. 13 版. 北京：电子工业出版社，2013：131-147.

第二，雇用技能不足的员工后实施特定的工作培训；

第三，与当地学校合作，以更好地教育培训有潜力的员工。

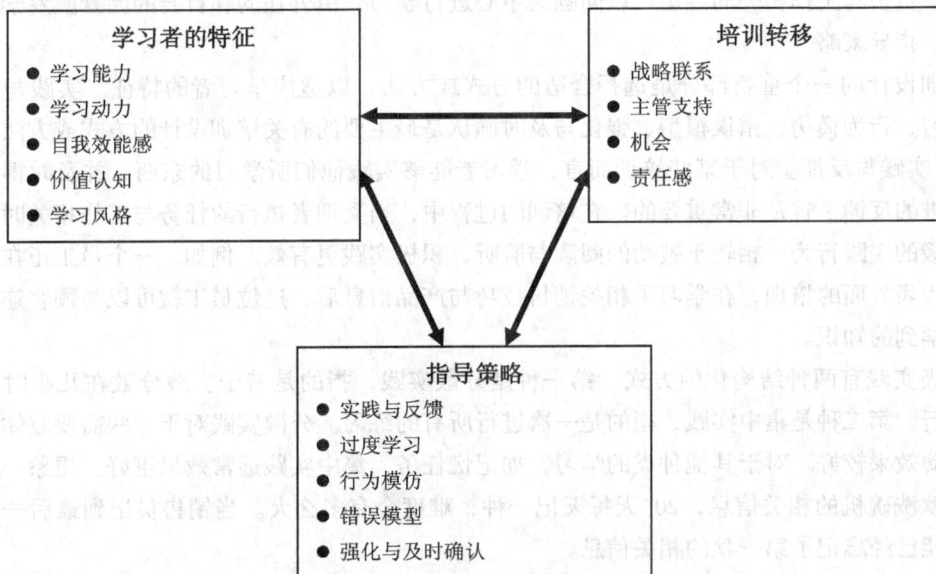

图 5-2　培训设计应该考虑的要素

② 学习动机。学习动机指一个人学习相关内容的愿望。影响学习动机的因素有很多，如个人职业兴趣和价值观、学位要求和学习领域、学习者对课程得"优"的重视程度、个人对成为学习优异者的期望等。教师的动机和能力、朋友的鼓励、同学的动机水平、教室的物理环境及培训所用方法也可能会影响学习者的动机水平。不论学习动机是什么，如果没有动机，学习者就不会去学习。

③ 自我效能感。学习者必须拥有自我效能感，它是指人们相信自己能够掌握培训内容的信念。对于那些准备参加培训的学习者来说，他们必须认为学习是可行的。例如，当一些大学生不能很好地理解数学或统计课程的学习内容时，他们对课程的自我效能感会下降。这些认知可能与学习者的实际学习能力没有关系，但是反映了学习者对他们能力的感知。指导者与培训者必须采用适当的方法来提高那些不能确定自己能力的学习者的信心，因为那些相信自己能够很好完成培训的学习者将更满意他们所接受的培训。

④ 价值认知。被员工认为有用的培训应用于工作的可能性更大。培训价值的认知受到三方面因素的影响，即发展的需要、培训有助于发展的程度以及培训内容在工作中的实用性。学习者必须认为培训与他们所希望发生的事情之间有密切的关系。

⑤ 学习风格。人们以不同的方式进行学习。例如，听觉型的学习者通过聆听别人对培训内容的讲述能够有效地学习；触觉型的学习者必须接触培训内容并进行操作才能有效学习；视觉型的学习者通过具象化的图像信息进行思考，需要看到学习的目的及过程。培训可通过不同的方法解决此类问题，并使结果更加有效。

培训设计有时不得不考虑成人学习的特殊问题。当然，企业设计培训时必须认为所有的受训者都是成人，并且他们具有不同的学习风格、经验与个人目标。例如，对年长者开展技术培训时，需要重点向他们解释变化的必要性，并在他们学习新技术时，提高他们的自信心及能力。相反，年轻的受训者可能比较熟悉新技术，他们也能够更快地接纳新技术。

成年人学习具有以下特征：需要了解为什么要学习某些东西，需要自主学习，在学习过程中带入了更多与工作相关的经历，以问题为中心进行学习，由外在的和自身的因素激发学习。

（2）指导策略

培训设计的一个重要部分是选择合适的方式或方法，以适应学习者的特征。实践与反馈、过度学习、行为模仿、错误模型、强化与及时确认是最主要的有关培训设计的方式或方法。

① 实践与反馈。对于某些培训而言，学习者能够实践他们所学习的东西，并及时得到工作如何改进的反馈。这是非常重要的。在培训的过程中，当受训者执行的任务与工作相关时，就会产生积极的实践行为。相较于被动的阅读与聆听，积极实践更有效。例如，一个员工正在接受客户服务代表方面的培训，在学习了相关销售技巧与产品信息后，这位员工就可以与顾客连线并应用他所学到的知识。

积极实践有两种结构化的方式。第一种是分散实践，指的是若干实践分散在几小时或者几天里进行。第二种是集中实践，指的是一次进行所有的练习。分散实践对于一些需要肢体记忆的身体运动效果较好。对于其他种类的学习，如记忆任务，集中实践通常效果更好。想象一下要记忆 20 款洗碗机的相关信息，20 天每天记一种，难度会有多么大。当销售员记到最后一款的时候，可能已经忘记了第一款的相关信息。

② 过度学习。过度学习是指学习者在已经取得了很好的绩效时仍然重复实践。对于那些旨在降低思考程度，增强行动自发性，并需要灌输"肌肉记忆"的体育项目来说，过度学习是很有效的。而且，过度学习可以提高学习者的记忆力。

③ 行为模仿。人们学习的最基本方法，也是最好的方法之一，就是行为模仿，即模仿他人的行为。行为模仿特别适用于技能培训。在技能培训中，受训者必须利用知识进行实践。它有助于技能的转移以及受训者对相关技能的使用。例如，一个新任主管通过观察人力资源主管或部门主管处理惩罚问题的方式，可以学习怎样处理员工的惩罚问题。

行为模仿作为一种基本的培训手段，被广泛运用于主管或经理人员的人际技能培训中。许多基层管理者最终模仿了他们观察到的领导的行为模式。基于此，主管培训的内容应该包括优秀的角色模型，以此展现怎样有效地处理员工之间的人际关系。

④ 错误模型。错误模型方法涉及与学习者分享当他们没有正确运用培训内容时可能会发生的错误。错误模型已被运用于军事、消防、警察及飞行培训中。

⑤ 强化与及时确认。强化这一概念建立在效果定律之上，它是指人们倾向于重复那些给他们带来正效用的行为，回避那些可能会带来不好结果的做法。对正确学习行为的强化以及为消极行为提供负面结果能够改变人们的行为。与强化概念密切相关的另一个概念是及时确认，它建立在这样一种信念之上，即如果培训后能尽快进行强化和反馈，那么人们的学习效果会更好。及时确认可以纠正在培训过程中发生的错误，这种纠正可以加强学习者对错误的印象，同时可以把培训转移到实际工作中去。

（3）培训转移

培训者在进行培训设计时，应该最大限度地确保学习者能够将培训内容转移到实际工作中去。当学习者在工作中运用了他们在培训中学到的知识时，转移就发生了。能够将培训内容转移到工作中去的学习者比例较低，大约只有 40%的员工在培训之后能够将培训内容及时应用到工作中。那些没有及时运用的员工，随着时间的推移，再次运用的可能性就大大降低了。

发生有效的培训转移需要满足两个条件：第一，学习者必须能够掌握在培训中学到的东西并将其用于实际工作过程中；第二，学到的东西在经过一段时间后，在工作中必须还能发挥作用。许多事情都能提高培训转移的效果。有一种有效的方法是尽可能使培训内容反映现实的工作情境。例如，对管理者进行甄选面谈培训时，应该包括他们与求职者进行角色扮演的培训内容，而这些是对他们实际工作的反映。

影响培训转移的一个最重要的因素是当学习者在实际工作中运用他们所学到的技能时，能否得到主管的支持。主管对培训是否支持，是否及时反馈以及参与培训的程度是影响培训转移的重要因素。应用培训知识的机会也是一个重要因素。没有应用培训知识的机会很显然会限制培训转移。

最后，责任感也有助于学习者将培训内容应用于工作中。责任感是指学习者在工作中运用新技能以及承担责任的程度。它需要主管对学习者正确应用培训知识的行为进行奖励，而对其不恰当的行为进行惩罚。使学习者承担应用培训知识的责任将会更有效。

3．培训的实施

一旦培训设计完成，真正的培训实施就开始了。无论开展哪种类型的培训，许多方法和手段都可以运用于培训实施，同时培训技术的发展不断扩展了可供选择的手段，如图5-3所示。

不论采用什么方法，企业在选择培训方式的时候必须要平衡很多方面的考虑。通常需要考虑的因素有：培训的性质、网络化学习还是传统学习、主题、地理位置、学习者的数量、时间安排、个人或集体、完成时间、自定步调或被指示、培训资源或成本。

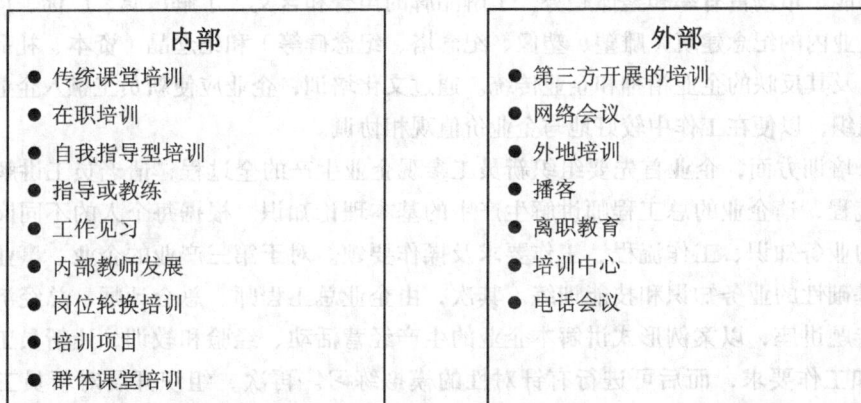

内部	外部
● 传统课堂培训	● 第三方开展的培训
● 在职培训	● 网络会议
● 自我指导型培训	● 外地培训
● 指导或教练	● 播客
● 工作见习	● 离职教育
● 内部教师发展	● 培训中心
● 岗位轮换培训	● 电话会议
● 培训项目	
● 群体课堂培训	

图5-3 培训实施方法

举例来说，一家新员工众多的大公司可以使用互联网、录像带和人力资源专员来实施员工岗前培训；一家新员工很少的小公司则可以让一位人力资源职员用几小时与每个新员工单独会面；一家分散在三个地方的中等规模的公司则可以每季度把基层管理者聚集在一起，办一次为期两天的培训研讨班；一家大规模的全球公司则可以通过网络课程来培训世界各地的基层管理者，并且网络课程内容将使用不同的语言。培训往往是在组织内部进行的，但是某些类型的培训则要使用外部的技术培训资源。

此外，培训可能是正式的，也可能是非正式的。正式培训是可见的，它包括了培训计划的各种活动。当学习不是主要目标时，企业可以通过不同方式开展非正式培训。非正式培训可能是员工自发努力的结果，也可能仅仅是偶然的行为，但是对公司而言却是必需的。

（1）新员工培训

在新员工到企业报到后的前几周里，企业必须对其进行入职教育。这种教育主要由文化教育与业务教育构成[①]。企业通过新员工培训，能够使新员工获得职业生涯所必需的有关信息，适应组织环境，加速通过适应期；能够使新员工明确自己的工作任务、职责权限和上下级关系，适应新的工作流程，从而有利于新员工胜任自己的工作；能够使新员工建立良好的人际关系，逐渐被团队成员接纳，增强新员工的团队意识与合作精神；可为新员工导入企业文化，使新员工的行为与观念融入企业文化中，使新员工真正成为企业的"内部人"；可为招聘、甄选、录用和职业生涯管理等提供信息反馈等[②]。

由于员工的岗位有差异，故企业对其培训的内容、深度会有不同；由于员工的性格、文化背景、教育背景、阅历有差异，培训的方法也会有所不同。所以，对新员工应该实施差异化培训[③]。

在文化培训方面，企业应首先立足于灌输企业传统、企业经营目的和宗旨、企业哲学、企业精神、企业作风、企业道德，让新员工清楚地了解企业提倡什么、反对什么，应以怎样的精神状态投入工作，应以什么样的态度待人接物，怎样看待荣辱得失，怎样做一名优秀员工。其次，企业要组织新员工认真学习企业的一系列规章制度，即考勤制度、请假制度、奖惩制度、财务制度、人员进出制度、人员培训制度、人员考核制度、职称评定制度、晋升制度、岗位责任制度、工资福利制度等，以及与生产经营有关的业务制度和行为规范，如怎样接电话，怎样接待客户，怎样站立，怎样行走，怎样使用礼貌用语等，使新员工正确理解和自觉遵守这些行为规范。再次，企业要让新员工了解企业的内外环境、厂容厂貌、部门的特点和性质，了解企业的产品系列及其特定功能、市场占有率和整体趋势，了解品牌的声誉和含义，了解厂旗、厂标、厂服及其含义，了解企业内的纪念建筑（雕塑、塑像、纪念塔、纪念碑等）和纪念品（资本、礼品杯、纪念册、锦旗）及其反映的企业精神和企业传统。通过文化培训，企业应使新员工融入企业文化，使个人适应组织，以便在工作中较好地与企业价值观相协调。

在业务培训方面，企业首先要组织新员工参观企业生产的全过程，请老员工讲解主要的生产工艺和流程，请企业的总工程师讲解生产中的基本理论知识。根据每个人的不同岗位，分类学习有关的业务知识、工作流程、工作要求及操作要领。对于第三产业的企业、事业单位，相应地安排基础性的业务知识和技能训练。其次，由企业总工程师、总会计师、总经济师等给新员工开设专题讲座，以案例形式讲解本企业的生产经营活动、经验和教训，让新员工掌握一些基本原则和工作要求，而后可进行有针对性的模拟练习。再次，组织开展对新员工的"传、帮、带"活动。无论新员工所在的是生产岗位、技术岗位还是职能岗位，企业都应派素质高、有经验的老同志，一对一地以师傅带徒弟的形式，给予新员工具体的、细致的、系统的指导，不仅教技术、操作、服务技巧、办事方法，而且教思想、带作风、讲传统，使新员工在耳濡目染之中形成良好的作风，树立敬业精神，讲究职业道德，并且尽快熟悉技术，熟悉业务内容和工作方法。

（2）内部培训[④]

内部培训通常应用于特定的工作和企业中。内部培训很受欢迎，因为它节约了将员工送出去培训的费用，而且可以节省邀请外部培训者的开支。技能导向的技术培训往往在企业内部开展，培训资料也由企业内部提供。随着技术的快速发展，及时掌握新技术已经成为极其重要的培

① 赵曙明，张正堂，程德俊. 人力资源管理与开发. 北京：高等教育出版社，2011：166-169.
② 颜世富. 培训与开发. 北京：北京师范大学出版社，2007：268-269.
③ 廖泉文. 招聘与录用. 3版. 北京：中国人民大学出版社，2015：220.
④ 赵曙明，周路路，罗伯特·马希斯，等. 人力资源管理. 13版. 北京：电子工业出版社，2013：166-171.

训需求。下面我们将讨论两种内部培训实施的方式。

① 非正式培训。非正式培训是内部培训的一种重要方式，它通过员工之间的互动和反馈展开培训。员工对工作的很多了解来自于其他同事和基层管理者，而非来自于正式的培训。

非正式培训经常发生在日常工作中。它可能包括团队的问题解决、工作见习，或者来自于员工向其他拥有相关知识的员工寻求帮助等。企业中会发生许多非正式的培训，而且有些是有意设计的。

② 在职培训。企业中最常见的培训是在职培训（On the Job Training，OJT），因为它比较灵活且与员工的工作相关。精心设计的在职培训会非常有效。图 5-4 所示为在职培训的一般流程。如果按照此流程设计和实施在职培训，其将会更有效。开展培训的管理者应该能够传授以及给员工展示他们应该做什么。

然而，在职培训也有一些不足。一个常见的问题是培训者可能没有培训经验，没有时间，也没有提供培训的强烈愿望。在这种情况下，学习者基本上要靠自己，培训也很可能没什么效果。另外一个问题是在职培训会扰乱日常工作。不幸的是，一些在职培训没有任何意义，特别是当学习者被不负责任的培训者扔到一边自己学习时。此外，管理者可能会在培训中展现一些不好的习惯，传达一些不准确的信息。

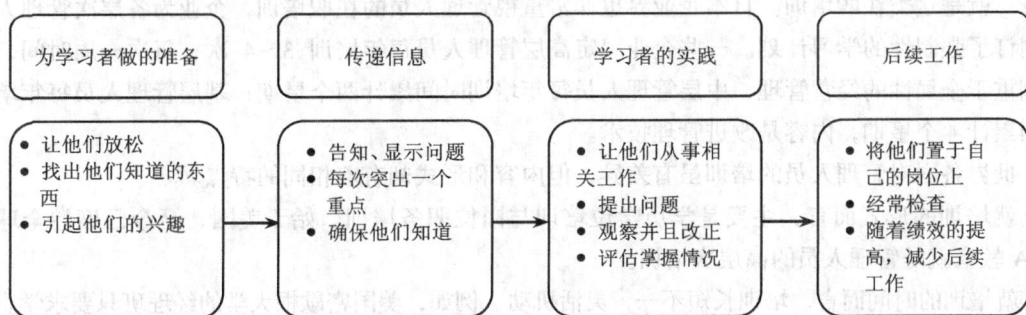

为学习者做的准备	传递信息	学习者的实践	后续工作
• 让他们放松 • 找出他们知道的东西 • 引起他们的兴趣	• 告知、显示问题 • 每次突出一个重点 • 确保他们知道	• 让他们从事相关工作 • 提出问题 • 观察并且改正 • 评估掌握情况	• 将他们置于自己的岗位上 • 经常检查 • 随着绩效的提高，减少后续工作

图 5-4 在职培训的一般流程

（3）外部培训

外部培训即在企业以外开展的培训，已被广泛运用于各种规模的企业中。当企业内部缺少培训员工的能力或当员工需要进行快速培训时，大型企业将采用外部培训的形式。对小企业而言，由于其人力资源部门规模有限，又有大量需要培训的员工，因而外部培训也会是一个好的选择。无论企业的规模多大，外部培训出现的原因有以下几个。

a. 在内部培训资源有限的情况下，请一位外部的培训者来进行培训相对来说花费更低；

b. 企业没有足够时间来开发内部培训资料；

c. 人力资源部门可能不具备与培训主题相关的技能水平；

d. 在外部培训中，让员工与其他企业的管理者或其他同行交流是有益的。

外部培训可以分为以下几种。

第一，培训外包。许多企业的管理者将培训外包给外部培训公司、咨询公司以及其他机构。大约 30%的培训支出用于外部资源。企业广泛使用培训外包的原因主要是节省成本，以及培训与组织战略相匹配。在兼并与收购时，企业会更频繁地使用培训外包。

第二，岗位轮换培训。当人们需要从事几种不同的工作时，企业就需要对其进行岗位轮换培训。对管理者而言，岗位轮换培训的优点是可增强员工的灵活性与促进员工发展。然而，尽管岗位轮换培训对管理者有诸多好处，但是员工们常常并不认可它，他们认为这样会使他们干更多的工作却拿同样的工资。为了应对这种问题以及提高其对员工的吸引力，企业可以为那些成功完成岗位轮换培训的员工发放学习奖金。

在一些企业中，企业文化会促使人们开展岗位轮换培训，以获得更好的发展，但并不是所有的企业都如此。工会通常会反对岗位轮换培训活动，因为它威胁到了一些员工工作的权力并扩大了工作的范围。岗位轮换培训可能需要在培训过程中改变工作安排，并且可能由于人们学习需要时间而导致生产率的暂时下降。有效的岗位轮换培训能够克服上述不足，并有益于管理者和员工。

第三，管理人员在职到学校或企业中去接受培训。在现代社会中，管理显得越来越重要。科学、技术、管理被称为现代社会鼎足而立的三大支柱。生产力由劳动者、劳动手段、劳动对象三个物质要素以及科学、技术、管理这三个非物质要素组成。非物质要素中的科学和技术必须物化在三个物质要素中，这样才能成为现实的生产力。管理与科学、技术不同，它并不会物化在三个物质要素中，企业通过它把三个物质要素合理、有效、科学地组织起来。管理水平的高低将直接影响生产力内部各要素的组合，从而影响经济效益[①]。

国外管理人员的在职培训始于美国。1931 年，美国麻省理工学院率先举办了为时一年的管理人员在职讲习班。后来，哈佛大学管理学院将这类培训正规化，现在的"哈佛高级管理人员讲习班"就是这类在职培训。日本企业界也非常重视管理人员的在职培训，企业为各层次管理人员都制订了强制性的学习计划。一些企业规定高层管理人员每年培训 3～4 次，每次一周时间，内容侧重于全局性的经营管理；中层管理人员每年培训时间累计两个星期；基层管理人员每年培训时间累计 4 个星期，内容是改进管理技术。

世界各国对管理人员的培训虽有差异，但内容和形式却有着相同的特点。

就培训的形式而言，主要是学历学位培训与岗位职务培训。始于美国，至今已席卷全球的 MBA 教育就是管理人员的高层次培训。

就培训的时间而言，培训长短不一，灵活机动。例如，美国密歇根大学的经理班只要求学员集中学习 5 天，学习会计、经济学、经理的职能、市场营销、国际企业、法律等 10 门课程，使学员对各个方面的知识都有一个概括性的了解。一般来说，在职培训时间长一点的中、高级管理人员培训班的教学内容与战略问题有关，期限较短的基层管理人员培训班重点解决一两个技术问题。

中小企业管理人员的在职培训越来越受重视。新技术的发展带来了新兴中小企业的繁荣，国外管理人员的在职培训改变了过去只招收大企业管理人员的做法，重点招收中小企业经理，专门为他们举办在职培训班。

（4）合作式培训

不管是内部培训还是外部培训，企业都需要做出适当的选择。下面我们讲述两种常见的能够整合内部培训与外部培训的培训方法。

合作式培训结合了课堂培训与在职培训两种培训类型。这种培训具有多种形式。一种形式通常被称为"从学校到工作的过渡"，它帮助人们熟悉相关工作，尽管他们仍在学校或刚完成正规学校教育。这种培训可以通过高校或社区大学进行。

雇主、工会及政府机构普遍采用的另一种合作式培训是学徒式训练。简单来说，学徒式训练是一种"师傅带徒弟"的培训，即经验丰富的员工和新员工结成比较固定的"师徒关系"，师傅对徒弟的工作进行指导。这种培训大多用于那些需要一定技能的行业，如美发行业等。这种培

① 赵曙明，张正堂，程德俊. 人力资源管理与开发. 北京：高等教育出版社，2011：166-169.

训的优势是比较节约成本，有利于新员工对工作技能的迅速掌握；劣势在于会影响师傅的正常工作，降低其工作效率，而且容易使新员工形成固定的工作思路，不利于创新[①]。

合作式培训的另一种形式是实习，它将工作培训与学院或大学的课堂教学结合起来。实习对雇主和实习生都有好处。实习生可以通过培训接触到真实世界，为自己的简历增添亮点，而且可以近距离地考察可能的雇主。雇主可以在做出正式雇用决定之前，以较低的成本考察实习生的工作能力。

（5）模块式技能培训

模块式技能培训（Modules of Employable Skills，MES）是 20 世纪 70 年代国际劳工组织在收集和研究世界发达国家各种先进培训方式的基础上开发的一种新的技能培训方式。近些年来，该培训形式已被许多国家采用，并收到了明显效果。

MES 是以系统论、信息论、控制论为理论基础建立起来的职业技能培训系统，其中有几个重要概念，即模块（MU）、技能模式（EMS）和学习单元（LE）。模块由若干学习单元组成，技能模式就是用模块来表示的工作规划。一项工作可以由一个或几个模块组成。从技术规范上讲，每个模块是相互独立的。因此，在一定条件下，一个模块就等于一种就业方式。也就是说，学习者有效地完成一个模块的培训，就可以获得一种最基本的就业技能，增加一个就业机会。同时，每个模块的内容是学习者应掌握的某项工作技能的一部分。学习者学完了第一个模块的内容后，接着学第二个、第三个，直到他能胜任该项工作为止。

（6）网络化学习

网络化学习是指利用互联网或者组织内部的局域网进行在线培训。网络化学习受到了雇主们的欢迎。它的主要优势是节约成本，并能够向更多的员工开放。估计在未来的几年中，采用网络化学习的企业的数量将增加。现在，人们大约 30%的学习时间都是基于技术支持的，事实上，年轻的员工更偏好网络化学习[②]。

然而，很多网络化学习只作为一项培训的一部分，与其他形式的培训结合使用。它并不是专业培训人士采用的最有效的培训方式之一。技术的进步将促进网络化学习的发展。例如，Web2.0 作为一种远距离传输信息的工具以及网络会议的平台，使学习者能够通过电子培训获得"软技术"。视频会议成本的降低也使企业采用这种方式进行培训更加合理。

第一，远距离培训或学习。许多大公司利用双向互动式视频进行授课。这种媒介形式使得一个地方的讲师能够看到其他许多地方的课堂，并做出回应。如果系统配置完备的话，员工可以在世界上任何一个地方参与课程。

第二，模拟与培训。基于计算机技术的培训涉及一系列多媒体技术，包括声音、动作（视频和动画）、图像和超文本，以此调动学习者的各种感官。网络化学习中计算机支持的模式，除了可提供与学习者工作环境相似的物理环境外，还能够模拟一项任务的心理与行为特征。

第三，混合学习。对大量雇主进行的调查显示，网络化学习并不是唯一的培训方法。多数企业采用的培训方法是混合型的。它可能是结合了短期的、快节奏的、基于计算机的互动式的课程，与传统课堂教育相结合的电话会议以及模拟。企业采用多样化的培训手段，实施混合式培训，增强了灵活性，并且提高了不同类型员工对培训活动的兴趣。

第四，网络化学习的优势和劣势。网络化学习的迅速发展使互联网或内部网成为传递培训

---

① 肖琳，孔令秋，李丹，等. 人力资源管理概论. 大连：东北财经大学出版社，2016：152.
② 赵曙明，周路路，罗伯特·马希斯，等. 人力资源管理. 13 版. 北京：电子工业出版社，2013：166-171.

内容的可行途径。但是，我们必须同时考虑网络化学习的优势和劣势。除了关心学习者是否有网络化学习的条件和意愿外，一些雇主担心学习者虽然快速完成了网络化学习课程，但是对学习的内容并不加记忆和应用。

网络化学习是培训实施方面发展最快的一种方式。与技术创新及网络培训设计的快速发展相伴随的，是使用网络化学习面对的挑战。网络化学习对人力资源和培训有很大的影响，但是我们并没有简单可循的方法来确保网络化学习的有效性。图 5-5 所示为网络化学习常见的优势和劣势。

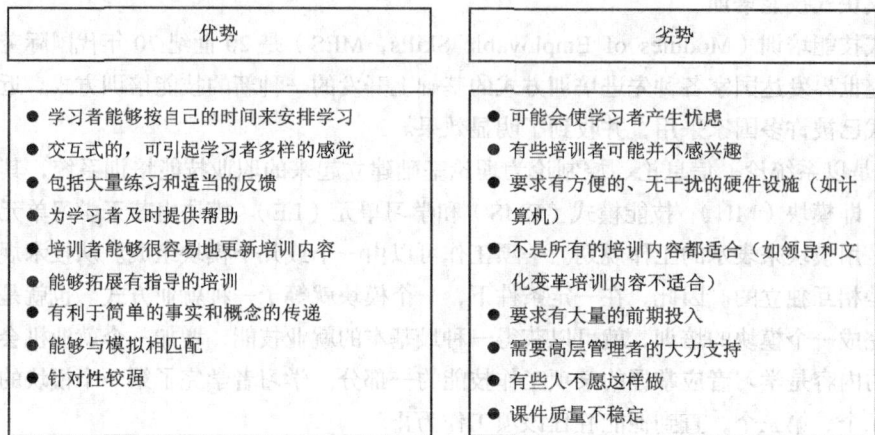

优势	劣势
● 学习者能够按自己的时间来安排学习 ● 交互式的，可引起学习者多样的感觉 ● 包括大量练习和适当的反馈 ● 为学习者及时提供帮助 ● 培训者能够很容易地更新培训内容 ● 能够拓展有指导的培训 ● 有利于简单的事实和概念的传递 ● 能够与模拟相匹配 ● 针对性较强	● 可能会使学习者产生忧虑 ● 有些培训者可能并不感兴趣 ● 要求有方便的、无干扰的硬件设施（如计算机） ● 不是所有的培训内容都适合（如领导和文化变革培训内容不适合） ● 要求有大量的前期投入 ● 需要高层管理者的大力支持 ● 有些人不愿这样做 ● 课件质量不稳定

图 5-5　网络化学习常见的优势与劣势

（7）导师制培训

其指的是企业指定员工所在部门的负责人或业务骨干、行业专家为员工的辅导教师，对其进行"一对一""手把手"的培训。此种培训方式适用于解决员工知识性、技能性与态度性的问题。

企业导师制培训和传统的学徒制训练不同，传统的学徒制训练是通过师傅带徒弟的方式对新员工进行技术上的指导，并不涉及对职业生涯的指导。而导师制培训是一种人才开发机制，通过在企业智力层面构建一种良好的工作学习氛围和机制，可培养满足企业发展所需要的人才。导师制培训能鼓励学习者主动与经验丰富的专家进行沟通和互动，使学习者获取某项任务或领域的内隐知识，提高综合素质。导师制培训具有职业生涯辅助功能，包括支持、提高可见度、指导和保护[①]等。

导师制培训具有以下优势。

其一，导师制培训克服了学徒制训练的以下缺点。首先，在师徒关系的建立上，学徒制训练是个人行为的拜师学艺。导师制培训不是个人行为，而是企业的安排，是双向选择的结果。其次，在师徒关系中，师傅对徒弟具有绝对权威，徒弟对师傅甚至会产生人身依附。导师制培训中，导师对学员不具有行政权威，导师与学员之间是平等的合约关系，双方的权利、责任、义务和目标是明确的。再次，在知识和技能的传授上，学徒制训练是一种私学形式的职业技能和经验的传授方式，一般采取师徒结对、单独教学的方式，学徒通过看、干来掌握知识和技能，教与学的内容不确定，以致形成"师傅领进门，修行在个人"的随意性。企业导师制作为企业组织的正式安排，借鉴了高等教育中的人才培养机制，导师如何教、学员如何学都是由制度加以规范的。另外，在人力资本、投资成本与收益的分担上，学徒制训练中的学徒除了交纳学徒费用之外，一般还要通过给师傅提供劳务服务来支付学徒费用，有的甚至以延长学徒期限来实现。导师制培训

---

① 曾湘泉，郝玉明，宋洪峰. 总报酬经济学. 上海：复旦大学出版社，2014：152-153.

通过绩效考核和薪酬制度设计来保障导师的知识技能传授给学员、学员为企业服务。此外，在人才培养的去向上，学徒制训练中的徒弟能独立工作或谋取职业（即"出师"）后，师傅担心"教会徒弟，饿死师傅"，从而会在知识技能的传授上留有余地。在导师制培训中，师生之间不是竞争对手关系，而是构筑团队和梯队的合作伙伴关系。

其二，导师制培训克服了其他在职培训方法中培训者与学习者之间的短期行为。在导师制培训的开发中，导师即为培训者，均为企业内部优秀员工。导师与学员之间通过合约关系明确了双方的权利、责任、义务和目标，明确了人才培养期限和质量标准，从而有利于提高人才培养和开发的效率。

其三，导师制培训克服了职业技术学校教育的缺点。现代职业技术教育在克服了传统学徒制训练的规模缺陷和师傅经验局限的同时，也产生了机械化、流水线式的同质化人才培养的缺点。导师制培训要求导师控制学员的数量规模并且根据学员个性、志趣及特长有针对性地制订人才培养方案，通过导师对学员个人的关怀和职业生涯的设计、人际关系的指导，实现个性化的人才培养。导师制培训中的指导内容不仅包括岗位工作的知识、技能，而且包括学员的职业生涯辅导以及企业文化的导入，而职业技术学校只能传授通用的知识和技能。

导师制培训也同样存在着一些不可忽视的缺陷。导师的组织地位对徒弟虽然大多会产生正面的影响，但有时也会产生负面影响，如会产生黑色光环效应，即导师在组织中"失宠"后，就无法为徒弟提供必要的稳定环境，因此会对徒弟的前程产生不利影响。再者，在某种程度上，导师工作是一种额外的工作职责，这样就易形成非正式组织。当非正式组织与正式组织的目标不一致时，如果处理得不好，则会阻碍变革，造成角色冲突、传播谣言、拉帮结伙等消极影响[1]。

具体到培训方面，导师制培训方式一般适用于新员工（如新进、新晋、调岗等）培训，也可用于对工作绩效较差的员工的培训。其优劣势如图5-6所示[2]。

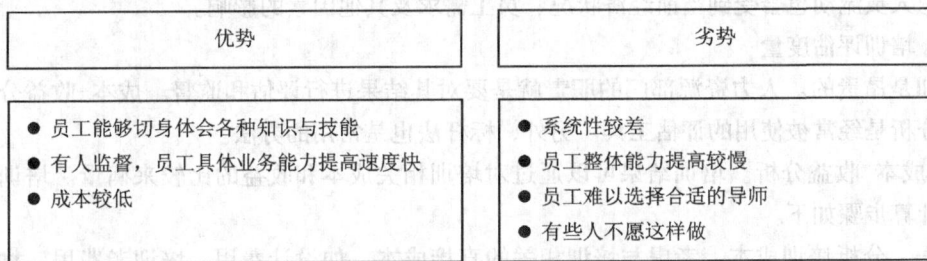

优势	劣势
● 员工能够切身体会各种知识与技能 ● 有人监督，员工具体业务能力提高速度快 ● 成本较低	● 系统性较差 ● 员工整体能力提高较慢 ● 员工难以选择合适的导师 ● 有些人不愿这样做

图5-6 导师制培训方式的优势和劣势

4．培训效果的评估[3]

培训评估是指将培训后的效果与培训前管理者、培训人员及学习者期望达到的目标加以比较。经常出现的情况是培训结束后，企业很少去衡量培训实施后的效果。培训又费时又费钱，我们应该对培训进行评估。

进行培训评估的步骤为：首先定义评估标准，标准是比较的前提，决定了培训是否有效；其次，选择研究设计和测量评估标准的方法；再次，收集研究数据；最后，分析数据并得到培训

① 朱必祥，谢娟. 企业导师制的功能和导师的角色关系分析. 南京理工大学学报（社会科学版），2011，24（6）：25-28.
② 韩伟静. 培训部规范化管理工具箱：职责+制度+表格+流程+方案. 北京：人民邮电出版社，2010：100.
③ 赵曙明，周路路，罗伯特·马希斯，等. 人力资源管理. 13版. 北京：电子工业出版社，2013：171-174.

项目有效性的结论[①]。

（1）评估的层面

我们最好在培训之前就考虑应该如何对培训进行评估。培训评估包括四个层面。从图 5-7 中可以看出，培训评估的难度从衡量反应、学习、行为到结果逐步增大，但是能够影响行为和结果的培训的价值要高于影响反应和学习的培训。因此，这种能够影响行为与结果的培训应该被视为战略绩效的贡献者。

① 反应。企业对学习者反应层面的评估主要通过访谈和问卷方法进行。假设 30 位经理参加一场为期两天的有关访谈技巧的研讨会，企业通过对反应层面的评估可以对经理们进行调查，让他们对培训的价值、讲师的风格以及培训对他们的作用进行打分。

② 学习。学习层面的评估可以通过测试学习者对事件、观念、概念、理论以及态度的学习效果来进行。针对培训材料进行测试是被普遍用来评估学习的方法，即培训前后安排两次测试，然后比较两次的分数。如果考试分数反映了学习上的问题，那么讲师就可以得到反馈，从而对课程进行重新设计，以使之更为有效。

③ 行为。行为层面的培训评估即企业通过观察学习者工作绩效的变化来评估培训对工作绩效的影响程度。例如，我们可以观察参加访谈技巧研讨会的经理在招聘部门员工时的真实表现。如果经理们像在培训时那样提问并提出适当的后续问题，那么访谈技巧培训就具有行为层面的效果。

④ 结果。结果层面的培训评估就是衡量培训对组织目标实现的影响。由于生产率、营业额、质量、时间、销售额、成本等这些结果都是相对具体的，因此只要比较培训前后的记录就可以得知结果。

结果评估的困难之处在于判断变化是培训引起的还是其他因素引起的。例如，对于参加完访谈研讨会的经理，我们可以通过比较培训前后人员的流动率来判断培训是否有效，但同时我们也要考虑人员流动也会受到当前经济状况、员工需求及其他因素的影响。

（2）培训评估度量

培训是昂贵的。人力资源部门的职责就是要对其结果进行评估和监督。成本-收益分析与投资回报分析是经常被使用的评估工具。另外，标杆法也是常用的方法。

① 成本-收益分析。培训结果可以通过对培训相关成本和收益的比较来衡量。培训成本和收益的计算步骤如下。

第一，分析培训成本。考虑与培训相关的直接成本，如设计费用、培训者费用、材料和设施费用以及其他管理活动的费用。

第二，识别潜在收益。考察员工保留、顾客服务、工作失误、生产速度及生产率的其他方面，计算潜在收益。收集绩效结果的数据，并计算每单位绩效的成本；比较成本与收益。评估每个参与者的成本及收益，以及成本、收益与绩效的关系。

一家公司使用人力资源评估工具对管理者及其管理绩效进行多方面的评估，并且每月、每季度、每年对评估结果进行打分。

图 5-8 所示为与培训相关的一些成本和收益。尽管一些收益（如员工态度的改变）很难量化，但是比较与培训相关的成本与收益仍是一种有效的方法。例如，一家公司对其传统的安全培训项目进行评估后发现，培训并不能降低事故的发生率。因此，安全培训项目被重新设计，并产生了更好的培训效果。

① 保罗·E 斯佩克特. 工业与组织心理学. 5 版. 孟慧，译. 北京：机械工业出版社，2010：149.

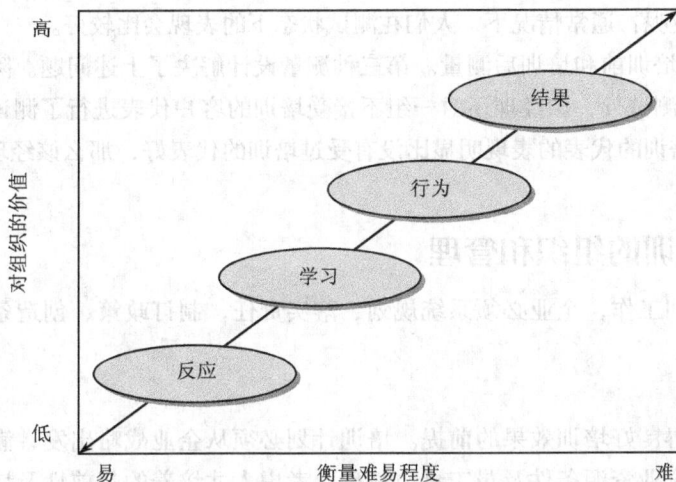

图 5-7　培训评估的层面

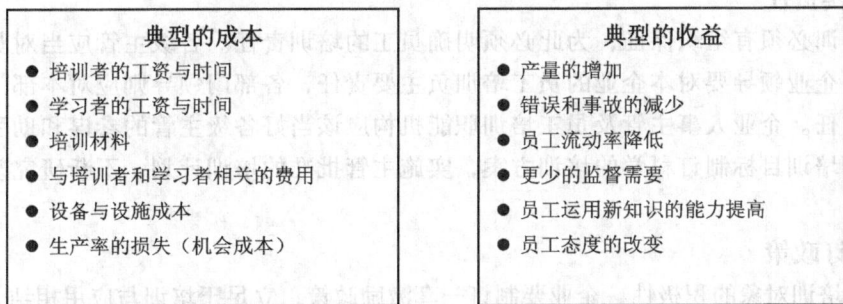

典型的成本	典型的收益
● 培训者的工资与时间	● 产量的增加
● 学习者的工资与时间	● 错误和事故的减少
● 培训材料	● 员工流动率降低
● 与培训者和学习者相关的费用	● 更少的监督需要
● 设备与设施成本	● 员工运用新知识的能力提高
● 生产率的损失（机会成本）	● 员工态度的改变

图 5-8　与培训相关的一些成本与收益

② 投资回报分析与标杆法。在企业中，人们通常期望培训能够产生投资回报。但在很多情况下，培训之所以合理，是因为有人喜欢，而不是基于资源的可计算性。投资回报分析仅仅划分了由培训投入所产生的收益。

除了从内部对培训进行评估外，有些企业还使用标杆法与其他企业中的培训进行比较。使用标杆法时，企业人力资源专职人员会首先收集组织内部的培训数据，然后将其与相同行业或相近规模的企业的培训数据进行比较。

（3）培训评估设计

无论是否拥有标杆数据，培训项目的内部评估都可以通过多种方式进行。下面是严谨性逐渐增强的三种培训评估设计方式。

① 培训后测量。测量培训有效性最直接的方法是看培训后员工是否以管理者希望的方式工作。假设一个客户服务经理管理 20 名客户代表，他们的数据输入速度都有待提高。当他们参加完一天的培训后，对他们进行测试。如果所有客户代表在培训后都达到了规定的输入速度，那么培训是否有益呢？我们还难以判断，可能他们中的大部分人做得都会比以前好。但是，培训后的测量很难表明这个成绩是通过培训取得的还是不经过培训也可以取得。

② 培训前和培训后测量。我们可以通过改变测量设计，将培训前的技能水平考虑进来。如果客户服务经理在培训前和培训后对客户代表的输入速度都做测试，那么他就可以知道培训到底是否起作用了。但还存在一个问题，即速度的提高到底是培训的结果还是因为受试者知道他们在

考试所以提高了速度呢？通常情况下，人们在测试状态下的表现会比较好。

③ 控制小组及培训前和培训后测量。第三种测量设计解决了上述问题。除了对接受培训的20 名客户代表进行测试外，该经理还对一组不接受培训的客户代表进行了测试。后一组被称为控制组。如果受过培训的代表的表现明显比没有受过培训的代表好，那么该经理有理由相信培训是有效的。

5.1.3　培训的组织和管理

为做好员工培训工作，企业必须系统规划、落实责任、制订政策、创造条件、改进方法、及时考核[①]。

1．系统规划

做好规划是取得良好培训效果的前提。培训计划必须从企业战略出发，满足企业及员工两方面的需要，考虑企业资源条件及员工素质基础，考虑人才培养的超前性及培训结果的不确定性，确定员工培训的目标（规模水平），选择培训内容及培训方式。

2．落实责任

员工培训必须有组织保证，为此必须明确员工的培训责任。各级主管应当对员工培训负主要责任。企业领导要对本企业的员工培训负主要责任，各部门领导则应对本部门的员工培训负主要责任。企业人事主管及员工培训职能机构应该当好各级主管的参谋和助手，为各级主管提出的培训目标制订科学的培训方案，实施主管批准的培训计划，不断研究改进培训效果的方法。

3．制订政策

为调动培训对象的积极性，企业要制订一套激励政策，立足于培训与应用相结合、培训与未来收入相结合、培训与奖励相结合。

4．创造条件

企业在培训过程中要积极投入，以为培训创造良好的条件。首先是积极的人员投入。进行员工培训要选拔教员，包括专职教员及带徒弟的师傅，企业要严把这一选拔关，以确保"名师出高徒"和"严师出高徒"。中小企业配备专职老师比较困难，可以聘请兼职老师或把培训对象送出去学习。然后是时间与资金的投入。培训对人员的塑造需要一个时间周期，更需要大量的物质投入，企业领导不能仅仅立足于当前，还应该立足未来，舍得投入。

5．改进方法

企业应当根据不同的培训对象和培训目标选择适当的方法，努力采用现代教育的思想和方法手段，尤其要注意解决培训内容的实用性问题，克服培训过程中学习者应用所学知识的心理障碍。为使培训内容实用，应尽可能模拟工作环境，注重对案例研究法、角色扮演法、敏感性训练等经实践证明效果较好的方法的使用。

6．及时考核

企业通过对培训效果进行评价考核，可以不断完善对员工培训的组织管理。人员培训的考核就是对培训的质量和效果进行分析。考核可增强学习者提高自身知识、技能的自觉性，有效实现培训的组织目标，使员工行为与企业要求相吻合。

---

① 赵曙明，张正堂，程德俊. 人力资源管理与开发. 北京：高等教育出版社，2011：175-176.

5.2 人力资源开发

人力资源开发这一概念是由美国乔治·华盛顿大学的教授里奥纳德·纳德勒提出来的。纳德勒对人力资源开发的定义是：第一，由雇主提供的有组织的学习体验；第二，在一段特定的时间内进行；第三，其目的是增加员工提高自己在职位上的绩效和个人发展的可能。美国培训与开发学会（American Society of Training and Development）对人力资源开发的定义是："人力资源开发是综合利用培训与开发、职业生涯开发、组织开发等手段来改进个人的、群体的和组织的效率。"

在当今的知识经济时代，知识管理、人力资本管理等新的管理任务开始进入人力资源开发领域。但是，对于知识管理、人力资本管理是否属于人力资源开发的范畴，学术界还没有定论，所以，本书并不准备将这两种管理活动纳入人力资源开发的讨论中。本节我们将重点讨论人力资源开发的方法[①]。

人力资源开发的主要方法包括正规教育法、评价法、工作实践体验法、开发性人际关系建设法四种。

5.2.1 正规教育法

正规教育法指的是专门为本企业内部的员工设计出各种在职和脱岗教育计划，包括参加由咨询公司和大学提供的各种短期课程、工商管理硕士培训课程（MBA），或者要求员工通过到学校上课的形式来完成相关的大学课程等。这些教育计划中可能包括专家讨论、专题研讨、管理游戏、实战模拟、拓展训练等多种培训和教育方式。在实践中，针对管理人员的教育开发占大多数。在管理人员开发方面，目前的重要趋势是：第一，越来越多的企业都在通过学习的方式来实现对高层管理人员的教育；第二，企业以及相关教育课程的提供者都在努力创建一些短期的客户化定制课程，以满足特定受众的需要；第三，很多企业会在咨询公司或大学提供的正规教育课程之外，补充其他形式的开发活动。

在职辅导培训是最普遍的人力资源开发方法，既可用于操作技能的培训，又可用于管理技能的培训。员工在在职辅导培训中主要通过模仿来获得从事某项工作所需的技能。担任培训者的可以是企业内有经验的员工，也可以是外部的专门的人力资源开发人员。在职辅导培训的优缺点如表 5-2 所示。

表 5-2 在职辅导培训的优缺点

优点	缺点
1. 由于学习环境与工作环境是统一的，故学习后在工作中的效果比较明显 2. 由于不需要对培训设备进行额外的投入，故培训费用较低	1. 受到培训场所条件的限制 2. 对培训者的要求很高 3. 培训者可能会将一些不良习惯带入培训中

一般来说，有效的在职辅导培训包括下列要素。

① 在企业制订的政策中阐明在职辅导培训的目的和企业对在职辅导培训的支持。

② 明确由谁负责实施在职辅导培训，一般来说应该由经理人员负责实施。如果是这样，就

---

① 赵曙明，张正堂，程德俊. 人力资源管理与开发. 北京：高等教育出版社，2011：178-182.

应该将这一责任写入经理的职务说明书中。

③ 对同行其他企业的在职辅导培训实践进行详细考察，包括项目的内容、工作职务的类型、项目的长度、成本控制等。

④ 按照结构化的在职辅导培训原则培训可能从事培训工作的管理者和同事；不应该让所有的管理者和同事担任培训师，应该让他们提出申请，经过严格的筛选、培训后才能获得资格。

⑤ 为实施在职辅导培训的员工提供详细的课程计划、学习材料、程序手册、培训手册、学习合同、成绩报表等。

⑥ 在实施在职辅导培训之前，考核学习者的基本技能水平。

在职辅导培训的过程如表 5-3 所示。

表 5-3 在职辅导培训的过程

在职辅导培训前的准备	实际在职辅导培训过程
1. 将工作分解成几个重要的步骤 2. 准备必要的设备、材料和其他用品 3. 说明将多少时间用于在职辅导培训及希望员工何时掌握新的技能	1. 告诉学习者既定目标并让其观看演示 2. 不做任何解释地给学习者演示如何操作 3. 阐明关键点或关键行为（可能的话，将关键点写给学习者） 4. 再给学习者演示一遍如何操作 5. 让学习者完成任务的一部分或者更多的独立部分，并表扬他所做的正确部分，指出他所做的不正确的部分 6. 让学习者完成整个任务并表扬他完成的正确的部分，指出他完成的不正确的部分 7. 如果有错误，一直让他重复训练，直到完成正确的操作为止 8. 表扬学习者学习中获得的成功

资料来源：Rothwell W, Kazanas H. Planned OJT is productive OJT. Training and Development Journal, 1996：53-55.

5.2.2 评价法

应用评价法时，企业要收集与被评价员工的行为、沟通风格和技能等有关的信息，然后向员工本人进行反馈，包括对员工的人格特点、行为、技能等所做的评价与反馈。在评价过程中，员工本人、同事、上级以及客户等都有可能成为信息的来源。这种方法可以帮助组织发现尚未担任管理职务的员工所具备的管理潜能，衡量现有管理人员的优点和不足，挖掘具有晋升潜力的管理者。同时，评价法还可以用于团队管理，帮助组织根据每一位团队成员的优缺点，判断哪些决策过程或沟通风格抑制了团队效能的提高。企业在进行出于开发目的的评价时，可以采用人格类型测试、评价中心、标杆法等。

1．人格类型测试

在员工开发中最常用的是梅耶斯-布里基斯人格类型测试（MBTI）。这种测试认为，不同个人之间的行为差异主要是由个人在决策、人际沟通以及信息收集等方面的偏好决定的。该测试考察被试者在不同背景条件下的感受以及倾向于采取何种行为，最终划分出 16 种独特的人格类型。人格类型测试有助于我们理解沟通、动机、团队合作、工作作风及领导力等方面的问题。但是，它所衡量的仅仅是被试者自己认为具有的偏好，并没有衡量出被试者实际上在多大程度上按照自己的偏好采取行动。因此，这种测试不能用于绩效评价以及对员工的晋升潜力做出判断。

2．评价中心

评价中心主要用于在甄选和晋升决策中考察员工是否具有从事管理性工作所必须具备的一些人格特征/管理技能和人际关系技能。越来越多的企业将它用于考察员工是否具有团队精神。但是，评价中心现在也已经成为一种衡量管理绩效的方法了。评价中心的主要形式有无领导小组讨论、"文件筐"公文处理、角色扮演等。员工在这一过程中常常要完成大量的模拟任务，评估人员则会对这些员工在完成各种任务时所表现出来的行为进行观察，然后评价他们所具有的管理相关技能或潜力。无领导小组讨论就是由 5~7 名被评估的员工组成一个小组，然后讨论一个困难的实际业务问题，并要在规定时间内共同解决这一问题。这些问题包括购买及销售商品、开发和生产某一种产品、评选某人为先进工作者等。无领导小组讨论的目的是测验员工的领导能力、处理人际关系的能力、想象力及利用资料的能力。"文件筐"公文处理是要求被试员工扮演某一角色，处理可能会在案头出现的各种各样的文件。员工被要求在阅读完文件后提出相应的解决问题的办法。其主要评估员工的做法是否有系统性，是否能建立先后次序，是否能授权下级等。角色扮演则要求被评估的员工扮演一位管理者或其他员工。被评估的员工会获得有关这一角色的相关信息，在进行充分准备后将所扮演角色的行为表现出来。其主要评估员工人际关系的敏锐度、从言谈举止中获取信息的能力、洞察力和同情心。评价中心也包括一些心理测试，主要有兴趣和智力测试、人格测试、容忍力测试、管理人员特性测试。

3．标杆法

标杆法是将成功的管理者所需具备的若干能力特征作为标杆，然后评价被评价者在这些方面的表现，进而帮助他们开发自己在这些方面的能力。标杆法中运用的这些特征要素都是建立在一些研究的基础上的，它们全面概括了组织的高层管理人员在职业生涯发展过程中遇到的各种关键事件，以及在这些关键事件中获得的经验教训和相关启示。为了全面获取某位管理者的管理技能信息，最好的做法是让被评价者的上级管理者、同事及其本人共同完成这一评价过程。评价完成后，企业需要将一份报告提供给被评价者，评价报告里面要有一份被评价者与其他被评价者相关评价等级的比较结果。最后，企业还要向被评价者提供一份开发指南。

5.2.3　工作实践体验法

工作实践体验法通过让员工在实际工作中遇到各种关系、问题、需求、任务等对他们进行开发。这种开发方法的一个基本假设是，当员工现有的技能和历史工作经验与当前工作所要求的技能不匹配时，需要对员工进行开发。为了能够在当前工作中取得成功，员工必须拓展他们的技能。

1．工作轮换

工作轮换是指企业有计划地按照大体确定的期限，让员工轮流从事若干种不同工作，是一种成本较低的组织内部调整和变动。该方法的优缺点如表 5-4 所示。

表 5-4　工作轮换的优缺点

优点	缺点
1．丰富员工的工作内容，减少工作中的枯燥感，使员工的积极性得到提高 2．扩大员工所掌握技能的范围，使员工能够很好地适应环境变化，为员工在内部的提升打下基础。不少大的企业内部提升的管理人员都要求有在几个不同的部门或职位工作的经验 3．降低员工的离职率。很多员工离职都是由于对目前的工作感到厌倦，希望尝试新的有挑战性的工作。如果能够在企业内部提供给员工流动的机会，使他们能有机会从事自己喜欢的有挑战性的工作，他们也许就不到企业外部寻找机会了	1．员工到了一个新的岗位后需要时间熟悉工作，因此员工到新岗位后的最初一段时间，生产力水平会有所下降 2．需要给员工提供各种培训，以使他们掌握多种技能，适应不同的工作，因此所需要的培训费用较高 3．工作岗位的轮换是牵一发而动全身的，因为变动一个员工的工作岗位就意味着其他相关联的岗位会随之变动，从而增加了管理人员的工作量和工作难度

在企业内部晋升机会很少的情况下，横向的工作轮换是被普遍采用的开发方法。为使该方法取得良好的效果，其应符合以下一个或几个要求。

① 将员工调入核心业务部门；

② 让员工更多地接触客户；

③ 向员工传授新的技术或灌输新的观点。

2．继任计划

继任计划是确定和持续追踪高潜能员工的过程。高潜能员工是指企业认为能胜任更高管理职位的人，如战略经营部门的总经理、职能部门总监或者首席执行官（CEO）。高潜能员工通常会参加快速路径开发计划，内容包括教育、行政指导和训练，通过工作分配来进行工作轮换。高潜能员工还可接受特殊的工作分配，如在公开场合演讲和在委员会或项目小组中工作等。

继任计划的目标是：把高潜能员工培养成中层管理者或执行总裁，使企业在吸引和招聘高潜能员工上具有竞争优势，帮助企业留住管理人才。

具体来说，开发高潜能员工要经历以下三个阶段。

① 在企业中选择一批高潜能员工。这些员工或以优异的成绩完成了学业，或有出色的工作表现，同时要通过相关的心理测试。

② 高潜能员工开始参加企业的开发活动，以确保他们具有良好的口头和书面交流能力、人际交往能力和领导能力。

③ 由企业中的最高管理者来确认这些员工是否适应企业文化，并确定其个性特征是否能代表企业形象。

只有经过上述各个阶段的层层选拔，我们才能确定最初选择的高潜能员工是否能够进入企业的最高管理层。开发高潜能员工是一个缓慢的过程，到达第三阶段可能要花费 15～20 年的时间。

5.2.4　开发性人际关系建设法

企业可以通过让员工与富有经验的资深员工进行频繁的沟通和交流，来开发他们的技能以及扩宽他们的知识面。开发性人际关系建设法主要包括导师指导计划与教练辅导计划。

1．导师指导计划

导师指导计划通常用于帮助新员工在企业中尽快完成社会化，更好地将培训中学到的知识和技能应用到实际工作中。此外，在管理人员的培养和开发过程中，企业也经常会用到导师指导计划，即为那些具备晋升潜力的低层次管理者安排一位资深管理者担任其导师，以帮助他们获得更高管理职位所需的知识、技能和经验。

由于缺乏潜在的导师，也缺乏为导师提供相应报酬的正式制度，再加上很多人认为正式导师指导计划的质量比非正式指导关系的质量要差，所以许多企业开始建立群体性的导师指导计划，即让一位有成功经验的资深员工与 4～6 名经验不足的被指导者结合在一起为整个小组提供指导。群体性的导师指导计划的一个潜在优势是，被指导者既可以从经验丰富的资深员工那里学到东西，又能够相互学习。

2．教练辅导计划

在教练辅导计划中，教练与被指导者之间存在着非常紧密的工作关系。这里的教练就是指与员工一起工作，激励并帮助他们开发技能，并且不断提供强化和反馈的某位同事或管理者。教练主要扮演三个角色：首先，要为员工提供一对一的辅导，为他们提供及时的反馈；其次，要帮助员工学会自己学习；最后，要为员工提供一些单凭个人无法获得的资源①。

【启发与思考】

扫一扫→华为新员工入职 180 天的详细培训计划

【思考练习题】

1. 员工培训与开发的作用有哪些？
2. 企业在培训过程中应该遵循哪些原则？
3. 新员工培训的目的和内容是什么？
4. 培训方法有哪些？如何选择适当的培训方法？
5. 培训管理的过程包括哪些步骤？
6. 如何对培训过程进行管理？

【模拟训练题】

在老师的指导下，采用人机方式，运用测评方法完成个人的能力倾向测评、兴趣测评、气质测评、人格测评、价值观测评。学生在测评报告完成之后要对自己所做的职业选择进行适当探讨和展望，指导老师对学生的测评报告和职业选择予以适当解说和点评。

【情景仿真题】

假设你是某生产和销售专业音响的 A 公司的人力资源经理，现在公司新招一批员工，其中会计 2 名、人力资源部薪酬专员 1 名、产品设计人员 2 名、销售人员 10 名，现有员工 285 名。请你为公司设计一个为期 3 天的新员工培训计划。

---

① 刘昕. 人力资源管理. 2 版. 北京：中国人民大学出版社，2015：211-215.

第6章　职业生涯管理

[QR code]

职业生涯管理
重难点

学习目标

学习本章后，读者应达到以下目标：

1. 了解职业生涯管理的目的、作用和趋势；
2. 认识影响职业生涯管理的因素；
3. 掌握制订职业生涯计划的原则、程序；
4. 定义和描述不同的职业发展路径。

引导案例

一位从会计专业毕业四年的男士现在从事销售工作。在几年的工作中，他深感自己有许多长处，也有许多短处，现在他面临选择，希望你给他做参谋，提出可行的建议。

在面谈中，他告诉我们自己不太喜欢会计工作，希望能够从事经营管理工作，未来成为一个企业家。他想对自己进行多种测试，最重要的是考察自己在能力方面有哪些突出的地方和不足之处。通过测试和面谈发现，他的基本能力素质较好，有一定发展潜力，追求成功，注重管理，能够独立思考。但在与人交往上存在着一定的问题，如他重视在工作中对下属的控制和影响，而不重视与下属的沟通；他性格非常内向，独立性强，喜欢思考，但是并不重视人际合作等。我们认为，从长远发展角度看，他需要在观念和行为上做一定的调整。

1. 他可以采取什么方法来对自己进行测试？
2. 你认为他应该选择什么样的职业？
3. 为了获得更好的发展，他需要做出什么样的调整？

6.1　概述

6.1.1　职业生涯管理的概念

职业生涯是指一个人从开始凭借自己的劳动取得合法收入到不再依靠劳动取得收入为止的人生历程。职业生涯管理（Career Management）是指为了更好地实现个人目标，使个人在整个职业历程中的工作更富有成效，对整个职业历程进行计划、实施、评估，并根据外部环境、自身因素以及实施的效果进行调整的过程。

6.1.2　职业生涯管理的目的和作用[①]

1. 职业生涯管理的目的

（1）更好地实现个人目标

职业生涯管理把组织总目标分解成许多子目标，通过具体的职业路径实施，可更好地实现

---

① 赵曙明，张正堂，程德俊. 人力资源管理与开发. 北京：高等教育出版社，2011：186-189.

个人目标。

（2）使个人在整个职业历程中的工作更富有成效

每个人的时间和精力都是有限的，要想让有限的时间、精力发挥最大的效用，需要对其进行合理配置。职业生涯管理就是研究如何对职业历程进行规划，以更好地配置有限的资源，使个人在整个职业历程中的工作更富有成效。

（3）更好地实现组织目标

组织进行职业生涯管理时可以融合个人目标和组织目标，使个人目标和组织目标相互协调，这样可以更好地实现组织目标。

2．职业生涯管理的作用

（1）职业生涯管理对个人的作用

① 更好地发挥个人的长处，使其在职业生涯中扬长避短。

② 更好地适应环境，能把握外部环境中存在的机会。

③ 有利于实现职业目标和取得职业上的成功。

④ 有利于更好地配置资源。

⑤ 有利于个人对职业生活进行控制，使工作与家庭更容易平衡。

（2）职业生涯管理对组织的作用

① 进行有效的职业生涯管理可提高组织绩效。

② 管理、控制员工的职业计划，不仅有利于员工职业上的成功，而且有利于员工职业管理与组织职业管理的相互协调。

③ 组织的职业管理有利于稳定员工队伍，减少员工流失，促进员工成功，也有利于组织发展。

④ 组织可以增加职业发展路径，帮助员工实现职业目标，促进员工个人发展。

6.1.3 职业生涯管理的趋势

职业生涯管理最初仅仅被看作个人的事，员工根据自己的条件和外部环境的影响设立目标，寻求职业发展路径并实施职业生涯发展计划。这就是最初的以个人为中心的职业生涯管理。以个人为中心的职业生涯管理因为缺乏组织的参与，结果导致组织无法满足员工的需要。而员工的需要和目标在与组织的发展发生冲突时，又缺乏沟通和协调，使得员工的个人职业目标根本无法实现，导致员工流失率高。

此外，还有以企业为中心的职业生涯管理。企业根据自身的发展任务设立组织机构，进行工作分析和岗位设计，设立职业层次，为员工提供职业发展路径。这种职业生涯管理以企业任务和发展为中心，漠视员工个人的需要和发展计划，职业路径单一，很难让员工满意，且容易挫伤员工职业发展的积极性。

职业生涯管理的发展趋势是以企业和个人协调为中心的，企业开始关注职业生涯计划，帮助员工认识自己的优缺点，指导员工制订职业生涯发展计划，引导员工的职业生涯发展和组织保持一致。同时，员工在组织的指导下，能更客观、准确地认识自己。企业可以提供多种职业路径，有利于员工职业发展目标的实现。以企业和个人协调为中心的职业生涯管理，有利于企业和个人实现"双赢"。

6.2 员工职业生涯管理的理论基础

6.2.1 职业选择理论[①]

1. 择业动机理论

美国心理学家弗隆通过对个体择业行为进行研究，认为个体行为动机的强度取决于效价的大小和期望值的高低，与效价和期望值成正比，即 $F=V \cdot E$。其中，F 为动机强度，指积极性的激发程度；V 为效价，指个体对一定目标重要性的主观评价，取决于择业者的职业价值观和择业者对某项具体职业要素（如兴趣、劳动条件、报酬、职业声望）的评估；E 为期望值，指个体估计的目标实现概率，取决于某种职业的社会需求量、择业者的竞争力、竞争系数、其他随机因素。

2. 职业性向理论

美国心理学家约翰·霍兰德研究发现，不同的人有不同的人格特征，不同的人格特征适合从事不同的职业。霍兰德基于自己对职业性向的测试（Vocational Preference Test，VPT）研究，将个人的职业性向划分为实际型、研究型、艺术型、社会型、企业型和传统型六种，同时将职业类型也相应地分为六种类型。职业性向理论强调个人职业性向与职业类型的统一，如图 6-1 和表 6-1 所示。

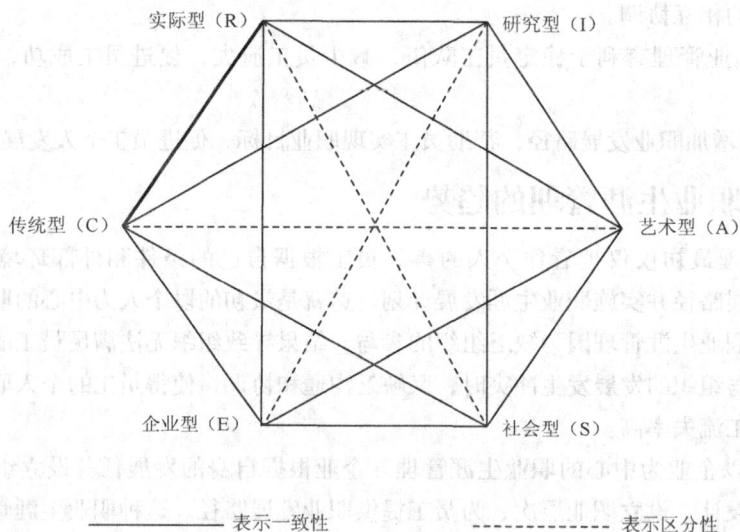

图 6-1 霍兰德六边形

表 6-1 职业性向及职业类型分类

职业性向	具体描述	职业类型
A 型，艺术型（artistic type）	创造，喜欢自我表达，喜欢写作、音乐和戏剧，偏好无规则可循的创造性活动，具有理想化、情绪化、想象力丰富的个性特征	画家、音乐家、作家、诗人、漫画家、戏剧导演、乐队指挥和室内装潢设计师

---

① 何筠，陈洪玮，杨戈宁，等. 人力资源管理理论、方法与案例分析. 北京：科学出版社，2014：236-237.

职业性向	具体描述	职业类型
C型，传统型（conventional type）	处理数据，喜欢固定的、有秩序的工作或活动，希望确切地知道工作的要求和标准，愿意在一个大的机构中处于从属地位，偏好规范、有序、清楚、明确的活动，具有顺从、高效、实际的个性特征	会计师、银行出纳、簿记、行政助理、秘书、档案文书、税务专家和计算机操作员
S型，社会型（social type）	帮助别人，喜欢与人合作，热情关心他人的幸福，愿意帮助别人解决问题，偏好能够帮助别人的活动，具有社会交际能力强、友好合作、理解力强的个性特征	教师、社会工作者、牧师、心理咨询员、服务行业人员
I型，研究型（investigative type）	处理信息（观点、理论），喜欢探索和理解事物，喜欢研究那些需要分析、思考的抽象问题，喜欢独立工作，偏好需要思考、探索和理解的活动，具有好奇心强、善于分析、富于创造性、独立性强的个性特征	实验室工作人员、生物学家、化学家、社会学家、工程设计师、物理学家和程序设计员、新闻记者
R型，实际型（realistic type）	和事物打交道（工具、机械、设备），用手、工具、设备制造或修理东西，愿意从事实物性的工作，喜欢户外活动或操作机器，偏好需要技能、力量、协调性的活动，具有真诚、持久、稳定、顺从的个性特征	制造业、渔业、野外生活管理业、技术贸易业、农业、林业、特种工程师和军事工作
E型，企业型（enterprising type）	喜欢领导和支配别人，或为了达到个人或组织的目的而去说服别人，偏好能够获得权力和支配他人的活动，具有自信、进取、敢于冒险、精力充沛的个性特征，希望成就一番事业	商业管理、律师、政治运动领袖、营销人员、市场或销售经理、公关人员、采购员、投资商、电视制片人、保险代理

图 6-1 所示的六个角分别代表六种职业类型和六种职业性向。各种职业性向和各种职业类型之间存在着一定的相关关系，连线距离越短，相关系数越大，适应程度越高。若人们无法在个人职业性向偏好的领域找到合适的工作，那么，在六边形中的近距离处选择往往比在远距离处选择更为适合。

3．职业锚理论

职业锚（career anchor）是指一个人在进行职业选择时，始终不会放弃的东西或价值观，是人们选择和发展自己的职业时围绕的核心。一个人的职业锚是在不断探索过程中产生的动态结果。职业锚是一种指导、制约、稳定和整合个人职业决策的自我观。这种自我观由三部分组成：自省的才干和能力、自省的动机和需要、自省的态度价值观[①]。

埃德加·施恩首先提出了职业锚的概念。施恩根据自己的研究提出了五种职业锚：技术或功能型职业锚、管理型职业锚、创造型职业锚、自主与独立型职业锚和安全或稳定型职业锚，如表 6-2 所示。

表 6-2　施恩的职业锚理论

类型	具体内容
技术或功能型	不喜欢一般性的管理活动，喜欢能够保证自己在既定的技术或功能领域中不断发展的职业
管理型	有强烈的管理动机，认为自己有较强的分析能力、人际沟通能力和心理承受能力
创造型	喜欢建立或创设属于自己的东西，如艺术品或公司等
自主与独立型	喜欢摆脱依赖别人的境况，有一种自己决定自己命运的需要
安全或稳定型	极为重视职业的长期稳定和工作的稳定性

资料来源：廖泉文. 人力资源管理. 2版. 北京：高等教育出版社，2011：253.

① 林勇，曾晓涛. 劳动社会学. 北京：科学出版社，2016：65.

4．工作-家庭"边界"理论

工作-家庭"边界"理论是由管理思想大师彼得·德鲁克提出的。工作-家庭"边界"理论指出，工作和家庭组成的各自不同的领域相互影响，而不是两个独立的系统。虽然它们之间有很多方面难以协调，但个体还是能创造想要的平衡。

6.2.2 职业生涯阶段理论

1．萨柏职业生涯五阶段理论

萨柏以美国人为研究对象，把职业生涯分为成长阶段、探索阶段、确立阶段、维持阶段和衰退阶段五个阶段，如表6-3所示。

表6-3　萨柏职业生涯五阶段理论

主阶段	主阶段任务	子阶段	子阶段任务
成长阶段（0~14岁）	认同并建立起自我概念，对职业的好奇占主导地位，逐步有意识地培养职业能力	幻想期（10岁及以前）	在幻想中扮演自己喜欢的角色
		兴趣期（11~12岁）	以兴趣为中心，理解、评价职业，开始进行职业选择
		能力期（13~14岁）	更多地考虑自己的能力和工作需要
探索阶段（15~24岁）	主要通过学校的学习进行自我考察、角色鉴定和职业探索，完成择业及初步就业	试验期（15~17岁）	综合认识和考虑自己的兴趣、能力，对未来职业进行尝试性选择
		转变期（18~21岁）	正式进入职场，或者参与专门的职业培训，明确某种职业倾向
		尝试期（22~24岁）	选定工作领域，开始从事某种职业，对职业发展目标的可行性进行实验
确立阶段（25~44岁）	获取一个合适的工作领域，并谋求发展。这一阶段是大多数人职业生涯周期中的核心部分	稳定期（25~30岁）	个人在所选的职业中安顿下来，长一点是寻求职业及生活上的稳定
		发展期（31~44岁）	致力于实现职业目标，是富有创造力的时期
维持阶段（45~64岁）	开发新的技能，维护已获得的成就和社会地位，维持家庭和工作两者之间的和谐关系，寻找接替人选	中期危机阶段（45~64岁）	在职业中期可能会发现自己偏离了职业目标或发现了新的目标，此时需重新评价自己的需求，处于转折期
衰退阶段（65岁及以上）	逐步退出职业生涯和结束职业生涯，开发更广泛的社会角色，减少权力和责任，适应退休后的生活	—	—

资料来源：廖泉文. 人力资源管理. 2版. 北京：高等教育出版社，2011：252.

2．金斯伯格职业生涯三阶段理论

金斯伯格研究的重点是从童年到青少年阶段的职业生涯发展过程。他将职业生涯分为幻想期、尝试期和现实期三个阶段，揭示了人们职业意识或职业追求的发展变化过程，对实践活动产生了广泛的影响，如表6-4所示。

表 6-4　金斯伯格职业生涯三阶段理论

主阶段	主要心理和活动	子阶段	子阶段任务
幻想期（0～10 岁）	对外面的信息充满好奇和幻想，在游戏中扮演自己喜爱的角色，此时的职业需求特点单纯由自己的兴趣爱好决定，并不考虑自身的条件、能力和水平，也不考虑社会需求与机遇	—	—
尝试期（11～17 岁）	由少年向青年过渡，人的心理和生理均在迅速成长变化，独立的意识、价值观形成，知识水平和能力水平显著提高，初步懂得社会生产与生活的经验，开始注意自己的职业兴趣、自身能力和条件、职业的社会地位	兴趣阶段（11～12 岁）	开始注意并培养对某些职业的兴趣
		能力阶段（13～14 岁）	开始以个人的能力为核心，衡量并测验自己的能力，同时将其表现在各种相关的职业活动上
		价值观阶段（15～16 岁）	逐渐了解自己的职业价值观，并能兼顾个人与社会的需要，以职业价值观选择职业
		综合阶段（17 岁）	综合考虑上述三个阶段的职业相关资料，以此来了解和判定未来的职业发展方向
现实期	能够客观地把自己的职业愿望或要求，同自己的主观条件、能力以及社会需求密切联系和协调起来，已有具体的、现实的职业目标	试探阶段	根据尝试期的结果，开展各种试探活动，试探各种职业机会和可能的选择
		具体化阶段	根据试探阶段的经历做进一步的选择，进入具体化阶段
		专业化阶段	依据自我选择的目标，做具体的就业准备

资料来源：廖泉文. 人力资源管理. 2 版. 北京：高等教育出版社，2011：253.

3. 格林豪斯职业生涯五阶段理论

萨柏和金斯伯格的研究侧重于人在不同年龄段对职业的需求与态度，格林豪斯的研究则侧重于不同年龄段的人在职业生涯中面临的任务，并据此将职业生涯分为五个阶段；职业准备阶段，进入组织阶段，职业生涯初期、中期和后期，如表 6-5 所示。

表 6-5　格林豪斯职业生涯五阶段理论

阶段	主要任务
职业准备阶段（0～18 岁）	发展职业想象力，培养职业兴趣和能力，对职业进行评估和选择，接受必需的职业教育和培训
进入组织阶段（19～25 岁）	进入职业生涯，选择一种合适的、较为满意的职业，并在一个理想的组织中获得一个职位
职业生涯初期（26～40 岁）	逐步适应职业工作，融入组织，不断学习职业技能，为未来职业生涯的成功做好准备
职业生涯中期（41～55 岁）	努力工作，力争有所成就，在重新评价职业生涯中强化或转换职业道路
职业生涯后期（56 岁直至退休）	继续保持已有的职业成就，成为一名工作指导者，维护自尊，准备引退

资料来源：廖泉文. 人力资源管理. 2 版. 北京：高等教育出版社，2011：253.

4．施恩职业生涯九阶段理论

施恩根据人生命周期的特点及其在不同年龄段面临的问题和职业工作的主要任务，将职业生涯分为九个阶段，如表 6-6 所示。

表 6-6　施恩职业生涯九阶段理论

阶段	角色	主要任务
成长、幻想、探索阶段（0～21 岁）	学生、职业工作的候选人和申请者	发现和发展自己的需要、兴趣、能力和才干，为进行实际的职业选择打好基础；学习职业方面的知识；做出合理的受教育决策；开发工作领域中需要的知识和技能
进入工作世界（16～25 岁）	应聘者、新学员	进入职业生涯；学会寻找并评估一种工作，做出现实、有效的工作选择；个人和雇主之间达成正式、可行的契约；个人正式成为一个组织的成员
基础培训（16～25 岁）	实习生、新手	了解、熟悉组织，接受组织文化，克服不安全感；学会与人相处，融入工作群体；适应独立工作，成为一名有效的成员
早期职业的正式成员资格（17～30 岁）	取得组织正式成员资格	承担责任，成功地履行第一次工作任务；发展和展示自己的技能和专长，为职位提升或横向职业成长打基础；重新评估现有的职业，理智地进行新的职业决策；寻求良师和保护人
职业中期（25 岁以上）	正式成员、任职者、终生成员、主管、经理等	选定一个专业或进入管理部门；保持技术竞争力，力争成为一名专家或职业能手；承担较大责任，确定自己的地位；开发个人的长期职业计划；寻求家庭、自我和工作事务之间的平衡
职业中期危险阶段（35～45 岁）	正式成员、任职者、终生成员、主管、经理等	现实地评估自己的才干，进一步明确自己的职业抱负及个人前途；就接受现状或者争取可以预见的前途做出具体选择
职业后期（40 岁到退休）	骨干成员、管理者、有效贡献者等	成为一名工作指导者，学会影响他人并承担责任；提高才干，以担负更大的责任；选拔和培养接替人员；如果求安稳，就此停滞，则要接受和正视自己影响力和挑战能力的下降
衰退和离职阶段（40 岁到退休）	—	学会接受权力、责任、地位的下降；学会接受和发展新的角色；培养工作以外的新的兴趣、爱好，寻找新的满足源；评估自己的职业生涯，准备退休
退休	—	适应角色、生活方式和生活标准的急剧变化，保持一种认同感；保持一种自我价值观，运用自己积累的经验和智慧，扮演各种资深角色，对他人进行传、帮、带

资料来源：廖泉文．人力资源管理．2 版．北京：高等教育出版社，2011：313．

5．职业生涯发展"三三三"理论

"三三三"理论是将人的职业生涯分为三大阶段：输入阶段、输出阶段和淡出阶段。每一阶段又分为三个子阶段：适应阶段、创新阶段和再适应阶段。每一个子阶段又可分为三种状况：顺利晋升、原地踏步、降到波谷。职业生涯发展"三三三"理论的相关内容如表 6-7、表 6-8 和表 6-9 所示。

表 6-7　职业生涯发展"三三三"理论

阶段	主要任务
输入阶段（从出生到就业前）	输入信息、知识、经验、技能，为就业做重要准备；认识环境，锻造自己的各种能力
输出阶段（从就业到退休）	进入职业生涯，选择一种合适的、较为满意的职业，并在一个理想的组织中获得一个职位。输出自己的智慧、知识、服务、才干，进行知识的再输入、经验的再积累、能力的再锻造，逐步适应职业工作，融入组织，不断学习职业技能，为未来职业生涯的成功做好准备
淡出阶段（退休前后）	精力渐衰，但阅历渐丰、经验渐多，逐步退出职业，适应角色的转换

表6-8 输出阶段的三个子阶段

输出阶段的三个子阶段	个人的工作状态	职业环境状态
适应阶段	订立三个契约： 对领导，我要服从你的领导； 对同事，我要与你协同工作； 对自己，我要使自己表现出色	适应工作硬、软环境，个体与环境、个体与同事相互接受，进入职业角色
创新阶段	独立承担工作任务 努力做出创造性贡献 提出合理化建议	受到领导和群众认可，进入事业辉煌时期
再适应阶段	工作出色，获得晋升 发展空间小而原地踏步 自身骄傲或因工作差错受到批评	个体要调整心态，适应变化了的环境。此时属于职业状态分化时期，领导和同事看法不一

资料来源：廖泉文. 人力资源管理. 2版. 北京：高等教育出版社，2011：314.

表6-9 再适应阶段的三种状况

再适应阶段的三种状况	主要任务
顺利晋升	面临新工作环境的挑战、新工作技能的挑战、原同级同事的嫉妒、领导提出的新要求，表面的风光下隐藏着一定的职业风险
原地踏步	"倚老卖老"、不求上进的状态出现，挂在口头的话是"我早就干（想）过"，对同事容易冷嘲热讽，此时如做职业平衡或变更更合适
降到波谷	由于个体原因或客观原因，遭受上级批评或降级处分，工作状态进入波谷，此时如能重新振奋精神，有希望进入第二次"三三三"发展状态

资料来源：廖泉文. 人力资源管理. 2版. 北京：高等教育出版社，2011：153.

6.3 员工职业生涯设计与职业发展管理

6.3.1 员工职业生涯设计

员工职业生涯设计的基本流程包括以下四个步骤：自我评价与职业定位、现实审查、目标设定以及行动规划（见图 6-2）。在每一个步骤中，员工和组织双方都要承担相应的责任。当员工的职业生涯设计能够满足以下这些条件时，组织是最有可能从中受益的：它是与组织的目标和需求联系在一起的；它能够获得组织高层管理者的支持；它是在员工参与的情况下建立起来的。人力资源管理者也可以通过让职业管理系统与其他人力资源实践——如绩效管理、培训及招募——联系起来而使之更为有效。

1. 自我评价与职业定位

自我评价是对自身进行审视和评价的过程，可帮助个体更了解自我，从而为做出正确的职业选择打下基础。在这一阶段，员工将利用自我评价信息来确定自己的职业兴趣、价值观、才能以及行为倾向。在这一阶段，员工的责任是确定开发机会以及需要加以改善的个人的某些领域，组织的责任则是为员工提供评价信息，以判断他们的优势、劣势、兴趣和价值观。

自我评价工具通常包括一些心理测验，如迈布斯伯-布里格斯人格类型测试、斯特朗-坎贝尔性向测试（Strong-Campbell Interest Inventory）以及自我指导研究（Self-Directed Search）等。斯特朗-坎贝尔性向测试可以帮助员工确定他们的职业和工作兴趣；自我指导研究则可以帮助员工确认他们在各种不同类型的环境下工作的偏好，如销售、咨询等。这些测试还可以帮助员工了解他们在工作和闲暇活动方面的相对价值观。有的组织还请一些咨询师来帮助员工完成自我评价过程，并对心理测试结果做出解释。自我评价可以帮助员工确定开发需要。这种需要可能来自员工当前的技能或兴趣与他们目前担任或期望获得的工作、职位类型之间存在的差距。

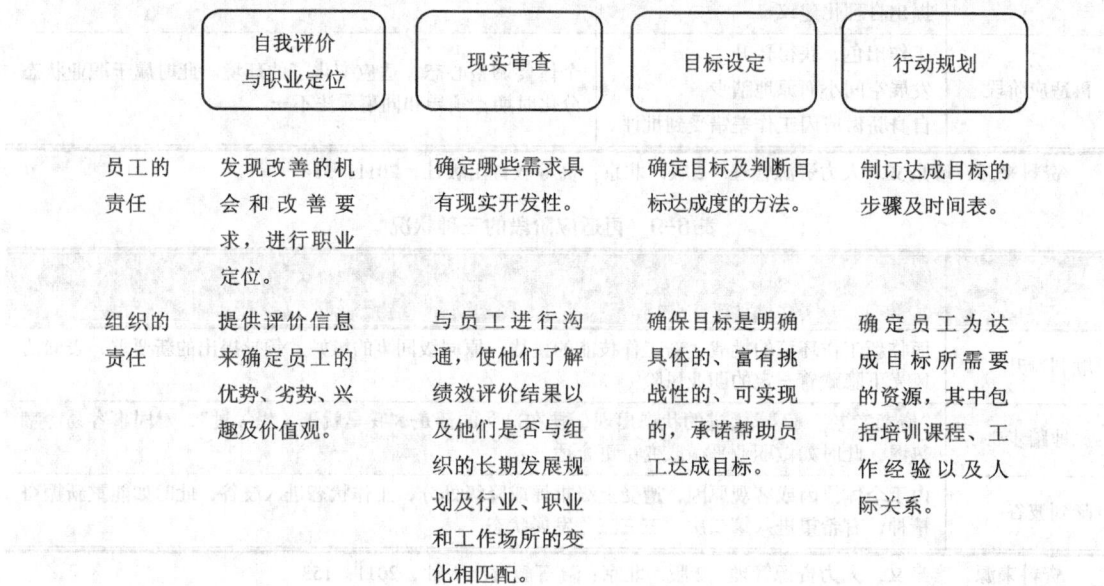

	自我评价 与职业定位	现实审查	目标设定	行动规划
员工的 责任	发现改善的机会和改善要求，进行职业定位。	确定哪些需求具有现实开发性。	确定目标及判断目标达成度的方法。	制订达成目标的步骤及时间表。
组织的 责任	提供评价信息来确定员工的优势、劣势、兴趣及价值观。	与员工进行沟通，使他们了解绩效评价结果以及他们是否与组织的长期发展规划及行业、职业和工作场所的变化相匹配。	确保目标是明确具体的、富有挑战性的、可实现的，承诺帮助员工达成目标。	确定员工为达成目标所需要的资源，其中包括培训课程、工作经验以及人际关系。

图 6-2　员工职业生涯设计的四个步骤以及组织和员工双方的责任

职业定位是对自己未来职业发展方向的一个指引。职业定位分析就是员工在了解自己的工作价值观、职业兴趣、能力、优劣势后，选择自己感兴趣的行业以及职业发展的目标。员工确定了自己的职业方向以后，就可以结合现实审查，为自己的职业生涯发展设定目标及行动方案[1]。

2. 现实审查

员工职业生涯设计的下一个步骤是现实审查（reality check）。这时员工将会得到组织提供的关于他们的技能和知识是否与组织的规划相匹配等方面的信息。员工在这一步骤中的责任是：根据可能得到的机会来做出判断，看看对自己来说哪些方面的技能是比较现实的；组织的责任则是与员工沟通绩效评价结果，同时让他们知道根据组织的长期发展规划，员工可能有哪些机会。这些机会可能包括晋升和同级调动。

通常情况下，组织会将现实审查作为绩效评价过程的一个组成部分来实施，或者将其作为绩效管理过程的反馈阶段来完成。然而，在规范、完善的职业管理系统中，管理者可能会将绩效反馈和职业开发分开讨论。

---

① 董克用，李超平. 人力资源管理概论. 4版. 北京：中国人民大学出版社，2015：241.

3．目标设定

基于自我评价与职业定位、现实审查所获得的信息，员工就可以制订自己的短期和长期职业目标了。这些目标通常包括以下一种或多种。

① 理想的职位，如在三年之内成为销售经理。

② 技能应用水平，如运用预算管理能力来改善组织的现金流问题。

③ 工作领域设定，如在两年之内进入企业的营销部门。

④ 技能获取，如学会运用企业的人力资源信息系统。

在这些举例中，目标必须是明确、具体的，而且应当包括目标实现的最后期限。在这一步骤中，员工的责任是确定自己的目标及用何种方法来判断自己在实现目标方面已经取得的进展。

员工通常会与自己的直接上级管理者讨论这些目标。组织在这一步骤中的责任是确保目标是明确、具体、富有挑战性并且是可以达到的，同时还要帮助员工达成这些目标。

4．行动规划

在职业生涯设计的最后一个步骤中，员工要就如何达成自己的短期和长期职业目标而制订行动计划。员工需要负责制订达成目标的步骤以及时间表，而组织则应当确定员工达到目标需要的各种资源，其中包括培训课程、工作经验及各种关系等。

6.3.2 职业发展管理

1．职业发展管理简介

职业发展管理指的是组织在员工的职业发展过程中面对种种问题（如职业顶峰、技术老化、裁员等）所采取的措施方法，企业提供不同的职业发展道路，以供员工选择。

组织职业发展管理的主要活动如下。

① 生涯目标：企业要提供工作分析的资料，向员工宣传企业的经营理念和人力资源的策略等，使员工规划自我的发展目标，并使其与组织的目标相结合。

② 配合与选用：配合组织发展目标与可能的发展方向，晋升优秀成员，提供升迁渠道，确认甄选标准，使员工能以优良的绩效表现来争取晋升。

③ 绩效规划与评估：包括工作表现的评估、工作士气调查，并为组织或组织成员提供相关的反馈信息与其他资源，以期组织绩效的提高和员工的进一步发展。

④ 生涯发展评估：组织应协助员工制订职业生涯发展报告，并进行适当的评估。

⑤ 工作与生涯的调适：组织通过绩效评估与职业生涯发展报告评估，获得充实的资料，并为员工提供充分的发展空间，以便做必要的工作或职业生涯目标的调整，使工作、生活与职业生涯目标密切融合。

⑥ 生涯发展的支持：包括各种教育与训练的充实、工作范围的扩大与内容的丰富化、责任的加重、激励措施、信息的反馈等。

2．组织的职业发展计划

在一个企业内，建立职业发展道路的过程被称为组织的职业发展计划。其目的在于促进企业现有人才的更有效发展。通过职业发展计划，企业可以对企业在员工发展中的责任有更清楚的认识，员工也能通过企业的职业发展计划更好地理解发展的目的以及自己职业生涯发展与组织目标的交汇点。在制订组织的职业发展计划时，应注意以下几方面问题[①]。

---

① 时勘，时雨. 人力资源管理：心理学的理论基础与方法. 北京：高等教育出版社，2017：250-256.

① 为员工考虑新的或非传统的职业道路提供自我评价的机会。一些优秀的员工并不把传统的升迁看作一种职业选择，因为在如今的企业里可以得到的提升选择微乎其微。企业可以提供职业计划，以帮助他们确定新的、不同的职业道路。

② 应该使跨越部门和地域的职业道路得到发展。部门与地域等方面的差异不应成为职业发展与提升不可逾越的障碍。

③ 为所有的员工提供均等的就业与发展机会。

④ 注意员工个人发展需要的满足。那些认为企业关心他们职业发展的人，更有可能会留在该组织里，对他们的工作和组织也会更满意。

⑤ 通过由横向与纵向工作的变换而提供的在职培训来改善业绩。

⑥ 确定培训和发展需要的方法。如果一个人渴望某种职业道路，但目前还不具备适宜的资格，就需要确定一种训练和发展的方法。

3．职业生涯路径①

职业生涯路径（career path）是指一系列的工作职位，包括员工在企业内晋升所需从事的相似工作和拥有的相关技能。职业生涯路径设计指明了组织内员工可能的发展方向及发展机会，可以帮助员工了解自我；同时可使组织掌握员工的职业需要，以便排除障碍，促进员工的发展。另外，职业生涯路径通过帮助员工胜任工作，确立组织内晋升的不同条件和程序，从而对员工职业发展施加影响，使员工的职业目标和计划有利于满足组织的需要。良好的职业生涯路径设计一方面有利于组织吸收并留住优秀的员工，另一方面能激发员工的工作兴趣，挖掘员工的工作潜能。职业生涯路径具体有以下几种形式。

（1）传统职业生涯路径

传统职业生涯路径是一种基于过去组织内员工的实际发展道路而制订的一种发展模式。这种模式将员工的发展限制于一个职能部门或一个组织单位内，通常由员工在组织中的工作年限来决定员工的职业地位。这种职业生涯路径有一个很大的缺陷，它是基于企业过去对员工的需求而设计的。但随着组织的发展，原有职业需求已不再适应企业发展的要求。此时,企业需要一种灵活的、可以不断改进的模式来设计组织内的职业生涯路径。

（2）网状职业生涯路径

网状职业生涯路径是一种建立在对各个工作岗位行为需求分析基础上的职业生涯路径。它要求组织首先进行工作分析来确定各个岗位的职业行为需要，然后将具有相同职业行为需要的岗位划为一族，以族为单位进行职业生涯路径设计。这种设计所产生的职业生涯路径是呈网状分布的。这种灵活的职业生涯路径设计能够给员工和组织带来巨大的便利。对员工来讲，这种职业生涯路径设计一方面为员工带来了更多的职业发展机会，尤其是当员工所在部门的职业发展机会较少时，员工可以转换到一个新的工作领域中，开始新的职业生涯；另一方面，这种职业生涯路径设计便于员工找到真正适合自己的工作，找到与自己兴趣相符的工作，实现自己的职业目标。这种职业生涯路径设计增强了组织的应变性和稳定性。

（3）横向职业生涯路径

组织内并没有足够多的高层职位提供给每个员工，但长期从事同一项工作会使人感觉枯燥乏味，影响员工的工作效率。因此，组织可以采取横向调动方法来使工作具有多样性，为员工提供新的机遇与挑战。虽然没有加薪或晋升，但员工可以以此增加自己对组织的贡献，也可获得新

---

① 郑晓明. 人力资源管理导论. 3 版. 北京：机械工业出版社，2011：261-264.

生。这种设计一般建立在工作行为需求分析的基础上。

（4）双重职业生涯路径

在传统职业生涯路径中，技术性职业生涯路径的发展机会相当有限。与管理性职业生涯路径相比，技术性职业生涯路径的报酬、发展机会、地位均要低一些。因此，科研人员要么成为管理者，要么可能离开企业。然而，一个很优秀的科研人员一旦成为管理者，又很可能荒废他的业务技能。如果他缺乏管理才能，更可能导致组织绩效的整体下降。

因此，许多企业正在开发多重或双重职业生涯路径系统，来为科研人员和其他技术人员提供更多的职业发展机会。企业制订职业生涯路径时，要从以下几个方面进行分析：工作和信息流、工作任务的类型、工作环境的异同点、员工调任或调离某项职务的传统运作方式。

双重职业生涯路径体系可以让员工自行决定其职业发展方向。他们可以继续沿着技术职业生涯路径发展，也可以转入管理职业生涯路径。研究员有机会进入不同的职业生涯路径：一种科研生涯路径和两种管理生涯路径。人们认为，由于这三种路径的员工薪资水平相近，发展机会也较为相似，因此，他们会选择一种最符合自己兴趣的路径。

成功的职业生涯路径有以下几个特征。

① 技术人员的薪资、地位和奖励不低于管理人员。

② 技术人员的基本工资可以低于管理人员，但企业要通过奖金的形式使其有机会提高总体收入。

③ 技术人员的职业生涯路径并不能用来纵容那些缺乏管理才能的员工，它只适用于具有卓越技术才能的员工。

④ 要让技术人员有机会选择其职业生涯路径，企业要为其提供有关的测评手段。通过测评信息，员工可以了解自身的兴趣、工作价值观和强项技能是与技术还是与管理职位相适应。

4．职业生涯顶峰

职业生涯顶峰（plateauing）也被称为职业高原，指的是员工已不太可能再得到职务晋升或承担更多的责任的状态。处于职业生涯中期的员工最有可能达到职业生涯顶峰。到达职业生涯顶峰会使员工不想承担更多的工作责任，情绪异常，工作态度恶劣，缺勤率上升，从而导致工作绩效不佳。据研究，下列几个原因可能会导致员工到达职业生涯顶峰。

① 能力不够；

② 缺乏培训；

③ 对成就感的需求不强烈；

④ 分配不公或加薪水平不合理；

⑤ 工作责任混淆不清；

⑥ 企业的低成长性导致发展机会减少。

对达到职业生涯顶峰的员工，企业首先要帮助员工理解到达职业生涯顶峰的真正原因，如它是组织重组削减职位导致的结构性职业生涯顶峰，还是由于自身的绩效问题导致的职业生涯顶峰。其次，企业要鼓励员工参与各项开发活动。再次，企业要鼓励员工获取职业生涯咨询。最后，企业要鼓励员工对解决问题的方案进行实际检验。

5．技能老化

技能老化（skill obsolescence）是指在员工完成初始教育后，由于缺乏对新的工作流程、技能和技术知识的了解，而导致能力下降。员工技能老化使企业不能为顾客提供新产品和新服务，从而丧失竞争优势。防止技能老化、进行技能更新的方式有以下几种。

① 经理人员让员工承担具有挑战性的工作任务，鼓励员工掌握新技能。

② 与同事共同探讨问题，提出自己的想法；共享信息，进行人际沟通。

③ 组织提供带薪休假，对创新给予奖励，为员工开发活动支付费用。

④ 建立强调终身学习的企业文化。

6.3.3　人力资源管理者的职业生涯管理

人力资源管理者往往乐于帮助他人更好地规划其职业生涯，却往往会忽略自己，导致自己职业生涯的不如意。如果人力资源管理者将应用到其他部门的人力资源原则与方法应用到人力资源管理部门本身，将会有效地改进人力资源管理部门的工作。同时，针对人力资源管理者职业发展的特殊性及其面临的挑战，人力资源管理者要立足于自己的需要、能力和价值追求，以自己具有的更专业的人力资源管理知识更合理地规划自己的职业生涯。

1．人力资源管理者的职业发展方向

人力资源管理者的发展前景比较广阔，具体有以下几个方向。

① 企业高层或职业经理人。

良好的工作平台和丰富的工作经验，加上人力资源管理者出众的个人素质，使他们的眼界更开阔，思维更具有全局性、前瞻性，使他们可以成为企业高层的候选对象。

② 转行到业务部门。

尽管有的人力资源管理者非常清楚企业内部各个岗位的职责，却不能很好地处理管理和沟通上的一些事务。同时，很多企业并不能很正确地认识到人力资源管理部门的重要性，人力资源管理部门同其他部门相比地位较低。在这种条件下，如果人力资源管理者觉得工作发展出现"瓶颈"，可以考虑轮岗或转到其他部门。人力资源管理者比较了解其他职位的工作内容，可以进入企业的业务部门。

③ 成为管理咨询师。

人力资源管理者积累了一定的经验之后，可以凭借自己丰富的阅历和实践经验，为企业提供管理诊断咨询，转向专业咨询工作。其以企业工作经验为依托，咨询具有针对性和实践性，会更容易获得客户的认可。

④ 做培训师。

⑤ 成为专业人士。

人力资源管理者可以成为人力资源管理特定领域的专业人士，具体如下。

第一，专业猎头。人力资源管理者在企业的人力资源管理中积累了丰富的招聘经验和用人知识，形成了自己的独特用人理念和招聘眼光。因此，可以考虑利用自己在人力资源领域的社会关系及对某一行业人才需求的了解，逐步成为某方面的专业猎头。第二，薪酬福利专家。第三，绩效经理。拥有丰富绩效管理经验的人力资源管理者从事绩效管理工作会更有发展的空间，更能提供独特的管理工具和管理经验。第四，劳动争议处理专家和法规咨询人员。丰富的法律法规知识使他们可成为这方面的专家。他们可以依据自己所处层次和擅长的领域寻找最佳位置。

⑥ 知识管理总监[①]。

知识管理总监是一个整合企业显性与隐性知识并通过科学的传播渠道促进其市场化的职

---

① 姚裕群，李从国，童汝根．职业生源规划与管理．北京：北京师范大学出版社，2011：332-336．

位。知识管理总监的管理对象是能直接转化为生产力的知识，而不是可间接转化为生产力的文化。在当今社会，由于知识处于被隔离、破碎和凌乱的状态，因此，设立知识管理总监能够对企业所需要的知识进行挖掘和有效的整合。

知识管理总监的职责具体如下。

第一，企业知识管理体系与制度建设，企业知识管理系统的完善与优化；

第二，整合企业资源，利用平台系统推动知识的沉淀和应用；

第三，推动企业构建和优化内部知识平台及产品/服务标准体系；

第四，设计和指导企业知识管理项目的研究和实施。

2．人力资源管理者职业生涯管理的原则

企业人力资源管理者在职业生涯管理过程中，要遵从以下原则。

第一，强化职业生涯管理意识，准确定位职业锚，及时调整职业生涯管理策略。在进行职业定位和规划时，可以运用职业锚衡量自己具有的能力，确定在未来的职业发展中自己是走技术路线还是走管理路线，审视自己的价值观是否与当前的工作相匹配。

第二，确定职业发展的目标体系，建立多重职业生涯发展阶梯。职业生涯发展阶梯包括一系列的工作职位，能体现人力资源管理者自我认识、自我成长和职业发展的标的，除了报酬的提高和职务的提升外，还包括生活质量的改善、职业素养的提高、同行及组织内其他成员的尊重。多元化的目标可以更有效地激发人力资源管理者的工作热情。

第三，建立适合人力资源管理工作的绩效评价体系。人力资源管理者在为组织成员进行绩效考评的同时，也应为人力资源部门每一个岗位建立一套明确、完整的绩效评价体系。科学而细致的考评不仅可以让人力资源管理者不断地发现自己的优势与不足，还可以充分展示人力资源管理者在岗位上所付出的劳动和为企业做出的贡献。

第四，建立合理的内部人才流动制度，适时进行岗位轮换调整。合理的企业内部人才流动机制可以让员工在多重职业生涯发展阶梯里横向、纵向地选择适合自己的发展空间。如岗位轮换制度不仅可以使人力资源管理者尝试不同的职业发展路径，提高岗位适应能力，还可以方便企业更全面地了解人力资源管理者的兴趣和能力，不断优化企业人力资源的配置[①]。

3．人力资源管理者职业生涯的进入与发展

（1）职业生涯的进入

人力资源管理这一职业的壁垒性较弱，人们可以通过各种途径进入这一领域。有的人力资源管理者是通过自我指导的职业生涯改变进入该领域的，有的是大学学的此专业，毕业后直接进入该领域的。

（2）职业生涯的发展

职业生涯的发展可以从职业生涯的成长和专业成长两个方面来考量。大型组织可以为人力资源管理者提供更好的发展机会，大多数的人力资源管理者可以沿着这两条路径中的一条发展。一些人以专才开始他们的职业生涯，最终成为专业单位的管理者。如果要向更高的水平发展，必须扩展他们的技能范围，使之成为人力资源管理的通才。另一条通向资深人力资源管理职位的道路，是从在一个组织中的小工厂或小单位中做人力资源管理的通才助理开始的，然后做较大规模工厂或单位中的人力资源管理者[②]。

---

① 乐章，付华. 人力资源管理者的职业发展规划研究. 中国人力资源开发，2011，（10）：29-33.

② 宋源. 人力资源管理. 上海：上海社会科学院出版社，2017：231-232.

【启发与思考】

扫一扫→零工经济背景下的职业生涯管理

【思考练习题】

1. 如何进行正确的职业选择？
2. 员工个人、部门主管以及人力资源管理者在职业生涯管理中各充当着什么样的角色？
3. 员工职业生涯管理有哪些相关的理论？
4. 如何对员工的职业生涯进行设计？如何对其发展进行管理？
5. 自我职业生涯管理包括哪些基本内容？如何进行自我生涯管理？

【模拟训练题】

要求同学们分为若干小组，每组 6～8 人，每人独立做出自我评价、环境分析、职业分析、职业选择、职业目标制订、职业生涯路线设计、职业生涯行动计划。要求同学们按照职业生涯规划的步骤，认真完成各项评估与测试，制订个人的职业生涯规划。各个小组进行充分交流后推荐一份优秀报告，进行课堂演讲。

【情景仿真题】

假设你是某公司的人力资源管理培训专员，计划通过问卷调查来了解员工的培训需求。问卷内容包括员工基本情况、对以往培训的感知、目前工作中遇到的困难与挑战、职业生涯规划、感兴趣的培训方式、对未来培训的建议和想法。

调查说明：为了更好地提高员工的职业技能，公司计划近期对部分岗位的员工开展培训，请您结合实际填写如表 6-10 所示的调查问卷，谢谢合作！

表 6-10　培训调查意见表

1. 基本情况					
姓名		性别		年龄	
部门		职务		填表时间	
2. 对以往培训的感知（可复选）					
（1）以往培训形式	□课堂讲授式　□小组讨论式　□角色扮演式　□游戏训练　□案例分析				
（2）以往参加培训的原因	□自己要求　□领导指派　□企业要求　□自费学习				
（3）培训后技能、绩效提高是否明显	□明显提高　□稍有提高　□效果一般　□不清楚				
（4）以往的培训是否与个人的绩效考核相联系	□全部是　□部分是　□很少　□从来没有				

3. 目前工作中遇到的困难与挑战（与职务要求相比，您还欠缺哪方面的知识及技能？需要借助哪些培训来提高自己？）					
4. 职业生涯规划（目标可以是掌握某种技能、承担某种责任、担任某种职务、达到多少年收入等）					
近期目标：	中期目标：		长期目标：		
5. 您对哪种培训方式感兴趣					
内部培训	□课堂讲授	□小组讨论	□案例分析	□角色扮演	□会议 □其他
外部培训	□专业机构培训	□去其他单位交流	□院校合作	□脱产学习	□其他
6. 对未来培训的建议和想法（可多选）					
（1）您认为有效、理想的培训方式排序是	□课堂讲授 □户外拓展训练	□小组讨论式 □军事训练	□角色扮演式 □案例分析	□头脑风暴 □游戏训练	
（2）最能接受的培训时间是	□上班时间	□休息日	□下班后	□无所谓	
（3）最想要接受培训的课题排序为	□专业技术知识	□沟通技巧	□销售技巧	□管理技能	
（4）合适的培训频率是	□每月一次	□每两月一次	□每季度一次	□每半年一次	
（5）未列出，但有必要写明的内容					
（6）目前您急需参加的其他培训（如学历教育、计算机操作技能、英语、商务礼仪等，至少列出两项） _____					
（7）您迫切希望提高的技能和掌握的知识（至少列出两项） _____					

填写说明：

1. 请按照实际情况填写此表；

2. 请于___月___日之前，以部门为单位交到人力资源部，以便安排_____年培训计划。

第7章 绩效管理

学习目标

学习本章后，读者应达到以下目标：

1. 理解绩效管理的概念。
2. 了解绩效管理的主要方法。
3. 区分绩效考核与绩效管理。
4. 了解影响员工绩效的因素。
5. 了解绩效评价的误差及其成因。

绩效管理重难点

引导案例

东风本田汽车有限公司的绩效管理

东风本田汽车有限公司（以下简称"东风本田"）是由东风汽车集团股份有限公司出资50%、本田技研工业（中国）投资有限公司出资10%、日本本田技研工业株式会社出资40%共同组建的整车生产经营企业。2016年，公司完成批售量57万辆，同比增长40.3%，完成终端销量59.6万辆，同比增长47.4%，以三倍于行业增速的涨幅，超额完成年度销售目标。东风本田取得这样的成绩，与它的相关绩效管理制度是不无关系的。

1. 绩效考核的定期化与制度化

东风本田的绩效考核工作在绩效考核小组的直接领导下进行，综合部是绩效考核制度执行的管理部门。

（1）公司对员工的考核采用每周考核的方法（业务员每两周考核一次），综合部每周公布各部门的考核结果，每月根据考核结果兑现奖惩。

（2）绩效考核作为公司人力资源管理的一项重要制度，所有员工都要严格遵守执行，综合部负责不断对制度进行修订和完善。

2. 考核的灵活性

东风本田对员工的考核分为定量考核和定性考核。定量考核依据的是硬性的考核指标，主要来源于各部门的重点工作、每周安排的工作、部门年度工作目标分解、因生产经营所需随时增加的工作等。定性考核依据的是软性的考核指标，如工作态度、工作能力、安全、卫生、考勤、行为准则等。针对公司不同岗位、不同层次、不同时期，定量考核和定性考核的重点不同，所占分值比例也会有所区别。

3. 考核方法

公司主要结合关键绩效指标（KPI）和360°绩效评价法来对各个部门的员工进行考核。东风本田在进行绩效考核时，除了根据公司年度计划和公司战略目标、部门考核周期内的计划等确定绩效指标以外，还要用到工作分析所得的工作说明书和岗位规范。

4. 具体实施

这里以东风本田销售部门为例：销售部门的绩效考核由决策层、人力资源部牵头。考核结果作为部门奖金发放的依据，也是部门经理的绩效指标之一。考核采用年度考核方式，在每年12月31日前完成。销售部门的KPI指标包括销售完成率、销售利润完成率、生产计划准确率和部门费用控制率。其中，销售完成率的权重最高，达到了40%。公司对销售部门成员的考核采用360°考核方法，以各职位的绩效指标为基准，对销售部门成员进行考核。这里主要涉及部门经理和人数最多的普通销售人员。

5. 绩效沟通

东风本田的绩效沟通工作做得非常详细，在计划制订阶段和评估阶段，都要进行及时、充分、全面的沟通。在年度和月度绩效考核过程中，如果员工认为不公平或者对结果不满意，应及时进行反馈申诉。

6. 结果的应用

东风本田切实地将考核结果运用到下一考核期的管理过程中，这样才能真正发挥绩效考核的作用。

7. 申诉及其处理

被考核人如果对考核结果不清楚或者有异议，可以以书面形式向人力资源部或组织部申诉。考核管理委员会是员工考核申诉的最终处理机构。人力资源部是考核管理委员会的日常办事机构，一般申诉由人力资源部或组织部负责调查协调，提出建议。人力资源部或组织部接到员工申诉后，应在三个工作日内做出是否受理的答复。对于申诉事项无客观事实依据、仅凭主观臆断的申诉不予受理。

结合该案例，你认为：

1. 绩效管理的目的是什么？
2. 绩效管理包括哪些步骤？在这个过程中，需要注意和考虑哪些因素？
3. 绩效管理和绩效考核有什么区别？
4. 绩效管理的方法有哪些？

资料来源：改编自《东风本田的绩效考核》，HR案例网——HR管理案例——名企案例。

7.1 绩效管理概述

7.1.1 绩效管理的定义以及与绩效考核的区别

1. 绩效管理的定义

在了解行为、绩效、行为与绩效的关系以后，我们需要进一步了解什么是绩效管理。对于绩效管理的概念，不同的人有不同的看法。

本书认为，所谓绩效管理，就是指为了更有效地实现组织目标，由专门的绩效管理人员运用人力资源管理的知识、技术和方法，与员工一道进行绩效计划、绩效沟通、绩效评价、绩效诊断与提高的持续改进组织绩效的过程。

这个定义指出了绩效管理的以下特征。

① 绩效管理的目的是更有效地实现组织预定的目标。绩效管理本身并不是目的，开展绩效

管理，是要最大限度地提高组织的管理效率和组织资源的利用效率，进而不断提高组织绩效，最终更有效地实现组织预定的目标。更有效地实现组织的预定目标是绩效管理的终极目的。

② 绩效管理的主体是掌握人力资源管理知识、技术和方法的绩效管理人员和员工。绩效管理由掌握专门知识、技术和方法的绩效管理者推动，然后落实到员工身上，最终由每一位员工的具体实践操作实现。可见，绩效管理的主体不仅是绩效管理人员，还包括每一位参与绩效管理的员工。

③ 绩效管理的客体是组织绩效。借助于组织绩效的不断提高，绩效管理能够更有效地实现组织预定的目标。绩效管理围绕如何提高组织绩效这个核心展开，其中涉及的任何具体措施都是为持续改进组织绩效服务的。绩效管理"对事不对人"，以工作表现为中心。

④ 绩效管理是一个包含多阶段、多项工作的综合过程。绩效管理是一套完整的 P-D-C-A 的循环体系（见图 7-1）。P、D、C、A 分别指的是计划（plan）、实施（do）、检查（check）、执行（action），落实到绩效管理上就是制订绩效计划，动态、持续地进行绩效沟通，绩效考核，绩效的诊断与提高。

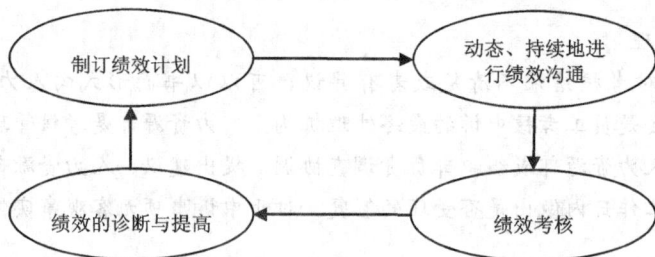

图 7-1 绩效管理的循环过程

第一，制订绩效计划：即绩效管理人员与员工合作，就员工应该履行的工作职责、各项任务的重要等级和授权水平、绩效的衡量、绩效管理人员提供的帮助、可能遇到的障碍及解决的方法等一系列问题进行探讨并达成共识的过程，是整个绩效管理体系中最重要的环节。

第二，动态、持续地进行绩效沟通：即绩效管理人员与员工在计划实施期随时保持联系，全程追踪计划进展，及时排除遇到的障碍，必要时修订计划。这是绩效管理体系的灵魂与核心。

第三，绩效考核：纳入绩效管理体系的考核可在融洽、和谐的气氛中进行。原因有二，一是在充分参与绩效计划和绩效沟通的基础上，员工们能亲身感受和体验到组织进行绩效管理不是和他们作对，而是为了齐心协力地提高绩效，因此他们会少些戒备，多些坦率；二是考核不会出乎意料，因为在平时动态、持续的沟通中，员工们已就自己的业绩情况和绩效管理人员基本达成共识，绩效考核只是对平时讨论的一个复核和总结。此时，绩效管理人员已从"考核者"转变为"帮助者"和"伙伴"。考核面谈的目的是鼓励员工自我评价，运用数据、事实来证明。绩效管理人员同样也可用数据、事实来证明自己的观点。如果认真执行绩效计划和绩效沟通，则绩效考核时产生严重分歧的可能性很小。

第四，绩效的诊断与提高：一旦发现绩效低下，最重要的就是找出原因。导致绩效不佳的因素可以分成两类：一类是个体因素，如个人的能力不足或者努力程度不够等；另一类是组织或系统因素，如工作流程不合理、官僚主义严重等。组织要先进行绩效诊断，找出组织或系统因素，然后考虑个体因素。员工是查找原因的重要渠道，但组织要努力创造一个以解决问题为中心的接纳环境，必须确保员工不会因为吐露实情而遭到惩罚。一旦查出原因，绩效管理人员和员工就需要齐心协力地排除障碍。此时，绩效管理人员充当了导师、帮助者的角色。

第五，回到起点——再计划：完成了上述过程之后，绩效管理的一轮工作就算结束了。

2．绩效管理与绩效考核

绩效考核是对员工的工作绩效进行评价，以便形成客观、公正的人事决策的过程。绩效考核从制订绩效考核计划开始，确定考核的标准和方法，通过对员工前段时间工作的成效、工作业绩等进行分析评价，最后将考核结果运用到相关人事决策（晋升、解雇、加薪、奖金）中去。绩效考核的实质是将实际结果与计划进行比较。

绩效考核是绩效管理的一个不可或缺的组成部分。组织通过绩效考核可以为绩效管理的改善提供资料，从而不断提高绩效管理的水平和有效性，使绩效管理真正帮助管理者改善管理水平，帮助员工提高绩效能力，帮助组织获得理想的绩效水平。绩效管理以绩效考核的结果为参照，通过与标准进行比较，寻找二者之间的差距，提出改进的方案，并推动方案的实施。这里需要指出的是，标准是一个动态的标准，由组织的发展战略目标决定，同时也受组织绩效反馈的影响。

绩效管理与绩效考核存在以下区别（见表 7-1）。

表 7-1　绩效考核与绩效管理的区别

绩效考核	绩效管理
管理过程中的局部环节	一个完整的绩效管理过程
只出现在特定时期	贯穿于日常工作中，循环往复地进行
回顾过去一个阶段的成果	具有前瞻性，能有效规划组织和员工的未来发展
事后的评价	注重双向交流、沟通、监督、评价
注重进行绩效结果的评价	侧重于日常绩效的提高
注重员工的考评成绩	注重个人素质、能力的全面提高
绩效管理人员与员工站到了对立面	绩效管理人员与员工之间会形成绩效合作伙伴的关系
单向沟通	双向沟通

① 绩效管理过程包括制订绩效计划，动态、持续地进行绩效沟通，绩效考核，绩效的诊断与提高，而绩效考核只是这个管理过程中的局部环节。

② 绩效管理是一个过程，贯穿于日常工作中，循环往复地进行；而绩效考核是一个阶段性的总结，只出现在特定时期。

③ 绩效管理具有前瞻性，能帮助组织和管理者前瞻性地看待问题，有效规划组织和员工的未来发展；绩效考核则是回顾过去一个阶段的成果，不具备前瞻性。

④ 绩效管理以动态、持续的绩效沟通为核心，注重双向的交流、沟通、监督、评价；而绩效考核只注重事后的评价。

⑤ 绩效管理根据预期目标评价绩效结果，提出改善方案，侧重于日常绩效的提高；绩效考核则只比较预期的目标与绩效结果，注重对绩效结果的评价。

⑥ 绩效管理充分考虑员工的个人发展需要，为员工能力开发及教育培训提供各种指导，注重个人素质、能力的全面提高。绩效管理要求管理者转变管理理念，改变工作方法，提高管理技能，善于与下属沟通和培训下属。绩效管理的实施贯穿于管理的全过程，而绩效考核只注重工的考评成绩。

⑦ 绩效管理能建立绩效管理人员与员工之间绩效合作伙伴的关系；绩效考核则使绩效管理人员与员工站到了对立面，距离越来越远，制造紧张的气氛和关系。

⑧ 绩效考核只有单向的沟通渠道；绩效管理则强调双向沟通，通过双向沟通不断地确认目标，实现绩效的提高。

7.1.2 绩效管理的作用和意义

绩效管理作为人力资源管理的核心，已经吸引了越来越多组织的注意。组织管理者越来越认识到绩效管理的重要性，越来越想方设法地提高员工的绩效，进而提高自己的管理绩效和组织的战略绩效。目前，绩效管理已被越来越多的组织所采用。

1．绩效管理的作用

绩效管理常常是经理们最头疼的事，他们这种感觉是有许多原因的。不是所有的绩效管理都是积极的，与绩效很差的员工讨论绩效管理并不令人愉快。而且，如果没有获得充分的绩效数据，那么区分员工的业绩差别是很困难的。此外，一些上司不愿意扮演员工升迁和职业生涯发展指导者的角色，他们认为员工的升迁和职业生涯发展是绩效管理的结果。

绩效管理在组织中有两种常见的使用方式，它们的作用经常冲突。一种作用是回报员工或制订其他行政决策，如进行绩效管理、提升和解雇，而这些决策要与各类绩效评估相联系，这也是经理们常常感到绩效管理实施困难之处；另一种作用是开发员工的潜力。在这种作用中，经理们更多地是发挥顾问而非法官的作用，气氛是不同的。这种作用强调识别员工潜力和激发员工成长的机会和方向。图7-2所示为绩效管理的两种潜在的作用。

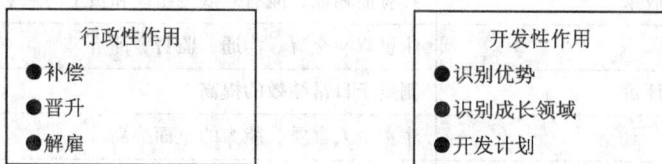

行政性作用	开发性作用
●补偿	●识别优势
●晋升	●识别成长领域
●解雇	●开发计划

图7-2 绩效管理的作用

（1）行政性作用

绩效管理系统经常将员工希望获得的报酬和他们的生产率联系起来。在绩效管理系统中，员工得到晋升是基于他们完成的工作的绩效的。经理扮演的角色一直是下属的绩效管理者，所以由经理提出员工晋升建议或决定。如果这个管理过程的一部分没有做好，最有生产率的员工没有得到较大的回报，将导致不公平感的产生。

许多员工很少看到他们的努力水平与他们获得的报酬有联系。然而，将绩效管理用于决定付酬是很普遍的。绩效管理的其他行政性作用（如晋升、终止、解雇和工作转换等）对员工而言很重要。例如，解雇的顺序能够根据绩效管理来判断。基于此，如果雇主声称决定是以绩效为基础的，那么绩效管理必须清楚地记录员工的绩效差别。类似地，基于绩效的晋升或降级必须有绩效管理记录。

当组织决定对员工终止合同、晋升或付酬不同时，绩效管理是必不可少的。如果员工针对组织这些决定向法院提起诉讼，绩效管理是一项重要的保护性措施。因此，考虑绩效管理广泛的行政性作用是必要的。

（2）开发性作用

绩效管理作为对员工信息反馈的基本资源，对员工未来的发展起着关键作用。当主管通过绩效管理识别员工的弱点、潜力和培训需求时，他们能告知员工以后如何发展，讨论员工需要发展什么技能并制订发展计划。

在这种情况下，经理更像一位教练。教练的工作是奖励高绩效，解释什么样的改进是必要的，告诉员工如何改进。

开发反馈的目的是改变或加强个人行为，而不是像绩效管理的行政性作用那样来进行员工间的比较。组织需要加强正反馈，这是开发的一个重要部分。

2．绩效管理的意义

① 绩效管理的过程反映了组织的管理效率、组织资源的利用效率、员工的个人能力、组织的实力；提供了有关组织动态的真实信息，可使组织管理者真正了解自己管理的"到底是个什么样的组织"，绩效管理可为组织做"全息扫描"。

② 绩效管理绝对不是绩效考核的简单变形，它的作用更多地体现在改变管理者的管理行为，改变员工的思维方式和行为方式上。这种改变正是我们欢迎和需要的。

③ 绩效管理不仅是对员工贡献的承认和回报，还把组织的战略价值观、利润目标转化为具体的行动方案，促使企业整体形成面对目标上下一致的局面，激发员工对组织的责任心和工作积极性。

④ 组织内部子系统（流程、部门、团队、员工等）的绩效会影响组织的总体绩效目标，绩效管理的最终目标是保证组织和它的所有子系统（流程、部门、团队、员工等）以一种优化的方式一起工作，以获得组织希望获得的结果。

⑤ 绩效管理通过与员工的任职资格、职业化发展相结合，营造一种良好的工作氛围，在辅助员工个人能力提高的同时，实现组织资源的最有效利用，从而获取最强的市场竞争力，最终实现组织与员工共同利益的最大化。

7.2 绩效管理方法

7.2.1 比较法

应用比较法时，评估者拿一个人的绩效去与其他人的进行比较，从而确定每位被评估员工的相对等级或名次。这种方法通常对员工的工作绩效或者价值从某方面进行全面的评估，根据评估结果设法对在同一工作群体中工作的所有员工进行排序。一般来说，比较法可分为排序法、强制分配法及配对比较法。

1．排序法

排序法是指对被评估员工的工作绩效进行比较，从而确定每一名员工的相对等级或名次。等级或名次可从优至劣或由劣到优排列。比较标准可为员工绩效的某一方面（如出勤率、事故率、优质品率），一般情况下组织根据员工的总体工作绩效进行综合比较。排序法可分为简单排序法和交替排序法。简单排序法是指管理者对本部门的所有员工从绩效最高者到绩效最低者（或从最好者到最差者）依次进行排序。交替排序法则是指管理者对被评估员工的名单进行审查后，从中找出工作绩效最好的员工，将其列为第一名，并将其名字从名单中划去，然后从剩下的名单中找出工作绩效最差的员工，将其排为最后一名，也把其名字从名单中划去，随后管理者在剩下的员工中再找出一名工作绩效最好的员工，将其排为第二名，找出一名绩效最差的员工，将其列为倒数第二名，以此类推，直到将所有的员工排好序。

2．强制分配法

强制分配法同样采取排序的形式，只不过对员工绩效的排序是以群体的形式进行的。强制分配法是按照事物"两头小，中间大"的分布规律，把评估结果预定的百分比分配到各部门，然后各部门根据各自的规模和百分比确定各等级人数的方法。强制分配法会迫使管理者根据分布规律的要求而不是根据员工个人的工作绩效来对他们进行归类。因此，应用此方法得出的结果是一个相对的结果。例如，即使一位管理者手下所有员工的绩效水平都高于平均水平，这位管理者也会被迫将某些员工的绩效评价为"无法让人接受"。

3．配对比较法

应用配对比较法时，管理者将每一位员工与工作群体中的所有其他员工进行一对一的两两比较。如果一位员工在与另外一位员工的比较中被认为是绩效更为优秀者，那么此人将得到 1 分。在全部的配对比较完成之后，管理者会统计每一位员工获得较好评价的次数（也就是对所得分数进行加总），这便是员工的绩效评估分数，然后管理者根据员工所获分数对员工进行排序。

配对比较法对于管理者来说是一种很花时间的绩效管理方法，并且随着组织变得越来越扁平化，控制幅度越来越大，这种方法会变得更加耗费时间。如果需对 n 名员工进行评估，则需进行 $n(n-1)/2$ 次比较。例如，一位手下只有 10 名员工的管理者必须进行 45 次（即 10×9/2）比较。如果这一工作群体的人数上升到 15 人，则这位管理者必须进行比较的次数就上升到了 105次（即 15×14/2）。具体比较及评估结果如表 7-2 和表 7-3 所示。

表 7-2　配对比较

员工姓名	A	B	C	D	E
A	…	1	1	1	1
B	0	…	1	1	1
C	0	0	…	1	1
D	0	0	0	…	1
E	0	0	0	0	…

表 7-3　配对比较法的评估结果

员工姓名	配对比较胜出次数	名次
E	4	1
D	3	2
C	2	3
B	1	4
A	0	5

7.2.2　特性法

应用特性法时，评估者主要评估员工在多大程度上具有某些被认为对企业的成功非常有利的特性。在使用这种方法之前，我们需要对那些被认为对企业的成功非常有利的特性，如主动性、领导力、竞争力、创造力、沟通能力等——加以界定，并且根据这些特性来对员工进行绩效评估。

1. 图尺度评估法

图尺度评估法（graphic rating scales）是最常用的一种绩效管理方法。使用此方法前，人们必须确定两个因素：一为评估项目，即从哪些方面评估员工绩效；二为评估项目的等级。在使用过程中，评估者每次只考虑一名员工，然后从中圈出一个与被评估员工具有的某种特性的程度最为相符的分数即可。评估者对在一张清单中列举的每一项特性都要根据一个五分（或其他的分数）评估量表进行等级评估。

图尺度评估法的优点是：①考核内容全面，可以设置较多打分档次；②实用且开发成本低。它的缺点是：①被评估者的绩效评估分数受评估者主观因素的影响比较大，对评估项目（如工作范围、工作数量、工作知识、可靠性以及合作性等）难以进行确切的定义；②这种方法没有考虑加权，每种被评的项目对于员工绩效评估的总结果具有同样的重要性；③此种方法得出的绩效评估结果不能指导行为，员工并不知道自己该如何改善自己的行为以得到高分，不利于绩效评估的反馈。这种方法比较适用于评估工作行为和结果都比较容易被了解的员工。

2. 混合标准量表法

混合标准量表法（mixed standard scales）是美国学者布兰兹（Blanz）于1965年提出的。这种方法可弥补图尺度评估法的缺陷。其主要进行了以下改动：首先对相关绩效维度进行了界定，然后分别对每一个维度内部代表好、中、差绩效的内容加以阐明，最后将这些说明与其他维度中的各种绩效等级说明混合在一起。

评估者要注明被评估员工的实际情况是高于（+）、等于（0）还是低于（-）陈述中所描述的水平，并填写评估表格，然后根据一个特定的评分标准来确定每一名员工在每一种绩效维度上的得分。例如，如果一名员工在某个绩效维度上所获得的评价高于表格中所陈述的三种标准，那么他可以获得 7 分；如果一名员工在某个绩效维度上所获得的评价低于"高"的，高于"低"的，那么他能够得到 4 分；如果一名员工在某一绩效维度上所得到的评价低于表格中所陈述的三种标准，那么他只能得到 1 分。将这种标准运用于所有的绩效维度，便可得到员工的总体绩效分数。

混合标准量表法最初是作为特性导向量表法开发出来的。但是，这种方法后来被广泛地用在了以行为描述而不是以特性导向描述为基础的绩效管理中，成为一种减少绩效评价误差的手段。

7.2.3 行为法

行为法是一种试图对员工为有效完成工作所必须显示出来的行为进行界定的绩效管理方法。应用这种方法时，管理者首先利用各种技术对这些行为加以界定，然后对员工在多大程度上显示出了这些行为做出评估。以下我们将讨论基于行为的四种员工绩效管理方法。

1. 关键事件法

应用关键事件法（critical incident technique）时，管理者将每一位员工在工作中表现出来的代表有效绩效与无效绩效的优良行为和不良行为的具体事例记录下来。这种方法要求企业在管理的过程中，为每一名员工准备一本记事本，由管理人员或负责评估的人员将员工每日工作中的关键事件随时记录下来。所记录的事情既可以是好事，也可以是坏事，但必须是比较突出且与工作绩效有关的事情，记录时只需将具体事件和员工的行为记录下来，不需对事件和员工行为加以评价。对事件和员工行为的评价由评估人员在对员工进行绩效评估的时候做出。

关键事件法通过对记录下来的关键事件进行评估可向员工提供明确的反馈，让员工清楚地知道自己哪些方面做得好，哪些方面做得不好，有助于员工改进自己的工作行为。此外，企业在使用关键事件法时还可以通过重点强调那些能够更好地支持组织战略的关键事件而与组织战略紧密联系起来。关键事件法存在的主要不足为：①许多管理者都拒绝每天或每周对其下属员工的行为进行记录；②由于每一个事件对于每一名员工来说都是特定的，因此要对不同员工进行比较通常是很困难的。

2．行为锚定等级评估法

行为锚定等级评估法（behaviorally anchored rating scale，BARS）是建立在关键事件法基础上的。使用行为锚定等级评估法的目的主要是，通过建立与不同绩效水平相联系的行为锚定来对绩效维度加以具体界定。它为每个评估项目都设计一个评分量表，并使典型的行为描述与量表上一定的等级评分标准相对应，以供评估者在评估员工的工作绩效时参考。典型的行为锚定等级评估量表包括 7 个或 8 个个人特征，被称作"维度"。在同一个绩效维度中存在着一系列的行为事例，每一种行为事例分别表示这一维度中的一种特定绩效水平。

开发行为锚定等级评估量表的过程是相当复杂的，主要有以下几个步骤：①搜集大量的代表工作中优秀和无效绩效的关键事件；②将这些关键事件划分为不同的绩效维度，确定评估员工工作绩效的重要维度，列出维度表并对每一维度进行定义；③把那些专家们认为能够清楚地代表某一特定绩效水平的关键事件作为指导评估者评估员工工作绩效的行为事例的标准；④为每一维度开发出一个锚定量表，将这些行为作为"锚"来定义量表上的评分。管理者的任务就是根据每一个绩效维度来分别考察员工的绩效，然后以行为锚定为指导来确定在每一绩效维度中哪些关键事件是与员工情况最为相符的。这种评价就成为员工在这一绩效维度上的得分。

行为锚定等级评估法既有优点也存在缺点。其优点为：①它可以通过提供一种精确、完整的绩效维度定义来提高评估者的信度；②绩效评估的反馈有利于员工明确自己工作中存在的问题，从而加以改进。其缺点为：①由于那些与行为锚定最为近似的行为是最容易被回忆起来的，因此它在信息回忆方面存在偏见；②管理者在使用过程中容易和特性法混淆。

3．行为观察评估法

行为观察评估法（behavioral observation scales）是在行为锚定等级评估法的基础上发展起来的一种绩效管理方法。行为观察评估法与行为锚定等级评估法的不同之处为：①行为观察评估法并不剔除那些不能代表有效绩效和无效绩效的大量非关键行为，相反，它采用了这些事件中的许多行为来更为具体地界定构成有效绩效（或者会被认为是无效绩效）的所有必要行为；②行为观察评估法并不是要评估哪一种行为更好地反映了员工的绩效，而是要求管理者对员工在评估期内表现出来的每一种行为的频率进行评估，然后将所得的评估结果进行平均之后得出总体的绩效评估等级。

评估者在开发行为观察量表时需要收集关键事件并对其按维度进行分类。在使用行为观察量表时，评估者通过指出员工表现出的各种行为的频率来评定员工的工作绩效。一个 5 分制的行为观察量表被分为从"极少或从不是（1）"到"总是（5）"的 5 个分数段。评估者将员工在每一行为项目上的得分相加，可计算出员工绩效评估的总得分，高分意味着员工经常表现出合乎希望的行为。

行为观察评估法的优点为：①能够将高绩效者和低绩效者区分开来；②能够维持客观性；③便于向员工提供绩效评估反馈；④便于确定员工培训需求；⑤在管理者及其下属员工中容易使用。行为观察评估法的主要缺点是：由于它所需要的信息可能会超出大多数评估者所能够加工或记忆的信息量，因此其在实施过程中对评估者的要求比较高。一套行为观察评估体系可能会涉及80 种及以上的行为，评估者还必须记住每一位员工在 6 个月或 12 个月这样长的评估期内所表现出的每一种行为的频率。对一位员工进行这样的绩效评估已经够烦琐的了，更何况评估者通常要对 10 位或 10 位以上的员工进行评估。

4．组织行为修正法

组织行为修正法是建立在行为学家动机理论基础上的通过正式的行为反馈与强化系统来管理员工行为的方法。组织行为修正法认为，员工得到过正面强化的过去行为会决定其未来的行为。组织行为修正法主要由四部分组成，即：①评估者需要界定一些对于工作绩效来说非常必要的关键行为；②评估者需要运用一套评估这些关键行为是否被表现出来的衡量系统；③评估者或咨询人员将这些关键行为告知员工，并且也许还会为员工制订目标，要求员工必须以何种频率来表现出这些行为；④评估者需要向员工提供反馈。

7.2.4 结果法

结果法比较注重对目标进行管理以及对员工的工作结果进行评估。此方法假设绩效评估过程中的主观因素是可以消除的，同时工作结果是对员工为组织所做出的贡献进行评估的最为有效的指标。结果法主要包括目标管理法以及生产率衡量与评价系统法。

1．目标管理法

目标管理法（Management by Objective，MBO）是由美国管理学家彼得·德鲁克（Peter Drucker）于 1954 年在《管理的实践》一书中提出来的。根据德鲁克的观点，我们在管理过程中应遵循的一个原则是每一项工作都须为达到总目标服务。员工的工作绩效是根据其对实现总目标所做贡献的大小来确定的。作为一种成熟的绩效管理方法，目标管理法迄今已有几十年的历史了，如今被广泛应用于各个行业。

在一个目标管理系统中，企业的最高管理层首先要为企业确定来年的战略目标。接着，战略目标会被传达到下一级管理层。这一层级上的管理者和员工需要明确，为了使企业达到战略目标，他们自己应当实现哪些目标。这种目标确定的过程会依次延续下去，直到企业中的所有管理者和员工都确定了能够帮助企业实现总目标的个人目标为止。这些目标就会成为对每一位管理者和员工个人的工作绩效进行评价的标准。为了保证目标管理的成功，目标管理应做到：①确定目标的程序必须准确、严格，以使目标管理项目成功推行和完成；②目标管理应该与预算计划、绩效考核、工资、人力资源计划和发展系统结合起来；③要弄清绩效与报酬的关系，找出这种关系中的动力因素；④要把明确的管理方式和程序与频繁的反馈联系起来；⑤绩效评估的效果取决于上层管理者在这方面的努力程度，以及他对下层管理者和员工在人际关系和沟通方面的技巧水平；⑥下一步的目标管理计划准备工作要在目前目标管理实施的末期之前完成，年度的绩效评估作为最后参数输入预算之中。目标管理由三个具有共通性的部分组成：①它要求确定具体的、有一定难度的、客观的目标；②所确定的目标通常是由管理者及其下属员工共同参与制订的，而不是由管理层单方面确定的；③管理者在整个评估期间通过提供客观反馈的方式来监督员工为达成目标的进展过程。

目标管理法的优点如下。①目标管理法通常是能够提高生产率的。在研究人员对目标管理法进行考察的 70 项研究中，有 68 项研究都表明这种管理方法带来了生产率方面的收益，只有两项研究表明因为采用这种方法而导致了生产率的损失。②当企业的最高管理层对目标管理法具有很强信任感的时候，这种方法所能实现的生产率增长是最大的。当高层的信任感比较强的时候，生产率的平均增长幅度为 56%；当高层的信任感一般时，生产率的平均增长幅度为 33%；当高层的信任感比较弱时，生产率的平均增长幅度只有 6%。③目标管理法对企业的绩效水平起着积极的作用。④由于目标管理法中的目标是全员参与制订的，因此目标管理法较容易将员工个人的绩效与企业的战略目标联系在一起。目标管理法的缺点为：①设计目标评估体系需要花费的资金和时间较多，因此成本较高；②容易引导员工过于注重短期目标，而忽视了企业的长期目标；③评估重结果、轻行为。

2．生产率衡量与评价系统法

生产率衡量与评价系统法（PROMES）的主要目标是激励员工提高工作效率。这是一种对生产率进行评估及向全体员工提供反馈信息的手段。生产率衡量与评价系统法主要包括五个步骤：①企业全体员工共同确定提供何种产出及从事何种系列活动或达成何种目标；②全体员工一道界定哪些指标能代表产出；③全体员工一起确定所有绩效指标的总量及与这一总量相对应的各种总体绩效水平；④建立一套向员工和工作团队提供的关于他们在每一个指标上得到的特定绩效水平的信息反馈系统；⑤通过将每一个指标的有效得分进行加总，计算出总体的生产率分数。生产率衡量与评价系统法的优点是对提高生产率水平很有效，缺点是开发这套系统很费时间和精力。

7.3 绩效管理实施过程

一旦绩效评估系统被设计出来，管理者的工作重点就将转向在企业内应用该系统。任何一个绩效评估系统都不会自动地发挥管理功能，需要进一步确定目标、制订计划、分配资源、落实进度、合理控制。许多企业面临着下面这样的问题。企业花费了大量的金钱和精力制订了绩效评估方案，却推行不下去，于是我们经常看到的是"匆匆过客"般的绩效考核：又到绩效考核的时间了，人力资源部照例将一些表格发给各个部门经理，各个部门经理则需要在规定的时间内填完这些表格，交回人力资源部。于是，经理们在这些表格中圈圈勾勾，再写上一些轻描淡写的评语，然后就表中的内容同每位下属谈话十几分钟，最后在每张考核表上签上名，这次考核工作就算完成了。每个人又回到了现实工作中，至于那些表格发挥了什么作用，没有人再关心。造成绩效考核流于形式的原因很多，如管理者应付了事、绩效目标难以衡量、管理者缺乏相关的训练、碍于面子、打分标准不一，根本原因往往在于企业忽视了对绩效管理全过程的把握，只问结果，不问过程，忽视了绩效管理的实施这一重要环节，导致绩效管理过程偏离了预定的方向和目标。

7.3.1 绩效管理的过程性和层次性

1．绩效管理的过程性

要想认识绩效管理的过程性，必须首先区分传统的绩效考核观念和绩效管理理念。

绩效考核又可称为绩效评估或工作表现鉴定，就是企业的各级管理者通过某种方法对其下属的工作完成情况进行定量与定性评价，通常被看作管理人员一年一度的短期阶段性事务工作。在单纯的绩效考核中，管理者和下属关注的焦点主要集中在考核指标和考核结果上。这种关注的焦点往往导致企业将现有绩效考核系统的失败归咎于考核指标不完美、不够量化等，进而不断花费成本寻求更完美的考核指标。管理者和下属对考核结果的关注，则容易导致二者间产生对立情绪。管理者承受着打分的压力，下属则普遍抱有抵触情绪，双方处于矛盾和对立之中。

绩效管理是包含绩效考核的管理过程。它以目标为导向，将企业要达到的战略目标层层分解，通过对员工的工作表现和业绩进行诊断分析，改善员工在企业中的行为；通过充分发挥员工的潜能和积极性，提高工作绩效，更好地实现企业各项目标。绩效管理更突出过程管理，它以改善行为为基础，通过有计划的双向沟通和培训辅导提高员工绩效，最终实现提高部门绩效和企业整体绩效的目的。绩效管理对企业来说是一种管理制度，对管理者个人来说则是管理技能和管理理念。在开展绩效管理的企业中，绩效管理是贯穿各级管理者管理工作始终的一项基本活动。

2．绩效管理的层次性

绩效管理的实施可以分成两个层面：一是宏观层面，二是微观层面。

（1）宏观层面上的绩效管理实施过程

在宏观层面上，绩效管理的实施过程分为三个阶段。

① 制订整体实施计划阶段。这一阶段的计划针对如何在企业范围内顺利实施绩效管理。整体实施计划应当包括：确定绩效目标，选择评估方案，落实评估的时间、频率、责任人等行动要项，建立反馈的沟通渠道等。同时，整体实施计划还应当包括随附的支持性计划，如宣传动员计划、培训计划、监控计划等。不少企业将宏观层面上的绩效管理实施计划作为制度细则确认下来，形成稳定的管理政策，每年再根据企业战略对目标加以确认。

② 实施阶段。宏观层面上的实施主要包括目标分解、落实绩效管理责任、推动绩效管理按时间进度运行、进行相应的奖惩以及保持反馈系统畅通。准备实施新的绩效管理系统的企业，在整体实施之前，需要先在局部范围内进行试验。取得实施的经验后，再在企业范围内广泛推行。

③ 评估审核阶段。该阶段主要通过对企业一个周期内的整体实施效果进行分析，发现问题，找出对策，为下一阶段的实施提供条件。

企业中的各类人员在宏观层面上的绩效管理实施过程中承担不同责任，如表 7-4 所示。

表 7-4　各类人员在绩效管理实施过程中的责任

人员类别	承担的责任
最高管理层	确认企业总体目标，审核绩效管理实施的计划和政策；做有关绩效管理的总动员，为全面推广实施营造氛围；接受实施过程的反馈信息；检查绩效管理的整体效果
人力资源部	制订绩效管理的实施计划和随附计划；组织、落实动员宣传工作；组织落实对管理人员的培训；设计反馈渠道并保持其畅通，对整体实施效果进行评估
部门经理和基层管理人员	熟悉绩效评估系统，并掌握绩效管理的技能；明确本部门的绩效目标；负责在本部门按人力资源部制订的绩效管理计划实施绩效管理
被评估者	对自己的工作承担责任，做现实的自我评估，为评估者提供有效信息，熟悉和学习考评体系与有关技能

资料来源：石金涛. 现代人力资源开发与管理. 上海：上海交通大学出版社，1999.

（2）微观层面上的绩效管理实施过程

微观层面上的绩效管理实施过程是指管理人员在管理过程中，根据宏观绩效管理实施计划对目标进行分解，明确下属员工的绩效目标，对下属员工的工作绩效进行诊断并与其沟通，以提高下属员工工作绩效的过程。微观层面上的绩效管理实施过程同样可以分为三个阶段。

① 制订绩效计划。微观层面上的绩效计划具有上下级协商制订、共同认可的特点。通过制订绩效计划，主管人员可让下属员工明确任务和完成任务的标准。

② 管理实施阶段。主管人员收集绩效信息，与下属员工进行面谈，指导和帮助下属员工实现目标。

③ 评估审核阶段。主管人员依据设定的评估方法和标准对下属员工进行正式评价，并与下属员工进行面谈，通过沟通达成共识，找到绩效改进的方向和措施，进而制订下一步的绩效改进计划。

7.3.2　绩效计划

1．绩效计划的内容

绩效计划是指管理者和被管理者共同沟通，就被管理者的工作目标和标准达成一致意见，形成工作计划的过程。这是绩效管理的第一个关键步骤。在这个阶段，企业需要明确经营计划和管理目标，以及员工的工作目标和工作职责，上下级就下级的绩效目标达成共识，下级对自己的工作目标做出承诺[1]。具体包括以下内容。

① 就员工的工作目标达成一致。员工的工作目标与企业的总体目标紧密相连，员工清楚地知道自己的工作目标与企业整体目标之间的关系。

② 就员工的工作职责达成共识。员工的工作职责和描述按照现有的企业环境进行修改，需要反映本绩效期内的主要工作内容。

③ 就员工的主要工作任务、各项工作任务的重要程度、完成任务的标准及其在完成任务过程中享有的权限达成共识。

④ 就员工在完成工作目标过程中可能遇到的困难和障碍达成共识，并且明确管理者需要提供的支持和帮助。

⑤ 将以上共识以书面形式表现出来，包括员工的工作目标、实现工作目标后的主要工作结果、衡量工作结果的指标和标准、各项工作所占的比重，最后双方在书面计划上签字。

2．制订绩效计划的过程

制订绩效计划是一个双向沟通和共同承诺的过程，主要有以下几个环节。

（1）绩效目标的确定与分解

绩效目标的确定与分解是企业目标、期望和要求的传递过程，同时也是牵引工作前进的关键。确立的绩效目标可牵引企业、部门和员工朝着同一个方向努力，形成合力，共同完成企业的战略目标。绩效目标的设立要遵循 SMART 原则。

① S 是指目标要具体、明确，尽可能量化为具体数据，目标如果不能量化，则应尽可能细化；

② M 是指目标应可以按照一定的标准被评价；

③ A 是指要根据企业的资源、人员技能和管理流程配备程度来设计目标；

④ R 是指各项目标之间相互关联、相互支持，符合实际；

---

① 彭剑锋. 战略人力资源管理：理论、实践与前沿. 北京：中国人民大学出版社，2014：323-328.

⑤ T 是指有完成的时间期限，要确定明确的完成时间或日期，以便监控评价。

绩效目标的分解过程是通过上下级之间的互相沟通，将总体目标在纵向、横向或时序上分解到各层次、各部门乃至具体的人，形成目标体系的过程。

（2）关键绩效的确定

部门负责人根据企业的年度计划和管理目标，围绕本部门的业务重点、策略目标和关键绩效指标制订本部门的工作目标及计划，以保证本部门的工作朝着企业要求的整体目标推进。管理者根据员工应负的责任，将部门目标分解到具体责任人。

常用的确定关键绩效指标的方法有 KPI 法、平衡计分卡法（BSC）、经济增加值法（EVA）、业务流程管理法（BPM）、标杆管理法（BM）等。

（3）双向沟通，达成一致

绩效计划的目标及标准的确定往往需要管理人员与员工进行双向、反复沟通。最初，从上到下传递目标期望，然后根据目标进行可行性分析，从下到上进行反馈，接着从上到下达成共识，确定绩效目标，最后制订行动计划并从下到上进行反馈。

（4）形成绩效合约

绩效计划是关于工作目标和标准的契约，关键绩效指标的确定通常与年度预算和计划的确定同时进行，并以绩效合约的形式确定下来。因此，绩效计划阶段要形成一份绩效合约，管理人员要签订目标责任书，员工要签订绩效合约，以作为考核的依据。绩效合约的主要内容如下。①受约人、发约人基本信息；②本职位关键职责描述：作为设定业绩考核内容的依据和针对本考核期的主要任务；③绩效考核指标：包括战略性绩效指标、日常类绩效指标以及协同类指标；④权重：界定绩效考核内容中各部分的相对重要性；⑤绩效目标；⑥特殊奖惩因素：例外考核要项；⑦评价方式与标准；⑧责任人签字。

7.3.3　绩效执行

绩效实施的过程其实也是考核者对员工完成绩效指标的过程进行监督和辅导的过程，可保证员工能够顺利完成业务目标。各级管理者应依据具体的业务指标或工作质量要求，经常与员工沟通，了解工作进程，监督服务质量，收集有关员工绩效表现的数据或证据，及时发现不足或质量隐患，帮助员工提高业务水平，确保企业战略在各级员工中得到顺利贯彻。这是绩效管理体系中最重要、最核心的部分，对各级管理者提出了很高的要求。

在绩效管理中，绩效沟通并不只是一个考核周期结束后的程序性工作，其始终贯穿于整个绩效管理过程。在各阶段，绩效沟通的目标、内容和方式不同（见表 7-5）。

表 7-5　绩效管理各阶段的绩效沟通

绩效管理阶段	沟通目标	沟通内容	沟通方式
绩效计划	确定员工在考核期内应该完成什么工作和达到什么绩效目标	回顾有关信息； 设定具体目标； 确定关键绩效指标； 确定衡量标准； 讨论可能遇到的问题和困难； 明确员工的权利	书面沟通 面谈沟通

（续表）

绩效管理阶段	沟通目标	沟通内容	沟通方式
绩效执行	就绩效执行过程中的关键控制点、员工工作问题以及行为偏差等进行监控、预防和纠正，使管理者和员工共同找到与达成目标有关的问题的答案	员工的工作进展如何？ 员工和团队是否在正确达成目标的轨道上运行？ 如果有偏离正确方向的趋势，应该采取什么样的行动扭转这种局面？ 员工哪些方面的工作做得较好？哪些方面需要纠正或改进？ 员工在哪些方面遇到了困难或障碍？ 管理者和员工在哪些方面已达成一致？在哪些方面还存在分歧？ 面对目前的情境，要对工作目标和达成目标的行动做哪些调整？ 为使员工出色地完成绩效目标，管理者需要提供哪些帮助和指导	书面沟通 面谈沟通 非正式沟通
绩效评估与绩效反馈	对员工绩效结果、目标完成情况进行分析，探讨改进措施和机会，提高员工的绩效水平	具体说明员工在考核周期内的绩效状况； 与员工探讨取得此绩效的原因，对绩效优良者予以奖励，帮助绩效不良者分析原因，并共同制订改进措施和相应的培训计划； 针对员工的绩效水平，告知其将获得怎样的奖惩，以及其他人力资源决策； 表达企业的要求和期望，了解员工在下个绩效周期内的打算和计划，并提供可能的帮助和建议	书面沟通 面谈沟通 会议沟通 非正式沟通

资料来源：彭剑锋. 战略人力资源管理：理论、实践与前沿. 北京：中国人民大学出版社，2014：323-328.

7.3.4 绩效评估

绩效评估可以由任何熟悉员工个人绩效的人来实施。

1. 主管对下属的评估

这种使用最广泛的员工评估法的假设前提是：直系主管是最有资格真实并公平地评估员工绩效的人。许多管理人员会记录员工工作的完成情况，以便在对员工进行绩效评估时参考这些记录，使他们的评估更加准确。例如，一个销售主管可能会定期观测客户对销售人员的反馈，以便随后进行绩效反馈。图 7-3 所示为传统的绩效评估过程。在这个评估过程中，主管对员工实施绩效评估。

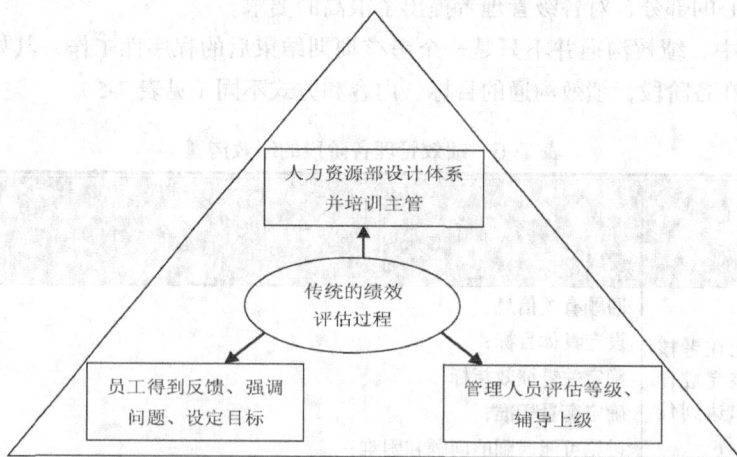

图 7-3　传统的绩效评估过程

2．企业成员对管理者的评估

现在，有些企业要求企业成员对管理者的绩效进行评估。这种评估类型的最好例子是，在印度的 HCL 技术公司，员工作为多渠道评价来源的一部分，使用公司内网对他们的上级进行绩效评估。

企业成员对管理者进行评估有三个优点。首先，在复杂的管理者-企业成员关系中，企业成员的评估对确实有能力的管理者非常有用。其次，这种评估可以使管理者对企业成员更加负责。如果管理者把重点放在和蔼而不是管理上，这个优点将很快变成缺点。在很多情况下，和蔼但不具备其他能力的人并不是一个好的管理者。最后，企业成员的评价对管理者的职业生涯发展也有一定的作用，管理者可以据此找出自己哪些方面需要改进。

企业成员对管理者进行评估的主要缺点是在被企业成员评估后，许多管理者会做出负面反应。对报复的恐惧使企业成员不敢进行正确的评估。这种恐惧会促使企业成员根据管理者对待他的方式来衡量他的主管，而不是根据工作的标准。这种评估方法的问题是它只能在特定的情境下使用。

3．同事或团队成员之间的相互评估

同事或团队成员之间的相互评估是评估的另一种形式，它可能会带来帮助，也可能会造成伤害。同事或团队成员之间的相互评估使用群体成员评价彼此的工作绩效时所采用的三种基本方法是：同事提名（peer nominations），它对于确定在知识、技能、能力和其他特征（KSAO）方面处于最高或最低水平的员工最有效；同事评价（peer rating），它在提供反馈方面最有效；同事排序（peer ranking），它最适用于在每个绩效维度上按照从高到低的顺序确定各个员工的绩效水平[①]。当主管没有机会观察每个员工的工作，其他同事却能观察到时，同事及团队成员之间的相互评估非常有用。这种评估方式的一个挑战是怎样在虚拟团队或全球团队中进行评估，在这种团队中个人主要是通过技术来工作的。另一个挑战是在一年里，怎样从不同项目组的个人中获得评估信息。

一些人认为，任何绩效评估，包括团队成员或同事评价，对团队工作及员工参与管理都有负面影响。虽然团队成员对其他成员的绩效信息有充分了解，但是在宽容心的作用下，团队成员不愿公开这些信息。另一种情况是，团队成员可能会不公平地攻击团队其他成员。一些企业试图通过匿名评估等方式来解决这些问题。尽管有这些问题存在，团队或个人绩效评估仍然是不可避免的，尤其是那些广泛使用团队工作的企业。

4．自我评估

员工在特定的情况下会进行自评。作为一种自我发展的工具，它使员工考虑他们自身的优点和缺点，并设定目标去改进。那些独立工作或拥有独特技能的员工特别适合采用自我评估方式，因为他们是唯一有资格对自己做出评级的人。越来越多的企业将自我评估和传统的评估方法结合在一起，对这种评估方式，员工和主管的反应都很好。

员工对自己的评价不会像管理者对他们的评价那样，他们会使用不同的标准。有证据显示，无论一个人是仁慈还是苛刻，其自我评价通常要优于管理者对其的评价。尽管如此，对于发展来说，员工的自我评估仍是一种非常重要的绩效信息的来源。

---

① 韦恩·卡西欧，赫尔曼·阿吉斯. 心理学与人力资源管理. 7 版. 孙健敏，穆桂斌，黄小勇，译. 北京：中国人民大学出版社，2017：58.

159

5．外界绩效专家的评估

我们会要求当前工作团队之外的人来进行绩效评估。在这种类型的评估中，人力资源部的人作为评价者，或组织外部的完全独立的人作为评价者。外界绩效专家或顾问有绩效考评方面的专门技术与经验，理论修养好，会受到本应承担考核者工作的直接上级们的欢迎，因为可以省去他们本需花费的考绩时间，还可免去不少人际矛盾。同时，专家不涉及个人恩怨，比较客观公正。

6．顾客或供应商的评估

企业与上下游企业的关系日益紧密，很多企业都结成了战略联盟，因此，许多员工的工作已不仅限于企业内部，许多内部员工，包括其直接上级对其工作行为也无法全面了解[①]。顾客或供应商是比较好的外界评估者。对于销售或服务工作来说，顾客对员工的工作行为可能会提供非常有用的信息。一家企业可以通过衡量顾客对服务的满意度来决定市场销售经理的奖金。

7．多来源或 360° 反馈

多来源或 360° 反馈现在已经非常普及了。多来源反馈认为，对于不断增加的工作来说，员工绩效是多维度的，有可能会跨越部门、组织，甚至是全球性的。因此，企业需要通过多渠道收集信息，这样才能充分并公平地评估员工绩效。

360° 反馈的主要目的不是通过收集具有相似意向的观点来增加其相似度，而是需要不同角色的个人对员工进行评价。

7.3.5 绩效反馈与改进

完成评估后，管理者需要就结果与员工进行沟通，目的是让员工了解他在管理者及企业眼中所处的位置，即让员工产生一种清晰的认识。企业通常需要管理者与其员工讨论评估结果。评估反馈会谈提供了一个消除双方误解的机会。在会谈中，管理者需要注意多关心员工的发展，而不应仅仅告诉员工"这是对你的评价，为什么会产生这种评价"。

1．评估面谈

评估面谈既是机会，又是挑战。对于管理者及员工来说，这是一种情感的体验，因为管理者需要通过表扬及建设性批评来与员工沟通。管理者主要关心怎样强调员工绩效的积极方面及怎样才能改进员工绩效。如果面谈不成功，员工可能会感到气愤，这将在以后的工作中产生矛盾。因此，管理者应当认识到员工对企业做出的贡献并进行表扬。当就绩效差的部分进行面谈时，管理者可以采用"自我审查"的方法，以鼓励员工自己发现绩效不足。

员工参与评估面谈通常会有些关注点。他们可能会认为关于绩效的讨论是私人的，而且对他们以后的工作很重要。同时，他们希望知道他们的管理者是怎么看待其工作的。图 7-4 中总结了一个有效的评估面谈所需注意的问题。

该做的	不该做的
• 提前做好准备 • 聚焦于目标绩效 • 将评级具体化并进行反馈 • 建立未来发展计划	• 谈论所有问题 • 训诫或说教员工 • 只注重负面的影响 • 认为只能求同不能存异

图 7-4 评估面谈须知

---

① 柳春岩. 人力资源管理. 北京：北京大学出版社，2016：226.

2．系统反馈

反馈系统的三个组成部分是数据、对数据的评估和在评估基础上的行为。数据是观察到的行为和结果的真实信息。数据通常反映发生了什么，如"小张解决了机器问题"或"小李对一个工程师说的话很刺耳"。数据并不能单独描述整个事件。例如，小李说话刺耳可能只是由于沟通能力差，或者敏感度不高。因此，管理者必须评价这些数据的含义及价值。

评价是反馈系统对事实做出的反应，它需要有绩效标准。对同一事实信息，管理者可能与顾客或同事有不同的评价。评价可以由提供数据者做出，或由管理者、团队来做出。

系统反馈的内容如下。

（1）通报员工绩效考核结果

通过员工绩效考核结果，员工可明确其绩效表现在整个企业中的大致位置，激发其改进现在绩效水平的意愿。

（2）分析员工绩效差距与确定改进措施

每一位管理者都负有协助员工提高其绩效水平的职责，改进措施的可操作性与指导性取决于绩效差距分析的准确性。所以，管理者在对员工进行过程指导时要记录员工的关键行为，将其按类别整理成记录（分为高绩效行为记录与低绩效行为记录）。通过表扬与激励，维持与强化员工的高绩效行为；通过对低绩效行为的归纳与总结，准确界定员工的绩效差距，在面谈时将其反馈给员工，以期其有所改进与提高。

（3）沟通、协商下一个绩效考核周期的工作任务与目标

在考评期期初明确绩效指标是绩效管理的基本做法之一，需要各主管与员工共同制订。各主管不参与会导致绩效指标产生方向性偏差，员工不参与会导致绩效指标不明确。另外，企业在确定绩效指标的时候一定要围绕关键指标内容，考虑员工所处的内外部环境的变化。

（4）确定与任务和目标相匹配的资源配置

系统反馈要着眼于未来的绩效周期。在明确绩效任务的同时确定相应的资源配置，这对主管与员工来说是一个双赢的过程：员工可以得到完成任务所需要的资源；主管可以积累资源消耗的历史数据，分析资源消耗背后可控成本的节约途径[①]。

反馈导致了变化，一些决定需要根据接下来的行为来确定。在传统的评估系统中，管理者根据员工将来可能做出的行为给出特殊的建议，同时鼓励员工的投入。在 360° 反馈中，那些信息保存者同样建议个人考虑可能的行为。如果员工未来的行为与信息提供者高度相关，并且员工要与信息提供者进行合作，那么反馈系统中加入信息提供者也是必要的。无论通过什么过程，反馈（数据、评价、产生的效果）都是一个成功的绩效评估反馈系统必要的组成部分。

3．管理者的反应

那些需要完成对其员工进行绩效评估的管理者经常会抵制评估过程。很多管理者知道他们的角色要求他们去鼓励、教导、建议员工改进他们的绩效。但是，一方面要作为一个判断者，另一方面又必须作为一个教练或顾问，这对于很多管理者来说容易导致冲突及混乱。

4．员工对评估的反应

员工可能将评估过程看作一种威胁，可能会认为他们自己获得高评价的唯一途径是其他人获得低的评价。这种赢或输的感觉被评价中的比较方法所强化。加强员工对自身改进和发展方面的重视是减少那些参与评估过程的员工产生消极反应的最有效的方法之一。

---

① 谌新民，李萍，刘善敏．人力资源管理概论．4 版．北京：科学出版社，2015：276-277．

员工的另一种反应类似于学生对考试的反应。一位教授会准备一个他自认为公平的测验，但是这并不表示学生也认为这个测验是公平的，他们简单地认为这是不公平的。同样，被评估的员工可能不会认同管理者做的评估。

5．有效的绩效管理

不管使用什么方式，企业必须了解绩效管理可能产生的结果。当绩效管理的关键部分——绩效评估被用来处罚员工时，绩效评估将不会有效。绩效评估是管理者的观察："这是你的优势及劣势，这是你未来的发展方向。"

一个有效的绩效管理系统应该：与企业的战略目标相统一；作为发展工具是有益的；作为管理工作是有用的；合法且与工作相关；员工认为是公平的；在记录员工绩效时是有效的。

6．绩效改进

绩效改进是绩效评估的后续应用阶段，是连接绩效考核与下一循环计划目标制订的关键环节。员工能力的不断提高及绩效的持续改进是绩效考核的根本目的，而实现这一目的的途径是绩效改进。

（1）绩效诊断

绩效诊断（performance diagnosis）是指管理者通过绩效分析和绩效评价，判断企业不同层面的绩效水平，识别低绩效的征兆，探寻导致低绩效的原因，找出可能妨碍评价对象实现绩效目标的问题及症结的过程。

（2）绩效改进计划的制订

待考核结果出来后，企业的管理者给予员工绩效反馈，之后制订员工绩效改进计划（performance improvement plan），绩效改进计划是关于改善现有绩效表现的计划。绩效改进计划实际上就是具体规划应该改进什么、应该做什么、由谁来做、何时做以及如何做的过程。绩效改进计划通常包括以下内容：有待发展的项目，发展这些项目的原因，目前的水平和期望达到的水平，发展这些项目的方式，设定达到目标的期限[①]。一个有效的绩效改进计划一般要符合以下几个要求。①切合实际。例如，容易改进的优先列入计划，不易改进的列入长期计划。②计划要有时间性。例如，制订一个具体的时间表，注明每个阶段要改进的绩效项目，这样就可以使员工行为有具体的时间对照标准，也可防止改进计划流于形式。③计划的内容要具体。④计划要获得认同。绩效改进计划的制订应当建立在管理者和员工充分沟通的基础上，要得到双方的一致认同，这样绩效改进的目的才能真正有效地实现。

绩效改进计划的内容主要包括以下四个方面：①员工和直接上级的基本情况、改进计划的制订时间及实施时间；②根据绩效评价结果和绩效反馈情况，确定该员工在工作中需要改进的方面；③明确需要改进的原因，通常会附上该员工相应评价指标的得分情况和评价者对该问题的描述或解释；④明确员工现有的绩效水平和经过绩效改进之后要达到的绩效目标。

（3）绩效改进计划的实施与评估

在完成绩效改进计划的制订之后，管理者还应通过绩效监控，对绩效改进计划的实施过程进行控制。这个控制过程就是监督绩效改进计划按照预期进行，并根据被评价者在绩效改进过程中的实际工作情况，及时修订和调整不合理的改进计划。管理者应主动与员工沟通，了解员工在绩效改进过程中遇到的困难和障碍，并为员工克服这些困难和障碍提供必要的帮助。

绩效改进计划作为绩效计划的补充，始于上一个绩效评价周期的结束，结束于下一个绩效

---

① 谌新民，李萍，刘善敏. 人力资源管理概论. 4版. 北京：科学出版社，2015：281.

评价周期的开始。绩效改进计划的完成情况常常反映在员工前后两次绩效评价结果的比较中。如果员工的绩效在前后两次绩效评价中有显著提高，就在一定程度上说明绩效改进计划取得了一定的成效[①]。

7.4 绩效评价误差及其成因分析

无论采用什么绩效评价方法和信息来源，由于都是要由人来进行评价，所以在评价过程中，难免会导致评价者所得到的评价结果存在误差或偏差。对这些评价误差的类型及其根源的了解，有助于企业有针对性地制订预防对策，从而增强绩效评价的准确性和公平性。

7.4.1 绩效评价误差的来源

绩效评价误差的来源有以下几个。

1．相似性误差

相似性误差是指评价者在评价与自己比较相似的人时，往往会做出更高的评价。

2．对比误差

当评价者将一位员工与其他人进行对比，而不是按照事先确定的绩效标准进行对比时，就会导致对比误差的出现。甚至在采用绝对绩效评价法时，也会出现对比误差。这种误差最有可能出现在同一位评价者要在同一时间完成对多个人的评价时。在这种情况下，在对某位员工的绩效进行评价时，评价者很难做到完全不考虑其他员工的绩效评价结果。

3．分布误差

分布误差包括过宽、过严或平均主义误差三种类型。过宽误差发生在一位评价者对大部分或者所有员工都给予较高评价的时候，它表现为评价者人为地抬高部分或所有员工的绩效评价结果。过严误差则刚好相反。大部分过宽或过严误差都是评价者故意造成的。平均主义误差是指评价者只使用评价尺度中间的那些点，而避免使用评价尺度两侧的点所造成的误差。这种做法导致大多数员工都被评为"合格"。

4．晕轮误差和角误差

这两种误差都发生在评价者无法对需要评价的各方面绩效进行有效区分的时候。晕轮误差指的是，一位被评价者在某一绩效方面的表现非常好，结果导致评价者对此人其他所有绩效方面都给予较高的评价。角误差则刚好相反，由于被评价者在某一绩效方面的表现不佳，结果导致评价者对此人其他绩效方面均给予了较低的评价。出现这两类误差的典型原因在于，评价者根据自己对被评价者的整体印象来做出评价，而不是独立地对其在某一个绩效维度上的表现分别进行评价。

5．首因误差

首因误差指的是，评价者一旦开始时对被评价者做出了好或差的判断，即使随后得到的信息并不支持其在早期做出的判断，评价者也会忽略这些信息。

6．前因误差

前因误差指的是，被评价者得到的绩效评价结果主要受到评价者在绩效周期的初期阶段收

① 付维宁. 人力资源管理. 北京：电子工业出版社，2014：201-202.

集的信息的影响。

7．近因误差

近因误差指的是，绩效评价的结果主要受到评价者在绩效周期的后期阶段收集的信息影响时可能会出现的误差。这种误差与前因误差刚好相反。

8．负面误差

负面误差指的是当评价者对负面信息比对正面信息或中性信息给予更高程度的重视时出现的误差。

9．溢出误差

溢出误差指的是当员工在上一个或上几个绩效评价周期中都得到了一致的较高或较低评价时，这些历史绩效评价结果有可能会对他们在后面将要得到的绩效评价结果产生不恰当的影响。

10．刻板印象误差

刻板印象误差指的是评价者简单地基于员工所属群体的总体特征对员工进行评价的时候可能出现的误差。

7.4.2 绩效评价误差的危害及其成因分析

如果不能尽量消除绩效评价中潜藏的各种误差，那么这些误差很可能会对企业的运营和管理、企业文化、员工关系、企业绩效等产生恶劣的影响。首先，如果企业的高层管理人员基于这些存在较大误差的信息制订各种人事政策或采取相应的措施，这些政策或措施的效果难免会大打折扣甚至会得到相反的结果；其次，绩效评价误差的存在可能会对员工的工作积极性、工作满意度以及敬业度，甚至整个企业的运营产生不良的影响；再次，低效度的绩效评价结果会使绩效改进失去正确的方向，甚至导致员工的离职；最后，如果评价者对员工进行绩效评价时本来应该拉开的合理差距拉不开，企业所采取的与绩效挂钩的薪酬政策产生的效果就可能会受到大的影响。

要想找到有效减少绩效评价误差的办法，首先必须对绩效评价误差产生的原因进行分析。

绩效评价误差通常可以分为两类：第一类是有意识的误差，主要包括过宽、过严、平均主义误差这三种。这类误差与评价者的动机有关，它指的是评价者有意抬高或压低被评价者的绩效等级或分数，或者保守地给出了处于中间状态的平均分。第二类是无意识的误差，其中包括晕轮效应、刻板效应、近因效应、首因效应、对比效应等产生的误差，这类误差都是评价者在不知不觉中产生的，其根源主要在于人对信息进行处理时存在的局限性。

对于第一类误差，缓解的难度比较大，因为它涉及评价者的动机问题，即评价者在明明知道自己提供的评价信息或评价结果与事实不符的情况下仍然选择这样做。因此，故意歪曲绩效评价结果一定发生在这样一种情况下，即评价者在经过权衡之后认为，人为地提高或降低被评价者的绩效分类或者避免打出极端的分数会对自己有利。例如，评价者会认为抬高下属的评价结果会使部门内的人际关系更融洽，避免与员工发生正面冲突。评价者故意压低员工绩效评价等级的原因可能是希望通过这种做法来匹配员工，让他们意识到自己的问题。

要想纠正绩效评价者的主观偏差，减少有意识的绩效评价误差，企业就必须强化评价者提供正确绩效信息的动机，同时弱化他们提供虚假绩效信息的动机。

7.4.3 预防和减少绩效评价误差的措施

1．通过沟通计划解决评价者的动机问题

如果企业能够在绩效管理体系实施之初，通过设计与实施一套良好的沟通计划来厘清一些问题，与评价者动机有关的误差就很有可能消失，从而为最终的准确的绩效评价打下基础。一般来说，绩效管理沟通计划需要让评价者明确了解以下几点内容。第一，绩效管理是什么？绩效管理体系具体是如何运作的？第二，为什么要进行绩效管理/绩效评价？它与本企业和本部门的目标之间有什么关系？第三，按照企业的要求做好绩效管理/绩效评价对评价者本人有什么好处？第四，评价者需要承担什么样的责任？第五，绩效评价和其他企业活动之间存在什么样的关系？

沟通计划需要让评价者相信，提供准确的信息对自己有益，而提供误导的、扭曲的信息既会影响自己的工作绩效，又不利于自己的职业发展。唯有如此，才能够有效抑制评价者提供虚假绩效评价结果的动机。

2．通过实施评价者培训避免评价误差的产生

许多企业都会向评价者提供绩效评价理念与技术方面的完整培训，以帮助各级管理者准确衡量绩效。针对绩效评价的培训主要有以下四种。

第一，评价者误差培训。这种培训是一种预防性的培训。它通常首先让评价者阅读文字案例或者观看一段录像，在其中会故意设计一种现实中很容易出现的典型评价误差。然后，让学员模拟完成绩效评价工作，并对照正确的评价结果找出自己的误差所在。最后，培训导师向学员解释为什么他们出现了误差，这些误差属于哪种类型，以及如何预防这种误差。

第二，参照框架培训。这种培训的重点是让评价者彻底厘清每一个绩效维度的含义及其所对应的行为。参照框架培训的步骤是：首先，让学员分组讨论每一个绩效维度的含义，举例说明什么是优秀、一般和不良绩效，并给予对应的分值；接着，让学员观看一段录像或阅读文字案例，内容是一个模拟的关于员工绩效的例子；最后，培训导师告诉大家正确的评价结果应当是什么。通过这样一个过程，学员可以掌握一个"参考框架"，从而能够对员工的每一个绩效维度做出相对一致和准确的评价。

第三，行为观察培训。这种培训首先教给管理者如何对某个绩效维度中的行为进行编号，然后在日常工作中利用一些辅助工具（如日志）来记录相应的行为，这些记录将作为管理者将来进行绩效评价的依据。行为观察培训的重点是，让评价者学会如何观察、存储、回忆以及运用绩效信息，同时引导评价者在整个绩效期间都能对员工的绩效保持持续的观察和记录。

第四，自我领导力培训。如果评价者对于评价工作能够形成积极的自我意象和自信心，进行自我激励，那么评价工作的准确性就能够得到增强。这种培训的一般步骤是：首先，观察和记录评价者现有的自我观念、意象，如他们是如何看待绩效管理的；接下来，对他们的自我意象、信念和观点进行分析，找出其中正确的、积极的因素以及负面的、紊乱的因素；然后，通过建立一种更有效的思维模式，让评价者形成一系列积极的自我意象；最后，把这样的信息记录下来，不断地强化这些信息。

3．通过建立绩效评价申诉机制避免评价误差

建立正式的绩效评价申诉机制，一方面可以在评价误差出现后提供一种纠偏的渠道，防止绩效评价误差被带入后续的其他人力资源决策中；另一方面，这种申诉机制的存在本身也在提示评价者，企业非常重视绩效评价的公平性和准确性，因此他们应当严谨、公平、公正地对待评价工

作。同时，它也会使员工知道，自己可以通过正常的渠道就绩效问题进行沟通和处理，而无须担心任何报复。这种氛围可保证评价者尽可能以公正的方式做出评价，并与员工进行积极的沟通[①]。

【启发与思考】

扫一扫→OKR

【思考练习题】

1. 绩效管理有哪些作用？企业进行绩效管理的意义是什么？
2. 绩效管理有哪些方法？
3. 绩效管理过程包括哪些步骤？
4. 绩效管理的过程性和层次性体现在哪些地方？

【模拟训练题】

小张是北方区的人力资源部经理，以下是他制订的工作目标。第一是招聘。这个目标对小张而言并不算重，因为一年可能招不了几个经理。第二是要做员工的培训和发展规划。小张要对各个部门的经理进行职位和发展培训，这部分权重要比招聘大一些。第三是进行员工关系管理。这部分被赋予了 50%的权重。最后一个是薪酬管理。由于有一个领导专门负责设计所有的薪酬福利，小张只是北方区的执行者，所以只给了 10%的权重。

根据该公司的情况，针对以上 4 个目标的权重，请你帮助小张制订今年的工作业绩计划表。

【情景仿真题】

假如你是公司的销售经理，黄某是你部门负责东北地区销售的销售员，3 年前他从一个小公司辞职，加入你的部门。前两年黄某未能完成销售任务，只把精力用于发展客户关系上，对客户的业务需求了解很肤浅，对产品的了解也很有限。根据这些表现，你对他的业绩评定连续两年都是及格。

今年，东北地区突然决定做项目 A，你和技术部经理组织力量投标，最终拿到了合同。作为销售工程师的黄某，在项目运作期间工作很努力，以建立各种关系为重点，成为项目组的骨干。项目 A 运作成功后，他的销售业绩达到了 130%。

但你注意到黄某与技术工程师的关系非常紧张。技术工程师抱怨黄某不能准确提供用户需求，没有计划，也不与大家沟通，造成几次方案重新设计，大家都不愿意跟他合作。同时，黄某没有事先预报项目 A，目前订货、交货都有问题。

根据黄某的实际情况，请你设计绩效面谈的方案以及工作业绩改进计划表。

[①] 刘昕. 人力资源管理. 2 版. 北京：中国人民大学出版社，2015：252-257.

第 8 章　薪酬与福利管理

📎 学习目标

学习本章后，读者应达到以下目标：

1. 了解薪酬的构成。
2. 了解工资体系的结构与设计方法。
3. 熟悉激励工资计划的种类。
4. 了解激励工资的设计方法。
5. 掌握福利设计的原则。
6. 了解法定福利的构成。
7. 熟悉弹性工作福利计划的内容。

薪酬与福利管理
重难点

📇 引导案例

可口可乐中国公司的薪酬制度变化

可口可乐公司在中国的历史可追溯到 20 世纪 20 年代，20 世纪 40 年代末退出中国市场。改革开放之初的 1979 年，可口可乐经由我国香港地区用火车运往大陆，成为改革开放后最先到达大陆的国际消费品之一，可口可乐公司由此重新进入中国市场。可口可乐公司在中国的业务发展主要经历了三个阶段：重返阶段、快速增长阶段和稳定发展阶段。

1. 在重返阶段，公司采用的是强调外部竞争性的"高薪政策"

20 世纪 80 年代初，改革开放初期的中国尚处于计划经济时代，缺乏市场观念。中国饮料行业处于相当落后的状态，人们的生活水平较低，饮料市场尚待开发。中国各地的饮料厂和其他企业一样，"大锅饭"和平均主义观念根深蒂固，企业的效益与员工薪酬的多少基本无关，薪酬级别设置套用行政级别，同酬不同工现象普遍。"买得到，买得起，乐意买"是可口可乐公司全球统一的经营战略，在中国也不例外。为了高效服务于公司的经营战略及其目标，可口可乐中国公司针对当时中国物质不发达、员工收入水平低的状况，采用高薪政策吸引和激励人才。公司提供给员工的基本工资是当时国内饮料行业的 2～3 倍。

2. 在快速发展阶段，公司采用的是外部与内部均具竞争性的薪酬政策

1992 年，在邓小平同志南方谈话的推动下，中国加大了对外开放、对内改革的力度。1993 年，可口可乐中国公司与原轻工业部签署了合作备忘录，可口可乐中国公司要在此后的 5 年时间里再发展 10 家灌装厂。1993—1998 年是可口可乐中国公司的快速发展阶段。

一方面，随着众多跨国公司的进入及可口可乐中国公司自身的快速发展，其对本土人力资源特别是本土人才的需求更为强烈；另一方面，中国劳动力市场虽然长期存在供大于求的现象，但这种现象仅存在于低素质的劳动力市场，高学历、高技术、懂外语、懂管理的人力资源依然非常紧缺。

为了在人力资源竞争上占据优势地位，可口可乐中国公司于 1995 年对薪酬制度进行了一次重新审核和改变，减少工资等级，提高工资总量，建立符合员工价值、贡献的薪酬体系。公司根据实际需要，将以前的 17 个工资等级简化为 13 个；根据劳动力市场薪酬调查报告，提高工资水平，保持公司薪酬水平处于美商在华企业的 3/4 水准；增加工资总量，每年给员工多发 3 个半月的基本工资；除交通津贴外，取消肉食补贴等津贴，代之以按有关法律规定比例的上限，为员工支付基本养老金、住房公积金、失业保证金等"四金"，并根据公司情况增加补充养老保险金，以及向员工提供普通团体意外险和住房贷款计划等；在强化佣金、奖金等短期激励措施的同时，开始注重采用股票期权等长期激励手段。另外，可口可乐中国公司注重向员工提供非货币性的回报，向员工提供系统性、全员性的培训，培训内容不但包括生产、管理方面，还包括公司文化、经营理念等方面。

3. 在稳定发展阶段，公司采用的是注重满足多层次需求的全面薪酬政策

1999 年，可口可乐中国公司大规模办厂已告一段落，其在中国投资扩张的速度开始放缓，进入稳定发展阶段。与此同时，在中国饮料市场上，百事可乐虽比可口可乐晚进入中国市场 2 年，但其投资扩张趋势直追可口可乐中国公司。此外，国内健力宝、娃哈哈、露露、统一、康师傅等企业不断崛起，饮料行业的竞争日趋激烈。

可口可乐中国公司的全面薪酬制度将物质和精神奖励相结合，在经济性薪酬和非经济性薪酬上尽量满足员工的多层次需要，同时辅之以将个人发展目标与公司目标有机结合的绩效考核，激励员工不断发挥自己的潜力，以有效提高公司的竞争力和吸引力。

1. 可口可乐中国公司的薪酬制度体现了薪酬管理的哪些基本原理？

2. 在企业薪酬设计中，应考虑的主要因素是什么？

3. 结合本案例，请论述企业的薪酬管理制度是如何随着外界环境和企业经营战略的变化而变化的。

资料来源：顾琴轩，朱勤华. 可口可乐中国公司的薪酬制度变化及其启示. 管理现代化，2003，（5）：43-46.

8.1 薪酬管理

8.1.1 薪酬管理概述

1. 薪酬概念的界定

员工因完成工作而得到的所有形式的回报统称为报酬，包括内在报酬和外在报酬[①]。

内在报酬（intrinsic rewards）是指员工因完成工作而形成的心理思维形式，对个人而言是内在的，通常是因为参与特定的任务和活动而带来的心理体验，如工作满意度、成就感等。

外在报酬（extrinsic rewards）可由组织直接控制和分配，包括货币报酬和非货币报酬。

货币报酬可进一步划分为基本工资（base pay）和激励工资（incentive pay）。员工因完成工作而得到的工资为基本工资，基本工资是反复发放的，只要员工在岗就可以持续得到；激励工资是因员工部分或完全达到某一事先制订的标准而得到的奖励。与基本工资不同，激励工资是一次性的，是否发放取决于员工能否达到预定标准。按照发放形式，基本工资还可进一步细分为两

---

① 赵曙明，张正堂，程德俊. 人力资源管理与开发. 北京：高等教育出版社，2011：272-303.

种：小时工资（hourly pay）或工资（wage）、薪水（salary）。小时工资是员工每小时的工作赚得的报酬；薪水是员工完成工作得到的报酬，无论工作多少小时。

非货币报酬即通常所说的员工福利（employee benefits），包括公司提供的所有的非工作时间报酬、员工服务和保障计划。按照企业的选择程度，员工福利分为法定福利和自愿福利。

综上所述，可以得到如图 8-1 所示的报酬构成。

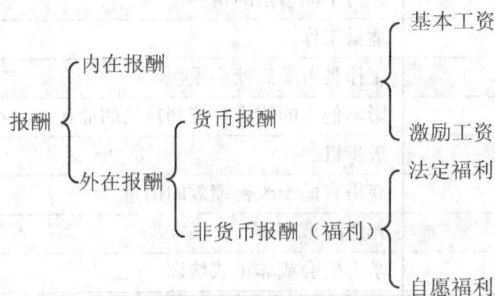

图 8-1 报酬构成

薪酬指的是报酬体系中的经济性报酬，是企业因使用员工的劳动而向员工支付的各种货币与实物报酬的总和。薪酬管理（compensation administration）是企业对员工经济性报酬各项内容的支付标准、发放水平、要素结构、方式方法等进行确定、分配和调整的过程，或者说，是对工资、奖金、津贴、福利等薪酬要素的确定和调整过程。这个过程最终体现在薪酬管理制度及其实践上[①]。

影响薪酬水平的因素有很多，概括起来主要有：企业外部因素、企业内部因素、员工个人因素（见表 8-1）。

表 8-1 影响薪酬水平的因素

企业外部因素	企业内部因素	员工个人因素
国家政策和法律法规	企业的经营战略	员工的职位
劳动力市场状况	企业的规模	员工的绩效表现
物价水平	企业的发展阶段	员工的工作年限
企业所处行业的特点	企业的财务状况	员工的学历
地区和行业的工资水平	企业文化	员工的年龄
	企业的劳动生产率	

资料来源：方振邦，徐东华. 战略性人力资源管理. 2 版. 北京：中国人民大学出版社，2015：322.

乔治·米尔科维奇等人将薪酬形式分成了 13 类，同时分析了每种形式对员工的意义（见表 8-2）[②]。

表 8-2 薪酬形式及其对员工的意义

薪酬形式	对员工的意义
薪酬	工资、佣金及奖金
福利	休假、医疗保险

---

① 杨河清. 人力资源管理. 4 版. 大连：东北财经大学出版社，2017：184-186.
② 乔治·米尔科维奇，杰里·纽曼，巴里·格哈特. 薪酬管理. 11 版. 成得礼，译. 北京：中国人民大学出版社，2014：230.

薪酬形式	对员工的意义
社会交往	友好的工作场所
保障	稳定、一致的职位和报酬
地位/认可	尊重、卓越感
工作多样性	经历不同事情的机会
工作量	适量工作
工作的重要性	工作是否受到社会重视
权力/控制/自主性	影响他人的能力、控制自己的命运
晋升	进步机会
反馈	获得有助于改善绩效的信息
工作条件	无危险
发展机会	学习机会或非正式培训

2．薪酬目标

企业在执行薪酬决策之前，必须确定要完成的目标。所有薪酬体系的最终目标都是影响作为劳动力的个人，使个人的决策符合企业的需要。薪酬体系的这一目标涵盖三个领域，即吸引员工、留住员工和激励员工。

（1）吸引员工

激励人员加入企业是薪酬体系的一个重要目标。每个企业在生产产品或提供服务的过程中都离不开人的作用。企业通过激励适当的人员进入可优化自己的人力资源。虽然经济报酬之外的因素也明显地影响着人员加入特定企业的意愿，但是薪酬仍是影响个人就业决策的重要方面。

企业必须做出的最重要的决策可能就是那些与工资水平有关的决策。工资水平是指企业付给所有员工的平均工资，或某一特定职位、职务的平均工资。在其他因素相同的情况下，如果一个企业比另一个企业的工资高，那么它就能吸引更多的可能更有能力的员工。

（2）留住员工

如果企业无法留住员工，那么激励他们加入企业毫无意义。正如激励人员加入一样，挽留员工也会受到一套复杂变量的影响。工作本身的内在报酬在一定程度上会影响员工的去留，上级的态度和领导风格也可能会影响员工的去留。尽管存在这些影响因素，企业仍需做出影响员工去留的薪酬决策。

（3）激励员工

激励绩效是薪酬体系的一个主要目标。薪酬管理者在确定激励绩效的薪酬计划之前，首先需要解决以下问题：了解什么可以激励人们；懂得怎样实施激励；构思薪酬体系的组成部分并将理念付诸实施，把薪酬与企业目标联系起来。

3．薪酬设计的理念

薪酬体系的首要目标是激励员工做出符合企业需要的行为。第二个目标就是在一定的约束条件下完成首要目标，企业面临的主要约束有支付能力、法律约束、内部劳动力市场和外部劳动力市场。薪酬管理人员主要通过外部公平、内部公平和个人公平三个重要目标的完成来实现吸引、留住和激励员工的目的。

（1）外部竞争性

具有外部或市场竞争性的薪酬体系代表了适合企业经营目标的薪酬政策。具有外部竞争性的薪酬体系在吸引和留住优秀员工时具有重要作用。薪酬管理人员根据战略分析的结果和薪酬调查制订具有外部竞争性的薪酬体系。其中，战略分析的对象是企业的外部市场环境和内部因素。外部市场环境包括行业现状、有关竞争对手的信息和长期发展前景。内部因素包括财务状况和职能能力，如市场和人力资源。战略分析可以使管理人员根据外部市场环境和内部因素明确企业在市场中的位置。

薪酬调查涉及对竞争对手薪酬资料的收集和分析。传统薪酬调查的重点是竞争对手的工资水平，现在福利也成为调查的目标。薪酬调查可使薪酬管理人员了解竞争对手的实际工资水平。

（2）内部一致性：实现内部公平（internal equity）

内部一致性的薪酬体系明确定义了企业内部每份工作的相对价值。这种对工作的排序代表了工作的结构或等级结构。企业根据某种简单但却基本的原则制订具有内部一致性的薪酬体系。薪酬管理人员通过工作分析和工作评估系统确认一系列工作的相对价值，并决定相应的工资结构。

（3）个人激励性：实现个人公平（individual equity）

工资等级反映了不同工作的相对价值。但是在同一工作岗位上，没有任何两名员工的资格完全相同，也没有任何两名员工可以把一项工作做得同样好，企业承认这些差别的表现是根据个人的资格、知识或工作业绩确定其工资。工资幅度反映了一个工资等级内的最低和最高工资，中等工资标准是最高和最低工资水平的平均值。

斯达西·亚当斯的公平理论认为，员工首先会把自己在工作情境中得到的结果（所得）与自己的努力（付出）进行比较，然后再将自己的所得-付出比与他人的所得-付出比进行比较。

$$\frac{A\ 所得}{A\ 付出} < \frac{B\ 所得}{B\ 付出}，A\ 员工感觉不公平（报酬过低）$$

$$\frac{A\ 所得}{A\ 付出} = \frac{B\ 所得}{B\ 付出}，A\ 员工感觉公平$$

$$\frac{A\ 所得}{A\ 付出} > \frac{B\ 所得}{B\ 付出}，A\ 员工感觉不公平（报酬过高）$$

基于公平理论，员工感到不公平时，可能会采取以下几种做法：①曲解自己或他人的付出或所得；②采取某种行为使他人的付出或所得发生改变；③采取某种行为改变自己的付出或所得；④选择其他的参照对象进行比较；⑤离职。

企业在进行薪酬设计时，不仅要满足以上基本原则，还要了解、跟进薪酬管理制度的发展趋势：与技能、绩效挂钩的薪酬管理制度，薪酬管理制度多元化，薪酬等级宽带化，薪酬管理制度团队化，薪酬激励长期化，薪酬管理制度个性化，薪酬管理制度透明化、公开化，全面薪酬管理制度[①]。

8.1.2 基本工资制度

基本工资是指一个企业根据员工所承担或完成的工作或者员工所具备的完成工作的技能或能力而向员工支付的相对稳定的经济性报酬，通常指员工因其工作而获得的小时工资、周工资和月工资。在大多数情况下，基本工资在员工总薪酬中所占的比例最大，而且基本工资制度通常反

① 朱琪，王忠. 薪酬管理. 北京：科学出版社，2015：320-327.

映了整个企业的氛围，因此开发并维持一种健全的基本工资制度就成为了关键。

大多数情况下，企业是根据员工职位的重要性、难度或者对企业的价值来确定员工基本工资的，即采取职位薪资制。此外，对于企业中的一些特殊人员，企业还会将员工的技能或完成工作的能力高低作为确定基本工资的基础，即采用技能薪资制或者能力薪资制。

基本工资不仅为员工提供了基本的生活保障和稳定的收入来源，而且往往是确定可变薪酬的主要依据。基本工资的确定依据通常是员工所从事的工作或者员工的技能所具备的完成工作的能力。它的主要变动依据有三个：一是总体生活成本的变化或者通货膨胀的程度，二是市场上同质劳动力的基本工资，三是员工本人所拥有的知识、经验、技能的变化及由此导致的绩效变化。此外，行业、地区以及市场占有率等也都会对员工的基本工资水平产生影响。

1. 工资结构的确定

工资等级的多少、不同等级之间的工资级差以及确定工资等级和工资级差的标准决定着企业内部工资结构的形态。根据确定工资等级的标准，工资结构可分为以岗定酬（job-based）和以人定酬（person-based）两种。前者依据工作内容（完成了的工作任务、企业所期望的行为、期望的结果）来确定薪酬的高低；后者则以员工拥有的知识或技能（不管这些知识或技能是否会应用到员工正在从事的工作当中），或者那些企业认为员工具有的能力作为确定工资结构的标准。

需要明确的是，尽管理论上可以把工资结构分为以岗定酬和以人定酬两种，但这两种结构并非一定是相互独立的。对工作的描述不可能不涉及工作者的行为；同时，对知识或技能的界定也是建立在特定的工作内容基础上的。

（1）基于职位的工资结构

① 基于职位的工资结构的含义。以职位为基础的工资结构反映了科学管理的思想：每项工作被细分为一系列的步骤，企业对其加以分析，从而确定"最好的方法"。实施这种工资结构的关键环节是工作评价。工作评价是一个系统地确定各职位相对价值，从而为企业确定职位结构的过程。工作评价以工作内容、所需的技能、对企业的价值、企业文化以及外部市场为基础。规范的职位管理体系（规范的岗位设置、工作说明书等）是工作评价开展的前提。

依照工作评价的不同标准，基于职位的工资结构还可分为基于职位内容的工资结构和基于职位价值的工资结构。其中，职位内容指该职位所要求的技能以及该职位的职责，职位价值指该职位对企业目标实现的相对贡献。基于职位内容的工资结构与基于职位价值的工资结构可能会有所不同：不同的观察者对某个职位的内容与评价会有差异，同一职位的贡献在不同的企业中也会有所不同。例如，一位工程专家给一家通过销售自有产品或工程专业知识而赢利的公司增加的价值，可能与该专家给一个通过提供工程专业知识而获得收入的咨询公司增加的价值间存在差异。尽管职位所需要的技能类似，但它对于每个企业目标实现的相对价值却是不同的。

② 工作评价。工作评价可解释为对工作胜任者提出的所有要求按顺序排列的过程，它是在企业内建立公平、有序等级结构的过程。但是，我们最好把它看成一个实践过程，而非一个科学的过程，因为评价本身是价值的相对比较，不同的价值取向所得到的结果不同。制订工作描述书是工作评价的中心工作。就薪酬管理而言，工作评价提供了一种处理员工对报酬不满的依据，企业根据工作评价所制订的薪酬制度更容易为员工接受。

a. 工作评价的非分析方法，就是运用一种简单的方法，将所有工作岗位按一定顺序排列出来，而不必比较和评估每项工作的组成部分。因为这种评价方法很难满足人们对公平价值评价的要求，所以近些年人们对这种方法的偏爱度有所下降。这种方法之所以被称为非分析方法，是因为这种方法并不把工作分为若干部分。非分析方法常见的形式有以下几种。

（a）工作排序法。在这种方法下，工作描述或工作名称是按流程顺序或层次排列的，企业据此得到一个工作的"总体图"。这种方法比较简单，把工作当成一个整体，而不是把它分解成若干组成部分，通常适合小企业使用。但这种方法比较主观，有时也很难评价，如即使能够区分Y工作比X工作困难，但也无法清楚地知道Y工作究竟难多少。

（b）配对比较法。这一方法和上述方法有点相似，但更为系统化，即将每项工作与其他项工作相比较，根据其与其他工作相比较的结果分别赋予它们不同的分数，分数相加后得出各项工作的总分。所有工作的总分按照由高到低的顺序排列，得到所有工作的相对重要程度。这一方法比工作排序法客观，但如果企业的工作岗位太多，那么得到比较结果要花费很多时间。

（c）工作分类法。首先给出工作分类等级数量，给出不同等级工作的详细说明，然后将各个工作岗位与不同等级的代表工资相比较，看其符合哪一个等级的工作。这种方法的主要缺点在于复杂的工作可能交叉于不同等级的工作中，很难确定其属于哪个等级。

所有非分析方法的主要缺点是：它们都具有很强的主观性，由于对工作岗位没有做系统分析，故可能会导致所评的工作价值不公平。

b．工作评价的分析方法，就是将工作分解为若干组成部分，然后对不同要素进行比较，最后将比较的结果综合起来，得到整个工作的评价值。分析方法主要有两种类型。

（a）薪点评价法。这是一种比较流行的工作评价方法，它把工作分解成许多要素，这些要素包括技术能力、判断力、知识、经验、努力、责任和压力等。每个要素都被赋予一定权重，并被划分为不同的计分点，然后企业对各个岗位的各个要素进行打分，最后将所有要素的得分加权求和，得到总分。工作总评分就决定了该工作的相对价值。

（b）要素比较法。这种方法试图将工作的排列与金钱价值联系起来。其原理是：首先，将一个与工作相关的要素找出来，如精神方面的、体力方面的、责任方面的，并给出要素评价的标准，每一次仅对一个要素进行评价，确定所有工作岗位在该要素上的排列顺序，然后确定应该给每一个要素分配多少工资，根据所得结果，比较目前该岗位上员工的实际工资，从而为未来的调资或招聘新员工提供信息。

（2）基于任职者的工资结构

与基于职位的工资结构不同，基于任职者的工资结构，其工资等级标准是人们与所开展工作相关的技能或能力方面的差别。基于任职者的工资结构的一个基本理念是，如果企业希望自己的员工学习更多的技能，并且在他们所从事的工作中变得更加富有灵活性，那么企业就应当按照能够促使他们这样做的方式来支付工资。最终的工资结构应该具有灵活性，而且能促使员工不断地学习。基于任职者的工资结构还可进一步分为：基于技能的任职者工资结构和基于能力的任职者工资结构。

① 基于技能的任职者工资结构。基于技能的任职者工资结构把员工的工资与一个人获得的与工作有关的技能、能力和知识的深度或广度联系起来。技能工资制度可以侧重于深度，也可以侧重于广度。一份典型的教师合同有一系列的层次，每一个层次都与教师的受教育水平相对应。因此，尽管两位教师从事同样的必不可少的工作——教初中生英语，但他们可能会获得不同的工资。此即侧重于深度的技能工资制度。在侧重于广度的技能工资制度中，员工也是通过获得新知识来增加工资，但这种知识是有关工作中的某些具体的知识。

对企业来说，以技能为基础的工资结构的一个重要的潜在优势是它对于增强工人的灵活性能够起到作用。它还为员工层级的精简提供了机会，那些因员工流动或者缺勤而留下的岗位空缺可以由那些掌握了多种技能的现有员工来填补。

如同基于职位的工资结构依赖于工作评价一样，基于技能的任职者工资结构意味着企业必须进行技能分析。技能分析是指辨别和收集开展企业内某项工作所需技能资料的系统性过程。以技能为基础的工资方案通常要求企业周期性地重新鉴定员工的技能，因为员工所从事的工作不可能要求他们使用所有已经鉴定过的技能，同样，引进新技术、淘汰旧技术也需要经过重新鉴定。因此，基于技能的任职者工资结构可能会产生一个大的官僚机构；企业需要制订各种培训计划；必须对技能加以描述、衡量，并分别为它们赋予一定的货币价值；为了鉴定员工是否确实掌握了某种技能，企业还必须建立其资格测试体系。

② 基于能力的任职者工资结构。基于能力的任职者工资结构是为了保证企业所有的关键需求得到满足：重要的并不是员工具备顺利开展目前工作所需要的技能，而是是否具有适应不同情况的能力。确认能力的过程也是确定企业核心问题的过程：什么能为企业带来成功？在对企业核心能力思考的基础上，进行重新定位可以使企业将精力集中在能够给企业带来更多利润和更好发展的业务上，这种定位可以帮助企业明确自己的员工需要具备什么样的能力。

以任职者为基础的工资结构的核心是，员工根据他们具备的而未必在实际工作中运用的技能或能力获取工资。以技能或能力为基础的工资结构假定：员工具备这些技能或能力会使工作流程更容易与企业的人员配备水平相匹配，因此，某一名员工在某一天是否运用特定的技能并不是实质性问题。以技能或能力为基础的工资结构有可能会强化员工的技能获得，同时也对企业提出了如何有效利用这些技能的挑战，即如果员工的技能发生了转变，那么企业就必须以同样快的速度进行变革，以充分利用这种技能的优势。

（3）工资等级

等级是对工资基本相同的职位的归类，它可以提高企业在不改变工资水平的情况下，在同一等级水平上调配员工的能力。同时，企业也很少给同一职位的员工支付相同的工资，即存在工资浮动幅度。浮动幅度反映了企业针对某一职位，愿意支付给不同绩效员工的工资的合理差异，增强了工资结构的灵活性。

随着企业对员工技能增长和能力提高的重视，以及企业向着扁平化方向发展，许多企业不但改变了工资结构评价的标准，而且对职位等级也进行了调整。在工资系统中，宽带工资制变得更加普及，它把企业的需要同个人的贡献与能力联系起来。宽带工资制将原来十几二十几、甚至三十几个工资等级压缩成几个等级，同时将每一个工资等级所对应的工资浮动幅度拉大。

通过减少等级数量，宽带工资制使职位变动与工资变动的联系松散化。宽带工资制的一个潜在假设是：一位出色的专业技术人员可能比一位刚上任的研究院院长对企业的贡献更大。宽带工资制增强了员工通过技能和能力的提高提高工资的能力，使员工的工资增长更少依赖于本人的地位变化，从而进一步减少了对员工进行横向甚至向下调动时所遇到的阻力。此外，宽带工资体系使企业能密切配合市场的供求变化。宽带工资的水平是以市场工资调查的数据以及企业的工资定位为基础确定的，这使企业能把握其工资水平在市场上的竞争力，并有利于企业做好工资成本控制工作。宽带工资设计的一个最大优势是可以改变企业员工盲目追求高管位置的情况。

工资浮动幅度和宽带工资都增强了企业工资结构的灵活性，但是两者间仍存在一些差别。表 8-3 所示为对工资浮动幅度和宽带工资所做的比较清楚的比较。

表 8-3 工资浮动幅度与宽带工资的比较

工资浮动幅度	宽带工资
在控制范围内较灵活	强调指导范围内的灵活性
相对稳定的组织设计	层级较少的组织
通过等级或职位的晋升使业绩得到承认	职能的经验获得和横向开发
中点控制，可做比较	参考市场工资水平和浮动幅度
所有的控制设计成制度	预算控制，很少有制度
给管理人员"指导的自由"	给管理者管理工资的自由
浮动幅度达 150%	浮动幅度为 100%～400%

2．工资水平

统一的工资标准（如基于职位/技术/能力）有助于企业内部公平的实现。但是，企业在确定工资结构的时候，不但要考虑内部一致性，还必须考虑外部竞争性。随着人力资源竞争在企业竞争中战略地位的形成，以及人才的频繁流动，企业需要通过工资制度的设计来吸引和留住人才。因此，企业需要把以外部竞争力市场数据为基础的外部工资与本企业以工作分析和技能或能力评价为基础的职位结构结合起来。

工资模型由内部一致性结构和外部工资率两个要素组成。外部工资率通过工资调查获得。工资调查指企业应用各种正常的手段来获取相关企业各职务的工资水平及相关信息，然后对调查得到的数据进行统计和分析的过程。通过工资调查，企业可以获得一条反映各基准职位工资水平的市场工资线。企业通过比较当前的市场工资率和企业自身的工资率，能看出当前工资水平的竞争力。

使用内部一致性和外部竞争性两个依据构建一个工资体系存在的问题是有可能出现两种不同的结构。根据内部因素和外部因素确定的职位排序可能并不完全相同。当市场工资与工作评价间存在差异时，企业就需要重新检讨工作分析、工作描述和工作评价，或者检讨一下市场调查数据是否存在问题。经过再次分析，如果矛盾仍然存在，那么企业是根据市场调查的结果还是根据工作评价的结果来确定企业的工资水平呢？企业如果强调内部比较结果，那么或者会推动劳动力成本的上升，或者会难以吸引和留住高质量的人才；如果强调外部比较结果，那么员工可能会感到不满意，因为他认为自己所从事的工作与其他工作处于同一级别上，同时承担的责任也类似，因此，最终获得的工资水平也应类似。而且，这也会使员工在两个职位之间进行轮换变得较为困难。

对于关键岗位，为了确保能够吸引人才，企业可以采取高于市场工资水平的策略；对其他人员，则可采取跟随市场水平的策略。

3．确定工资结构

（1）确定工资结构的数量

企业通常不只有一种工资结构，这主要依赖于市场上的工资率和企业的工资结构。一般的工资结构包括基于职位的工资结构和基于任职者的工资结构。

（2）确定市场工资水平

市场工资水平是相对于企业职位结构的、具有代表性的典型市场工资率，与市场工资水平相当的工资水平是具有市场竞争力的。

（3）确定工资等级

将工作分类是为了更好地运用工资政策，但是分类的标准未必是准确的。工资等级的宽度既可以根据工作分析时某一等级的评估点的绝对数来确定，也可以根据其百分比数来确定。

（4）计算每个工资等级的工资范围

工资范围建立在工资等级之上，包括中点工资率、最低工资率和最高工资率。薪酬管理专家需要首先确定中点值，才能确定最大值和最小值。得到中点值以后，企业可以在竞争对手制订工资等级的最小值和最大值后在其基础上进行改进，也可以根据范围广度来制订工资范围。范围广度是指某一给定工资等级的最高工资率和最低工资率之差除以最低率的百分比。

（5）评估结果

在完成上述步骤后，企业必须对其结果进行评估，以确定其可行性。在实际操作中，薪酬管理专家通常采用相对比率来判断企业的工资结构合理与否。

相对比率是指基于工资范围中点值的内部工资率的相对竞争力，其计算公式如下：

$$相对比率=\frac{员工的工资率}{工资范围的中点值}$$

若相对比率为 1，则意味着员工的工资率等于工资范围的中点值，市场工资水平等于企业工资水平的企业努力使相对比率为 1；若相对比率小于 1，则说明员工的工资率低于工资范围的中点值，采用滞后型薪酬策略（即本企业的薪酬水平低于竞争对手或市场薪酬水平的策略）的企业努力使其小于 1。

4．工资结构的调整

随着外部环境或企业自身条件的变迁，构成工资结构合理性的基础在发生变化，企业往往在发展中会对工资体系的多个方面进行调整。就工资结构而言，调整包括纵向结构调整和横向结构调整两个方面。纵向结构是指工资的等级结构，横向结构是指各工资要素的组合。

常用的纵向结构调整方法如下。①工资等级的增减。增加工资等级的主要目的是将岗位之间的差别细化，从而更加明确按岗位和职位付薪的原则；减少工资等级就是将等级结构"矮化"。②调整不同等级的人员规模和工资比例，即在工资等级结构不变动的前提下，调整不同工资等级中的人员规模和比例，实质上是通过岗位和职位等级人员的变动进行薪资调整。

横向结构调整的重点是考虑是否增加新的工资要素。在构成工资的不同部分中，不同的工资要素分别起着不同的作用。工资要素结构的调整有两种方式，一是在工资水平不变的情况下，重新配置固定工资与浮动工资之间的比例；二是通过工资水平变动的机会，增加某一部分工资的比例。员工工资要素结构的调整需要与企业工资管理制度和模式改革结合在一起，使工资要素结构的调整满足新模式的需要。

8.1.3　激励性薪酬制度

激励性薪酬（incentive pay）也称可变工资（variable pay）或浮动工资，指企业根据员工是否达到某种事先建立的标准、个人或团队目标、企业收入标准而发放的浮动报酬（和基本工资不同）。有效的激励性薪酬制度建立在 3 个假设的基础上：一是个人和工作团队对企业贡献的差别不仅在于他们做的是什么，而且在于他们做得好不好；二是企业经营的最终结果在很大程度上取决于企业内部个人和团队的工作表现；三是为了吸引、保留和鼓励表现好的员工，并且公平地对待所有的员工，企业需要根据员工的相对工作表现来予以奖励。

1．激励性薪酬的设计

（1）设计激励性薪酬时遵循的原则

① 公平原则。当员工为企业努力工作，做出巨大贡献的时候，企业管理者应该不管其是企业的骨干还是一般的员工，不管他来自哪个部门，也不应该过多地关注其学历、资历等外在因素，而应该一视同仁地论功行赏。这就是企业激励性薪酬设计中的公平原则。

员工对公平的感受通常来自于五个方面：第一是外部公平性，即与外部其他类似企业（或类似岗位）比较所产生的感受；第二是内部公平性，即员工对本企业薪酬分配机制和人才价值取向的感受；第三是将个人薪酬与企业其他类似职位（或类似工作量的人）的薪酬相比较所产生的感受；第四是对企业薪酬制度执行过程中的严格性、公正性和公开性所产生的感受；第五是对最终获得薪酬多少的感受。

② 竞争原则。人力资源管理的主要职责就是选人、育人、用人、留人，其中关键是把优秀的员工留住，避免其流失到其他企业甚至是对手企业中去，所以企业就需要在员工激励上尤其是在薪酬激励上，与同行业其他类似企业相比更具有竞争力。

企业要想获得和留住具有竞争力的优秀人才，必须要制订一套对人才具有吸引力并在行业中具有竞争力的薪酬体系。如果企业制订的薪酬水平过低，那么在与其他企业的人才竞争中必然处于劣势地位。所以在进行薪酬设计时，除了应具备较高的薪酬水平和恰当的薪酬价值观外，企业还应针对各类员工的自身特点制订灵活多样的薪酬结构，以增强对员工的吸引力。

③ 激励原则。对一般企业来说，通过薪酬体系来激励员工的责任心和工作的积极性是最常见和最常用的方法。一个科学合理的薪酬体系对员工的激励是最持久也是最根本的，因为科学合理的薪酬体系解决了人力资源问题中最根本的分配问题。

简单的高薪有时并不能有效地激励员工，一种能让员工有效发挥自身能力和责任的机制，一种努力越多回报就越多的机制，一种按绩效分配而不是按"劳动"分配的机制，才能有效地激励员工。只有建立在这些机制之上的薪酬体系，才能真正解决企业的激励问题。

④ 经济原则。经济原则从表面上看与竞争原则和激励原则是相互对立和矛盾的，因为竞争原则和激励原则提倡较高的薪酬水平，而经济原则提倡较低的薪酬水平，但实际上三者是统一的。当三个原则同时作用于企业的薪酬体系时，竞争原则和激励原则会受到经济原则的制约，这时企业管理者所考虑的就不仅仅是薪酬系统的吸引力和激励性，还应考虑企业的承受能力、利润的合理积累等问题。

经济原则要求企业合理配置劳动力资源，劳动力资源数量过剩或配置过高都会导致企业薪酬的浪费。只有企业劳动力资源的数量需求与数量配置保持一致，对学历、技能的要求与配置大体相当时，资源利用才具有经济性。

⑤ 合法原则。合法原则是指企业的薪酬制度必须符合国家的相关法律法规和企业的管理制度。如果企业的薪酬体系与现行的国家法律法规、企业管理制度不符合，则企业就应该迅速进行改进，使其具有合法性，否则将很难施行。

在激励性薪酬的管理过程中，企业要综合考虑以上原则，灵活地制订最有效的薪酬方案，为企业的发展吸引优秀的人才。

（2）合理的薪酬激励模型

在明确薪酬总体定位的基础上，企业应该着手建立薪酬分配的标准模型。

具体来说，根据总体薪酬与企业效益挂钩程度的不同，可以将薪酬模型分为三类。

① 高弹性薪酬模型：即薪酬水平与企业效益高度挂钩，浮动部分薪酬所占比例较高。该种

薪酬模型具有很强的激励性，员工能获得多少薪酬主要依赖于工作绩效的好坏。当员工工作热情不高或优秀人才流失严重时，企业可采用这种模型。

② 高稳定薪酬模型：即薪酬水平与企业效益挂钩不紧密，浮动部分薪酬所占比例较低。此时薪酬水平主要取决于员工的工龄与企业的经营状况。这种薪酬模型具有很强的稳定性和安全性，员工的收入非常稳定，不足之处是缺乏足够的激励功能。

③ 调和型薪酬模型：也叫折中模型，即薪酬水平与企业效益挂钩的程度视岗位职责的变化而变化，这种薪酬模型既有激励性又有稳定性。

一般来讲，在薪酬激励模式的选择方面，高弹性薪酬模型适用于高级管理人员和生产人员，调和型薪酬模型适用于中层管理骨干，其他人则适用于高稳定薪酬模型。这种方式，对于高级管理人员和生产人员而言，增加了薪酬空间，强调了与工作绩效的挂钩，加大了激励力度；对中层管理骨干而言，更为灵活，可在激励和保障之间寻求平衡；对其他人而言，强调了薪酬的稳定性，有利于增强员工对企业的归属感。

2. 激励性薪酬计划的种类

激励性薪酬计划主要分为个人激励计划、团队激励计划和组织激励计划三类。下面分别加以介绍。

（1）个人激励计划（individual incentive plans）

个人激励计划用来奖励达到与工作相关的绩效标准的员工，这些绩效标准包括质量、生产力、顾客满意度、安全或出勤率等。绩效标准既可以是一个，又可以是多个标准的综合。

企业有效实施个人激励计划需要满足三个前提条件：首先，员工的绩效可以通过客观的方法来考核，即绩效标准具有客观性；其次，员工有足够的能力控制工作结果；最后，实施激励计划不会使员工之间出现不良竞争。

设计和实施好的个人激励计划的最终结果应该是表现优秀的员工的薪酬高于表现差的员工的薪酬。在实践中，常见的个人激励计划有五种。

① 计件制。计件制通常在制造厂中使用，要求企业根据工人个人每小时产量和客观生产产量比较的结果来决定工人的奖金。这种计件奖金是由生产设备的运行速度决定的，工人每小时生产的超过生产标准的产品都能得到奖金。

② 标准工时制。即对在规定的"标准时间"内完成的工作给予额外工资的奖励制度。在标准工时制下，企业需要先规定一个完成某项任务的标准时间，如企业规定完成某项任务的标准时间是 8 小时，假如某一员工由于自身效率很高，只用 4 小时就完成了这一任务，那么虽然该员工只工作了 4 小时，但他仍然可以得到 8 小时的工资。

③ 管理激励计划。管理激励计划是在经理达到或超过其部门有关销售、利润、生产或其他方面的目标时，企业对他们进行奖励。管理激励计划与计件制的区别在于，计件制的奖金是以达到某个具体目标为基础的，而管理激励计划通常要求达到多个复杂的目标。最著名的管理激励计划是目标管理。当目标管理作为评估业绩工资的一部分时，经理对主管的绩效进行主观评估，然后根据评估结果决定给主管增加多少业绩工资。当目标管理作为激励计划的一部分时，经理会事先告诉主管，达到什么具体目标可以得到多少奖金。

④ 行为鼓励计划。行为鼓励计划用于奖励员工具体的行为成就，如良好的出勤率或安全记录。例如，如果员工降低了由于操作不当而造成的人员伤害或事故率，就可以得到奖金。

⑤ 推荐计划。根据推荐计划，为企业介绍新客户或推荐人才的员工可以得到货币奖励。成功推荐通常指被推荐人在一段时间后，通常至少 30 天，仍然在企业中工作，并遵守企业规定。

个人激励计划的主要优点是激励效果明显，员工可感受到个人努力与所得之间的联系。这种计划的缺点是建立和维持这一计划的成本太高，常常需要有一个有奉献精神的团队才能建立。当个人激励计划只奖励员工所有工作的一个方面时，可能会造成不良的工作行为。此外，双方也常为应用的标准而争论，为试用其认为合适的标准付出了大量的努力，或者为一点点问题等发生矛盾。最后，常常会因为个人着重点的不同而引起员工之间的冲突，因为这种制度鼓励个人而不是团队。员工往往会指出影响其表现的外部因素，而这些又不是自己能控制的。

（2）团队激励计划（group incentive plans）

团队激励计划是奖励员工的集体绩效，而不是员工的个人绩效。企业日益强调团队工作，这必然要对团队和员工个人进行补偿。虽然团队工作在过去几年内日益增多，但如何公平地补偿组成团队的员工个人仍是一个很大的问题。企业设立以团队为基础的薪酬制度的目的主要在于：提高生产率，把个人所得与团队业绩表现联系起来，提高质量，有助于招聘并留住员工。

① 团队激励计划的实施。团队激励制度采用多种方式补偿员工个人，一般包括员工个人工资和团队奖励。分发团队奖励主要采用以下三种方式：第一，不论员工的职务、级别，每人获得相同奖励；第二，根据员工对团队的贡献程度、工作经验、技术水平及不同的工资水平来决定员工的个人奖励；第三，根据每个成员的基本工资占团队所有成员基本工资总数的比例确定奖金比例。

平均分配的方法可以加强团队成员的合作，但在团队成员认为个人贡献或绩效不相同时不适用；区别奖励的方法在一定程度上根据个人绩效来分配奖金，有可能妨碍合作；第三种方式则建立在基本工资高的成员对团队贡献更大这一假设的基础上。

② 收益分享计划（gain sharing plans）。收益分享计划是一种团队激励计划。它根据企业绩效的改善，包括生产力增加、顾客满意度增加、成本降低或安全记录改善等，给团队中的成员支付奖金等。收益分享计划的目的是使所有员工都能因为企业生产力的提高而得到经济利益。除了是一种薪酬工具，大多数收益分享计划还反映了强调员工参与的管理哲学。大多数收益分享计划由三部分组成，即领导哲学、员工参与制度和收益分成奖金。其中，领导哲学指一种团结合作的组织氛围，它可以促成员工的相互信任、坦诚交流和广泛参与；员工参与制度可以促进企业生产力的提高；当企业的实际生产力超过了其目标生产力时，企业就会给员工发放收益分成奖金。通常收益分成奖金是根据一定的考核生产力的规则计算出来的。员工必须认为这一规则是公平的，雇主也相信这一规则可以改善企业绩效。

第一，通过分享提高生产率计划。收益分享计划已有多种形式，通过分享提高生产率计划便是其中之一。其与计件制相似，只是它对企业内的所有员工进行奖励。工作量根据时间计算，产量即生产的产品数量，企业采用一定的标准，根据员工超过这一标准的数额每周支付奖金。总的来说，这一制度可提高生产率。

第二，斯坎伦（Scanlon）计划。斯坎伦计划出现于 1927 年，之后即被许多企业采用，尤其是一些小企业。其着眼于发给每个员工的奖金必须与他们为改进企业的工作效率而付出的基本贡献成比例。

第三，团队奖金和团队嘉奖。收益分享计划一般针对一个机构中的所有员工，而团队奖金和团队嘉奖仅仅给予规模较小的一个工作小组，一个小组实现规定目标之后就可以得到奖金。团队嘉奖比团队奖金应用了更广泛的绩效指标，这些指标可能是成本节约、项目完成或提前完成某一任务。

第四，团队激励机制的问题。团队奖励的平均与合理性之间的矛盾不可避免地会引发其他相关问题。平均分发奖金对于工作更努力、能力出色、工作难度高的员工来说可能不公平，尤其是当某一员工表现不佳以致影响了团队的整体业绩时，这种不公平更加明显。

（3）组织激励计划（organizational incentive plans）

组织激励计划是在企业超过最低绩效标准（如利润或根据股票价格计算的企业价值）时，给所有员工发放奖金。企业通过组织激励计划来激励员工努力工作，增加利润或企业的市场价值。提倡这种激励计划的人认为设计完善的计划可以使员工为增加企业利润或价值而努力，从而使个人和股东的目标更加协调一致。其理论依据是企业的发展需要整个企业内员工的合作，而激励的目标即是促进企业内员工的团队合作。

① 利润分享计划（profit sharing plans）。利润分享即把企业利润的一部分发给员工。按照传统，发给员工的利润百分比在年底分发前经组织商议决定。有些利润分享计划是员工在年底获得利润奖励，这种方式称为现金现付制（current profit sharing）；另一些则不同，企业将这部分奖金设为基金，员工退休或离开企业时才拿到，这种方式称为递延制（deferred sharing）。

利润分享计划只有在利润存在的时候才有效，利润多少通常受多种因素影响，并不是员工所能控制的。利润分享计划的目标有以下几个：提高生产率、吸引或留住员工、提高产品/服务质量、鼓舞员工士气。

利润分享计划存在一定的缺陷。首先，管理层必须愿意向员工公布财政和利润信息。为了提高可信度，管理层需要提供足够的财政和利润信息。其次，利润可能每年都不同，这些都不是员工所能控制的。最后，作为高业绩、高奖励的一种手段，利润的支付似乎与员工的努力程度关系不大。

② 员工持股计划（ESOP）。组织激励计划的另一种普遍方式是员工持股计划，也可称为员工的股票期权制，即指企业给予员工一定的股份，以此提高员工对企业的责任感和忠诚度，使其更加努力地为企业服务。

员工持股计划有如下优点：一，企业的所得税可得到优惠；二，股票期权促使员工提高生产力，对提高企业业绩非常有效。

（4）高层管理者薪酬计划

在许多企业尤其是大型企业中，高层管理者的补偿与基层员工的补偿有所不同。高层管理者通常是指企业中最高的两个层次，如首席执行官（CEO）、总裁、高级副总裁、首席运营官（COO）、执行副总裁、财务总监或人力资源总监。当人力资源变得越来越重要时，人力资源总监通常也涵盖在高层管理者薪酬计划中。

高层管理者薪酬计划的核心是，如果企业的盈利和价值在一定年限内得到了增长，高层管理者就能得到报酬。因此，企业通过各种激励手段分发的可变工资就构成了高层管理者薪酬的重要部分。表 8-4 所示为常见的高层管理者薪酬的组成。

表 8-4　高层管理者薪酬的组成

业绩激励	
年度奖金和分红	
特权	额外福利
基本工资	常规福利

① 高层管理者基本工资。高层管理者基本工资因工作种类、企业规模、所在行业以及其他因素而有所不同。有些企业，尤其是非营利性企业，高层管理者的基本工资占总薪酬的 90%。

而在大型企业里，高层管理者的基本工资占总薪酬的比例可能少于 50%。企业董事会经常对高层管理者的基本工资进行调查，以使本企业的薪酬具有竞争力。

② 高层管理者福利。许多高层管理者和非高层管理者一样都享有常规福利，包括传统的退休金、健康保险和假期计划等。除此之外，高层管理者可能还会得到其他员工没有的额外福利，如中小型企业的高层管理者可以享受全免费医疗，对可扣除的税款没有限制，可以自由选择医生等。企业为高层管理者投保人寿险也很普遍。还有一种流行的额外福利是由企业付费为高层管理者提供个人理财规划指导。企业可以设立各种形式的托管会，帮助高层管理者处理房产规划和税务问题。

③ 高层管理者特权。除了所有员工都能享有的常规待遇之外，高层管理者常常会获得一些特权，即非现金特殊待遇。高层管理者认为这些看得见的特权能够提高他们的地位，在企业内外被看成是"非常重要的人物"。常见的特权待遇包括额外补贴、配备汽车与司机、使用健身俱乐部、乘坐飞机头等舱、使用企业飞机以及进行压力疏导等。高层管理者特权是地位的象征，也是权力的表现，高层管理者也会将特权当作"绩效的标志"。

④ 高层管理者年度奖金和分红。决定高层管理者年度奖金和分红的方法有几种。一种方法是由首席执行官和董事会酌情决定，但由于这种方法缺乏正规的、可衡量的目标，因而其效用有限。另一种方法是将分红与投资回报、每股盈利以及税前净利润联系起来。不管企业采用什么方法，都必须对其进行描述解释，以便想要获得额外报酬的高层管理者能了解该方案，否则激励效果将会减弱。

⑤ 业绩激励。以业绩为基础的高层管理者激励计划将高层管理者的薪酬与企业的长期发展和成功挂钩。但是，这些激励计划是否真正着眼于长期，还是仅仅是系列短期报酬的总和，仍然存有争议。建立在季度或年度业绩基础上的短期奖励可能并不会促使高层管理者做出对企业未来发展有利的长期计划。

我国企业广泛采用的短期激励制度主要为年薪制。年薪制是世界各国普遍采用的一种短期激励制度，企业根据经营者的经营绩效和所承担的责任、风险确定其工资收入。不同国家实施高层管理者年薪制的具体实践不尽相同。英国、美国的高层管理者的薪酬中，长期激励项目所占比重较大，短期激励项目主要由基本年薪和年度奖金构成，年度资金与企业绩效挂钩，具有风险性和不确定性，高层管理者的报酬与普通职工收入差距悬殊；而在德国和日本，高层管理者的薪酬中长期激励项目的比重很小，企业主要依靠短期薪酬项目来激励高层管理者，高层管理者的薪酬与普通员工的收入差距相对较小。年薪制作为一种有效的短期高层管理者激励制度，也存在着缺陷。其主要是激励高层管理者的短期行为，有些高层管理者可能会为了使短期经营业绩提高，而放弃有利于企业长期发展的计划。

最广泛使用的长期激励方法是股票期权计划。股票期权一般是企业在与经理人签订合同时，授予经理人在未来以合同约定的价格购买一定数量企业普通股的选择权，经理人有权在一定时期后出售这些股票，获得股票市价和行权价之间的差价。但在合同期内，期权不可转让，经理人也不能得到股息。几种形式的股票期权通常会被用于高层管理者的薪酬计划中，其中较为普遍的是"限制型的股票选择权"，它通常指企业在员工达成某些绩效指标后将股票给予该员工。股票期权与期股不同，期股激励是指高层管理者在一定期限内，有条件地以约定价格取得适当比例的企业股份的一种激励方式。在独资企业中，期股激励是指借用这一形式，企业对高层管理者获得年薪以外的特别奖励实行延期兑现的激励方式。而股票期权兼有"薪酬激励"和"股权激励"的作用[1]。

---

① 武立东. 组织理论与设计. 北京：机械工业出版社，2017：231-234.

8.1.4 战略性薪酬

长期以来，薪酬管理在企业内属于较低层次的常规管理，薪酬设计与企业的战略间缺乏内在联系。而根据现代薪酬理念，薪酬是企业战略决策的重要组成部分和实现企业目标的关键因素。因此，战略性薪酬成为现代薪酬制度设计的出发点。战略性薪酬是指从战略层面来思考企业应该采取什么样的薪酬策略和薪酬管理体系来支撑企业的竞争战略，并帮助企业获得竞争优势[①]。战略性薪酬强调薪酬战略必须支持企业的经营战略，薪酬制度必须成为实现企业战略的重要工具。表 8-5 中给出了薪酬战略与企业战略的匹配关系。企业通过薪酬设计可传递需要员工做什么、如何做以及员工从中能得到什么利益的信息，运用薪酬的激励导向可引导员工的行为与企业的目标和战略相一致。

表 8-5　薪酬战略与企业战略的匹配关系

薪酬战略	企业战略	
	集中战略	成长战略
风险分担（可变工资）	低	高
时间导向	短期	长期
工资水平（短期）	市场水平以上	市场水平以下
工资水平（长期潜力）	低于市场水平	高于市场水平
福利水平	高于市场水平	低于市场水平
工资决策的集中度	集中化	分散化
工资的分析单位	工作	技能

资料来源：雷蒙德·诺伊，约翰·霍伦贝克，巴里·格哈特，等. 人力资源管理基础. 刘昕，译. 北京：中国人民大学出版社，2011：560.

战略性薪酬的核心是以一系列薪酬选择帮助企业赢得并保持竞争优势。薪酬必须支持企业的经营战略，战略视角的薪酬要关注那些能帮助企业获取和维持竞争优势的薪酬选择。不同的经营战略决定着不同的薪酬战略，企业经营战略与薪酬战略之间的联系越紧密，彼此越适合，企业的效率就越高。成功的薪酬体系能够支持企业的经营战略，能承受周围环境中各方面的压力。它的最终目标是使企业赢得并保持竞争优势。

1．基于战略的薪酬体系

企业薪酬体系的设计必须基于组织的战略。组织战略可以分为两个层次，一个是企业层战略，包括整个企业的战略目标、计划、愿景和价值观等；另一个是业务单元战略，它是建立在整个企业战略的基础上的、针对每项业务的竞争战略，主要是确立每个业务单元的战略目标以及为实现这样的战略目标企业所需要采取的竞争策略。

在确立了企业层战略和业务单元战略的基础上，企业需要根据这两个层面的战略来安排企业的人力资源战略，即思考人力资源在企业战略规划中的作用，以及企业通过什么样的人力资源系统来支撑企业的战略目标。

薪酬战略是建立在人力资源战略基础上的，属于人力资源战略的一个组成部分。在企业的人力资源系统设计中，把薪酬系统作为其中的一个子系统来思考它如何支撑整个人力资源战略的

---

① 孙利虎. 战略薪酬管理：理论与实务. 大连：东北财经大学出版社，2015：26-41.

実现。

在确立了薪酬战略以后，企业还需要通过进一步的薪酬体系设计来使薪酬战略得以落实，即将薪酬战略转化为具体的薪酬制度、技术和薪酬管理流程。只有这样，才算完成了战略性薪酬体系的设计。

确立了战略性薪酬体系之后，企业就可以有效地引导和改变员工的态度和行为方式，并使其与组织的战略相配合。一旦实现了这种配合，企业就可以通过人的行为来获取竞争优势。

2．基于战略的薪酬方案

与不同的经营战略相对应，企业要采取不同的薪酬方案。创新战略强调冒险，不再过多重视评价和衡量各种技能和职位，而是把重点放在激励上，以鼓励员工大胆创新，缩短从产品设计到顾客购买产品之间的时间差；成本领先战略以效率为中心，强调少用人、多办事，注重控制劳动成本，采用的方式是降低成本、提高生产率、详细而精确地规定工作量；以顾客为核心的战略强调取悦顾客，按顾客满意度给员工付酬。

表 8-6 中给出了例子，即企业根据几种典型的战略类型来安排人力资源战略，并据此设计企业薪酬战略。

表 8-6　不同的战略类型对应的薪酬战略

战略类型	经营战略	商业反馈	人力资源战略	薪酬战略
创新战略	增强产品的复杂性，缩短产品生命周期	产品的领导地位；转向大众化生产和创新；周期	灵敏、有冒险精神、富有创新意识的人	对产品创新和生产过程的改变进行奖励；薪酬以市场平均薪酬水平为基础
成本领先战略	注重效率	操作准确；寻求节省成本的方法	少用人、多办事	重视对手的劳动成本；提高可变工资的比率，重视生产力；重视系统控制和工作分工
以顾客为核心的战略	提高顾客期望	密切关注顾客需求	取悦顾客，超过顾客期望	以顾客满意度为基础的激励工资；以与顾客的交往为依据评价工作和技能

在思考企业的薪酬战略和薪酬方案时，我们要考虑以下几个因素（见表 8-7）。

① 薪酬目标：薪酬应该怎样支持企业的战略？又该如何适应整体环境中的文化约束和法规约束？

② 内部一致性：在企业内部，工作性质和技能水平的差别如何在薪酬上得以体现[①]？

③ 外部竞争性：我们的整体薪酬应定为什么水平来与对手抗衡？

④ 员工贡献：加薪的依据是什么？是个人或团队的业绩，还是员工不断丰富的经验、不断增长的知识、不断提高的技能？抑或是生活费用的上涨、个人需求的增加、经营单位的整体绩效？

⑤ 薪酬管理：薪酬决策应在多大程度上向所有员工公开和透明化？谁负责和管理薪酬制度？

① 约瑟夫·J 马尔托奇奥. 战略薪酬管理. 5 版. 杨东涛，钱峰，译. 北京：中国人民大学出版社，2010：119-217.

表 8-7　薪酬模型

政策	技术				薪酬目标
内部一致性	工作分析	职位描述	评价/认证	内部结构	效率
外部竞争性	市场界定	市场调查	政策方针	薪酬结构	● 绩效 ● 质量
员工贡献	资历定薪	绩效定薪	绩效加薪计划	激励计划	● 客户与股东 ● 成本
薪酬管理	成本	沟通	变革	评价	公平 合法

（1）战略背景下的薪酬理念

在进行薪酬体系设计时，我们需要依据企业的使命与战略，确定企业的人力资源愿景与战略，然后在企业面临的社会与行业环境及法律环境的大背景下，确定企业的薪酬理念和策略。确定企业薪酬理念时需要注意以下几点。

① 企业薪酬体系的设计要体现企业文化的价值诉求。薪酬理念是企业薪酬体系设计的依据，是薪酬管理的终极价值判断标准，所以我们必须要把薪酬文化培育与薪酬理念灌输同薪酬体系设计结合起来。在塑造企业的薪酬文化与理念时，因为员工行为的职业化是提高企业管理水平并降低企业人工成本的前提条件，所以要用个人薪酬目标引导其行为习惯，逐步实现员工行为的职业化，这样才能将个人薪酬目标的实现与企业工作效率的提高、创造价值能力的增强相结合。

② 企业薪酬体系的设计要赋予薪酬理念以丰富的内涵。企业要向员工灌输和传导薪酬理念，塑造员工全新的工作价值观、贡献观与回报观。企业应该秉承人力资本优先发展的理念，要承认知识创新者和企业家是企业价值创造的主导要素，在进行薪酬分配时向这些最能创造价值的人倾斜，并且适当拉开薪酬差距。合理的薪酬差距能够打破平均主义，带来良好的激励效果[1]，促进企业绩效的提高。企业在进行实际薪酬管理时，要实现员工的薪酬随着其所担负的责任及其个人能力的提高、绩效贡献的提高而不断增长。

③ 企业薪酬体系的设计要推进薪酬理念的落地。企业在进行薪酬设计和管理相关机制及制度建设时，要建设企业权、责、利、能四位一体的薪酬管理机制与制度，将薪酬理念落实到薪酬的机制和制度建设上，推进薪酬理念的落地。

④ 企业薪酬体系的设计要具有个性化特征。战略性薪酬要求企业根据实际需要和可能，设计一种或几种最适合自己的薪酬制度，使现代薪酬设计具有个性化特征。其主要表现在两个方面：一方面，企业按照企业的发展目标和战略、组织结构和员工队伍的特点、行业和产品的性质、市场环境和竞争状况等来设计薪酬制度，因此企业的薪酬制度具有不同于其他企业的个性化特点；另一方面，企业应根据其员工在个性、偏好（需求）、目标价值和相应行为方面的差异，针对企业内不同类型的员工，实施不同的薪酬策略，设计不同的薪酬方案，量身定制不同的薪酬制度。

战略性薪酬与普通薪酬制度的最大区别是理念不同。战略性薪酬是基于企业的整体发展和战略格局推行的关于薪酬的战略，所以战略性薪酬是在企业整体发展战略、人力资源管理战略指

---

[1] 高良谋，卢建词. 内部薪酬差距的非对称激励效应研究——基于制造业企业数据的门限面板模型. 中国工业经济，2015，（8）：114-129.

导下的薪酬战略的基础上开发的。战略性薪酬实质上与普通薪酬并无大的区别，只是在战略性视角的指导下对薪酬策略的重新系统性、战略性的整合。

（2）总体薪酬

20 世纪七八十年代，企业的经营环境出现了变化，一些新的挑战不断出现，包括：员工的工作场所出现了较大的变化，员工结构不断多元化，企业可用于为员工加薪的资源越来越少，科技的巨大进步以及新的商业机会的涌现，制造业和服务业的迁移，按业绩支付员工薪酬的现象不断增加等。这些变化推动了总体薪酬理念的出现。

总体薪酬指的是可以被雇主用来吸引、激励、保留员工的所有报酬性因素，包括员工认为的所有基于雇佣关系产生的有价值的东西。总体薪酬是一种对企业薪酬和福利制度进行改革的新的思维方式[1]。相比于传统薪酬理念，总体薪酬更加重视企业中人的价值，将多种激励方式有机整合在一起。因此，对于企业而言，总体薪酬具有明显的优势。

① 总体薪酬强调薪酬战略、人力资源战略和组织战略的一致性，基于战略对人才进行吸引、激励和保留，更加有利于组织战略的实现。

② 总体薪酬能够真正满足员工的多样化需求，能够针对员工需求制订不同的薪酬组合，增强企业对人才的吸引力，支持企业获得人才竞争优势。

③ 总体薪酬可以使薪酬管理更加具有弹性。

表 8-8 所示为总体薪酬的各部分内容。

表 8-8 总体薪酬各个板块的含义及其具体维度[2][3]

板块	板块含义	维度	维度解释
货币报酬	雇主基于员工劳动所给予的报酬，主要用于满足员工的基本生活需要及其他现金支出	基础工资	不随绩效变动，一般包括基本工资和岗位工资
		奖金	根据员工工作绩效进行浮动
		津贴	对员工工作中的不利因素的补偿
		股权	以股票形式发放的薪酬
福利	雇主给予员工的补充现金支持	保障福利	失业保险、残疾保障等
		健康与救济福利	医疗保险、人身保险等
		退休福利	养老保险及退休后的收益分享等
		带薪休假福利	带薪休假、带薪病假和带薪事假等
工作与生活平衡	帮助员工同时在家庭和工作中取得成功	灵活的工作安排	工作内容和工作场所安排
		带薪请假	为照顾他人的带薪请假
		员工健康	员工援助计划和压力管理计划等
		社会参与	组织员工积极参加社会活动的计划
		员工关爱	员工旅行关爱、生病关爱、家庭关爱等
		财政支持	理财计划服务与培训、企业年金计划
		额外福利	宠物保险、免费停车等额外福利计划

① 杨伟国，陈玉杰. 薪酬经济学. 上海：复旦大学出版社，2013：213-216.
② 孙利虎. 战略薪酬管理：理论与实务. 大连：东北财经大学出版社，2015：38-39.
③ 曾湘泉，郝玉明，宋洪峰. 总报酬经济学. 上海：复旦大学出版社，2014：86-88.

板块	板块含义	维度	维度解释
工作与生活平衡	帮助员工同时在家庭和工作中取得成功	首创精神	团队的工作效率、企业的工作环境
		文化变革支持	建设包容多样性的企业文化、建设女性平等与发展文化、工作再设计与流程优化、团队建设、建设积极的工作环境与氛围
绩效与认可	包括高绩效系统及员工认可两个方面	高绩效系统	制订绩效标准、员工技能展示、管理者对员工技能进行评估、管理者反馈和持续的绩效改进等
		员工认可	对员工的努力、行为及绩效给予重视
发展与职业机遇	包括发展与职业机遇两个方面	学习机会	提高员工技能和素质的培训
		领导力培训	培养和提高员工领导能力的计划
		晋升机会	帮助员工实现个人职业生涯目标

资料来源：（1）曾湘泉，郝玉明，宋洪峰. 总报酬经济学. 上海：复旦大学出版社，2014：86-88.

（2）孙利虎. 战略薪酬管理：理论与实务. 大连：东北财经大学出版社，2015：38-39.

8.1.5 薪酬保密制度

薪酬保密制度是西方企业一项重要的薪酬管理政策，得到了研究者和企业家广泛的关注。受到外资企业薪酬保密政策的影响，我国越来越多的企业，尤其是民营企业、合资企业，开始实施薪酬保密制度。有效地实施薪酬保密制度成为企业追求的目标。

1．薪酬保密的内涵

薪酬保密可以被简单定义为对于员工获得他人薪酬信息的限制。薪酬保密在实际应用中内容十分复杂，包括以下几个层面的含义：首先，薪酬保密与信息可得性相关，雇主可以拒绝提供关于薪酬的任何信息来保证薪酬信息的保密性；其次，雇主可以限制员工获得薪酬信息的范围，如薪酬范围、薪酬增长幅度这些信息是员工可以获知的，而对员工个人的具体薪酬信息则进行保密，在员工中间严格地控制薪酬的讨论和公开；最后，雇主可以控制薪酬信息公开的方式，从而避免薪酬信息在企业中被公开讨论。

2．薪酬保密制度的效应

薪酬保密制度在很多企业里实施，是因为诸多企业看到了这种制度可能会产生各种积极的影响。但是，薪酬保密制度也存在着诸多消极的影响。

（1）薪酬保密的正面效应

① 有助于避免员工在薪酬上的攀比现象，减少内部冲突，促进企业内部和谐稳定。企业内员工之间薪酬差距的存在是必然的，员工常常因为这种差距而产生心态的变化。企业的薪酬公开会使员工之间的薪酬差异显性化，不利于实现员工的团队合作及提高员工对企业的满意度，因此企业应该实施薪酬保密制度。企业实行薪酬保密制度，就可以根据员工绩效的高低提供较大差距的薪酬，以加强薪酬与绩效之间的关联性，强化薪酬的激励作用。薪酬保密可以让企业在修正企业中存在的薪酬差距时，不会面对薪酬差距产生的负面效应。因此，薪酬保密使企业在企业中确实存在不公平的情况下也可以避免企业内部员工产生不公平的看法，从而不会影响员工的士气，增强企业的控制力。此外，薪酬保密制度的实施使在企业中宣传集体主义、倡导团队合作成为可能，可以在原本个人主义的企业内建立相互合作、相互依赖的企业文化和

氛围。薪酬保密带来的薪酬信息的不可知和不确定将会激励员工用更出色的工作表现来降低这种对薪酬的不确定性，使员工通过提高自己的工作绩效来保证可以获得满意的薪酬。企业提供较少的薪酬信息有助于避免企业内部的冲突、误会，可能会提高员工的工作效率。薪酬公开会迫使管理者必须提供一个范围相对较窄、差距较小的薪酬体系，以避免员工之间的冲突与矛盾，确保企业内部的和谐气氛；而实施薪酬保密制度时，管理者将不会有这种压力。此外，薪酬公开可能带来的企业内部冲突，需要企业花费较多的成本才能避免，这就使薪酬公开制度的积极效用大打折扣。

② 保护个人薪酬的隐私权。在现今社会，个人隐私权十分重要。员工对隐私权的重视、企业对员工隐私权的保护均会给企业带来许多额外的收益，包括员工绩效提高、员工对企业的满意度提高和对企业的持续贡献。大多数的企业员工都不希望自己的薪酬被过多地揭露或被他人谈论，因此也会支持薪酬保密。薪酬公开会使员工认为个人信息被透露太多，企业忽视了对隐私权的保护。因此，薪酬保密有助于保护员工的隐私权，体现了企业对员工个人的尊重。

③ 减少员工的流失。员工跳槽往往是在与劳动力市场中的薪酬水平比较之后发生的。薪酬保密制度阻止了员工把自己的薪酬与企业内和劳动力市场中其他员工的薪酬进行比较，可以在一定程度上避免优秀员工的流失，同时可减少企业因为劳动力流失重新招募、培训员工而产生的一系列成本。

（2）薪酬保密的负面效应

① 员工对于公平的判断及对企业的信任感可能会消失。薪酬保密意味着员工缺乏薪酬信息，这会形成员工和企业之间的信息不对称。薪酬不确定性的存在使员工认为薪酬分配的过程和结果是不公平的，从而对企业内的薪酬分配产生怀疑。日益增加的不确定性会加重员工对薪酬公平的在意程度。当企业的薪酬保密程度较高时，员工对起到参照作用的其他员工的薪酬数据缺乏准确了解，这会导致他们对自身和同事的薪酬水平产生不正确的判断，他们通常会认为薪酬制订的程序及薪酬分配的结果都是不公平的。管理者对员工的坦诚开放是员工对企业产生信任感的源泉。相应地，一旦失去这种坦诚，员工对于企业的信任感势必会受到影响。这会降低员工的归属感，使企业缺乏凝聚力。

② 降低激励程度和满意度，削弱员工的工作动力，对工作绩效产生负面的影响。薪酬保密制度会带来薪酬信息的缺失，导致员工对薪酬的公平性产生错误的判断，获得错误的反馈，不利于发挥薪酬本身对工作绩效的激励作用，进而降低了员工的工作满意度和工作绩效。有效的薪酬设计应该把员工的工作投入与其薪酬结果紧密相连，但是薪酬保密制度使员工不了解薪酬的信息，也就破坏了这种联系，不利于员工的工作投入。

③ 薪酬保密制度对劳动力市场会产生重要却有害的影响。薪酬保密制度会阻碍薪酬信息向员工传播。员工不了解薪酬信息会造成员工与企业的信息不对称，员工无法了解自己的绩效是否在劳动力市场上可以获得更高的报酬，从而妨碍员工步入更有竞争力的、薪酬更高的岗位，这妨碍了劳动力市场中劳动力资源更有效率的配置，不利于劳动力市场的有效运行。全社会无法通过劳动力的合理流动来实现最优的人岗匹配，会导致全社会人力资源的无效使用、成本提高，而使整个社会的生产率却没有提高，从而不利于整个社会生产率的提高和进步[1]。

---

[1] 张正堂，戴娟. 薪酬保密及其实施效应的研究综述. 南京邮电大学学报（社会科学版），2011，13（4）：21-27.

8.2 福利管理

8.2.1 福利概述

1. 福利的含义

福利是企业为实现自己的目标，在改善直接劳动条件之外，从生活诸多方面为提高员工及其家属生活水平/质量而开展的活动和采取的措施的总称。福利不同于工资、劳动时间等直接的劳动条件，是一种间接的劳动条件，是对员工劳动贡献的一种间接补偿和分配的形式[①]。

广义的福利是工人的工资、工时、工会组织、安全卫生、灾害赔偿、再就业辅导、保险、教育、娱乐活动等工作、生活条件改善措施的总称。

福利是企业人力资源管理的一环，也是企业分配工作的重要方面。一般福利有三个层次：第一，由国家和地方主管，以国民为对象的福利；第二，由工会等劳动者组织主管，以会员为对象的部分劳动者福利；第三，由企业主管，以企业全体人员为对象的企业福利。

2. 福利的分类

按照福利制订的依据，我们可以把福利划分为法定福利和自愿福利两类。法定福利是指企业只要雇用了劳动者，不论劳动者和企业的意愿如何，企业必须按法律要求强制实施的福利保险措施。自愿福利是企业根据人力资源管理的需要或与工会协商的结果而自行实施的福利活动。

福利还可以分为有形福利和无形福利。按福利的利用场所，其可以分为工作时间内福利（发放工作服等）、企业内休息时间福利和结束工作的福利等。按福利的功能，其又可分为劳动条件福利、生活条件福利和人际关系福利。现在，国际上特别提倡加强有关人际关系方面的集体休养、娱乐性福利，以加强员工内部沟通，增强凝聚力和提高士气。

3. 福利的特征

福利一般被看作总薪酬的一部分，实际上福利具有不同于薪酬的独特之处。

（1）福利受一定的法律约束

虽然企业具有一定的福利制订的权力，但是所有企业必须遵循一系列的法律法规，并将其作为发放福利的依据。福利关系到一个国家的政治、社会稳定，有些福利是受到国家法律保护的，企业必须依法发放，如养老保险、医疗保险、失业保险等。

（2）福利具有一定的制度化趋势

对于国家法律规定的法定福利，企业要执行，同时，企业具有自主选择权的福利开始被企业制度化。原因很简单，现在人们评估工作价值已经不再仅仅依据工资，而是更加注重企业福利。这就使那些在开始就发放某种形式福利的企业不得不坚持继续做同样的选择，否则将意味着员工总体薪酬水平的下降，其潜在后果就是员工的流失。

（3）福利比工资的作用机制更复杂

福利的相对价值是因人而异的，而且与个体的现实需要有密切关系。例如，远程办公由于可以使一些女性在工作与家务之间达到平衡，因此一般比较受女性员工的欢迎，但是这一福利形式可能会降低一部分外向型的、对社会交往需求比较强烈的员工的积极性。

---

① 赵曙明，张正堂，程德俊. 人力资源管理与开发. 北京：高等教育出版社，2011：316-330.

4．福利的作用

在现代企业中，福利的作用主要体现在两个方面：一是改善和优化员工劳动及生活条件；二是协调企业内的人际关系和劳动关系，加强企业的人性管理，使员工之间、员工与管理者之间的关系更加融洽。因此，福利管理同薪酬管理、劳动关系管理等企业人力资源管理项目间有密切关系，可以弥补它们的不足，并起到提高人力资源管理综合效果的作用。

企业付给员工的劳动报酬不全部用工资来支付，一大部分以员工福利的形式来支付。其原因在于福利在降低劳动力成本、提高员工劳动积极性方面，可以起到很多直接增加员工工资很难起到的作用。

企业安排员工带薪休病假，可以帮助员工恢复和保持良好的精神和体力状态，使其在正常的工作时间里能够更加精力充沛地做好工作。这是企业福利给员工精神和体力带来的好处，不是工资所能取代的。

5．福利的指导原则

在企业普遍重视员工福利待遇的今天，福利设施投资和福利性支出日益增加。从管理角度看，为提高资源的使用效益，更好地为人力资源管理目标服务，企业对员工福利进行管理时宜充分重视以下原则。

（1）合理和必要的原则

在我国，企业一般都有为建立员工生活福利设施而提取或筹集的职工福利基金。职工福利基金的主要来源是国家提供的非生产性建设投资、企业按规定提取的福利基金、从管理费用中开支的福利基金以及福利设施自身的运营收入。不言而喻，福利设施和服务的建立只能在规定的福利费用范围内解决。因此，福利费用管理也应力求以最少费用取得最大效果。为了使用最少费用，企业就必须废除没有实际效果的设施和制度。例如，随着社会潮流的变化，员工对娱乐活动的兴趣会变化。所以，企业设置福利除了考虑合理性外，还要考虑必要性问题，应预先考虑员工的要求，采取与之相一致的措施。企业如果在福利设置上单纯显示出恩赐思想，反倒会引起员工的反感。

（2）统筹规划原则

建设福利设施和开展大型福利活动常常需要使用大量资金，有的形式和内容一旦形成并为员工所接受，就难以简单地缩小和废除，所以，企业要考虑各种条件，有计划地组织活动和建设设施，特别是要认真做好费用的预算和决策工作，做到量力而行和讲究效益。

（3）公平的群众性原则

福利应以全体员工为对象，应体现公平精神。不管是谁，只要符合条件，都可以"自由利用"或"当然发给"。如果缺乏公平性，企业就不能得到员工对福利的理解、信任和支持，也会影响其对企业的忠诚。

8.2.2 法定福利

法定福利主要包括养老保险、失业保险、医疗保险、工伤保险、生育保险以及住房公积金。下面我们将分别加以说明。

1．养老保险

养老保险是国家和社会根据一定的法律和法规，为解决劳动者在达到国家规定的解除劳动义务的劳动年龄界限，或因年老丧失劳动能力而退出劳动岗位时而实行的社会保护和社会救助措施。

（1）养老保险制度的特点

法律规定的养老保险是社会保障系统中的一项重要内容。养老保险也是世界各国较普遍实行的一种社会保障制度。一般而言，养老保险具有以下几个特点。

① 强制性。由国家立法，强制实行，企业单位和个人都必须参加，符合享受养老保险条件的人，可向社会保险部门领取养老金。

② 互济性。养老保险费用一般由国家、单位和个人三方或个人和单位双方共同负担，并实现广泛的社会互济。

③ 储备性。养老保险的参加者按规定缴纳一定的费用作为基金，储存待用。就个人而言，其从参加养老保险开始便按规定长期缴费，这等于为自己储蓄了一笔费用，供年老时使用；就社会而言，这也是一种储备基金。

④ 社会性。养老保险的影响很大，享受人多且时间较长，费用支出庞大，因此，国家必须设置专门机构，实行现代化、专业化、社会化的统一规划和管理。

（2）养老保险制度的类型

从资金的筹集、管理和发放角度考虑，目前世界上养老保险的模式可分为投保自助型（或传统型）、强制储蓄型（或公积金模式）和国家统筹型三种。我国在借鉴国外养老保险制度的基础上，依据自身的国情，创造性地提出了"社会统筹与个人账户相结合"的基本养老保险改革模式，经过不断的探索和完善，该模式正在逐步走向成熟。

① 投保自助型。这是一种强制社会共同负担、社会共享的保险模式，目前为大多数国家所采用。其基本思想是：每一位社会成员都有义务在达到享受养老保险的年龄之前，向社会保险机构缴纳一定的养老保险费，同时，企业也必须按企业工资总额的一定比例定期缴纳保险费。在此基础上，每一位社会成员在退出劳动领域或因年老而丧失劳动能力时都将有资格享受养老保险。

② 强制储蓄型。这种养老保险模式强调社会成员的保险费用要由企业和职工自己负担，并建立一个职工个人账户。国家不对此个人账户进行投保资助，但会给予一定的政策性优惠。将来职工的养老费用就全部出自这个个人账户。这种社会自我保障的做法必然会使企业和职工的缴费率较高，所以只有在经济发展迅速而且水平较高的情况下才适用。同时，这种模式对基金管理部门的要求非常高，其既要保证基金的安全稳定，又要有很强的增值能力，所以该模式实行起来困难重重。

③ 国家统筹型。其强调国家应该负担全体社会成员的养老责任。职工不需缴纳任何保险费用，就可以在退出劳动领域或因年老而丧失劳动能力的时候无条件享受养老保险。这些费用由国家财政无条件负担。

目前，我国的养老保险由三部分组成：基本养老保险、企业补充养老保险和个人储蓄性养老保险。其中，基本养老保险是法定福利，企业补充养老保险属于自愿福利，个人储蓄性养老保险不属于员工福利。

2．失业保险

失业保险是指国家通过立法强制实行，由社会集中建立基金，为因失业而暂时中断生活来源的职工提供物质帮助的制度。它是社会保障体系的重要组成部分，是社会保险的主要项目之一。失业保险具有如下特点。

（1）普遍性

它主要是为了保障有工资收入的职工在失业后的基本生活而建立的，其覆盖范围包括劳动力队伍中的大部分成员。因此，在确定适用范围后，参保单位应不分部门和行业，不分所有制形式；其职工应不分用工形式，不分城镇、农村。当终止劳动关系后，职工只要符合条件，都有享受失业保险待遇的权利。

（2）强制性

它是国家通过制定法律、法规来强制实施的。按照规定，在失业保险覆盖范围内的单位及其职工必须参加失业保险并履行缴费义务，不履行缴费义务的单位和个人都应当承担相应的法律责任。

（3）互济性

失业保险基金主要来源于社会筹集，由单位、个人和国家三方共同负担，缴费比例、缴费方式相对稳定。筹集的失业保险经费，不分来源渠道，全部并入失业保险基金，在统筹地区内统一调度使用，以发挥互济功能。

3．医疗保险

医疗保险通常指由国家立法规定并强制实施的，当人们生病或受到伤害后，由国家或社会给予一定的物质帮助，即提供医疗服务或经济补偿的一种社会保障制度。医疗保险也具有强制性、互济性、社会性等基本特征。

我国于 20 世纪 50 年代初建立的医疗保险包括公费医疗保险和劳保医疗保险。多年来，这种医疗保险在保障职工身体健康和维护社会稳定等方面发挥了积极作用。随着社会主义市场经济体制的确立和国有企业改革的不断深化，1998 年，以《国务院关于建立城镇职工基本医疗保险制度的决定》的颁布为标志，我国的城镇居民医疗保险制度进入了一个崭新的阶段。目前，我国城镇医疗保险制度坚持"低水平、广覆盖"的原则，保障职工基本医疗需求；基本医疗保险费由单位和个人共同承担，形成新的筹资机制；完善社会统筹和个人账户相结合的制度，合理确定基本医疗保险统筹范围，加强基金管理，加快医疗机构改革，提高医疗服务的质量和水平，同时做好了特殊人员的医疗待遇与基本医疗保险制度的衔接。

4．工伤保险

工伤保险是国家和社会为在生产、工作中遭受事故伤害和患职业性疾病的职工及其亲属提供医疗救治、生活保障、经济补偿、医疗和职业康复等物质帮助的一种社会保障制度。

工伤即职业伤害所造成的直接后果，是伤害到职工生命健康，并由此造成职工及其家庭成员的精神痛苦和经济损失，损害甚至剥夺了职工的生命健康权、生存权和劳动权的伤害。在劳动过程中，职工除领取工资以外，如果不幸发生事故，造成伤残、死亡或患职业病，就自然享有享受工伤保险的权利。工伤保险主要遵循以下三个原则。

（1）无过失补偿原则。该原则包含两层含义：一是无论职业伤害责任主要在于雇主、第三者还是职工个人，受伤害者都应得到一定的经济补偿；二是雇主不承担直接补偿责任，而是由工伤社会保险机构统一进行工伤补偿，并且一般不需要通过法律程序和法院解决。这使雇主解脱了工伤赔偿事务，有利于其集中精力搞经营，消除了雇主责任制的弊端。

（2）风险分担、互助互济原则。这是社会保险制度的基本原则。一方面，国家通过法律强制征收保险费，建立工作保险金，采取互助互济的方法分担风险；另一方面，在待遇分配上，国家责令社会保险机构对费用实行再分配，包括人员之间、地区之间、行业之间的调剂，以更有效地解决社会问题。

（3）个人不缴费原则。由于职业伤害是职工在工作过程中造成的，职工为单位创造财富付出了代价，所以工伤保险费用由单位缴纳，职工个人不缴纳任何费用。这是工伤保险与养老、医疗、失业保险的区别。

5．生育保险

生育保险指国家通过立法，对怀孕、分娩的女职工给予生活保障和物质帮助的一项社会政策。其宗旨是帮助她们恢复劳动能力，重返工作岗位。

生育保险提供的生活保障和物质帮助通常由现金补助和实物供给两部分组成。现金补助主要是指给妇女发放的生育津贴。有些国家还包括一次性现金补助或家庭津贴。实物供给主要是指为职工提供必要的医疗保障，医疗服务以及孕妇、婴儿需要的生活用品等。

6．住房公积金

为了加强对住房公积金的管理，维护住房公积金所有者的合法权益，促进城镇住房建设，提高城镇居民的居住水平，国务院于 1999 年 4 月 3 日发布，并于 2002 年 3 月 24 日修订了《住房公积金管理条例》。

住房公积金，是指国家机关、国有企业、城镇集体企业、外商投资企业、城镇私营企业及其他城镇企业、事业单位、民办非企业单位、社会团体（以下统称单位）及其在职职工缴存的长期住房储蓄。

① 住房公积金制度只在城镇中建立，农村不建立住房公积金制度。

② 只有在职职工才适用住房公积金制度，无工作的城镇居民、离退休职工不适用住房公积金制度。

③ 住房公积金由两部分组成，一部分由职工所在单位缴存，另一部分由职工个人缴存。职工个人缴存部分由单位代扣后，连同单位缴存部分一并缴存到住房公积金个人账户内。

④ 住房公积金制度一经建立，职工在职期间必须不间断地按规定缴存。除职工离退休或发生《住房公积金管理条例》中规定的其他情形外，不得中止和中断。这体现了住房公积金的长期性、稳定性、统一性、规范性和强制性。

⑤ 住房公积金是职工按规定存储起来的专门用于住房消费支出的个人住房储蓄，具有两个特征：一是积累性，即住房公积金虽然是职工工资的组成部分，但不以现金形式发放，并且必须存入住房公积金管理中心在受委托银行开设的专户内，实行专户管理；二是专用性，住房公积金实行专款专用，存储期间只能按规定用于购、建、大修自住住房，或交纳房租。职工只有在离退休、死亡、完全丧失劳动能力并与单位终止劳动关系或户口迁出原居住城市时，才可提取本人账户内的住房公积金。

按我国规定，企业都应该给职员存缴住房公积金，不分国有企业和私营企业。

职工个人缴存的住房公积金和职工所在单位为职工缴存的住房公积金，属于职工个人所有。住房公积金的管理遵循住房公积金管理委员会决策、住房公积金管理中心运作、银行专户存储、财政监督的原则。住房公积金应当用于职工购买、建造、翻建、大修自住住房，任何单位和个人不得挪作他用。

职工有下列情形之一的，可以提取职工住房公积金账户内的存储余额。

① 购买、建造、翻建、大修自住住房的；

② 离休、退休的；

③ 完全丧失劳动能力，并与单位终止劳动关系的；

④ 出境定居的；

⑤ 偿还购房贷款本息的；

⑥ 房租超出家庭工资收入规定比例的[①]。

---

① 《住房公积金管理条例》。

8.2.3　自愿福利

自愿福利也被称为企业补充福利，指的是企业按照自身的需要和实际情况，依据职工的需要建立的福利项目。自愿福利的种类较多，设计更加灵活，主要包括非工作时间的工资、收入保障计划和健康福利等[①]。

1．非工作时间的工资

其类型包括带薪休假、照常支付工资的节日及病假、居丧时间等。通常，企业会提供工资帮助员工去履行其除工作以外的权利或义务。

非工作时间的工资服务于重要的报酬目标。例如，支付工资的假期为职工提供了休息机会，使他们能够恢复精力，工作效率变得更高，更愿意留在企业里工作。支付工资的假期随职工资历而递增。例如，工作6个月可获一周假，工作1年为2周，工作10年为3周，工作15年为4周等。

许多企业每年分配给每名职工一定天数的病假，供员工生病时使用。病情严重无法事先请假的职工，在生病期间仍然能得到工资直至达到规定天数为止。病假天数也取决于职工的资历。

在工作期间内的休息时间，企业也提供非工作时间的工资。这一范畴内的一般福利包括休息时间、喝咖啡时间、午餐时间等。

2．收入保障计划

目前，在我国企业中，主要有企业年金和团体人寿保险两种类型的收入保障计划。

（1）企业年金

企业年金也称企业补充养老保险、私人养老金、职业年金计划等，是企业及其职工在依法参加国家基本养老保险的基础上，根据本企业的特点自愿建立的补充养老保险计划，是职工福利制度的重要组成部分。企业年金作为职工老年时收入的一个补充来源，已经成为养老保险体系的一个重要支柱。对企业来说，它已经成为人力资源管理战略福利体系的重要组成部分，是延期支付的工资收入。

依据不同的标准，企业年金可以划分为不同的类型。根据创立主体不同，其可分为由单个企业创立的企业年金与由多个企业创立的企业年金；根据供款主体不同，其可以分为个人单方缴费年金、企业单方缴费年金、个人与企业联合缴费年金；根据筹资方式不同，其可分为现收现付制、积累制及部分积累制；根据缴费和受益关系不同，其可分为待遇确定型、缴费确定型及混合型年金。

我国的企业年金包括如下内容：参加人员范围、资金筹集、职工企业年金个人账户管理方式、基金管理方式、计发办法和支付方式、支付企业年金计划待遇的条件、组织管理和监督方式、中止缴费的条件、双方约定的其他事项。

我国的企业年金属于缴费确定型，实行完全积累，采用个人账户方式进行管理，职工达到退休年龄后才能一次性或按月领取年金。我国企业年金采用依托模式管理，其治理结构主要取决于两种法律关系的确定。一是委托人与受托人之间建立的信托关系，企业及其职工作为委托人，将基金财产委托给受托人管理。委托之后企业及其职工拥有基金管理的决策权和知情权，受托人承担基金财产的实际管理职责。二是受托人与账户管理人、托管人和投资管理人等专业机构之间建立的委托合同关系，各管理机构按合同和受托人的要求提供账户管理、基金托管或

① 曾湘泉. 薪酬管理. 3版. 北京：中国人民大学出版社，2014：170-174.

投资管理服务。

（2）团体人寿保险

团体人寿保险是企业为职工提供的集体保险福利项目，是市场经济国家中比较常见的一种企业福利形式。团体人寿保险的特点如下。

① 要求投保团体必须是依法成立的组织，要有自身的专业活动。

② 投保团体中参加保险的人数必须达到规定的标准。

③ 团体人寿保险的被保险人不能自由选择投保金额，这样做是为了防止体质差、危险大的人选择较高的保险金额。

④ 由于参加的人数多，故相对于个人来讲，团体可以以较低的价格购买到相同的保险产品。

⑤ 保障范围比较广泛。

3．健康福利

健康福利也被称为健康保障计划，经常作为职工间接经济报偿的一部分。企业常常以保险的形式提供多样的健康和医疗福利，健康福利是企业为职工提供的最重要的福利。中国和欧美国家都有健康福利。我国的健康福利主要包括补充医疗保险和定期健康检查等，欧美国家的健康福利主要是为其企业职工提供医疗、处方药和视力保护方面的福利[①]。

（1）补充医疗保险计划

国家的基本医疗保险只能满足参保人的基本医疗需求，超过基本医疗保险范围的医疗需求可以通过其他形式的医疗保险予以满足。补充医疗保险是我国建立多层次医疗保障制度的重要组成部分。与基本医疗保险不同，补充医疗保险不是通过国家立法强制实施的，而是用人单位和个人自愿参加的。

目前，我国的补充医疗保险主要有三种模式：社会保险机构经办的职工补充医疗保险、商业保险公司经办的职工补充医疗保险以及工会组织开展的职工补充医疗保险。

（2）定期健康检查计划

企业通常会为职工提供定期健康检查。首先，这体现了企业对职工健康的关心，有利于增强职工的归属感和工作热情，从而提高工作效率；其次，企业通过健康干预，可降低职工发病率，减少职工因病假和健康问题而对工作产生的影响，从而降低病假和事假工时；最后，这可以做到有病早治疗，防止职工带病上岗而埋下更大的隐患，降低企业和职工个人总医疗费用的开支。

（3）顾客驱动健康（Consumer-Driven Health，CDH）计划

许多雇主都转向"职工导向的健康福利计划"，其中最突出的是顾客驱动健康计划。这个计划提供的资金能够使职工负担自己的健康费用。对企业的各种调查显示，选择了顾客驱动健康计划的雇主数量日益增长，且其他雇主也正在积极地想实施该计划。

该计划对企业来说有两个优点：一是大部分健康福利费用被转移给职工，因为企业的投入不用增加得像健康保险费用那样快；二是企业将控制健康服务使用的主动权交给了职工，使职工可以自己选择什么时候用健康保险。

（4）健康预防和福利努力

正如预料的那样，许多职工对企业控制健康福利费用的努力是怀疑的甚至是充满敌意的。对职工的调查已经显示，他们对于健康福利变化的不满意程度甚至高于对基本工资增长变更的不

① 赵曙明，周路路，罗伯特·马希斯，等. 人力资源管理. 13版. 北京：电子工业出版社，2013：288-296.

满意程度。实际上，在调查中有超过一半的职工说他们宁愿放弃任何工资的增长，以保持他们的健康福利不变。因为成本控制主要对企业有好处，所以企业要与职工进行大量沟通来消除他们的消极反应。

8.2.4 弹性工作福利计划

弹性工作福利计划的一个相对较新又十分重要的方面是，建立灵活的工作地点，以便满足越来越多样化的劳动力需求。灵活的工作地点赋予了职工许多权利，这些权利使他们对工作和工作环境拥有了更多的控制权。这些权利包括弹性工作时间制、压缩工作周、工作分担、弹性报酬计划、电子网络和修订的退休制度等。

1．弹性工作时间制

弹性工作时间制（flex time）指企业在一定限度内允许职工选择他们自己的工作时间段。20 世纪 60 年代，德国首次使用这一制度，此后该制度传遍欧洲其他国家和美国。

在弹性工作时间制中，职工每天的工作时间与标准工作时间制中的相同。然而，他们获益于在一个叫作"带形宽度"（band width）的范围内完成这些工作时数，其指的是每个工作日的可工作最长时间。"核心时间"（core time）是每天所有职工必须出勤的时间段。"弹性时间"是职工可调整他们自己的时间表的时间段。一种常见的日程表是：企业允许职工在早晨 6 点至 9 点之间开始工作，在下午 3 点至 6 点完成他们当天的工作。

弹性工作时间制最重要的特征可能就是，它允许职工调整自己的时间，以把个人需求和工作之间的矛盾减到最小。实施弹性工作时间制，个人需求可以得到调整。弹性工作时间制还允许职工在他们认为可以最大限度发挥工作能力的时间段内工作，这迎合了那些白天早起的人或者宁愿晚些上班的人的需求。公众好像也可从弹性工作时间制中获利。电子通信、娱乐设施、医疗诊所和其他服务机构都会因为可减少传统高峰时间的服务竞争而得到更好的利用，随之而来的企业利益的自然增长也十分惊人。

弹性工作时间制并非适合所有类型的企业。例如，在装配线操作和采用多班轮换制的企业中，它的使用受到了很大限制。然而，弹性工作时间制在多数情况下是可行的，会使职工和企业均受益。十分明显的是，弹性工作时间制可以实现职工特别是年轻职工最大限度地控制自己工作情况的愿望。

2．压缩工作周

任何一种允许职工每周用少于 5 天的时间完成其工作职责的工作时间安排都叫作压缩工作周（compressed workweek）。一般压缩工作周为 4 个 10 小时的工作日，这样安排工作，员工会感到更加满意。而且，压缩工作周为职工提供了更好地利用空闲时间安排家庭生活、处理个人事务及进行娱乐活动的潜力。此外，其还有诸如生产率的提高、调离人数及旷工人数的减少等优点。但是，也有一些企业遇到了工作时间安排和职工疲劳的问题。在某些情况下，这些问题会导致产品质量的降低和顾客服务的减少。一些企业甚至在经历了压缩工作周的问题后，重新启用了传统的 5 天工作制。显然，大家对压缩工作周的接受程度并不像弹性工作时间制那样明显。

3．工作分担

对那些每周不想干满 40 小时工作的人来说，工作分担（job sharing）是一种极具吸引力的工作方法。按这种方法，两个兼职工按某种一致同意的方式分担工作职责，根据各自的贡献获酬。在雇主看来，他只为一份工作支付了报酬，却可以获得两个职工的创造力。由于提供了额外报酬，所以整个经济的报偿费用可能会增加，但这种开支可以通过生产率的提高而抵消。工作分担对那些家庭负担较重和那些年纪较大并希望晚些退休的人最具吸引力。

4. 弹性报酬计划

弹性报酬计划（flexible compensation plans）是一种允许职工从多种方案中选择一种来分配其经济报偿的方式。职工有较大的自由度来决定其薪水、寿险、养老金投入和其他福利的形式。弹性报酬计划具有一定的灵活性，允许每位职工选定最能满足其具体需求的一揽子报酬计划，被证明是一种令人满意的解决办法。

很显然，企业不会允许职工挑选所有的报酬方式。首先，法律规定的福利必须提供给职工，还要使每名职工享有核心福利，尤其使其享有养老和医疗保险方面的福利。对许多职工来说，一些指导性原则从长远的角度看可能十分有益。自由选择最理想的福利形式似乎会使一个人的报酬价值最大化。企业在制订具体的报酬计划时，还应将各项福利的成分告诉所有职工。弹性报酬计划会产生一种信念，即职工在选择自己的报酬方案时应拥有更强的灵活性和更大的自主权。

5. 电子网络

电子网络允许职工在家中工作，或者至少在一个远离规定地点的地方工作。事实上，现代通信和数据处理技术允许人们在其希望的几乎任何一个地方工作。这样职工就可以通过计算机联网来完成他们的任务，就像在办公室一样。采用电子通信方式的人通常是信息工作者，他们需要完成那些分析、研究、写作、预算、数据输入或者计算机编程的工作。

职工在家中使用联网的计算机，就可以在不降低效率和工作质量的情况下完成培训和工作任务。电子网络工作的优点包括：有效利用人力资源，免于对办公场地的依赖，提供弹性工作时间，省去每天上下班的交通费用，加强智力功能，使严重残疾的职工能够进行高水平的自我护理，节省健康护理费用，提高职工的自我认识和自信程度，提供一种重新进入传统工作环境的途径。

6. 修订的退休制度

修订的退休制度（modified retirement）允许年老职工在退休前的一定时期内的工作时间少于常规小时数。这一规定可使职工的生活方式避免发生骤然变化，并且可以使其更从容地过渡到退休状态。

弹性选择权似乎在全面质量管理环境中的使用效果最好，其主要特征是自由、信任、负责和尊重。有些企业正在改变工作和劳动的传统方法。这不仅降低了成本，而且缓解了职工工作和家庭责任之间的冲突，吸引和留住了合格的职工。

与特定福利计划相比，弹性工作福利计划的主要优点在于企业能够以既定的开支为职工提供最大的价值，且能吸引企业想要的职工。花费同样的成本，职工选择什么样的福利组合，一般对企业来说并没有太大的影响，但是各个福利计划对职工的价值却不同，企业通过给予职工选择的自由可以提高职工的效用水平。

但是，弹性工作福利计划也存在一些潜在的障碍，方案设计以及实施的高成本、随时可能变化的政策环境、对职工是否会做出合理决策的担心等问题都可能影响企业弹性工作福利计划的实施。弹性工作福利计划过于广泛的适应性，会妨碍企业招揽其想要的职工。另外，相较于传统的员工福利计划，弹性工作福利计划涉及的管理及福利成本问题更为复杂，企业管理这样的福利政策更为昂贵和困难。同时，弹性工作福利计划的复杂性，使职工并不能对计划中所有的福利项目有全面、透彻的了解。职工一旦选择不当，可能就会遭受损失，进而影响劳动关系的和谐发展。

8.2.5 员工福利管理

1．福利管理环境分析

作为企业员工激励计划的一部分，雇主希望企业的福利项目对员工的激励作用较大，但是，雇主在进行福利决策时并非是完全自由的，企业制订和实施福利项目时需要考虑多方面的因素。

（1）外部因素

任何企业制订的福利项目中都必须包含国家法律规定的法定福利。显然，企业在法定福利项目上的自主权受到了极大限制。各个国家对法定福利的规定是不同的，而且每个国家随着经济、社会的发展，在各个不同历史时期的法定福利的内容也未必相同。

福利项目对员工的激励效果如何取决于福利项目自身对员工的效用大小。因此，企业在制订福利项目时还必须考虑社会、经济因素，在经济发展的不同周期，福利的激励作用是不一样的。例如，在经济处于通货膨胀的时候，面对日益上涨的物价，工资增长速度落后于物价增长速度，员工可能会更加希望福利项目的存在能够使他们的生活水平不下降。

此外，企业进行福利决策必须考虑社会文化因素。

（2）内部因素

尽管高福利可能会对员工的激励效果更大，但是如果企业自身经济能力不够，可能就不得不转而实行一些相对比较常规的福利项目。毕竟企业的目标是利润最大化，福利项目作为企业的一项成本，应该视企业自身的财力而定，企业要在员工的高激励效果与成本节约之间进行权衡。

企业在制订福利项目时，应该充分考虑公平因素，也就是应该注重福利结构的公平性。对于有些福利项目，应该全员参与，还是企业选择某些特定的员工参与，或者由员工自主选择，应该是一个首先要考虑的问题。一旦确定参与人后，究竟应该怎么分配福利也是一个问题。企业如果处理不当，不但不能达到预期目的，而且可能会降低员工的积极性。因此，企业应该关注福利项目的程序公平和结果公平。

2．福利计划的设计

为了取得激励员工的最佳效果，企业需要对各项福利项目进行融合，充分考虑员工的现实需要，设计合理的福利计划。福利计划的设计一般有以下几个步骤。

（1）确定参加计划的员工

员工的个体需要不同，企业不应强制要求全体员工必须参与某一福利项目。尽管参与福利项目对员工来讲是有利可图的，但是对于那些并不看重这些利益的员工来说，他们可能会感觉自己被强制做某件事情，企业这样做反倒可能会挫伤其积极性。另外，福利开支对企业来讲是一种成本，因此企业应该在遵守法律和有效激励员工的前提下尽量控制福利项目的开销。对于企业来讲，确定某一福利项目的员工覆盖范围主要是确定退休员工、临时工以及正处于试用期的员工能否参与该福利项目。

（2）筹集资金

福利开支并不一定全部由企业买单，事实上，企业福利计划制订的一个很重要的方面便是确定福利基金的来源及比重：究竟是企业完全承担这一责任还是由员工自行承担，或者企业与员工各承担一部分？如果是企业与员工共同承担，那么双方各应承担的比例又是多少？这些都需要在筹集资金时明确说明。

（3）员工的选择权

虽然人们对福利越来越重视，福利项目日趋多样化，但某一福利项目并非适用于所有人。

这就会涉及员工的选择权问题。企业在制订福利计划时必须充分考虑究竟给员工多大的自行选择福利项目的权利，否则福利计划非但起不到激励作用，甚至会挫伤员工的积极性。

（4）福利成本控制

福利固然可以很好地激励员工，但是由于福利激励机制具有复杂性，福利并非越多越好，而且福利开支对雇主而言是一笔不菲的成本，因此企业应该制订合理可行的福利成本控制计划。

（5）与员工进行沟通

如果雇主希望自己的福利投资能够获益，那么就需要与员工进行沟通。研究表明，无论是企业当前的员工还是求职者，他们对于雇主目前提供哪些方面的福利以及这些福利的市场价值到底多高都知之甚少。

3．福利成本的控制

近几十年来，福利的金额和相对比重都在大幅提高。从福利占总薪酬的相对比重来看，随着福利类型的增多，企业的福利在员工总薪酬中的比例日益加大。

近年来，福利水平大幅提高的原因有以下几个：第一，法律法规日趋完善，对员工的保护程度也越来越高，对企业提出的强制性要求也就越来越多；第二，高福利政策具有很强的刚性；第三，随着经济的发展，员工的需要日渐丰富，这样就会产生越来越多的福利需求，企业原有福利项目的局限性日益明显，给企业造成了很大的压力，使企业不得不增加福利的内容；第四，从经济的整体发展过程角度看，物价水平总的趋势是在提高的，也就是说，很多项福利的成本都在增加，这在很大程度上增加了企业的成本；第五，一些雇主和员工都没有对福利进行科学的预算和管理，造成福利成本增加、效率低下等现象；第六，员工福利计划享受的税收优惠也是企业不断增加福利的原因[①]。

随着福利水平的逐步提高，如何降低福利成本已成为企业的一个重大问题。为了提高福利服务效率和降低福利成本，很多企业进行了一些改革，具体内容如下。

① 实行员工健康修炼计划（EWPs），即改变员工在工作中以及工作之外的生活中可能发生的最终会导致员工在未来出现健康问题的那些行为。员工健康修炼计划从本质上来说是一种预防性的计划，这类计划的目的是通过降低员工对健康服务的需求来控制医疗保健成本的支出。

② 由员工承担部分费用，即由员工承担规定的数额，在医疗或其他事务的支出超出规定数额后，员工开始享受福利。

③ 规定福利上限。

④ 对不同类型的员工给予不尽相同的福利内容，并确定享有特定福利项目的条件，如绩效、职位等达到什么样的程度才能享受。

⑤ 与福利的提供者进行协调，降低购买福利的成本，审查医院或其他服务单位收费的合理性。

⑥ 某些岗位可招募临时工或兼职人员。

⑦ 在双职工家庭中，和另一方雇主协调分担福利费用。

⑧ 福利业务外包，通过雇佣企业外部的人员来管理福利计划，企业则集中精力从事生产经营。

8.2.6 福利管理存在的问题和发展趋势

1．福利管理存在的问题

由于福利的大规模发展是 20 世纪 60 年代以后的事情，再加上福利本身具有独特性，所以

① 赵曙明，张正堂，程德俊. 人力资源管理与开发. 北京：高等教育出版社，2011：334-335.

在福利管理方面，企业面临着一些比较大的问题，具体包括以下几个。

（1）企业和员工在对福利的认识上有些模糊

在实践中，对于到底企业应当提供何种福利，员工应当享受何种福利，大家的认识都比较模糊。从企业的角度看，大多数情况下，它们实际上只是被动地制订福利方案，对于这些福利方案存在的合理性及其实施效果并不是很清楚。从员工角度看，由于福利条款及其操作过程具有复杂性，许多员工都只是在生病、伤残、被解雇或者退休的时候才开始对福利计划的规定产生兴趣。大多数员工对于企业提供的福利的种类、期限以及适用范围都一知半解。此外，对于企业为员工提供福利到底需要付出多大的成本，或者员工享受的企业提供的福利价值到底有多大，双方都不是很清楚。

（2）福利成本居高不下

由于福利支出对企业的人工成本影响巨大，许多企业都会千方百计地压缩福利成本和预算，用招聘临时工或者兼职员工的做法来减少福利的成本压力。此外，企业的福利成本也存在增加过快的问题。一种情况是企业在提供福利的初期，没有预见到福利发展到一定阶段之后，成本可能会非常高。另一种情况是由外界环境变化所致的。例如，在退休福利方面，随着人均寿命的延长，企业在支付员工退休金方面的负担越来越重。在这种情况下，有些企业就采取漏给、少给的方式来逃避这种责任。

（3）福利的回报率低

企业在福利方面付出了很大的代价，却没有得到相应的回报。福利本来应当能够帮助企业加速实现目标，或者有效实现企业和员工之间的沟通，从而培育一支优秀的员工队伍，真正达到双赢的目的，但是事实上并没有取得这种效果。一方面，员工将福利看作一种既定权利或正当权益，对企业提供的福利越来越不满足；另一方面，企业的经济负担越来越重，对福利的管理也越来越复杂，福利计划并没有给企业带来明显的收益。造成这种情况的一个重要原因可能是企业的福利计划缺少一些限制条款。

（4）福利制度缺少灵活性和针对性

传统的福利制度大多针对传统的工作模式和家庭模式，而当前的社会发展使员工的工作模式和家庭模式都发生了变化。此外，随着员工队伍结构的变化，不同文化层次、不同收入层次的员工对福利的需求也产生了较大的差异。而传统的福利制度相对固定，对有些人会出现重复保险，而对另一些人则出现保险不足的问题，并且很难满足员工多样化和个性化的福利要求[①]。

2．福利管理的发展趋势

进入 21 世纪以来，随着企业员工结构的变化，企业员工福利管理有了新的变化。归纳起来，福利管理的发展趋势如下。

（1）从普惠制到重点针对核心人才

普惠制指的是福利制度面向企业中的所有员工，与员工对企业的贡献大小并不挂钩。这样就会导致福利成为薪酬中的保健因素，而失去激励的作用。因此，企业在设计福利计划时，应倾向于将福利作为对核心人才和优秀员工的一种奖励，要求员工通过努力工作来争取福利报酬。

（2）员工福利的弹性化

不同的员工对福利项目的偏好不同，传统的统一福利计划很难满足员工多样性的要求，但却要企业支付大量的成本。为了减轻成本负担，同时为了更好地满足员工多样性的需要，企业出现了福利管理弹性化的趋势。

---

① 刘昕. 人力资源管理. 2 版. 北京：中国人民大学出版社，2015：294-295.

（3）员工福利的社会化

福利管理的社会化趋势是指企业通过签订合同，把自己的福利计划完全外包给其他专业公司，由专业公司负责企业福利制度的设计以及员工福利的购买、发放和管理。其优点是企业可以省去许多福利设计和管理方面的麻烦，能够集中精力于核心业务，福利制度的专业化程度高；缺点在于专业公司对企业的了解程度不如企业的人力资源管理部门，对员工的情况和需求的了解也不是很详尽。

（4）员工福利的货币化

福利管理的货币化趋势是指企业为了简化员工福利的管理，免去设计福利项目和迎合员工差异性偏好的麻烦，直接向员工发放与原来福利项目等值的现金。其优点是既省去了大量的行政作业，又避免了员工多样化的需求；缺点在于改变了福利原有的性质和意义，使其成为第二奖金，此外，员工不能享受国家的税收优惠，这也不能体现规模采购的好处，使企业人工成本增加[①]。

【启发与思考】

扫一扫→谷歌的工作体验

【思考练习题】

1. 薪酬是如何构成的？
2. 激励工资制度包括哪些形式？具体内容包括什么？
3. 福利管理的形式有哪些？
4. 弹性福利计划包括哪些内容？
5. 影响员工福利管理的环境因素包括哪些？

【模拟训练题】

将全班同学分为若干小组，每个小组选择一个企业，每个小组的成员间进行分工，搜集相关材料，设计合理的调查问卷，对其生产工人、销售人员、研发人员、企业高级管理人员进行薪酬调查，并根据企业所处的行业、发展阶段、发展目标等为这些员工制订相应的激励计划。

【情景仿真题】

假设你是家电行业 A 公司的人力资源经理，要对本公司的薪酬体系进行设计。请你按照薪酬体系设计的步骤，设计不同职位员工的薪酬构成以及薪酬发放方法。

---

① 曹如中，邱羚，秦迎林. 人力资源开发与管理. 北京：清华大学出版社，2015：187-188.

第9章 劳动安全及劳动关系管理

学习目标

学习本章后，读者应达到以下目标：

1. 理解员工安全与健康的重要性。
2. 了解员工健康问题的类型。
3. 掌握应对工作压力的方式与方法。
4. 了解集体谈判的发展过程和主要内容。

劳动安全与劳动关系管理 重难点

引导案例

南海本田的工资集体协商

2011 年 5 月，广东南海本田汽车零部件制造有限公司（以下简称南海本田）工人因不满薪酬而停工，后在多方协调下该事件得以平息。2012 年 3 月 1 日，南海本田劳动关系双方举行第三次工资集体协商会议，商讨 2011 年度的工资涨幅。在经过几番激烈的讨论和谈判后，双方各自做出让步：最终决定在 2011 年增长 500 元的基础上，再上调 611 元，其中工资部分增加 561 元，奖金部分增加 50 元。

880 对 531："大跃进"还是稳定性增长？

据了解，在 2012 年 2 月 25 日，南海本田劳动关系双方举行了第二次会议，员工代表在会上集体表达了今年工资再增加 880 元的诉求。

2012 年 3 月 1 日的会议主题是双方就工人的加薪要求进行谈判协商，参加会议的人员有南海本田日方管理层、政府工会代表、企业工会代表以及旁听员工，共 40 余人。

南海本田事业管理部部长伊藤代表日方管理层给出的方案是：普通员工 1 级工资总体上调 531 元，增幅为 27.7%，较公司最初方案提高了近 6 个百分点，其他各等级工资进行相应调整，但较员工要求的 880 元仍有较大差距。

南海本田总经理入江茂对此解释说："如果一次性增加 880 元，增长幅度为 46.1%，这远远超过了公司所能承受的范围。而且去年刚刚调升 500 元，今年再超过 500 元的话，会给公司带来很大的负担！"

但与会员工代表对公司的这一番表态纷纷表示质疑。"公司去年业绩比前年还要好，今年如果还只是加 500 元的话，就明显不够有诚意！"其中一位工会代表称。另一位旁听员工则表示："不能只看增长率，幅度高是因为原来基数太低！"

在谈判过程中，工会代表和管理层多次提到一个"共同目标"，即到 2013 年一线工人工资要达到 3500 元，从而能与竞争对手一汽大众抗衡。

交锋+让步：几番讨论后双方达成协议

面对公司管理层提出的薪酬涨幅方案，企业工会代表当即表示"不能接受"，要求与员工代表进行闭门协商。在经过一番热烈的讨论后，大家决定在企业方案的基础上增加 200 元，且这 200 元全部加入基本工资。

随后，2011 年年底刚刚当选为南海本田工会副主席的王超群对日方管理层做出回应："如果接受企业方案，将会产生以下负面影响：①员工士气受挫，公司产品品质会受到不利影响；②从公司的长期发展来看，不利于留住熟练工；③员工对工会会非常失望，不利于工会开展活动。"

南海本田总经理入江茂则辩称，虽然工会新方案降了 100 多元，但是一旦满足工人的要求，会给周边企业带来很大影响，会影响相关零部件供应商、物流企业的运营。加薪会对企业 2011 年的经营利润带来影响，企业将对 2011 年的事业计划进行全面考虑，考虑撤回部分日方技术支援人员、压缩财力支付等。

日方管理层在经过退场讨论后，再次抛出一个新方案：总体工资上调 561 元，奖金增加 33 元，即在原来方案的基础上增加 63 元，并表示："这是最后的方案！如果工会不赞成，前期所有谈判成果将清零，最终将提交政府有关部门进行仲裁！"

省总工会党组成员、巡视员孔祥鸿当即表示反对"最后方案"，并要求劳动关系双方相互尊重、互相让步，以达成最终方案。最终，在他的紧急斡旋下，企业方答应将奖金增加 50 元，即总额度达到 611 元，这也是令企业工会方满意的结果。双方在掌声中通过了该方案。该方案将提交企业职工大会最终审议。

问题：

1. 你认为劳资关系的主体包括哪些？

2. 你认为造成这次劳资冲突的深层次的制度原因是什么？

3. 结合本案例，你认为应该建立怎样的集体谈判制度和工会组织才能解决当前中国的劳动关系问题？

资料来源：赵曙明，周路路，罗伯特·马希斯，等. 人力资源管理. 13 版. 北京：电子工业出版社，2013：397-398.

9.1 劳动安全与员工健康管理

9.1.1 劳动安全管理

传统意义上，当提及员工的健康和安全时，雇主考虑的是减少工作场所事故，提高员工的安全操作水平，减少工作中的健康危险。近些年来，让员工有安全感已经变得越来越重要。

1. 安全事故

在我国，安全事故通常被称为职工伤亡事故，是指企业职工在生产劳动过程中发生的人身伤害以及急性中毒。伤亡事故根据严重程度，可以分为轻伤事故、重伤事故、死亡事故三大类。

在工作场所发生安全事故的主要原因有两个：一是存在不安全的工作状态，即存在可能导致安全事故发生的客观物质条件；二是存在不安全的工作行为，即存在可能会造成事故的人为错误，主要表现为员工没有严格按照规定的要求操作设备或采取行动，或者未能观察到某些潜在的工作风险。

除了客观的工作状态以及员工行为，工作本身、工作进度及工作场所的心理氛围等也与安全事故间存在较为明显的联系。例如，有些工作本身就比较危险。同时，有些与工作条件有关的最为重要的事故成因不那么容易被发现，因为这些因素可能与工作场所中存在的"氛围"和心理状态有关[①]。

2．工作场所暴力[②]

工作场所暴力是指对正在工作的员工实施暴力的行为，如身体攻击、威胁、骚扰、恐吓和恃强凌弱。世界卫生组织（WHO）将工作场所暴力定义为工作人员在其工作场所遭到辱骂、威胁、恐吓或攻击，从而造成对其安全、幸福或健康的明确或含蓄的挑战。工作场所暴力可能与四种人有关。

① 罪犯：从事犯罪活动（例如，抢劫、行窃、非法入侵）。罪犯与企业间没有合法关系。

② 客户：与企业间存在合法关系的某人对企业员工实施暴力（例如，病人、学生、同住者、顾客）。

③ 同事：某个现在的或曾经的员工袭击或威胁另一个员工（例如，承包商、临时工）。

④ 家人：与企业间没有合法关系，但与员工有私人关系的某人对该员工实施暴力（例如，家人、男友）。

（1）工作场所暴力的家庭原因

频繁的家庭暴力或者"朋友"之间的暴力可能会波及到工作场所。雇主的反应也可能是员工家庭暴力的重要原因。漠视员工的求救致使员工在企业停车场或营业场所遭受家庭暴力的雇主也负有责任。

（2）处理工作场所暴力

预防工作场所暴力是一个复杂的过程。为了尽力阻止和应付日益增加的工作场所暴力问题，企业制订了相应的政策并进行了相应的实践，如员工帮助计划、人力资源政策以及保护措施。这些政策能够说明工作场所暴力行为如何受到纪律处分以及工作场所暴力行为的受害者如何得到员工帮助。对经理和其他人员进行培训是实践取得成功的重要因素。

实践上述政策的方式之一是成立解决暴力问题的团队。由安全人员、主要管理人员、人力资源工作人员和被挑选的员工组成的团队发挥着类似于安全委员会的作用。该团队分析、回应和调查员工所受到的威胁，甚至安抚愤怒和其他情绪不稳定的员工。

工作场所暴力管理的另外一个重要部分是对暴力行为进行事后处理。无论暴力行为是否导致身体伤害、死亡或严重的人际冲突等后果，善后计划都十分重要。这些计划必须能够安抚那些对重返工作感到恐惧或出现焦虑、失眠或其他反应的员工。除了员工帮助计划之外，留出时间让员工与人力资源人员面谈以及安排专业咨询师在线服务等都属于事后处理。

企业应该创造一种相互尊重的、和谐的文化氛围；建立良好的沟通和申诉渠道，鼓励员工反映问题；开设关于沟通、谈判、团队建设和冲突解决的培训课程；制订员工援助计划，协助其解决工作和生活中遇到的实际问题；提供心理咨询或辅导，使员工正确认识和面对问题；对被解雇的员工进行安慰以及给予工作场所以外的特别帮助；进行特别的面谈，以识别和处理潜在的暴力倾向；加强安全管理，严格控制进入工作场所的人员，并完善应对暴力事件的处理方案[③]。

3．工作场所中的无礼和欺凌

同事乱发脾气或老板的粗暴言行等是工作场所中的无礼行为，大部分人并不认为无礼行为

① 刘昕. 人力资源管理. 2版. 北京：中国人民大学出版社，2015：333-334.
② 赵曙明，周路路，罗伯特·马希斯，等. 人力资源管理. 13版. 北京：电子工业出版社，2013：393-395.
③ 杨河清. 人力资源管理. 4版. 大连：东北财经大学出版社，2017：295-296.

会严重到要对其采取正式行动。但是，无礼行为可能会升级为欺凌。欺凌是指令受害者感到受压迫、羞辱、受威胁或人权遭受侵犯的行为，这种行为往往都会持续一段时间。尤其是上级的欺凌，可能会对员工个人、企业都产生一定的负面效应。

4．安全管理

企业进行安全管理需要应用一套总体方法，以应对诸多问题，其中包括工伤、工作场所暴力问题等。通常人力资源经理负责安全项目，他们与安全经理或者咨询师一起解决员工安全问题。

工伤事故的预防方法主要可以归纳为以下两种：一是尽可能减少不安全的工作条件，二是努力减少不安全的工作行为。

（1）安全审查

在进行安全审查时，人力资源人员会全面检查企业安全问题，有时我们也称之为脆弱性分析，通常由内部经理人员（如人力资源经理和装置经理）和外部人员（如安全顾问、警务人员和计算机安全专家）共同评估安全问题。

安全审查始于对设备周边区域的审查，停车场的照明、交通流动、应急反应设施的位置、邻近周边环境的犯罪活动、建筑和场地的布局等因素都将受到评估。评估活动也可能包括企业内部的安全检查，如防卫能力等。安全审查的另一个部分是检查防灾计划，主要解决如何处理地震、洪水、龙卷风、台风和火灾等灾难问题。

（2）出入控制

安全管理的另一个重要组成部分是对出入企业的人员进行控制。

许多企业通过电子和钥匙卡系统限制他人接近企业设施和工作区域。这种方法虽然不十分安全，但可以阻止一些未经批准的人出入工作场所。为了防止未经批准的人擅入特定区域，进入控制装备可以安装在电梯或者楼梯通道上。

限制计算机访问是保护 IT 资源的一个重要组成部分。将限制计算机访问与其他信息技术手段结合起来，如改变密码之类的手段，对于保护计算机信息十分重要。

（3）应对工作场所暴力的培训

经理、人力资源部职员、主管和员工应该接受如何识别具有暴力倾向的员工的培训，并学会如何应对暴力事件。在许多的企业培训中，受训者会了解潜在暴力员工的典型特征，并可以通知人力资源部，以及将暴力员工交给外部咨询专家。此种培训的目的是帮助受训者通过观察员工的语言和非语言信号，识别和倾听那些可能生气和怀有敌意的员工。

处理潜在暴力员工的建议如下。

① 询问需要解释的问题和能让人得到长时间发泄的问题；

② 当员工发泄情绪时表现得平静而毫无威胁性，对员工的感受表示理解和关注；

③ 得到来自他人的帮助，尤其是人力资源部人员或者其他不被直接影响的管理者的帮助；

④ 留出时间对可能发生的暴力行为做出反应，并安排发生暴力行为后的后续工作；

⑤ 无论何时，只要员工的行为发生明显改变，或者当工作纪律可能会引起员工更强烈的反应时，都要通知安全负责人和人力资源部职员。

（4）员工甄选

审核应聘工作者的情况是安全管理的关键。如果企业一开始没有审查员工，那么对于员工后来所犯罪行企业要承担一定的责任。例如，企业雇用了一名有袭击他人犯罪记录的员工，该员工被派到客户家中维修音响设备，他用钥匙进入房间并袭击了房主。因为没有做足够的员工背景调查，故企业要承担相应责任。

（5）安全人员

为安全人员提供足够的培训是安全管理的一个重要组成部分。许多雇主会和专门负责安全问题的企业签订培训合同。若要从内部解决安全问题，企业必须选择安全人员并对其进行培训，让他们学会处理员工暴力行为、自然灾难等工作场所的安全问题。

9.1.2 员工健康管理

员工健康问题是多种多样的，从某种程度上来说是不可避免的，小到诸如感冒之类的小病，大到影响工作的严重疾病。一些员工有心理健康问题，一些员工则有酗酒或吸毒问题。有些问题是长期性的，有些则是阶段性的，这些问题都会对整个企业的运行、员工的生产率造成影响。

1．员工身体健康

除了工作伤害以外，对员工身体健康危害较大的因素还有很多办公特点和办公环境方面的，这主要表现在以下几个方面。

一是与计算机使用有关的身体健康问题。在当前的工作环境中，大量的员工都需要使用计算机，与计算机有关的健康问题越来越多地突显出来，如近视、颈椎病、腰肌劳损等。

二是办公环境中的辐射和空气污染等造成的健康问题。在现代办公环境中，员工往往需要大量使用各种电子办公设备。这些电子办公设备往往会产生电磁辐射，对人体产生一定的不良影响。此外，办公室使用的各种装修材料也有可能带来空气污染，这些都会对人体造成较大的伤害。

三是因工作场所有人吸烟造成的健康问题。在我国的很多工作场所中，吸烟问题并未完全解决。一些企业设置了专门的吸烟室来处理这种问题，但是效果并不是特别好。在一些高层管理人员有抽烟习惯的企业中，办公场所吸烟问题往往更为严重。

企业可以从以下几个方面来保护员工的身体健康。

第一，为员工创造良好的工作环境，减轻或消除恶劣工作环境给员工带来的不适。例如，在办公室设计方面，注意从人体舒适度的需要出发，关注空气、噪声、光线、温度、装饰、绿化等方面，给员工提供一个舒适的工作环境，同时注意购买和使用对员工健康有利的符合人体工程学要求的办公桌椅，为使用计算机较多的办公室提供良好的通风和照明条件等。

第二，提醒员工在使用计算机时注意一些问题，以防止因长时间或以不正确的姿势使用计算机给其带来健康损害。例如，在设计工作台时尽可能增强工作台的灵活性，使之能够适应操作者的个人特点；使用设备来减轻工作对员工产生的影响；让计算机使用者坐在使手腕与肘处于同样高度的位置。

第三，帮助员工养成良好的生活习惯。

第四，为员工提供健康、营养的工作餐以及健身设施。对员工工作用餐的合理调整和监控有利于促进员工的身体健康，增强他们的身体抵抗力。同时，在工作场所中适当设置一些在工作之余或工休时间可以使用的健身设施，有利于员工积极参与各种锻炼及文体活动，从而帮助其改善和保持身体健康，预防各种疾病[①]。

---

① 刘昕. 人力资源管理. 2 版. 北京：中国人民大学出版社，2015：337-338.

2．心理或精神健康

在激烈的竞争环境中，很多员工可能会出现心理问题。例如，晋升受阻、职业发展不顺利、人际关系紧张等，都有可能导致员工心理紧张、不适，甚至引发某些心理疾病。员工的心理健康问题往往源于各种压力，所以压力是企业员工健康管理中需要重点关注的因素。另外，诸如丧偶、离婚或生病也会影响人的情绪，使其无法处理工作事务。工作时产生的许多感情和精神问题都值得雇主重视。

压力常让人们不能应付各种要求。人人都有压力，而压力超标可能会影响工作。过高的工作负荷，员工对工作较低的控制，工作支持和工作资源的缺乏，工作的多样性、任务的完整性、任务的价值性、自主性、反馈性差，缺乏群体凝聚力的组织氛围等都会给员工带来压力。除了试着和员工进行沟通，减少他们过多的压力之外，通常人们会建议主管和经理人员与人力资源部的职员接洽，让人力资源人员介入其中，通过员工帮助计划帮助这些员工。

企业可以通过各种减压管理和减压措施来帮助员工缓解他们的压力感知，减轻压力对他们造成的伤害，缓解员工与企业之间的矛盾。企业和管理层可以采取的压力管理对策包括以下几个。

（1）为员工提供人性化的工作条件和人文环境

舒适、安全的工作条件和人文环境可以激发员工的热情，减轻工作压力，所以企业应该从保障员工的身心健康角度入手，保持工作场所空气流通，提供安全、便捷的机器设备；同时，要积极构建公平、公正的管理制度和程序，加强管理者与员工之间的有效沟通，倡导一种积极向上的、文明的企业文化氛围。

（2）通过压力管理增强人力资源管理的有效性

① 将压力管理作为人力资源管理的一项主要工作。现代企业的人力资源管理必须将满足员工需求设定为主要目标之一。企业应为员工创造一种公平、合理的企业和工作环境，减轻员工的工作压力，弱化员工与企业之间的矛盾冲突。

② 改善绩效管理流程。绩效考核是造成员工压力的主要因素。因此，将绩效压力转变为绩效激励就变得非常重要。在绩效指标的确定过程中，员工和上级领导要在充分沟通的基础上，根据企业目标的总体要求和员工的胜任能力，提出具有一定挑战性的工作目标和具体的操作规范。在任务执行过程中，直线经理应从监督者转变为咨询者和辅导者，为员工顺利完成任务提供必要的支持和帮助。在绩效考核阶段，评价主体应从单一的直线经理扩展到员工本人、同事、下属、外部客户和供应商等。同时，考核的标准要从刻板的量化产出和财务绩效等，延伸到员工的学习和成长、客户需求的满足以及工作流程的改进等。

③ 给员工更多的福利保障。企业除了按时足额缴纳国家规定的各项社会保险费用外，还应当根据员工的自身需求和岗位特征设计有针对性的补充性福利计划。

④ 注重对员工的培训和能力开发。以往企业在员工培训中比较注重工作技能方面的培训，即侧重员工智商方面的培训，往往忽略了情商的改善。实际上，很多压力问题不是员工的智商产生的，而是源于情商问题。因此，对员工的能力开发应该包括人际交往、合作、沟通和风险防范等能力方面的训练。

⑤ 降低员工流动和裁员的负面影响。员工的重新配置和裁员需要各层管理者与相关员工进行充分的事前沟通，向其阐明企业人事变动的战略原因，对其进行必要的安抚并帮助其做好下一阶段的职业规划。有效的变革沟通依赖于上下级之间良好的双向互动、开放性的企业环境与细化的工作等。

⑥ 改善工作设计和工作安排。工作设计和工作安排的变革也可以减轻员工压力，提高其工作效率。例如，企业通过工作的丰富化和扩大化可以使有较强自我实现需求的员工在不同职能和业务岗位上进行轮换，减小员工自我职业预期和企业现实情况间的差距。企业也可以通过柔性雇佣降低员工因工作调动和解雇所产生的巨大压力。柔性雇佣可以为暂时性的富余劳动力提供一定的工作岗位和相应的培训机会，缓解企业即时性的用工需求及员工的解约压力。

（3）加强员工的环境适应能力和压力应对能力

① 提高员工的 KSAOs（知识、技能、能力、个性）。面对客户需求的变化、新技术的引入、新产品的推出以及重新定位的组织战略，员工必须通过连续的学习，更新已有的信息和知识，从而降低其在工作岗位上的压力。

② 关注员工的职业生涯发展。员工在成长期所面对的压力主要表现为缺乏对自身潜能的客观认知，无法完成从学生到工作者的角色转变，职业规划不够清晰。企业可以通过自我测评、组织社会化培训等，帮助员工顺利地开启职业生涯的大门，使其逐渐认清职业发展方向，设计出符合个人实际情况与企业需求的胜任力开发时间表。

对于处于成熟期的员工，其最大的职场压力来自于是否能够实现自我设定的职业生涯目标，完成个人财富的积累，获得企业的认可。这类员工最可能面对的问题是职业高原/职业天花板和家庭-工作冲突。由于企业和自身的原因，他们难以获得进一步晋升的机会，家庭与工作之间往往又存在诸多冲突，因此容易产生倦怠感，努力程度降低。因此，在这一阶段企业要通过工作再设计为员工创造更多的内部流动机会，使其掌握多方面的知识和技能，并进一步挖掘员工在企业中的可雇佣价值。

对于处在衰退期的员工，其脑力和体力已经难以满足较强的工作要求，因此可能会面对来自工作、同事和自我的压力。在这个阶段，企业应当将安排好员工在职业生涯末期的工作、生活作为职业生涯开发的重点，要为他们介绍退休后的生活常识，鼓励其参与年轻员工的培养与企业文化的建设[①]。

3．健康和老龄化员工

工作中的老龄化现象对健康和安全问题也具有一定的影响。我们缺少充足的具有胜任力的年轻员工去替代他们。数据表明，老年员工受到的伤害较少，但是一旦受伤，他们离开工作岗位的时间更长，也要花费更多的成本。企业对待老年员工的关键是：防止其滑倒和跌落，避免安排重复性强和吃力的工作，强调安全驾驶，为他们提供健康合适的、逐步重返工作岗位的方法。

4．健康促进

那些对保持健康劳动力十分关注的雇主们不仅会为员工提供良好的工作条件，还会通过其他途径来促进员工健康。健康促进是推动和鼓励员工开展健康活动以及培养健康生活方式的一种辅助方法，其内容包括提供健康信息、加强员工对健康问题的意识、创造促进员工健康的企业文化。除了遵守工作场所的安全和健康规定外，企业也致力于健康促进，鼓励员工做出身体、心智、社会方面的选择，来提高其自身健康水平。

5．健康计划

健康计划通过鼓励人们在问题出现之前改变生活方式，来改善员工的健康状况。早期健康计划的主要目的是减少成本和疾病风险；新计划则强调健康的生活方式和环境，实施个性化的锻

---

① 李新建，孙美佳．员工关系管理．北京：中国人民大学出版社，2015：213-216.

炼方案以及一些后续事务，如为了帮助员工减肥、戒烟等，设立由雇主赞助的帮助小组。

6．员工帮助计划

大多数企业都使用员工帮助计划（employee assistance program，EAP）来解决员工健康问题，为那些在情感上、生理上遇到问题或存在其他个人问题的员工提供咨询和帮助。在实施该计划时，雇主负责和咨询公司联系，然后员工或主动或由雇主介绍联系咨询公司来解决问题。咨询费由雇主来支付。

员工较普遍的问题有：①沮丧和焦虑；②婚姻和人际关系问题；③法律问题；④家庭与孩子问题；⑤其他问题，如财务咨询、职业建议。员工参加员工帮助计划的概率很低，仅为 5%～7%，这说明许多人并没有像我们预期的那样利用这种健康福利。

员工帮助计划的核心内容如下。

① 为处于困境中的员工提供咨询、培训和援助，以改善其工作环境，提高员工工作绩效，并使员工和其家人了解提供员工帮助计划服务的组织和专业工作者。

② 识别和评估可能影响员工工作绩效的问题。

③ 运用建设性的面谈、激励和短期干预等方法，帮助员工处理可能影响工作绩效的问题。

④ 为员工提供和推荐诊断、治疗方案，并提供持续性的监控和追踪服务。

⑤ 为企业提供员工心理和行为问题的咨询和服务，使员工的健康保障具有实用性和可获得性。

⑥ 对为企业和员工提供的员工帮助计划服务的效果进行评估[①]。员工向员工帮助计划求助的关键是其能够保守他们的秘密，因此雇主将员工帮助计划服务外包给经过培训的专业人士时，通常只会报告使用员工帮助计划的员工数量及提供的服务，不会提及任何具体的细节。员工帮助计划的有效性取决于雇主是否能很好地融入进来并在工作中给予支持。如果做得好的话，员工帮助计划有助于减少企业的保健费用和其他成本。

9.2 劳动关系管理

9.2.1 劳动关系管理概述

1．劳动关系的概念

企业中的劳动关系主要指企业所有者、经营管理者、普通员工及其工会组织彼此之间在企业的生产经营活动中形成的各种权、责、利关系，主要包括所有者与全体员工（包括经营管理人员）间的关系、经营管理者与普通员工间的关系、经营管理者与工人组织间的关系以及工会与员工间的关系[②]。

根据劳动法律法规形成和调整的劳动关系是劳动法律关系，它由三个要素构成：主体、内容和客体。

劳动法律关系的参与者为劳动关系的主体，包括员工、员工的组织（工会、职代会）和用人单位。

---

① 李新建，孙美佳．员工关系管理．北京：中国人民大学出版社，2015：234-235．

② 刘芳．人力资源管理：理论与实务．合肥：合肥工业大学出版社，2010：370．

劳动法律关系的内容是指主体双方依法享有的权利和承担的义务。《中华人民共和国劳动法》第四条规定：用人单位应当依法建立和完善劳动规章制度，保障员工享有劳动权利、履行劳动义务。用人单位在制定、修改或者决定有关劳动报酬、工作时间、休息休假、劳动安全卫生、保险福利、员工培训、劳动纪律以及劳动定额管理等直接涉及员工切身利益的规章制度或者重大事项时，应当经员工代表大会或者全体职工讨论，提出方案和意见，与工会或者员工代表平等协商确定。对于员工而言，他们需要承担的主要义务有：①按质、按量完成生产任务和工作任务；②学习政治、文化、科学和业务知识；③遵守劳动纪律和规章制度；④保守国家和企业的机密。用人单位的主要权利有：①依法录用、调动和辞退员工；②决定企业的机构设置；③任免企业的行政干部；④制订工资、报酬和福利方案；⑤依法奖惩员工。用人单位的主要义务有：①依法录用、分配、安排职工的工作；②保障工会和职代会行使其职权；③按员工的劳动质量、数量支付劳动报酬；④加强对员工思想、文化和业务的教育、培训；⑤改善劳动条件，做好劳动保护和环境保护。

劳动法律关系的客体是劳动权利和劳动义务指向的对象，也就是劳动法律关系所要达到的目的和结果，包括体现一定的行政管理和物质利益性质的事物，如劳动、工资、保险福利、劳动安全卫生等。

2. 劳动关系管理的内容

劳动关系管理是指通过规范化、制度化的管理，规范劳动关系双方的行为，保障各自的权益，协调彼此之间的关系，避免或解决劳动关系中的劳动争议，维护和谐、稳定的劳动关系，促进企业的稳定发展。劳动关系管理应以法律为准绳，兼顾各方利益，对劳动争议要坚持以预防为主，尽量采取协商的手段，兼顾各方利益，以切实保障良性、和谐的劳动关系。但是，根据冲突的相互作用观，赵曙明和白晓明（2012）认为：一些冲突不仅是企业中的积极动力，而且对于企业或企业单元的有效运作是必不可少的。当企业处于成长和发展的瓶颈阶段时，如何推动企业进行创新和变革，是企业生存的重要课题。打破企业内部旧有的对企业发展不利的劳动体系，推动企业二次创业和组织重构，就有可能使企业脱离所处的恶性竞争环境和停滞不前的发展状态，进一步寻求成长空间[1]。

劳动关系管理的内容主要包括劳动人事合同管理（涉及劳动合同和集体合同的订立、履行、变更、终止与解除等）、员工基本保障管理（涉及劳动安全卫生保护管理和社会保险等）、劳动争议管理（涉及其基本原则、处理程序、预防措施、相关组织或机构的角色等）三大类。具体来说，其主要是指管理员工与用人单位之间在工作时间、休息时间、劳动报酬、劳动安全卫生、劳动纪律与奖惩、劳动保险、职业培训等方面形成的关系。此外，其还包括劳动行政部门与用人单位和员工在劳动就业、劳动争议、社会保险等方面的关系管理，工会与用人单位、员工之间为履行工会职责和职权、代表和维护员工合法权益而发生的关系管理等。具体内容如图9-1所示。

3. 劳动关系管理的意义[2]

① 劳动关系管理是企业完成自身使命、实现社会责任的基础和不可推卸的义务。企业通过建立和谐的劳动关系，可实现其存在的重要使命：尽可能多地为社会提供就业岗位，为更多的员工提供施展才华和能力、获得报酬收入、实现个人成长、提高自我价值的机会。

---

① 赵曙明，白晓明. 企业劳动冲突的波及面差异：国际经验及启示. 改革，2012，（12）：125-131.
② 刘芳. 人力资源管理：理论与实务. 合肥：合肥工业大学出版社，2010：371-372.

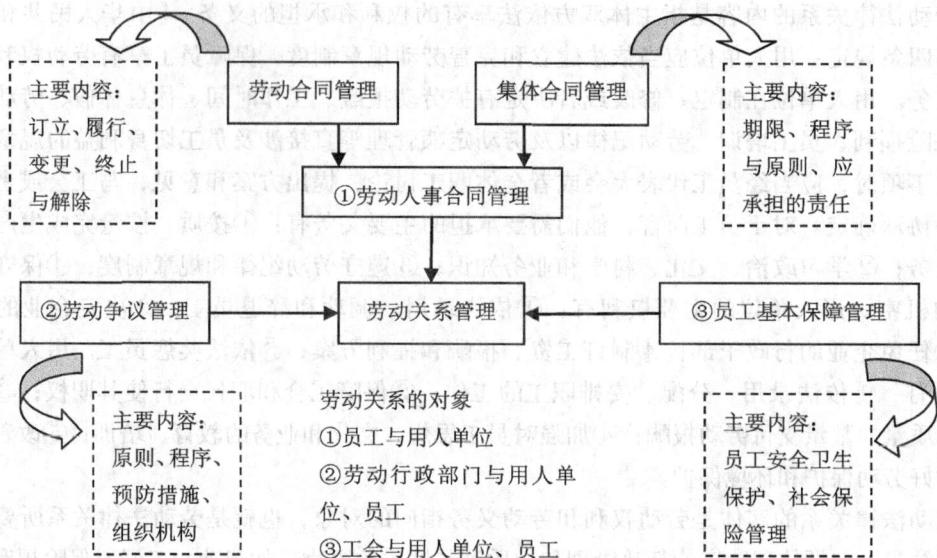

图 9-1　劳动关系管理的内容

② 劳动关系管理有助于减少企业员工的不良行为，创造一个和谐的工作环境，从而促进企业赢利能力的提高。在一个缺乏有效的劳动关系管理的企业中，劳动纠纷频发，这不利于企业维持正常的生产秩序，直接影响企业的赢利能力。

③ 劳动关系管理有利于人力资源管理者个人职业生涯的发展，提高人力资源管理的战略地位。

④ 劳动关系的有效管理对提高整个企业的专业化管理水平有着积极的推动作用。

4．劳动争议处理

劳动争议，是指劳动关系当事人之间因为对薪酬、工作时间、福利、解雇及其他待遇等的主张不一致而产生的纠纷[1]。我国相关法律规定，劳动争议的具体范围一般包括：因确认劳动关系发生的争议，因订立、履行、变更、解除和终止劳动合同发生的争议，因除名、辞退和辞职、离职发生的争议，因工作时间、休息休假、社会保险、福利、培训以及劳动保护发生的争议，因劳动报酬、工作医疗费、经济补偿或者赔偿金等发生的争议，法律法规规定的其他劳动争议。

劳动争议产生的原因很多，主要包括：社会经济总体运行环境的变化使传统的单一型的劳动关系被打破，劳动关系趋于多样化、复杂化；劳动关系双方不同的利益追求导致分歧的出现；劳动合同和集体合同履行不规范；协调监管制度缺位，不能很好地监督劳动关系双方合法权益的受保护程度等[2]。

劳动关系原则是一种不受国家权力直接干预的私人自治关系，但企业和社会如果不能及时预防和有效解决劳动关系双方发生的各种纠纷，就可能会给国家经济发展带来不利的影响。因此，在处理劳动争议时，要坚持以下原则。

第一，及时性原则。劳动争议发生后要及时处理。企业劳动争议仲裁委员会对案件调解不成的，应在规定的期限内及时结案，避免当事人丧失申请仲裁的权利；劳动争议仲裁委员会对案件先行调解不成的，应及时裁决；人民法院在调解不成时，应及时判决。

---

[1] 程延园. 劳动关系. 4 版. 北京：中国人民大学出版社，2016：294.
[2] 唐镳，汪鑫. 企业劳动关系管理基础. 大连：东北财经大学出版社，2015：191-192.

第二，调解性原则。调解是处理劳动争议的基本手段，贯穿于劳动争议处理的全过程。企业劳动争议调解委员会处理劳动争议的方式就是进行调解。劳动争议仲裁委员会和法院处理劳动争议时，也应先进行调解。

第三，依法处理原则。要正确处理调查取证与举证责任的关系。调查取证是劳动争议处理机构的权利和责任，举证是当事人应尽的责任和义务。只有将两者有机结合，才能达到查清事实的目的。

第四，平等性原则。劳动争议当事人的法律地位是平等的，双方具有平等的权利和义务，任何一方当事人不得有超越法律规定的特权[①]。

劳动争议的处理程序如下。

第一，劳动争议协商。它指的是双方当事人在发生劳动纠纷以后，自行协商解决，分清责任，相互谅解，最终达成和解协议。协商解决争议的优越性如下。①解决争议的气氛比较平和，双方不伤和气。劳动争议与其他纠纷不同，双方很可能今后仍要维持劳动关系，仍得共事与合作，以协商方式处理纠纷不会影响以后的合作，反而会促进双方的理解。②解决争议的方式最为便捷，具有简易、灵活、快捷的特点，有利于在短时间内化解矛盾，容易解决纠纷。③双方当事人最熟悉纠纷的起因和争议的焦点，有利于真正解决问题。④由双方自主协商，没有任何外在压力，可以充分表达当事人内心的意愿，便于协议的执行[②]。劳动争议协商的形式还包括：集体合同、三方机制、集体行动等[③]。

第二，劳动争议调解。它指的是借由企业内部第三方的帮助来达成一致协议的争议处理办法。企业内部调解可以将争议消除在尚未激化的阶段。当事人不愿协商、协商不成或者达成和解协议后不履行的，可以向调解组织申请调解。调解分为自愿调解和强制调解。自愿调解是由当事人一方或双方自愿申请的调解；强制调解是依法律规定由调解者出面进行调解，不以当事人自愿与否为条件。

第三，劳动争议仲裁。它指的是企业之外的第三方居中调解，并做出裁断的行为。仲裁由固定的第三方担任仲裁委员会，做出的裁决具有法律约束力。当事人不愿调解、调解不成或者达成调解协议后不履行的，可以向劳动争议仲裁委员会申请仲裁。劳动仲裁是劳动争议处理机制的核心，原则上是处理劳动争议的必经程序。

第四，劳动争议诉讼。它指的是当事人不满意劳动争议仲裁委员会的仲裁处理结果，依法向人民法院起诉，由法院依法审理并裁决的手段。这是劳动争议处理的最后一道程序[④⑤]。

9.2.2 集体谈判

企业劳动关系双方利益的调整形式，越来越趋向于规范化、制度化。企业劳动关系调整形式主要有集体谈判或集体协商制度、员工参与企业管理制度、工会参与国家和社会经济决策、建立协调劳动关系的机构、员工参股制等[⑥]。本书主要讨论集体谈判这种形式。

---

① 萧鸣政. 人力资源开发与管理. 2版. 北京：科学出版社，2016：307-308.
② 程延园. 劳动关系. 4版. 北京：中国人民大学出版社，2016：301.
③ 龙凤钏，金志峰. 劳动争议与处理. 北京：科学出版社，2017：110-119.
④ 董克用，李超平. 人力资源管理概论. 4版. 北京：中国人民大学出版社，2015：266.
⑤ 程延园. 劳动关系. 4版. 北京：中国人民大学出版社，2016：199-209.
⑥ 杨河清，张琪. 劳动经济学. 2版. 北京：中国人民大学出版社，2014：331-334.

1．集体谈判的主要模式

集体谈判是工业化国家在劳动关系管理方面，特别是在劳动谈判过程中普遍采用的协商方式。但是，不同国家的劳动关系管理因政治、文化、经济和法律环境的不同而有所差异，进而衍生出不同的集体谈判模式。当前的集体谈判模式主要可以划分为美国模式、以德国为代表的欧洲模式和日本模式三种[①]。

① 美国的集体谈判。美国的集体谈判主要是在法律的规范下由工会组织和雇主展开的谈判，谈判内容涉及工资福利、工作时间、工作条件等各个领域。例如，美国汽车工人联合会与通用、福特和克莱斯勒三家汽车巨头之间的谈判。一般情况下，美国联邦政府不参与工会组织与雇主之间的集体谈判，而主要通过法律的途径来规范双方的谈判。相比于日本和以德国为代表的欧洲集体谈判模式，美国的集体谈判相对较为松散，也更加自由，工会组织和雇主之间的谈判有着更大的弹性。

在美国，雇主与工会间达成的协议每年多达几十万份；合同的内容包括小时工资、工作时间等标准，而这些标准一般要高于现行法律的规定；合同期限为 2～4 年不等。集体合同依照法律手续订立，具有法律效力。如果双方对协议的内容有争议，解决争议的步骤是调解、申诉和起诉。调解由双方认同的仲裁委员会进行，申诉是向专门裁决劳工关系的法院递交。

美国工会与政府劳动部门间是合作关系，主要表现在：工会参与有关劳动法律的制定及执行，美国劳工部也把工会关注的有关劳工问题提交给国会讨论。在劳动双方产生冲突时，劳动双方协商解决，劳工部的各级人员会出席旁听，但不给予意见，主要是执行劳动法律，如检查使用童工问题、最低工资标准执行的情况、失业基金的使用和执行、解决就业及保障问题等。美国企业由工会组织罢工，但是联邦政府的员工不允许罢工，公立学校教师工会也不允许罢工。至于罢工的程序，除交通工会必须提前 30 天向联邦政府仲裁委员会提出申请外，其他工会不必提前申请。美国的劳动纠纷通常通过协商解决，只有 1%～2% 的纠纷是通过罢工解决的。

近年来，美国的劳动关系面临着新的挑战。工作环境的改变使管理层倾向于人性化的管理，强调工作流程的再造和团队合作等，从而导致管理层的力量不断加强而工会的力量相对削弱。美国工会力量的削弱主要表现为工会会员人数大幅度下降，这也是导致美国的集体谈判结构松散的主要原因。

② 欧洲的集体谈判。集体谈判制度最早萌生于欧洲，德国、瑞典、丹麦、英国等国都有比较健全和成熟的集体谈判制度，其中德国的集体谈判制度最为典型。德国的集体谈判制度是高度程式化和法律化的，员工能够得到很高水平的劳动保护，劳动法体现出以工作岗位为导向的严格规范，工资率由行业（地区）进行调控，法律规定的最低工资相对较高，劳动报酬分化较小。德国集体谈判的层次较高，一般是在产业工会一级进行。产业范围内签订的集体合同通常针对某一产业在某一地区的情况，但是对其他产业或地区具有一定的指导意义。德国的集体谈判通常涉及国家、行业和企业三个层面，各个层面都有着各自的工会组织，最后构成统一的全国性工会组织——德国工会联合会。集体合同的内容涉及录用、调动和辞退员工的程序，技术培训，休假期限，辞退补助金、养老金和抚恤金的支付，福利设施，员工组织的权利，以及员工参与企业管理的办法等方面。工资合同的有效期为 1 年，工作时间和工作条件的合同有效期为 2～5 年不等。但是，相对于美国和日本而言，德国的集体谈判制度受政府干预影响较大。

德国集体谈判的覆盖面很广，员工 90% 以上的就业条件都受到集体合同的管理。即使那些

---

① 赵曙明. 国外集体谈判研究现状述评及展望. 外国经济与管理，2012，34（1）：18-26.

不被集体谈判覆盖的非营利机构也会或多或少地按照集体合同的规定执行工资标准和工作条件，没有加入雇主联合会的雇主通常也会遵守集体合同的条款。签订集体合同的各方受到合同期间和平义务的约束。罢工必须在集体合同的议程中涉及，只能在没有和平义务的时期进行，即在现行合同期满之后与新合同开始之前的期间才能罢工，而且罢工必须由一个有权签订集体合同的组织来领导。法律规定现有合同的解释权引起的冲突必须通过协商调解或通过劳动法院来解决，即便是对于利益上的冲突，员工也是在调解失败后才能罢工。

③ 日本的集体谈判。日本的劳动关系处理机制主要包括集体谈判、"春斗"（日本自1954年开始的"春季争取提高工资的斗争"的简称）和劳动协商会议。与美国和德国不同，日本的集体谈判主要在企业一级进行。终身雇佣是日本独特的雇佣关系模式，这一模式使日本的集体谈判制度只能建立在企业层面，因为终身雇佣制使员工的利益和特定企业紧密联系在一起，而与其他企业员工的利益难以匹配。因此，相对于美国和以德国为代表的欧洲模式而言，日本的集体谈判制度带有更多的东方文化色彩。虽然东方文化表现为集体主义文化，但是日本的工会力量在集体谈判中的效用较为有限。

集体谈判的内容除了工资以外，还包括工作岗位以及涉及劳动条件的一些方面。集体合同的有效期一般为2年，没有规定期限的集体合同有效期为3年。日本大部分工会在每年3、4月份"春斗"期间进行工资谈判，工资以外的其他谈判则由劳动协商会议制度来解决。由于日本的劳动关系比较稳定，"春斗"比较温和、平静。日本几乎所有的企业都实行劳动协商会议制度，目的是加强劳动双方的沟通与合作，使企业在提高生产率的同时改善工人的劳动条件。

日本在处理劳动关系方面尤其强调三方合作，主要的合作机构有劳动关系委员会、国际劳动财团和审议会。劳动关系委员会的建立是工会法所规定的，由资方、工会和中立方三方组成；国际劳动财团是以日本工会总联合会为主的三方合作机构；审议会包括法律法规审议会和产业劳动恳谈会。其中，劳动关系委员会是最重要的机构，其主要职能是对劳动纠纷进行调节和仲裁。提交给劳动关系委员会的争议大部分通过协调解决，调节和仲裁的案件很少，这表明日本劳动关系的各方都倾向于用非正式的方式来解决劳动纠纷。

近年来，日本的劳动关系管理也遇到了一些问题，如人口老龄化、终身雇用制仅适用于男性、外籍劳工增加等问题。日本的劳动关系管理也将随之调整。

2．集体谈判的过程

集体谈判的过程由以下程序构成：准备和提出初始要求、继续谈判、达成协议与合同协议书、谈判僵局、罢工和闭厂[①]。

（1）准备和提出初始要求

不论是工会代表还是资方代表，都需要花费很多时间来进行谈判的准备工作，搜集雇主和行业在工薪、福利、工作条件、资方与工会权利、生产率、缺勤情况等方面的资料。如果雇主声称不能承担工会要求的薪酬，那么其财务状况和其他相关数据就变得很重要。然而，工会必须先提出要求，企业才有责任提供相应的信息。在典型的谈判中，双方会拿出各自的初始方案，向对方提出初始要求。这时表现出来的敌意或冷静可能会为双方此后的谈判定下基调。

工会和资方的谈判焦点主要落在一些核心区域，如工资、福利、工时和工作条件等。其重要性不言而喻。

在工会化企业中，工会规定的工资和福利一般比非工会化企业要高。

---

① 赵曙明，周路路，罗伯特·马希斯，等. 人力资源管理. 13版. 北京：电子工业出版社，2013：393-395.

（2）继续谈判

确定初始立场之后，每一方都试图确定对方到底最看重什么，并希望通过这种摸底来达成最佳的交易。然而，工会最感兴趣的可能是退休福利，并可能愿意用在医疗补充保险费用上的让步换取更好的退休福利。资方必须确定工会最优先考虑的是什么，并且明确自己应放弃什么。

法律通常会要求雇主和工会双方的代表真心诚意地进行谈判。在真心诚意的谈判中，各方同意派出具有谈判能力并能做出决定的谈判人，而不是派出那些无权做出承诺或决定的人。为了更有效率和效果，双方的会见应该专业并且能解决问题，而不是没有意义的对抗。拒绝谈判，将会见安排在十分不方便的时间，以及使用其他一些冲突性策略，都可能会导致雇主或工会向全国劳动关系委员会提出控告。

（3）达成协议与合同协议书

达成初步协议后，谈判各方通常会回到他们各自代表的群体中，进一步讨论决定是否签署正式协议。一个特别关键的环节是对劳动协议的批准认可，其指的是工会会员通过投票来决定是否接受谈判达成的劳动合同的条件。在批准认可环节之前，工会的谈判小组会向工会会员解释协议的内容，再进行投票表决。如果投票通过，那么协议就成为正式的合同。而在中国，当双方协商达成一致形成集体合同草案或专项合同草案后，要将合同草案提交给职工代表大会或者全体职工大会，由职工代表大会或者全体职工讨论，应当有 2/3 以上的职工代表或者职工出席，且全体职工代表中半数以上或者全体职工中半数以上同意后，草案方能通过，然后由双方首席代表签字。表 9-1 中列出了劳动协议中的典型条款。

表 9-1 劳动协议中的典型条款

劳动协议中的典型条款	
1. 协议的目的	11. 津贴
2. 非歧视条款	12. 年资
3. 资方权利	13. 公告栏
4. 对工会的承认	14. 退休养老金和保险
5. 工资	15. 安全
6. 激励	16. 申诉程序
7. 工作时间	17. 罢工或闭厂条款
8. 假期	18. 定义及界定
9. 病假和休假	19. 合同的期限（日期）
10. 纪律	20. 附录

（4）谈判僵局

不管谈判过程怎样安排，劳动双方都并非能在所有问题上达成协议。如果他们进入谈判僵局，可以采用的方法有调解、斡旋或者仲裁。

当僵局出现时，外部第三方也许能帮助陷入僵局的双方继续谈判，并努力找到一个解决方案。在调解的情况下，第三方协助工会和资方谈判人员交流并达成协议，但其本身并不提出解决问题的建议。在斡旋的情况下，第三方可能会为问题的解决提出建设性方案，帮助谈判人员达成协议。

无论是调解还是斡旋，第三方都不会试图强加给双方一个解决方案。有时，事实调查会作为调解和斡旋的中间步骤，被用来澄清一些分歧问题。

在仲裁的情况下，由中立的第三方做出决定。仲裁可以由一个人来进行，也可由一组专门的人来进行。"利益"仲裁主要用于解决公共部门的谈判僵局。这种仲裁不常用于私人部门，因为企业不愿意由外部一方决定其权利、工资、福利等问题。然而，申诉或者"权利"仲裁在私人部门中使用得很广泛。幸运的是，很多情况下双方不需要仲裁就可以达成协议。如果分歧延续下去，就可能发生罢工或闭厂。

（5）罢工和闭厂

如果没能打破僵局，资方可能转入闭厂，工会可能转入罢工。在罢工情况下，工会会员为了向雇主施压而拒绝工作。参加罢工的工会会员常常会组成纠察队，阻止其他员工上班，或者在工作场所外高举布告和标语牌进行反对雇主的示威游行。

在闭厂的情况下，资方关闭企业不让工会会员工作。这一行动可以避免企业设施被蓄意破坏，还可以防止继续工作的员工被伤害。同时，它为资方在谈判中提供了一些优势。

罢工的类型有 5 种。

① 经济型罢工：集体谈判各方未能达成协议时发生的罢工。

② 不公正的企业管理实践导致的罢工：当工会会员觉得雇主行为非法时，因拒绝谈判而发生的罢工。

③ 未经工会允许的罢工：在集体谈判协议有效期内，没有得到工会许可并违反劳动合同中禁止罢工条款的罢工。罢工者可能会被解雇或惩戒。

④ 争夺管辖权的罢工：一个工会的会员为了强迫雇主企业将工作分配给他们而不是另一个工会的会员时发生的罢工。

⑤ 表达同情的罢工：一个工会虽然与雇主没有争端，但是为了对另一个身处争端中的工会表示支持而举行的罢工。

由于工会实力的下降，现在因为罢工和闭厂造成的停工相对较少。由于担心会员会遭受经济损失，或者罢工会导致企业破产，很多工会不愿意组织罢工。

资方保留使用替换罢工劳动者的权利。根据罢工类型的不同，劳动者的权利也不同。例如，在经济型罢工中，雇主可以自由替换罢工劳动者；在不公正的劳动实践导致的罢工中，想在罢工结束后继续工作的劳动者必须被复职。

9.2.3 发达国家的劳动关系管理

劳动关系是建立在雇佣关系之上的代表雇主利益的企业经营者及其组织与员工及其工会之间复杂的互动关系。影响企业劳动关系的因素有宏观和微观之分：前者包括政治、经济和法律等，后者则包括企业特定的行业特征、工厂条件、领导因素、预算及市场行情等。

劳动关系管理在美国、德国和日本等发达国家有着悠久的历史。虽然不同国家的劳动关系管理因政治、经济、文化以及法律环境的不同而有所差异，但是研究和比较发达国家的劳动关系管理实践对我国的劳动关系管理具有借鉴意义。

1．劳动关系的特点和主要参与者

（1）美国劳动关系的特点和主要参与者

美国劳动关系的最大特点是其劳动关系系统包含非工会部门和工会部门。两大部门虽然处于相同的政治、法律和社会环境之中，但有很大差异。非工会部门主要由管理层对就业制度和工作条件进行管理和控制，影响这种控制权的因素包括劳动市场、劳动立法，而且管理者由于希望避免工会化，甚至会给员工提供比工会所要求的更好的工作条件和更高的工资。工会部门的劳动双方之间则是公开的冲突关系，需要通过劳动关系管理制度来解决。

美国劳动关系管理的参与者包括雇主、工会和政府。由于美国的大多数工人在非工会部门工作，因此相对来说，雇主在三方参与者中影响力最大。即便如此，美国并没有统一的雇主联盟，仅存在地区性或全国性的商会，这些商会都将反工会化作为其主要任务。美国的工会可以分为产业工会、行业工会和服务业工会，以及地方性工会和全国性工会；劳联—产联是全国工会联盟，但是只有全国性或地方性工会有权代表某一类工人。美国政府在劳动关系中扮演三种主要角色，即规范就业条件的角色、规范劳动关系运作的角色、雇主的角色。政府直接规范的就业条件包括就业歧视、劳工安全、失业救济、基本工资和最长工作时间、退休福利等。

（2）德国劳动关系的特点和主要参与者

与美国的由两大部门组成的劳动关系系统不同，德国的劳动关系体系具有二元性。在企业和产业内，工人的利益由工厂委员会来代表；在企业外，工人的利益由社会部门和企业以外的各类机构，或由自愿组成的工会来代表。在企业内部，工会和工厂委员会平行开展工作，两者间既有区别又有相同之处。工厂委员会代表全体工人的利益，但是工厂委员会的主体成员是工会会员，工会官员可以参加工厂委员会的会议。

德国的劳动关系系统包括雇主及其组织、工人及其工会和政府三方参与者。德国的雇主组织结构较美国复杂。德国有全国性的雇主联盟——雇主联合会（包括了产业部门 80%~90% 的企业），不过该联盟仅仅是一个纯粹的雇主联盟，经济和企业利益实际上由德国企业协会（包括了 80%~90% 的私营企业）来代表。全国性的雇主联盟不直接在集体谈判中发挥作用，主要是为会员提供法律和政策建议。在德国，除了雇主联合会以外，还存在行业联合会。德国最强大的行业组织是德国机器和系统建设者联合会，其次是化学行业的联合会，由行业联合会领导各行业中的集体合同的协商。除了私营部门的雇主协会外，德国的公共部门有两个中央级的雇主联合会：市政雇主联合会和地区雇主联合会。

德国主要有四个工会联盟：德国商业工会联盟、德国公务员工会联合会、德国职员联盟、基督教工会联合会。德国商业工会联盟由 16 个部门工会和 5 个市公共部门工会组成，是最大的工会联盟，但在集体谈判中起指导作用的是德国的工程工会（IG Metall）。工程工会由五金机械行业中不同分支的工会组成，是世界上最大的工会，其次是公共服务、交通和通信工会，再次是化学、造纸和制陶工会。德国政府在劳动关系管理中不能直接干预集体谈判，遵守劳动自治的原则，主要通过制定宏观的经济政策和立法来表现其影响力。

（3）日本劳动关系的特点和主要参与者

日本劳动关系在 1955 年之后才形成稳定的模式，并一直延续至今。这种模式的最大特点是其著名的三大制度——终身雇佣制（permanent employment）、年功序列工资制（seniority wages）、企业工会（enterprise unionism），以及考核评分制、员工持股的利益共享制度。这些制度得以实现的基础是日本特有的文化，如较强的国家观念、家族主义和资历主义、集体主义等。这些制度使员工的工作得到保障，培养了员工对企业的忠诚和依赖，进而使工会与企业的关系更加和谐。

日本劳动关系的三方参与者——雇主、工会和政府，在保持劳动关系系统的稳定上发挥着各自的作用。日本最重要的雇主团体是 1948 年成立的日本经营者团体联盟，但是该雇主团体并不直接与劳方进行协商谈判，集体谈判是在企业一级进行的，因此企业雇主本身在集体协商和谈判中起着重要的作用。日本大多数的工会以企业或公司为单位，工会成员包括企业中不同层级的员工。例如，20 世纪 90 年代，95% 的工会是企业工会，这些工会的会员占工会会员总人数的 85.6%。企业工会受到法律的保护，雇主干预工会事务以及其他不当的行为均为法律所禁止。日本政府在劳动关系管理中扮演第三方的角色，劳动纠纷主要由双方当事人自行解决，有时也会通过第三方的机构进行调解，如在中央和地方都有劳动关系委员会。但是，几乎所有的争议案件都采用斡旋或调解的程序来解决，只有极少数的争议案件会进入仲裁程序。

2．劳动关系立法比较

（1）美国的劳动关系立法

美国的劳动关系立法包括工资和工作时间、工作安全和健康标准、健康福利和退休标准、其他工作场所标准以及有关工会和劳动关系调整机制的立法。在劳工方面，美国最重要的法律是1935 年颁布的《全国劳动关系法案》。该法赋予了工人结社权和罢工权，工会有权代表工人进行集体谈判、签订集体合同，同时设立了全国劳动关系委员会并规定了劳动纠纷处理的程序。该法案的颁布标志着联邦政府对工会权利的认可和鼓励。1947 年美国国会修订了《全国劳动关系法案》，通过了《劳工管理关系法》，规定了雇主和工会的行为准则，其主要目的是限制工会的行为。1959 年，美国国会通过了《劳动报告和揭发法案》，对工会内部管理做了强制性的规定，确保那些代表私营部门员工的工会能够实施民主管理，在财务方面没有违法的行为。美国劳动关系立法是随着劳动双方力量的发展不断调整的，从而可起到均衡和制约双方力量的作用。

（2）德国的劳动关系立法

德国的劳动关系立法是在第二次世界大战后不久完成的。德国劳动关系立法的基本框架包括《基本法》《工作章程法》和《共决法》等。1949 年制定的《基本法》规定了劳动自治，即劳动纠纷由宪法法院和联邦劳动法院判决，工会和雇主可以在没有政府干预的情况下独立协商确定工资和工作条件，国家的作用是通过法律体系来确保劳动双方利益的基本平衡。1972 年制定的《工作章程法》扩大了私营企业内工厂委员会的法定权力。1976 年制定的《共决法》规定在煤矿及钢铁工业董事会的监督下建立劳动双方拥有平等权利的劳动关系管理制度，设立工厂委员会，并规定拥有 2000 名以上员工的有限责任公司必须在监事会中建立制衡的对等制度。1974 年制定的《人事代表法》规定在公共服务机构和企业中进行人事委员会的选举。此外，1949 年 4 月 9日，英国、美国、法国三国在联合经济区颁布了《集体合同法》。该法后来在 1969 年和 1974 年重新修订，规定了代表员工利益的组织和代表雇主利益的组织参加集体谈判的权利。

（3）日本的劳动关系立法

完备的劳动关系立法是日本的劳动关系趋于稳定的另一重要原因。日本《宪法》为劳动法律的形成确定了三个原则，即所有国民都有劳动的权利，劳动标准由劳动双方谈判解决，劳动者有集会结社的权利。日本劳动关系的基本法律有《劳动组合法》《劳动基准法》《劳动关系调整法》。《劳动组合法》保障了劳动者的结社权、团体交涉权和团体行动权；《劳动基准法》保障了劳动者的生存权，如工资、工作时间、休息、安全卫生等劳动条件的最低标准；《劳动关系调整法》可用来预防劳动争议的发生和解决争议。具体来说，日本的劳动关系法律对劳动关系、劳动条件、就业保障、男女平等、劳动福利等方面进行了规定，如有关劳动关系的《工会法》《劳动关系调整法》《国家公务员法》和《国营企业劳动关系法》等，有关劳动条件的《劳动基准法》《工商补偿保险法》《最低工资法》《劳动安全卫生法》和《工资支付确定法》等。

3．集体谈判制度

关于美国、德国、日本集体谈判制度的对比，我们已在 9.2.2 小节中进行了探讨，此处不再重复。

4．比较分析

美国、德国和日本的劳动关系管理存在一定的差异。

从劳动关系的特点来看，美国存在非工会部门和工会部门。非工会部门的雇主采用更加人性化的人力资源管理模式，甚至提供给工人更好的工作条件和更高的工资水平来避免工会化。只在工会部门才存在工会和集体谈判的问题。美国劳动关系的调整是在法律规范下的劳动双方的自我调节。德国的劳动关系管理不仅表现为严格的形式化和制度化，而且具有二元性，即员工的利益在企业内部主要由工厂委员会代表，在企业外部则由工会代表，两者既有区别又有重叠。德国的劳动关系是一种协商的社会伙伴关系。目前，日本劳动关系的特点是趋于稳定、和谐，这主要是由日本特有的管理文化决定的。

从工会的覆盖率和集体谈判角度看，美国工会的覆盖率在不断下降，德国工会覆盖率较高，而日本的工会覆盖率最高，几乎日本所有的企业都有企业工会。美国直接参与集体谈判的工会组织是全国性或地方性的工会，德国直接参与集体谈判的是行业公会，而日本直接参与集体谈判的是企业工会。

三国的劳动关系管理间尽管存在差异，但也有着一定程度的相似性，即劳动关系的三方参与者主体明确，有健全的劳动关系立法，政府作为中立的第三方平衡劳动双方的力量，劳动关系管理的目的是确保劳动关系系统的稳定与协调，以及尽量采取协商等非正式的与非冲突的形式来解决劳动纠纷。

随着市场经济体制的不断完善和改革开放的进一步深入，我国不同企业的劳动关系正逐步向市场化的劳动关系过渡。在社会和经济转型时期，吸取成熟的市场经济国家的劳动关系管理方面有益的经验对我国建设和谐的劳动关系具有十分重要的意义。

9.2.4 我国的劳动关系管理现状

劳动关系是建立在雇佣关系之上的代表雇主利益的企业经营者及其组织与员工及其工会组织之间复杂的互动关系。影响企业劳动关系的因素有宏观和微观之分。前者包括政治、经济和法律等因素，后者则包括企业特定的行业特征、工厂条件、领导因素、预算及市场行情等。目前，我国经济正处在转型时期，正在从粗放型经济向集约型经济方向转变。与此相适应，企业的经营发展模式也需要逐步地从劳动密集型产业依靠廉价劳动力获取利润向资本密集型和知识密集型方向转变。在这个过程中，随着工作、生活中竞争的加剧，就业压力增大和生活节奏加快等，劳动争议问题逐渐产生。因此，我国企业和员工之间现有的雇佣关系会受到一定程度的冲击[①]。

我国企业的劳动关系现状如下。

① 劳动力成本增加。改革开放以来，我国依靠大量的廉价劳动力，抓住机遇积极发展劳动密集型产业，极大地改变了经济发展落后的局面。但是，随着我国经济进入转型时期，这种依靠廉价劳动力发展劳动密集型产业的模式已经无法适应当前的经济发展需要和企业竞争态势了。《2017 年中国统计年鉴》显示，截至 2016 年年底，全国工会会员总数达到 3.03 亿人，工会基层组织数达到 282.5 万个，并进一步强调各级工会推动建立工资集体协商机制。

② 多种雇佣关系模式并存。在我国社会主义市场经济体制下[②]，主要存在着三种形式的雇佣关系模式：绝大部分国有和集体企业采用集体协约型劳动关系模式，大部分合资及外商独资企业采用人力资源管理的劳动关系模式，部分民企和合资企业采用传统的劳动关系模式。

③ 员工的高度流动性。在计划经济体制下，所有的企业都属国有企业或集体企业，而国有

---

① 王拓，赵曙明. 转型经济下我国企业雇佣关系现状及其引申. 改革，2010，（7）：128-133.
② 李宝元. 中国劳动关系简史. 北京：企业管理出版社，2016：218-219.

企业与工人之间的雇佣关系是稳定的、长期的，甚至是终身制的。但是，随着我国社会主义市场经济体制的不断发展完善，以及全国性统一劳动市场的逐步建立，企业与员工之间的雇佣关系不再是稳定的和长期的，而变得更加富有流动性。在长江三角洲和珠江三角洲地区，外来务工人员流动性的增强已经是企业不得不面临的一个问题，同时，民工荒问题的出现进一步说明了外来务工人员流动性的增强和劳动力成本增加问题的加剧。此外，在我国转型经济条件下，知识型员工在企业中有着越来越重要的作用，而知识型员工对其专业的忠诚也促使知识型员工的流动性问题成为企业管理中不得不重视的一个问题。因为，与当前员工雇佣关系的终止使企业必然需要重新招聘和培训员工，以满足职位的要求。对员工的前期投入和职位的重置成本都给企业的管理带来了更大的挑战。因此，人力资源会计开始受到企业的关注。人力资源会计将企业的人力资源作为一种资产或者投资来研究，核算人力资源管理政策和活动所导致的企业人力资本的变化情况，如计算员工缺勤和离职成本、进行员工录用和培训的损益分析等。

④ 新《劳动合同法》的影响。为了改变一直以来在雇佣关系中劳动双方强弱失衡的局面，2008 年 1 月 1 日起实行的新《劳动合同法》进一步强调了对劳动者的保护。这无疑会对企业和员工间的雇佣关系产生深刻的影响。在劳动双方雇佣合同签订的过程中，新《劳动合同法》从多个方面加强了对员工的保护。在我国企业中，企业与员工的雇佣关系模式因为新《劳动合同法》的颁布必须进行相应的调整和改变。

【启发与思考】

扫一扫→平台型企业的劳动关系

【思考练习题】

1. 劳动保护与安全管理的内容包括哪些？
2. 劳动保护与安全管理制度包括哪些内容？
3. 发达国家的劳动关系管理形式和发展过程是怎样的？
4. 我国劳动关系的发展历史是怎样的？
5. 我国的劳动关系管理现状是怎样的？

【模拟训练题】

将全班同学划分为若干小组，每组成员分别扮演仲裁员、申请人、被申请人等角色，根据事先抽签决定的案例，经过精心准备，开放审理劳动争议案件。

【情景仿真题】

公司部分销售人员和生产人员最近压力很大，严重地影响了他们的工作效率和生活。作为公司的人力资源主管，你要跟员工进行面谈，并对他们的压力进行管理。请你设计合适的面谈方案和管理方案。

第 10 章　人力资源管理的新趋势

人力资源管理的新趋势 重难点

学习目标

学习本章后，读者应达到以下目标：

1. 了解影响人力资源管理的全球性因素。
2. 认识全球性人力资源选拔配置的特点，了解外派人员易产生的问题。
3. 了解人力资源外包的原因及流程。
4. 了解新生代员工的特点，掌握其管理方式。
5. 了解虚拟人力资源管理。
6. 了解共享经济背景下的人力资源管理。

引导案例

艰难之旅——北京四维收购约翰逊

2007 年 6 月，一家中国民营企业——北京四维产业总公司（以下简称"四维"），合资收购了英国约翰逊保安器材有限公司（以下简称"约翰逊"）。

四维对约翰逊的收购一结束，约翰逊的英国总经理就辞职了，这一职位很快由两名中国高管担任。这两位高管都有非常好的教育和工作背景。但很快，中国总部和约翰逊的英国管理团队间出现了分歧，双方矛盾突出体现在 2007 年的年度总计划中。四维总经理王埏希望约翰逊的财务状况尽快得到改善，但是英国管理团队认为他们需要更多的时间才能实现目标。双方的矛盾曾一度激化，几位英国高管甚至向王埏提出辞职。最终，中国方面做出让步，重新制订了约翰逊2007 年的年度目标。

大多数英国员工对四维的收购有抵触情绪，他们并不信任四维。他们担心"中国人会把我们知道的全学了去，然后就把我们甩掉，把所有的东西都转移到中国去"。双方之前的沟通非常糟糕。同时，四维-约翰逊的高层管理人员变动太快。这些因素都导致了英国员工的抵触。

四维-约翰逊本身的管理水平也是制约整合的一个重要因素。作为一家年轻的民营企业，四维-约翰逊的管理制度还不够规范和成熟。王埏也认识到，要进一步缩小与跨国公司间的差距，四维必须建立一个专业的管理团队。但是，对于是否能够找到适合四维-约翰逊发展的人才，王埏并不乐观。王埏也考虑过聘用英国当地的管理人员，但这也可能会导致很多问题。

在中国总经理因为与约翰逊的英国高管间的矛盾激化被召回国后，王埏决定继续由原来的英国团队经营约翰逊。王埏认识到，当务之急是保持稳定，同时加强中国总部与约翰逊的沟通。但是到了 2007 年年底，约翰逊的情况仍没有得到明显改善。一方面，约翰逊仍然是由过去的团队按照过去的办法来管理的；另一方面，王埏仍在尝试将在中国行之有效的降低成本与提高效率的做法推广到英国，但很多中国经验在英国行不通。

2007 年年底，约翰逊开始公开招聘新的总经理。他们聘请了英国当地的一家猎头公司，并由中方协调人和约翰逊的管理团队在推荐人中筛选确定候选人，最终他们一起确定了新的总经理。但是这位新聘的总经理上任不久就被发现滥用公司的信用卡。2008 年 4 月，这位上任仅三个月的总经理被约翰逊开除。

这件事之后，王延开始考虑在约翰逊内部成立管理委员会，决定在找到新的合格的总经理之前由委员会负责约翰逊的管理。这一次的做法被证明是行之有效的。同时，约翰逊中一些年龄偏大的管理人员也逐步从重要的管理岗位上离开，这为公司引入年轻的管理人才创造了机会。

1. 根据本案例，你认为全球企业人力资源管理会遇到哪些问题？

2. 你认为跨国并购后，整合过程中人力资源管理的首要任务是什么？如何共同开展人力资源管理？

3. 如何确定国际企业人力资源管理过程中涉及的一些岗位的胜任素质？

4. 在人力资源管理的国际化进程中，哪些部分是可以外包的？

资料来源：赵曙明，刘洪，李乾文. CEO 人力资源管理与开发. 北京：北京大学出版社，2011：209-212.

10.1 全球性企业的人力资源管理

10.1.1 影响人力资源管理的全球性因素

全球化是落后国家向发达国家学习的一种方式，也是穷国摆脱贫困的途径。同样，全球化也是中国企业发展、助力中国社会进步的重要途径[1]。全球性人力资源管理（Global Human Resource Management，GHRM），指在高度国际化的组织里制订人力资源管理开发政策并加以实践，以实现组织的全球战略目标的过程。影响全球性人力资源管理的因素与全球企业的发展环境密不可分[2]。

1. 政治因素和法律因素

尽管经济全球化、区域化的趋势日益明显，但各国政治体制的特点和稳定性不尽相同，法律体系的特点和连贯性也有很大差异。例如，在西欧的许多国家，有关工会和就业的法律要求企业给予被解雇的员工很高的补偿，这就增加了企业解雇员工的难度。与北美和亚洲的工人相比，欧洲工人享有平均更少的工作时间，可休更长的假期，享有更多的社会权利。在有些国家，政府以法律形式来解决就业歧视问题，而在其他一些国家，宗教或民族差异使就业歧视已成为惯例。

人力资源管理政策涉及工会、劳动关系、员工福利、公平就业和民族（种族）、性别歧视等多方面的法律、政治因素。各国的人力资源管理法规在特点和细则方面存在着很大差别，在一个国家行之有效的人力资源管理政策在另一个国家可能就超出了法律的界限。因此，当企业计划在一个国家开展业务，并制订与实施人力资源政策时，应该事先对该国的政治和法律环境进行全面的考察，以协调总部的政策和各国的特定环境。

2. 经济因素

各国的经济情况千差万别。许多发展中国家愿意接受外国投资，一是为它们日益增长的人

① 戴维·兰德斯，乔尔·莫克，威廉·鲍莫尔. 历史上的企业家精神：从古代美索不达米亚到现代. 姜井勇，译. 北京：中信出版集团，2016：7.
② 赵曙明，张正堂，程德俊. 人力资源管理与开发. 北京：高等教育出版社，2009：397-399.

口创造就业机会，二是希望外国投资能够提高当地的技术水平和管理水平。对全球性企业来说，这些国家的劳动力一般比发达国家廉价许多，降低劳动力成本也是中国企业国际扩张的最大动机之一。但全球性企业能否获得预期的利润，还取决于该国货币的波动情况及政府在转移支付等方面的政策。东南亚金融风暴使亚洲各国的劳动力成本发生了很大变化；在墨西哥、秘鲁、巴基斯坦、印度和埃及等国家的某些行业中，利润分享是法定的要求；在有些发达国家，特别是一些欧洲国家，虽然失业率不断增长，但政府对就业的管制程度及工资水平依然很高，政府对个人和企业的税收也都处于相当高的水平；在法国，福利占工资的 70%左右，在意大利，这一比例高达 90%，而在美国大约只有 40%。

3．文化因素

大多数人的问题是因为身处本国文化之中而对其他文化不能理解，对不同于本国文化的观点和行为采取消极态度。因此，当全球性企业进入一个新的文化环境时，最值得注意的就是可能会产生的文化冲突。文化冲突产生的原因主要有种族优越感、不恰当地运用管理方式、沟通误会和文化态度等。由于文化具有全方位性和不易变迁性，解决文化冲突的方法只能是通过加强跨文化方面的训练，加强沟通，理解他国文化，改变对待他国文化的态度。

有关跨文化管理的研究中，影响最广泛的是霍夫斯坦德的"文化四维度论"。他将国家间的文化差异分为四个维度：大与小的权力距离、强与弱的不确定性回避、个人主义与集体主义、阳刚性与阴柔性。研究文化差异能够帮助管理者确定和理解其他文化中工作态度和动机的不同，通过制订跨文化的人力资源管理战略来实现全球性企业的目标。

与国内企业相比，全球性企业人力资源管理的最大不同是环境的非连贯性变化。国内企业的环境相对单一和稳定，可以通过经验和知识的积累来解决各种问题，而全球性企业面临的环境是复杂多变的，全球性企业不能依赖母公司积累的经验来解决所有问题。全球性企业的人力资源管理在挑选、使用、培训、保持和激励方面具有共性，但范围由国内扩展到了全球，所涉及的变量因素也因此大大增多。

10.1.2　全球性员工配置与培训

全球性企业的人力资源政策遵循全球中心原则：以提高企业的全球绩效为目标，将最适合的任何国家的员工安排在最适合的岗位。全球性企业在选择所在地时的主要依据是能否最有效地实现全球企业的目标，跨国经营带来的一系列问题通过有效的全球组织战略和人力资源管理来解决[①]。

1．全球性企业的人力资源分类

全球性企业的人力资源可视国别分为以下三大类。

（1）驻外人员

驻外人员是指那些由企业在其总部所在国雇佣并派驻海外执行任务的人员。对于全球性企业而言，向海外派遣驻外人员通常有很现实的理由：第一，东道国员工的技术和管理水平达不到要求，尤其在开展国外业务的初期，外派人员显得十分必要；第二，外派人员长期在本企业的文化氛围和政策框架中工作，通常更能够不折不扣地贯彻企业总部的指令；第三，外派人员可以与总部保持较好的沟通，有利于加强总部控制。但派遣驻外人员也有很多弊端：首先，驻外人员往往花费较大，这使企业的人力资源成本过高；其次，驻外人员可能不适应东道国的文化，盲目地

---

① 赵曙明，张正堂，程德俊．人力资源管理与开发．北京：高等教育出版社，2009：400-402.

将本国的管理方法照搬到海外企业中；最后，驻外人员可能在工作中强调短期效果，因为他们工作一段时间后会回国，因而缺少应有的长期计划。

（2）当地员工

当地员工指全球性企业在机构所在国当地招聘的本地员工。大胆起用当地人才对全球性企业发展全球业务十分重要。首先，许多国家出于增加本国就业的考虑，规定跨国企业必须招聘当地管理人员。而全球性企业聘用本地员工可以向当地政府表明，它不仅仅是投资办企业，还承担了某些义务，并因此享有很好的口碑。其次，当地员工与其他国家人员相比，更了解本国文化、政策、法律和市场环境。当地员工还可能具有一定的非官方的影响力，这些对全球性企业的业务发展能起到重要的作用。最后，使用当地员工可降低企业的人力资源成本，从而增强其产品和服务的竞争力。

实际上，越是全球性企业，越需要当地员工并使之具有全球视角；越是全球性企业，越需要与当地建立密切的联系，以获得当地那些关心企业在东道国发展的消费者、员工和官员的好感。

（3）第三国人员

第三国人员指那些身为某国公民，但在另一国家工作，并且被总部在第三国的企业所雇佣的人员。使用第三国人员，是企业国际化进程的标志之一。随着企业全球化程度的提高，大部分企业都将面临具有国际经验的经理人员紧缺的问题。第三国人员往往精通英语，了解其他国家的文化，具备合格的技能和管理经验，是很好的人选。

2．驻外人员的选拔与配置

全球性企业选择员工时应挑选最适合的员工，无论他是哪国的公民。全球性企业的经营战略也与跨国经营不同，每个子公司都不仅为当地市场服务，还必须同时服务于企业的全球利益。因此，人员必须经常地在不同国家之间调动。为此，大型跨国公司和全球性企业大都在世界各地招聘员工，以适应需要。

全球性企业派遣驻外人员到海外工作，需要慎重选择人员。在驻外人员的选拔过程中，企业应向驻外人员提供关于派往地的生活、工作和文化的"全景图"，应详细介绍那些不同于在本国从事的工作任务。这些任务通常包括与当地政府谈判，把握当地的法律法规，处理一些棘手问题。

全球性企业选拔驻外人员时要考虑的特殊因素有以下几个。

（1）文化适应能力

企业外派人员做法的失败，大都与驻外人员文化适应能力不强有关。驻外人员需要与那些和自己文化背景有很大差别的同事一起工作，需要承受在异国他乡生活与工作的孤独，还可能需要处理自己的家庭在陌生的环境中所面临的各种困境。因此，在驻外人员选拔过程中，企业必须准确判断候选人是否有能力承受压力，接受和适应不同的风俗习惯、管理方式、法律规则、宗教观念和基础生活设施条件。

企业挑选驻外人员时，应当根据其将要与当地文化接触的范围，以及本国与东道国环境差异的程度来强调不同的要素。当然，如果当地员工能够很好地完成工作任务，企业在选派驻外人员之前应当优先考虑使用本地员工。

企业在外派人员时还应考虑在文化适应方面给予员工必要的协助。驻外人员是放弃还是坚守国外的工作，很大程度上取决于企业的协助和支持是否得力。

（2）语言交流能力

能够用所在国的语言与人进行口头和书面交流，是驻外人员所应具备的基本能力之一。如果驻外人员无法用所在国语言与人沟通，那么对业务的开展和经营目标的实现会有很大影响。因此，全球性企业在选拔驻外人员时，应当考虑其语言能力，或者对驻外人员进行必要的外语培训。

（3）家庭因素

在选拔驻外人员时，其配偶的情况和家庭成员的偏好和态度已成为重要的影响因素。目前，各国大都对外国人在本国就业采取限制的态度，这为驻外人员配偶在前往国的就业带来很大难度。随着双职工夫妇数量的增加，配偶问题使派遣驻外人员的难度加大。为了解决此类问题，一些全球性企业增加了职业安排服务措施，用以协助驻外人员配偶在前往国谋取职务。

（4）妇女员工海外就业问题

选拔女性员工去海外企业工作，是 GHRM 面临的又一个复杂问题。在不少国家，由于文化和历史的原因，妇女较少从事专业工作；在男权主义文化的国家里，妇女成为主管人员就可能会陷入困境。跨国企业传统上较少派遣女性员工到海外执行任务。

3．驻外人员的培训

全球性企业要在全球范围内有效地对企业进行管理，就必须对驻外人员进行全球管理及有关技能方面的培训。这些培训可以在企业内部进行，也可由一些专门机构或大学提供[①]。

企业对驻外人员的培训，按照内容可包括以下几个方面：语言训练、文化训练、职业生涯设计、个人及家庭海外生活培训。

根据驻外人员派驻海外的过程，我们可将培训划分为以下三个阶段。

（1）岗前培训

在驻外人员就任前，企业一定要对其进行岗前培训，尤其应当对他们进行要去的国家的文化、风土人情及出国工作的注意事项方面的培训，使他们在思想上做好充分的准备。管理者容易犯的最大的错误就是以为每一个地方的人都是一样的。

驻外人员的岗前培训又可分为三种。①预备教育，包括向驻外人员介绍所在国情况，如政治制度、经济体制、历史背景、文化传统、生活条件、健康要求及签证申请程序等，以及驻外人员的工作任务、海外职责与待遇、驻外人员的家庭安排。②启程前教育，主要包括对驻外人员进行外语口语和听力的强化训练、跨文化训练以及向其介绍旅途中和抵达时的注意事项。③抵达后教育。抵达后教育的内容包括企业所在地的环境介绍、企业情况介绍以及跨国企业的实际运作情况介绍。

（2）注重驻外人员的培训和培养

对企业来说，将驻外人员始终纳入职业发展管理和员工培养计划是非常必要的。有些人员之所以不愿接受外派任务，最主要的原因之一，就是他们担心自己被派驻海外后，不再受到企业总部的重视，海外任务结束后回来找不到自己的位置。

事实上，执行海外任务为员工的职业发展提供了许多好处，它既增加了员工在海外工作的技能和经验，又增进了员工对全球市场的认识。因此，企业必须注重驻外人员的发展和提高，同时设法保证并使驻外人员确信，他们在国外的工作经历既有利于企业，又有利于今后自己的事业发展。

企业具体可通过以下一些措施来保持驻外员工的持续发展和提高：①为驻外人员提供各种

---

① 赵曙明，张正堂，程德俊. 人力资源管理与开发. 北京：高等教育出版社，2009：404-405.

新技能培训，和其共同制订能力提高方面的培养计划；②与驻外人员一起制订职业发展计划；③将驻外人员的海外经验和技能列入企业培养使用计划的重要参考要素中；④保持驻外人员与总部的交流渠道畅通，以使驻外人员知晓更多的工作机会。

（3）回复性培训和工作安排

驻外人员都将经历从海外调遣回国的过程。调遣回国的驻外人员可能会陷入窘境。调遣回国的驻外人员需要使自己重新适应相对低一些的收入，还必须使自己重新适应与其他员工的频繁接触和上下级隶属关系。

从海外归来的员工还需要重新适应本地的文化，回复性培训和工作安排可以让他们了解自己在国外的经历如何改变了他们和他们的家庭。有的企业专门设计了"海外归来者安家计划"，以使海外归来的员工重新适应自己的企业，并使他们充分利用在海外获得的经验为企业服务。

10.1.3　全球性员工薪酬与福利管理

薪酬与福利的确定对全球性企业发挥国际人力资源的作用、调动驻外人员的积极性有着重要的影响，而且是全球性企业在全球市场竞争中增强竞争力的关键性因素。

1．驻外人员薪酬和福利的特点

有效的全球性企业驻外人员薪酬和福利制度应具有以下几个特点。

① 能使海外分公司的工作对员工有吸引力，并能留住合适的人才。

② 使企业员工能十分便利地在母国公司与海外公司之间或者海外公司与海外公司之间进行调动。

③ 使母国公司与海外子公司之间的工资制度有一个稳定的关系。

④ 能使本企业的薪酬福利制度对其主要竞争者来说具有较强的竞争力。

2．驻外人员薪酬和福利制度的确定方法

员工遍布许多国家的全球性企业在确定薪酬、福利方面的工作任务较重。在确定驻外经理和专业人员的薪酬、福利时，企业必须考虑法律规定、生活费用、税收政策和其他各种因素。因此，全球性企业在设计薪酬和福利制度时应遵循"全球化的构思和地区化的操作"的基本原则，既保持企业总体政策的统一，又要能够处理国与国之间的工资差异问题。

（1）采用本国标准法

采用本国标准法，即所有驻外人员均按本国的薪酬标准拿工资。该方法的好处是驻外人员无论在哪一国工作，都能用本国的标准去衡量自己的工资收入，这使他们在回国时不至于感到差别太大。但这种方法对低工资国家的跨国企业和全球性企业不太适用，因为按照本国的工资水平，员工到海外根本无法生活。因此，全球性企业必须根据驻外人员要去的国家的薪酬、福利水平来考虑企业的薪酬和福利制度。

（2）采用系数法

这种方法是将驻外人员的工资分解成一些"工资要素"，然后根据本国和所在国的有关法律条文对"工资要素"进行调整，使驻外人员的工资水平保持一致。该方法可通过对"工资要素"的系数进行调整，实现整个工资系统的综合平衡。

3．驻外人员薪酬和福利的构成

（1）直接工资

全球性企业在确定驻外人员直接工资时要考虑许多与国内企业不同的问题。一是工资标准问题。如果一家全球性企业像国内企业一样采用统一的工资标准，可能会遇到两种极端的情况：

在工资标准较低的发展中国家中，驻外人员的高工资会导致企业成本过高，产品或服务因此失去竞争力；在工资标准较高的发达国家中，过低的工资将无法吸引企业需要的优秀员工。有些企业采用本国标准法对工资进行调节。员工的驻外补贴一般为 5%～30%。

二是驻外人员的所得税问题。不同国家对驻外人员和外籍员工有不同的征税办法。

（2）间接收入

间接收入即福利。有关福利待遇的政策，各国政府有自己的规定。在欧洲，一般的做法是根据员工的家庭人口状况和工作条件，在其基本工资的基础上再追加一部分补贴。在日本，企业员工的福利待遇包括家庭收入补贴、住房补贴或住房贷款、假期工资补贴、年终奖、利润分成等。在新加坡，政府要求企业和个人共同缴纳一定比例的公积金，员工住房、医疗等福利由公积金一揽子解决。

全球性企业给予其员工的福利待遇标准不一。发达国家的企业一般采用"两国均乐"的福利待遇模式（即根据本国的标准确定驻外人员的基本工资，然后在此基础上追加各种补贴，驻外员工除享受母国的医疗保险、退休保险外，还可以享受母国未涵盖的东道国伤害险等。"两国均乐"的福利待遇一般包括住房津贴、教育津贴、所得税拉平补贴、艰苦补贴、危险工作津贴、探亲津贴、子女教育津贴等）。

10.2　人力资源管理外包

10.2.1　人力资源管理外包概述

1．人力资源管理外包的兴起

从 20 世纪 80 年代后期开始，一股由美国刮起的"外包"之风，逐渐蔓延到日本、欧洲各国，成为全球企业界的一股潮流。现在，外包已经不再局限于传统的信息外包或者制造业的外包，领域和范围正在不断地扩大，连人力资源管理活动也开始被外包。

人力资源管理外包指的是依据双方签订的服务协议，企业将人力资源部分业务的持续管理责任发包给服务商进行管理的活动。服务商按照合约管理某项特定的人力资源管理活动，提供预定的服务并收取既定的服务费用[①]。

我国人力资源管理外包服务的年平均增长率高达 21.65%，从 2012 年的 22.65 亿美元增至 2016 年的 55.86 亿美元，从中能够看出我国企业选择人力资源管理外包服务的普遍性[②]。

2．促进中国企业进行外包的外部因素

（1）信息技术的普及

外包的实现是以技术的不断进步为前提的。由于网络技术的发展，企业信息处理能力不断增强，员工之间、组织之间的沟通变得简单有效。我们知道，在传统企业模式中，企业获取信息后，通常要经过逐级汇总，最后传递给管理者，由管理者做出决策，再将决策结果自上而下传给员工。而在外包中，计算机能准确地收集、加工大量信息，并即时地将其传递给决策者，甚至有时经计算机分析、处理后，不依靠管理者的决策，训练有素的员工就能够根据计算机的判断解决问题或自己做出决策，从而使效率大大提高。

---

① 卿涛，罗键．人力资源管理概论．2 版．北京：清华大学出版社，北京交通大学出版社，2015：10.
② 周瑞新．我国企业人力资源管理外包的现状及发展．中国商论，2017，（26）：90-91.

企业通过部分人力资源管理职能的外包和网络技术的使用，实际上将人力资源部的监督管理转化为员工的自我管理，强调的是企业内部各个团体之间自由组合、自由拆分的水平管理。这使人力资源管理者从事务性、行政性的工作中解脱出来，转而参与企业的战略规划、企业的组织发展等工作。与此同时，社会上也开始出现了专门从事网络服务的通信厂商，它们为企业利用公共网络资源进行快捷的信息交流提供方便。由此可见，人力资源管理外包只有建立在信息技术进步的基础上才能实现。

（2）经济全球化的影响

经济全球化对人力资源管理外包的影响主要体现在两个方面。一是经济全球化以及国际投资的发展，使企业不再满足于向国外出售产品和提供服务，越来越多的企业开始到国外设立营运机构或分公司、子公司，并招募东道国或第三国的公民到其公司工作。这种跨越地理边界的工作模式使企业对人力资源管理工作产生了巨大的需求。二是随着全球变成一个统一的大市场，整个社会所拥有的知识在增加、技术在进步，导致市场一体化程度加深，市场容量增大，个人专业化程度和全社会职业市场多样化程度也将进一步加深。

（3）企业间竞争的加剧

巨大的竞争压力也有可能导致企业实行外包。自20世纪90年代以来，企业越来越难以靠资本或技术的先进而获得垄断的超额利润，因而压缩成本和提高劳动生产率变得日益重要。在激烈竞争的形势下，企业在不断寻求自身竞争优势的过程中，往往将企业非核心因素放在企业考虑之外，而重点关注企业价值链上各环节和高附加值的活动。人力资源管理同样也面临着这种情况。人力成本是高昂的，为了保持企业的竞争力，企业正竭力压缩员工人数。人力资源管理外包一方面可以使企业裁减相当数量的员工，另一方面可使企业享受规模经济的好处。成功的外包不仅使企业降低了成本，还减少了社会资源的浪费。

3．促进中国企业进行外包的内部因素

外界环境的变化推动了人力资源管理外包的发展，同时也影响了企业内部环境的变化。企业所处的发展阶段、组织结构扁平化的趋势以及人力资源管理职能重组的需要等因素是推动人力资源管理外包的直接原因。

（1）企业所处的发展阶段

企业所处的发展阶段不同，其外包的动机和外包的具体形式会有所差别。企业刚刚成立时，企业人员规模小，自己开展人力资源管理工作可能会不经济。借助外包甚至全部外包，既可以获得专业化的人力资源管理服务，又降低了人力资源管理的成本。随着企业的不断发展，处于少年期的小企业要求提供高质量的常规人事服务，主要是招聘、劳动合同管理等基础性、程序性、事务性的服务，还有一些专业性强的人力资源管理服务，如内部沟通、管理人员360°反馈（360 degree feedback）绩效评估等。处于这一阶段的企业可以有选择地外包部分事务性职能或自己不擅长的业务。企业采取人力资源管理外包不仅可以降低管理成本，而且可以获取专业的人力资源管理知识，这是推动这一阶段企业外包部分事务性工作的动力。随着企业的发展壮大，企业到了青年期阶段，既充满活力又相对成熟，抗风险的能力也增强了。企业对人力资源工作的专业化服务提出了新的要求，除了保质保量地做好基础人事管理工作外，还要增加规范培训、个性化沟通、干部培养、满意度调查、通过政策制订人力资源管理平台、与直线经理进行大量沟通与协调等服务。人力资源管理工作的重点是通过基础工作的质量提高和专业化的人力资源管理工作来提高员工的满意度，增强企业的竞争力。企业通过外包部分事务性的人力资源管理工作，使人力资源管理者关注本部门的关键职能，致力于人力资源管理战略与组织发展战略的匹配，既有利于提高员工满意度，又能够增强企业竞争力。在企业处于婴幼儿阶段、少年期、青年期等时，企业都可以把外包看作学习的过程，在外包的同时，接受新的人力资源管理理论，学习外包商专业化的人力资源管理方法，培育日后发展所需的人力资源管理专业人才。随着企业的成长，其逐步建立起规范的人力资源部来从事人事管理工作，从战略层面支持企业的发展。

（2）组织结构扁平化的趋势

外包的实现是以技术的不断进步为前提的，信息技术已经渗透到经济和社会的各个领域。高度的信息化改变了企业的管理方式，给管理人员带来了前所未有的力量，让网络的职能化服务成为现实。金字塔式的垂直管理逐渐被扁平化管理取代，传统的中层经理的监督和协调功能已经被计算机网络取代，处于企业管理层最顶部和最底部的人员可以通过计算机网络实现沟通和联络，企业的组织结构趋于扁平化。这意味着人力资源管理者必须承担更多的管理责任。为了将有限的精力花在人力资源管理的关键职能上，提高员工的满意度，增强企业的核心竞争力，企业将部分事务性的人力资源管理活动外包就成了必然的趋势。同时，实行人力资源管理外包推动了企业组织结构的扁平化进程。对于实行人力资源管理外包的企业，其大量的非特长业务都由合作伙伴来完成，企业可以精简机构。

（3）人力资源管理职能重组的需要

信息技术的普及、经济全球化、竞争的加剧等是促使企业进行人力资源管理外包的外界动力。从内部来说，随着对外界环境变化的适应性调整，企业需要重新进行战略定位。企业发展对人力资源管理提出了新的要求：人力资源管理者需要花更多的时间和精力来根据企业的发展战略挑选合格的人才；为员工的知识更新提供培训方面的支持；针对员工需求多样化的特点，提供有针对性的激励措施；需要投入更多的时间和精力用于企业文化建设，以增强员工对企业的认同感和归属感等。

4. 人力资源管理外包的优势与劣势

人力资源管理外包可以为企业带来以下战略性优势：人力资源管理人员能够集中精力于重要的战略性的任务，从而减少不必要的投入，提高服务质量；采用人力资源管理外包还可以使人力资源部门在自己擅长的领域进行更多的尝试，从而具有更强的灵活性，取得更大的员工优势。最主要的战略优势就是使企业集中精力开展核心业务。企业将部分人力资源管理工作外包，节省了成本，同时使企业人力资源管理部门的人员可以将精力和时间花费在规划企业长远的人力资源战略上面。

同时，人力资源管理外包也具有以下劣势。①战略锁定。很多企业根据自己的战略发展方向来制订外包策略，但是，如果企业没有参考自己的长期战略就做出外包的决定，有可能导致灾难性后果。②智力资本流失。因外包引发的人员流失可能会导致企业智力资本和能力的流失。③失去对核心领域的控制。环境的多变导致的不确定性，可能会使企业将自己未来的核心业务外包出去[①]。

5. 人力资源管理外包的具体表现形式[②]

目前，企业的人力资源管理外包的形式归纳起来主要表现为以下几种。

（1）招聘外包

人力资源相关法律法规的变化、外部环境的不断变化给企业的招聘工作带来了较大的风险；同时，企业员工的流动性、弹性和可替代性越来越强。因此，企业招聘外包的程度越来

① 卿涛，罗键. 人力资源管理概论. 2 版. 北京：清华大学出版社，北京交通大学出版社，2015：329.
② 赵曙明，李海霞. 中小企业人力资源管理外包研究. 南京社会科学，2004，（1）：1-7.

越高。招聘外包有两种方式。一种是由外部中介机构在人力资源相关法律法规的约束范围内，根据企业所需人员的条件进行广泛、有效的筛选后，为企业提供较为合理的人力资源配置服务。另一种方式是通过网络发布职位空缺或者在自己的网站上开设"职位空缺"栏目。目前，通过互联网招聘人才的企业比率有上涨的趋势。网络招聘以其成本低、见效快、不受地域限制等特点受到了越来越多国内外企业的青睐。不少企业都将招聘的初始阶段工作（如简历筛选、笔试等）外包出去，由网站根据企业的招聘要求设计招聘信息。这种招聘方式不仅缓解了信息在雇佣双方分布不对称的矛盾，还使双方获取信息的代价降到最低，减少了招聘活动中的不确定性，增强了雇佣双方决策的质量。

（2）培训外包

企业对员工的技能要求越来越高，这要求员工要有较强的适应动态变化的学习能力。企业可能会由于各种原因（包括资金少、无场地等）无力或不愿意培训员工，使员工的工作技能和知识水平不能提高，更谈不上多为企业做贡献了。培训外包将员工、企业和培训机构三者结合在一起，共同承担员工培训的成本或风险，可以使培训工作走出低谷。

（3）工资发放外包

工资的设计与发放向来是人力资源管理部门的最基本业务。许多企业正逐渐认识到类似工资发放这类业务对企业的发展并无战略性意义，因此它们自然不把这些业务保留在企业内部。

（4）福利外包

我国多数机关、企事业单位都由银行来代发工资，并把退休员工养老金的发放推向社会。企业通过把福利规划与管理交给专业咨询公司等，一方面会提高双方的效率，享受因各自规模经济而带来的好处，另一方面会因此降低企业的经营风险。

（5）人力资源信息系统外包

信息技术在改善工作方式、提高工作效率方面发挥了举足轻重的作用。例如，互联网的应用、数据库的应用、工作评价技术的开发应用、人才测评工具的应用等，都极大地改善了人力资源管理职能。尤其是集成式的人力资源管理应用软件的开发和应用，更使人力资源管理的方式有了革命性的改变。这使得缺乏人力资源管理专业人才的中小企业直接受益于信息技术带来的好处，而让有限的人力资源管理者着眼于组织战略层面的思考。

10.2.2 人力资源管理外包的步骤

人力资源管理外包不是一个简单的"包出去"工程。在人力资源管理外包决策和实施的过程中，企业要考虑一系列战略问题，采取有效手段，保证决策合理和外包的正确执行。图 10-1 所示为有效的人力资源管理外包工作流程[①]。

1．成立决策机构

成功的人力资源管理外包方案始于清晰的短期和长期目标。为了保证决策的正确性，企业应当委任由来自企业内部不同职能部门的 4～5 名员工组成的人力资源外包工作委员会审议所有的外包决定。由高级人力资源经理担任该委员会主席，负责主持有关外包问题的研究工作，寻找有关信息、资料，起草外包项目计划书要求等。该委员会负责研究本企业的业务、特点及文化，确定外包方案如何适应这种特点和文化。

---

① 彭剑锋. 战略人力资源管理：理论、实践与前沿. 北京：中国人民大学出版社，2014：694-697.

```
┌─────────────┐                    ┌───────────────────┐
│  成立决策机构  │            ┌──────▶│ 进行服务提供商分析和选择 │
└──────┬──────┘            │       └─────────┬─────────┘
       │                   │                 │
       ▼                   │                 ▼
┌─────────────┐            │       ┌───────────────────┐
│ 进行成本-效益分析 │            │       │ 协商签订一份完善的合同  │
└──────┬──────┘            │       └─────────┬─────────┘
       │                   │                 │
       ▼                   │                 ▼
┌─────────────┐            │       ┌───────────────────┐
│  进行研究和规划  │            │       │ 与企业全体人员沟通    │
└──────┬──────┘            │       └─────────┬─────────┘
       │                   │                 │
       ▼                   │                 ▼
┌─────────────┐            │       ┌───────────────────┐
│ 寻找可能的服务提供商 │            │       │ 维护合作关系       │
└──────┬──────┘            │       └─────────┬─────────┘
       │                   │                 │
       ▼                   │                 ▼
┌─────────────┐            │       ┌───────────────────┐
│  起草项目计划书  ├────────────┘       │ 监控服务提供商的工作绩效 │
└─────────────┘                    └───────────────────┘
```

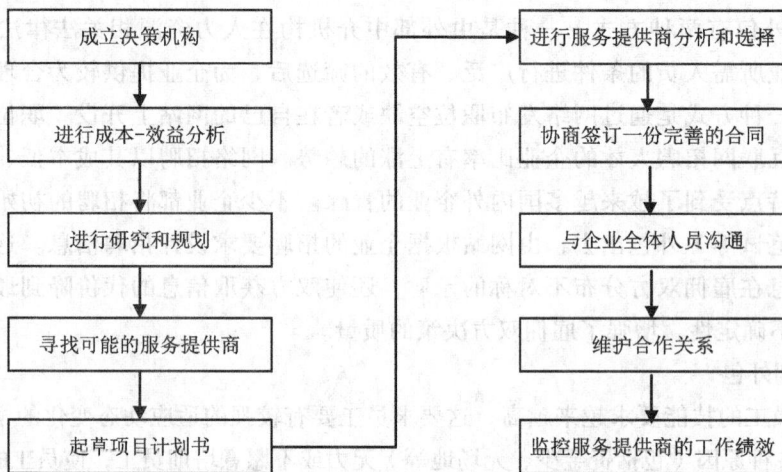

图 10-1　人力资源管理外包工作流程图

在确定当前以及预期服务需求及人员能力的基础上，企业应能够确定哪些人力资源职能适合外包，从而做出最终决策。

2．进行成本-效益分析

在做出人力资源外包决策时，企业会非常关注外包的成本以及可能的投资回报，期望有完整的成本-效益分析，因为企业最关心的总是利润，在人力资源管理外包问题上，企业最关注如何提高人力资源效益、降低管理成本。在人力资源管理外包方面，通常采用的一种成本-效益分析方式是，核算现有工作人员完成某特定活动的成本，再将此成本与该活动外包的成本进行比较。

3．进行研究和规划

在着手实施外包之前，企业要仔细调查潜在的服务提供商，认清外包既不是一种产品，又不是一种流程。企业人力资源管理活动中的任何问题都不会因为将这些活动委托给了第三方而消失。在提供服务的过程中，服务提供商的问题就是企业自己的问题。外包表现出的是一种合伙关系，它要求双方保持沟通和配合。因此，从产生外包计划开始，到外包项目实施的各个环节，企业都应当进行深入的研究和完善的规划。接下来，企业可以确定外包计划各阶段的时间表，这为企业设定了一条时间线路，引导人力资源外包工作达到目标。

4．寻找可能的服务提供商

企业如果从未用过服务提供商，可以与其他一些正在做人力资源外包的人力资源管理者沟通，以获取他们的服务提供商名单和信息。

5．起草项目计划书

起草项目计划书的关键在于确定必须询问的最重要的问题，以便获得必要的信息，对每个服务提供商的经验、可信度及其以往成就做出有充分根据的判断。企业在这方面如果草率做出决定，可能会造成巨大的时间和金钱损失。

6．进行服务提供商分析和选择

当得到所联系的服务提供商对项目计划书的回复之后，企业就可以开始进行筛选了，最后将注意力集中到两三家提供了最符合企业要求的信息的服务提供商身上，逐一进行评估。人力资源外包工作委员会可以为每个外包的人力资源活动确定至少 10 个指标，包括定性和定量的指标，权衡每个指标并形成一个序列清单，以此作为评价服务提供商的指标体系。

7. 协商签订一份完善的合同

人力资源外包工作委员会应派最佳谈判代表主持谈判。同时，谈判要采用最适合本企业的方式进行，一定不要在没有专家参与的情况下进行谈判。签订合同对于签约双方来说必须是一种双赢的结果。

8. 与企业全体人员沟通

由于人力资源管理外包会影响人力资源职能人员，同时人力资源活动会涉及企业大多数员工，因此，外包要想成功需要全体员工的理解和配合。企业要尽早让员工了解有关的外包信息，尤其是与他们切身利益紧密相关的服务方式等的变化。在外包工作时间表上应当明确各个必要的沟通时点，在这些时点上，企业有关负责人要与人力资源职能人员以及企业全体员工沟通。同时，企业还必须设计沟通的方法，如面对面的沟通、全体大会等都是有效的沟通方式，要根据沟通的对象和内容的特点确定沟通的方式、范围等。

9. 维护合作关系

在与一个服务提供商进行讨论的初期，企业要得到代表该服务提供商开展工作的人员名单及简历和证明材料，并让企业内部人力资源职能人员及其他成员与之接触。还要通过定期安排会议、确立保持沟通的原则，与服务提供商的代表建立一种积极的关系。

10. 监控服务提供商的工作绩效

外包合同应当确定所期望的特定绩效标准和服务水准，即要详细说明需要提供什么服务、由谁在何处提供以及谁作为提供者代表，还要确定企业将如何监控和评价每个人力资源职能领域的服务质量。

10.2.3 人力资源管理外包关系的建立与维护

任何关系都需要投入充足的精力去建立，并进行必要的维护。企业将人力资源管理外包，事实上就是建立起了本企业与外企业之间的合作关系，只有稳定的合作关系才能有效地推动合作的长期发展，进而推动企业自身的发展。人力资源管理外包关系的建立与维护包括以下几个方面的内容。

1. 项目计划书要求

项目计划书要求是企业提交给服务提供商的一种正式函件，内容主要包括所有需要服务提供商回答的问题和提交资料、证明的要求。项目计划书要求是企业让潜在的外包合作对象充分了解自己需求的手段，项目计划书在很大程度上能够决定投标服务提供商的范围，可用于对服务提供商进行筛选和分析[①]。

① 项目计划书要求应当由熟悉和理解人力资源外包过程以及所要外包的职能的人来起草，否则难以准确表达真正的要求。

② 所提出的问题和要求应当与所要外包的职能相关，并且应非常明确、具体。

③ 项目计划书要求应当包括以下要点。

a. 介绍。介绍本企业的背景、所在行业、员工数量、地点等。

b. 要求与期望。说明打算外包的人力资源活动的类型。

c. 工资。说明对最低工资标准的基本要求。

---

① 彭剑锋. 战略人力资源管理：理论、实践与前沿. 北京：中国人民大学出版社，2014：697-699.

d. 人员信息。要求服务提供商提供被指定为服务提供商代表的人员的信息，包括指派他们的原因、他们个人的背景、证明材料以及服务绩效等。

e. 沟通能力信息。要求服务提供商说明其所具备的沟通能力，就拟召开的员工沟通会提出问题。

f. 技术要求。要求服务提供商说明所具备的计算机及网络技术能力。

g. 转换与执行。要求服务提供商说明如何实现人力资源外包启动初期的过渡转换。

h. 咨询服务。服务提供商按照发包方要求提供相应的咨询建议。

i. 提交报告。按照发包方要求提供相应的报告。

j. 有关财务细节。询问收费标准，索要一份服务提供商的合同样本。

k. 客户信息。要求服务提供商提供至少三个可用于参考的客户企业的名称、电话号码及联系人。

l. 服务提供商筛选工作时间表。说明服务提供商提交项目计划书及回复项目计划书要求函的截止时间、与入选服务提供商面谈的时间，以及最终宣布结果的时间。

2．关于成本报价的协议

在评估服务提供商提供的反馈时，企业要对每个服务提供商提出的成本报价进行审定。企业应当将此交给由财务、信息系统、会计以及人力资源等方面的专家组成的人力资源外包工作委员会去审议，然后将各服务提供商的详细报价列在一张表中进行比较，找出报价差异。

3．关于工作成效与收费的协议

实行人力资源管理外包的企业必须用一种正规的手段对服务提供商的工作成效和收费进行监控，以确保服务质量。服务提供商大多会为许多客户提供同类的服务，因此，他们的工作成效没有太大风险或不确定性。他们知道如何做这些事，也知道客户的期望是什么。在外包协议或合同中，企业要详细地说明想要得到什么，以及企业会怎样监督服务提供商的工作成效。

4．有关质量标准的协议

在人力资源管理外包合作过程中，沟通不善也可能会导致负面的结果。要想保证服务提供商提供高标准和卓有成效的服务，企业就必须与其进行全面透彻、持续不断的沟通。在仔细评估服务提供商的答复时，企业要弄清服务提供商是否准确地了解了企业提出的质量要求，并且弄清楚自己是否准确地理解了服务提供商所讲的内容。在最初接触的时候，双方都应要求对方提供所使用的关键术语的明确定义，还应就工作成效标准进行反复讨论，直至双方完全认可为止。

5．管理和维护与服务提供商间的关系

完成了审议并选定了服务提供商后，企业应当选择一位服务提供商关系经理，负责与服务提供商进行联系和协调。在与服务提供商建立关系的过程中，企业应当经常举行会议，与服务提供商代表共同讨论项目执行层面的问题，阐明外包工作的各种细节问题。通过这种沟通和讨论，外包双方应当完全明白各自应承担的具体职责。

6．对服务提供商工作绩效的监控与评价

企业对外包项目从一开始就应建立绩效衡量标准，同时说明工作绩效的评估方式和报告程序。企业应当要求服务提供商诚实报告、经常报告，出现问题及时通知。对服务提供商的绩效评估标准应当是明确、具体、可衡量的。确定绩效衡量标准有利于提高服务提供商的工作绩效。企业出于得到更好服务的动机实行人力资源管理外包，因此，要对服务提供商的工作成果进行严格的管理和评价，在评价时可利用内部客户调查来进行，充分重视员工的反馈。

10.3　新生代员工人力资源管理

新生代员工主要是指出生于 1980—1999 年的从业人员。随着新生代员工队伍的不断壮大，他们在职场中的作用也日益凸显。近年来，我国新生代员工的离职率远高于企业员工的平均离职率。如何激励和留住新生代员工，已经成为企业面临的一项重大挑战。现在，2000 年以后出生的所谓"00 后"也开始进入职场，所以，再把新生代员工简单定义为"80 后""90 后"略有局限。根据陈春花等人的观点，从管理文化、社会变迁、代际传承等角度看，新生代员工是即将或已经走入职场和职业组织的年轻群体，他们由于群体成长经历和社会教化而形成独特的价值判断、行为习惯、生活方式、交往方式，表现出与上一代人明显不同的职场行为风格和职场文化，并由此产生了一系列管理变革等。

简而言之，职场个性、生活方式与上一代或以往员工有明显的群体差异，并对组织、市场、商业和社会文化产生广泛影响的一代员工，可称为新生代员工[①]。

10.3.1　新生代员工的特点

（1）价值观多元化

① 改革开放、经济全球化、信息化的纵深发展不可避免地促进了多元文化的渗透，新生代员工逐渐接触和接受多元文化并受到多元文化的影响，形成多元化的价值观。

② 市场经济的多元性和开放性，使新生代员工的价值观逐渐由理想型变成现实型。他们不再像以前的员工那样主张无私奉献，而是在干活之前要把条件和回报等讲明白、列清楚，绝不会委曲求全。

③ 注重自我利益的实现，追求有回报的付出。同时，能感恩社会，热心公益，期望个人价值和社会价值实现统一。

（2）自我意识较强

新生代员工大多从小受宠爱，在倒金字塔式的家庭中处于金字塔尖端位置，是整个家庭的中心，因此习惯以自我为中心，自我意识较强，具体表现如下。

① 个性化与自信并存。其喜欢标新立异，抗拒被规矩约束，追求自己的理念和个性；在健康、快乐的环境中长大，比较自信，不喜欢人云亦云，对事物有自己独特的见解和判断，较少进行自我反省，尤其是在直面批评的时候，他们往往非常抗拒对方的观点。

② 关注自我心理感受，自尊程度高。别人的关爱和帮助能使他们产生信任感与归属感，但他们难以接受公开的指责和批评，觉得这种行为严重伤害了自尊，严厉的批评甚至会使他们产生逆反心理。强调个人本位，认为物质积累并不是工作的唯一目的和首要目的，注重自我价值的实现，希望得到外界的认同。

（3）心理缺乏弹性

新生代员工成长在一个相对优越的环境里，从国家到社会，再到家庭，他们都受到重视。他们从小就是祖国的花朵、社会的希望、家里的"小皇帝"，受到了社会各方面的呵护，因此心理弹性较差，具体表现如下。

---

① 陈春花，曹洲涛，刘祯，等. 组织行为学：互联时代的视角. 北京：机械工业出版社，2016：214.

① 较为敏感和脆弱。其心理敏感，能敏锐地感知他人的态度变化，并且这种感知会对他们的积极性和行为产生影响。他们在乎自己在别人心目中的形象，在意他人对自己的评价。同时，他们的心理比较脆弱，抗压能力不强，遇到挫折时心理调适能力不强。

② 情绪控制能力较差。表达情绪的方式一般比较直接，喜怒哀乐全都写在脸上，不像传统员工那样有忍耐力；不善于控制自己的情绪，遇到问题和困难或碰到批评和指责时，情绪容易波动。

（4）创新意识较强

① 伴随着计算机技术和信息技术的发展，新生代员工获取资讯和知识的渠道更加丰富，获取的信息量大。

② 在知识经济的时代背景下，他们搜集、获取、整理、更新知识的能力较强，熟练掌握各种计算机应用技术，熟练利用网络，这些都为创新奠定了基础。

③ 新生代员工乐于探索新事物和研究新问题，易于接受新生事物，因此有挑战的事务能激起他们的创新欲，他们把完成这种有挑战的事务当成一种自我实现和获取肯定的重要途径。

④ 较好的教育环境给新生代员工提供了创新的素质基础，丰富的教育内容和多元的教育方式对他们的创新产生了积极影响。

（5）崇尚自由和平等

① 自由、平等的环境造就了新生代员工崇尚自由和平等的个性特征。

② 不喜欢受各种规矩和制度的约束，喜欢按照自己的方式学习、工作和生活；对于敏感问题能够独立和理性地思考，敢于提出自己的看法和见解。

③ 反对论资排辈、走关系，不善于处理复杂的人际关系；关注过程和结果的公开、公平和公正，遇到不公平待遇时敢于提出反对意见，而不是屈服于权威和上级。

④ 思想独立，不盲目跟随，也不盲目服从权威，有异议时会主动进行反馈。他们的服从意识明显要弱一些，权威和管理者对他们的约束力也弱一些。

10.3.2　新生代员工的职业特点

（1）自我成就意识强烈，职业生涯规划清晰度差

① 与 20 世纪六七十年代的员工不同，新生代员工在选择工作时并不将经济利益作为首先考虑的因素，也不看重工作的稳定程度，他们更注重自我发展和自我实现。他们的个人成就意识很强，职业期望高，渴望得到培训和晋升的机会，希望获得管理人员对自己工作能力的肯定和认可。

② 新生代员工看重的是以下两点：一是单位的发展前景，二是自己在本单位的发展前景。在两者缺一的情况下，他们大多会选择离职。而且，由于新生代员工处于职业生涯的起步阶段，因此他们对职业生涯发展的认识还不清晰。

（2）心理需求多元化

① 从家庭走入校园，从校园走入企业的大门，他们从家庭的中心、学校的焦点转变为企业最底层的员工，往往是有心理落差的。这种心理落差让他们更需要得到关爱，而且他们从小在家中就是被关爱的对象，企业的关爱能让他们产生归属感。

② 新生代员工心理弹性差，承受压力、进行心理调适和控制情绪的能力较弱。所以，在工作中遇到困难时，他们希望得到帮助和开导，释放来自各方面的压力。

③ 新生代员工关注自我心理感受，自尊程度高。他们认为工作不仅是为了赚钱，很大程度

上是为了发挥自己的长处。他们推崇自我实现，讲求效率，注重实干，并强烈希望得到他人的认可。认可和肯定能让他们更加积极、自信，看到自己在企业中的成长空间和发展前景。

（3）等级观念淡化

① 新生代员工不注重职场中的层级制度，他们不习惯无条件服从。

② 他们注重民主和自由，不迷信权威，不会无条件地服从管理。同时，对于工作制度和管理者的风格，他们有自己独立的理解，而且能大胆地提出自己的看法，甚至挑战权威。

③ 程序烦琐的决策过程让他们感到厌恶，他们喜欢领导能快速、明确地做出决策。比起注重约束和强调无私奉献的企业文化，强调民主和谐的企业文化更能让他们接受。

（4）可塑性强

① 因为成长在一个制度不断变革和创新的时代，新生代员工接受新事物和适应新环境的能力很强，从小就具有竞争意识和主动适应的能力。他们对新的工作环境并不抗拒且能尽快地融入其中。

② 学习能力较强，能熟练地运用信息技术进行各种信息的搜集整理，基本上只要稍加培训就能很快地投入工作。此外，各种新的工作技能能激发他们的求知欲和进取心，使他们在学习过程中提升和成就自我。

③ 创新能力强，喜欢挑战和讨厌一成不变的个性使他们具有新的工作理念和工作方法，实现工作中的创新是他们追求自我价值实现的一种形式。虽然在创新过程中他们容易产生不切实际的空想，但是这种创新精神对推动一个企业的发展是必需的。

（5）兼顾工作与生活

① 他们不仅追求工作和生活的平衡，还追求工作与家庭、个人之间的平衡。

② 弹性工作制度、自由的组织氛围、和谐的同事关系、足够的尊重和认同能提高他们在工作中的满足感，并因此激发工作热情。

③ 对新生代员工而言，快乐工作和开心生活并不矛盾，工作是为了更好地生活。

（6）企业忠诚度低

① 他们在选择职业的时候会考虑自己的兴趣和特长，进入企业以后会考虑自己在企业中发展空间的大小。一旦不符合他们的要求，他们往往会选择离开，去寻找更好、更适合自己的职业。

② 他们忠于自己的发展而不是忠于企业的发展，喜欢新鲜事物。他们的频繁跳槽与安于现状和追求稳定的传统型员工形成了鲜明对比。

③ 一旦有更好的自我发展的平台、自我实现的机会、更大的发展空间，他们会毅然选择离开。越来越多的管理者意识到了这一问题，因此越来越重视管理方式、方法的革新，以留住新生代员工。

（7）知识水平高，学习能力强

新生代员工大多接受过良好的教育，具有较高的知识水平。随着义务教育和科教兴国战略的实施，大量的人力、财力、物力被投入教育领域，这为新生代员工的学习和成长创造了良好的条件，其学习能力因此得到了很大的提高。他们喜欢动脑筋思考、钻研问题，在知识经济时代更加明确学习的重要性[1]。

---

① 时宝金. 90后新生代员工激励机制的构建——基于心理契约视角. 中国人力资源开发，2012，（12）：33-36.

10.3.3 新生代员工的管理

1．引导新生代员工的职业发展

新生代员工违背心理契约很多时候是因为个人得不到发展。如果企业能为他们指明职业发展道路，并且帮助他们在这条道路上不断前进，那么必定会燃起他们对未来的希望，激发起他们更大的工作热情。

（1）辅助制订职业生涯规划

新生代员工大多处于职业生涯初期，他们迫切地希望找到适合自己的岗位，并且在这个岗位上有所成就。然而，他们中的很多人对自身未来的发展都比较迷茫，甚至搞不清自己的前进方向，这对其成长和发展是比较大的阻碍。企业要加强与他们之间的双向沟通，对新生代员工的个人特质和职业发展意愿进行全面、深入的了解，在此基础上，结合企业的发展需求，引导、辅助他们制订职业生涯规划，并且根据其今后的发展情况不断做出调整。只有有了完善的职业生涯规划，新生代员工才能对自己的未来发展有清晰的定位，沿着正确的方向一步步迈向事业高峰。

（2）提供持续的培训和学习机会

新生代员工有着强烈的知识更新和自我成长的需求，健全的人才开发和培养机制是满足这一需求的重要途径。传统的培训方式并不一定能够获得新生代员工的认同，企业应该多多开展类似小组讨论、情景模拟、户外素质拓展等活动，增加培训的趣味性和多样性，以此来迎合他们的口味。他们多习惯通过网络学习知识以及与人交流，企业可以抓住这一特点，在传统培训方式的基础上更多地开展网络教学，进行在线培训。培训结束后，新生代员工可以就存在的问题通过邮件、QQ、微信等方式进行反馈，以寻求解答。在培训内容方面，除了最基本的职业技能培训外，企业还应该增加心理培训内容，使他们学会正确调整情绪、释放心理压力。

2．强化工作本身的激励效果

工作本身就能够激励新生代员工，企业把工作设计得富有吸引力对提高和保持他们的工作热情具有很大的作用。首先，扩展工作的宽度。为了减少工作中的单调感，企业可以安排新生代员工进行岗位轮换，加强内部流动，使他们接触不同的同事和工作内容，增加对工作的新鲜感。在岗位轮换的过程中，他们可以找到自己感兴趣的职位，还能掌握多种职业技能，获得全面发展。其次，增加工作的深度。企业要充分利用他们好胜心强的特点激发其工作斗志，以满足他们不断突破自我的愿望。企业不妨适当提高工作标准，增加新的工作内容，同时还可以考虑对他们进行合理授权，让其参与到管理过程中来，并且承担相应的责任，让他们学会从上级的角度出发思考问题。最后，开通工作反馈渠道。企业可以通过他们熟悉的方式将工作信息反馈给他们，帮助其正确认识自己的工作结果，针对问题做出有效改进。

3．加强精神上的关怀与肯定

（1）增加对新生代员工个体的关注度

新生代员工个体差异大，所面临的问题不尽相同。领导者要经常和他们沟通，以了解其内心的想法以及需求的变化。注意应当在一种轻松的氛围下平等对话，而不是以说教的方式与他们交流，否则会引起他们的抗拒和逆反心理。此外，鉴于新生代员工经常在网上表达自己的想法和感受，领导者可以通过加QQ或微信好友等方式关注他们的日常动态，从中发现问题，及时沟通解决，让他们感受到企业对自己的重视。

（2）认同新生代员工，多给予赞赏

对新生代员工来说，一句不经意的赞赏就会使他们产生很大的工作热情。领导者要善于观察和思考，完全可以就一些具体的小事对他们进行表扬。对于出色完成工作的新生代员工，领导者可以在企业的 QQ 群、微信群或朋友圈上公开称赞，或者在部门网站上通报表扬。他们在工作中难免会犯错，在这种情况下领导者要尽可能减少批评，即使批评也应当采取委婉的方式，避免伤害其自尊、给其造成心理压力。

（3）平等授权

新生代员工开放性强，授受新事物的能力强，企业通过营造鼓励创新、授权参与、尊重平等、互惠信任的文化氛围，能够积极迎合并利用新生代员工的这些优秀品质。针对新生代员工的一些群体特征，在企业中推行导师制不仅能为新生代员工提供职业指导与帮助，还能够加快新生代员工与老员工之间的融合。同时，对新生代员工做授权参与方面的管理，不仅在经营管理方面可以变消极被动的服从为积极主动的参与，还能够在经营决策方面使主管人员通过参与活动，取得集合大家的聪明才智的决策效果。新生代员工的主动性、创造性都很强，企业推行授权参与式管理可以大大调动新生代员工的积极性和主动性，提高其敬业度和工作效率。

（4）自助式福利保障激励

有竞争力的、多样化的和基于绩效的薪酬福利体系可以增强企业的凝聚力以及员工的归属感。在企业的具体实践中，这些薪酬项目主要有利润分享计划、虚拟股权/期权激励、专项奖励、激励基金以及形式多样的其他福利项目等。此外，由于新生代员工价值观的多样化，单纯的金钱激励对其吸引力越来越弱，一些企业开始采用灵活的奖金制度和自助式的福利体系。具体来说，企业可向新生代员工提供一定数量的福利项目，让员工依据自身需求选择不同的福利项目。

（5）提供广阔的发展空间

除了物质性的激励计划外，明确的职业发展空间不仅能够帮助新生代员工明确自己的职业发展路线，还能够激励他们为实现自身的职业发展而努力，是企业吸引、保留和激励员工的重要手段之一。新生代员工注重自我价值的实现，渴望有所成就，追求事业成功。

（6）弹性工作提高效益

新生代员工具有不喜欢规则、强烈反对官僚主义以及自我实现欲望强烈等个性特征。目前，一些企业开始采用为员工提供工作内容丰富及具有激励性的工作岗位、设计合理的工作作息制度、实行弹性工作制等手段来保留和利用新生代员工的个性特征，以为企业创造价值。

（7）利用新生代员工对多元沟通和工作品质的要求

新生代员工比较注重个人意见的表达，愿意对碰到的问题发表自己的观点。多元化的、符合新生代员工个性特点的沟通渠道和沟通方式，不仅能够确保企业将与管理相关的信息及时、准确地传递给新生代员工，还能够使企业有效收集员工对目前管理、未来发展的意见或建议。当然，对于新生代员工的管理，并没有标准的管理方法和原则，但是通过切实有效的引导，新生代员工也可以成为企业的核心成员。只要企业有明确的规则，员工也认可，大多数新生代员工都能够调整自己的行为，以适应企业的发展要求。

有效的工作生活平衡计划能够带来高的生产率、低的离职率、高的组织承诺、高的工作满意度和企业的竞争优势。新生代员工对工作和生活平衡的要求很强烈。此外，与前几代员工不同，新生代员工的家属、朋友在他们的工作中更多扮演了参谋策划的角色。企业应该采取一些措施让员工在完成工作目标的前提下，自主地安排自己的生活。

新生代员工注重自我利益，行为灵活，一旦意识到只有采取某些行动才能获得更大的收益时，他们就会迅速调整自己的行为方式。新生代员工的灵活性、适应性和较高的学习能力在当今不断变革、创新的时代是企业的重要资源。因此，企业一定要重视新生代员工的管理[①]。

4．给予新生代员工更多的个人时间和空间，丰富其业余生活

（1）给予新生代员工更多的个人时间和空间

新生代员工追求自由，讨厌受到工作束缚。企业可以在他们保质保量地完成工作任务的基础上，为其提供更多的闲暇时间。对于那些不需要在特定工作场合就能完成的工作，企业可以适当地允许他们在家办公。需要注意的是，企业还应尽量减少加班，或者即使要加班也应当给予调休或加班工资等合理的补偿。只有保证他们有充足的时间处理个人事务、享受生活乐趣，他们才能有更多的精力投入到工作当中。

（2）丰富新生代员工的业余生活

企业可以增设符合新生代员工兴趣的娱乐设施和场所，如期刊阅览室、健身休闲中心、网吧、游戏室等，让他们在工作之余可以做一些自己感兴趣的事来放松身心。此外，企业还可以多多开展迎合他们口味的娱乐活动，如组织他们观看电影、去 KTV 唱歌、看演唱会、举办员工趣味运动会、定期旅游等，帮助他们舒缓工作压力，真正做到劳逸结合[②]。

5．游戏化管理

游戏化管理作为近年来在企业管理活动中涌现出的一种新的实践理念，在企业管理的不同模块中都有一定的应用空间，对新生代员工更有吸引力。考虑游戏化管理实践的基本特征是这种管理实践是与个体的激励和发展密切相关的，游戏化实践在人力资源管理活动中将会起到越来越突出的作用。在国内外企业的管理实践中，我们也越来越多地看到游戏化管理实践的实例或影子。

将游戏化思维和实践应用到工作设计中，本质上就是将游戏中的一些积极特征或属性迁移到工作情境中，并据此对员工的工作内容、工作方式、工作过程等进行重新设计，从而促使员工在工作中感受到如"游戏一般的快乐和满足"。对于特定行业的企业而言，可以通过应聘者在模拟工作游戏中的表现来判断他们在之后工作中的表现。在游戏化管理实践中，激励的方式主要是精神上的，如任务完成带来的成就感、自豪感，对于在更高水平上成功的希望，以及从工作中感受到的愉快与趣味等。在人力资源管理中，游戏化管理实践的另一个"用武之地"是培训和员工发展环节。事实上，在员工培训中"玩游戏"已经是企业管理中的一个常规活动。在新员工入职培训环节，各种类型的游戏已经成为必不可少的一部分。这些培训游戏可令并不熟悉的团队成员之间尽快"破冰"，有助于建立团队成员间的合作关系。

10.4 虚拟人力资源管理

进入 21 世纪后，人类社会步入了新经济时代。新经济的实质是信息化与全球化，其核心是高科技创新及由此带动的一系列其他领域的创新。信息技术正渗透到企业管理的每一个环节，人力资源管理也包括在内[③]。在这种时代背景下，虚拟组织的人力资源管理近年来得到了越来越多的人的重视，大家开始对其进行研究。但是，较少有人著书对虚拟组织进行专门探讨，因为这个概念比较新颖，尚未形成成熟的理论。随着信息技术和网络技术的不断普及，组织虚拟化成为一种趋势，已

① 陈春花，曹洲涛，刘祯，等. 组织行为学：互联时代的视角. 北京：机械工业出版社，2016：228-231.
② 彭剑锋. 战略人力资源管理：理论、实践与前沿. 北京：中国人民大学出版社，2014：597-629.
③ 柳春岩. 人力资源管理. 北京：北京大学出版社，2016：302.

经在社会发展中起到了重要的作用，所以本节尝试对该领域的人力资源管理进行适当的阐述。

在经历了工业经济时代和知识经济时代的变迁后，企业进入了一个互联网、个性化、颠覆创新三者融合的社交化网络经济时代。大数据和移动技术的迅速发展使人力资源管理面对一场前所未有的变革，经验管理在人力资源管理中开始失效，传统的管理模式已不能适应新时代随时随地办公的要求。企业只有充分利用大数据和移动技术，注重员工与企业间的情感培养，才能赢得竞争优势[①]。

10.4.1　人力资源管理虚拟化的动因

人力资源管理虚拟化趋势的显现与发展，主要出于下述几个动因。

1．日新月异的变革

技术进步带来的溢出效应极大地推动了部门和产业的发展，也深刻地改写了知识经济时代的"游戏规则"：数字资产规则，资产在使用过程中无损耗；新规模经济，在大企业主导的市场中小企业也可获得较低的单位成本；新范围经济，同一数字资产能在不同市场中实现价值；新交易成本，虚拟价值链中的交易成本比实体价值链中的要低得多。现代通信技术的惊人进步，使虚拟化人力资源管理成为可能。

2．组织的虚拟化进程

虚拟组织借助信息网络可体现核心优势，在竞争中最大限度地发挥企业资源，缩短产品进入市场的时间。

3．人力资源管理自身面临的挑战

第一，人力资源管理部门必须更注重战略性，应将人力资源管理和基于能力的战略相结合，贯穿于战略构思、规划和执行的全过程。

第二，人力资源职能必须被赋予更多柔性，体现在人事政策、计划、实践和服务上。也就是说，人力资源工作要逐渐从"稳定适宜"过渡为"变化管理"。

第三，人力资源管理必须控制在低成本，尽管效益与效率（成本）是一对难解的矛盾。人力资源管理不得不对大小事情重新排序，剔除"可有可无"的事项，以节省开支。

第四，人力资源职能部门要始终向管理者和员工提供服务。所以，人力资源从业人员仍然需要专业知识与技能，所有工作的立足点都是对雇佣关系的双方负责。

10.4.2　虚拟人力资源管理对管理者的新要求

人力资源管理的虚拟化趋势对人力资源部门的影响是极其深远的，客观上要求人力资源部门必须积极地转变自身角色。

人力资源管理日益虚拟化，人力资源部门工作的重点需要由以往对活动的管理逐渐转变为对过程的管理。例如，过去其自己管理具体的招募活动，现在委托就业介绍机构来办理这些事情，就需要监控外包过程。

人力资源管理者需要掌握大量信息，同资源拥有者建立良好关系。其角色应该由某领域的专家转变为具有开阔战略视野的通才：战略经营伙伴、行政管理专家、员工激励者、变革推动者、综合管理者、外联管理者[②]。

---

① 刘追，张佳乐，王德智. 大数据时代移动 HR 的应用、挑战及对策. 中国人力资源开发，2014，（16）：10-14.
② 苗青，王重鸣. 组织创新前沿：虚拟人力资源管理研究. 科学与科学技术管理，2003，24（2）：73-76.

具体来说，人力资源管理要做到以下几点。

① 利用虚拟管理，实现人力资源管理向战略人力资源管理的转移。虚拟人力资源管理有利于人力资源管理者从繁杂、琐碎的行政事务中解放出来，使其有更多的精力处理企业内系统性、全局性并更具战略性的人力资源管理事务，从而推动人力资源管理者从后台走向前台，转变角色，成为企业发展的战略伙伴、高层管理者的咨询顾问、变革的倡导者及员工开发的推动者。

② 利用虚拟管理，改变我国"企业办社会"的现状。虚拟人力资源管理对传统的"企业办社会"改革可起到积极的促进作用。人力资源管理职能虚拟可以解决企业人力资源管理"大而全、小而全"的问题，是提高效率的有效途径。企业内人力资源管理部分业务的虚拟有利于促进和推动传统"企业办社会"的改革：变企业保障为社会保障，实现企业福利向社会福利的转变，实现"社会办企业"的变革等。

③ 借助虚拟人力资源管理，引进先进的人力资源管理技术与方法。外部组织或个人，如社会化的培训机构、招聘组织、人力资源管理咨询公司以及传统的人事代理机构的发展与成熟，为众多的企业实现虚拟人力资源管理创造了条件。企业要加强信息技术在企业人力资源管理中的应用，加强人力资源管理信息技术的建设，培训人力资源管理者的信息技术应用技能，特别是相关软件和系统的开发能力。企业在聘请外部组织和专家时，本企业的相关人员必须参加，以便让大家更好地了解相关内容，使信息技术在人力资源管理中发挥其应有的作用。

④ 要引导人力资源管理服务业的发展。虚拟人力资源管理打破了组织边界，形成了一个网络状、开放式的学习系统。在这个系统中，人力资源管理相关产业的发展至关重要。人力资源管理咨询服务业的发展为企业整合企业外人力资源管理资源创造了条件，但目前我国人力资源管理服务业的发展尚处在起步阶段，需要国家和地方相关政策的大力扶持与规范。2017 年 10 月，人社部印发《人力资源服务业发展行动计划》，其中提出：到 2020 年，人力资源服务产业规模达到 2 万亿元，培育形成 100 家左右在全国具有示范引领作用的行业领军企业，培育一批有特色、有规模、有活力、有效益的人力资源服务业产业园，行业从业人员达到 60 万名，领军人才达到 1 万名左右。只有人力资源管理服务业发展壮大，虚拟人力资源管理才能顺利地进行下去[①]。

10.4.3　人力资源管理虚拟化的表现

人力资源管理虚拟化的主要表现如下。

① 招聘虚拟。招聘虚拟有两种方式。一种是由外部中介机构（如猎头公司）根据企业所需人员的条件进行广泛、有效的筛选，为企业提供较为合理的人力资源。另一种方式是在企业网站上开设"职位空缺"栏目。求职者可直接访问该网站。传统企业多在新闻媒体上发布广告招揽人才，这会耗费大量时间，企业还要支付高昂的费用。如今企业利用"资格审查通道"数据库，可以快速获取满意的人选。虚拟招聘方式有效缓解了雇佣双方信息不对称的矛盾。

② 薪酬虚拟。工资的设计与发放向来是人力资源管理部门最基本的业务，而美国的许多企业已经将该项工作外包。企业将薪金、福利的规划与管理交给专业咨询公司，一方面可以提高双方的效率，享受因各自的规模经济而带来的好处，另一方面企业还会因此降低经营风险。

③ 员工虚拟。其表现为两类：一类是劳力虚拟，一类是智力虚拟。后者为主导模式。智力虚拟是指一些高级人才提供智力、知识上的服务，是一种借用外脑的虚拟运作模式。导致这类人员虚拟的原因有三个：第一，高额的智力开发成本与短期收益要求之间存在矛盾；第二，智力资

---

① 钱黎阳，楼旭明. 我国企业虚拟人力资源管理探析. 科技管理研究，2011，31（5）：165-168.

源的长期培养与多变的竞争环境的相互匹配具有不适应性；第三，组织内部智力资源供不应求与闲散人力供大于求之间存在矛盾。面对这种情形，越来越多的企业想到了"借脑"。智力虚拟与劳力虚拟的区别在于，前者提供的是智力与知识服务，多为企业外部的管理专家或技术专家，他们为众多企业共有。

④ 培训虚拟。企业在培训时，可采用计算机图形、仿真、通信、传感等技术，为人们建立起一种逼真的虚拟的交互式三维空间环境。虚拟现实技术为企业的人力资源培训带来了极大的便利。其具有以下特点。第一，沉浸性。利用虚拟现实技术，培训对象可以完全沉浸在虚拟的现实环境当中，逼真的存在感使培训对象从"被灌输"变为"主动感受"。第二，自主性。借助于网络，培训对象可以在任何时候、任何地点对培训内容进行选择，有充分的选择权和自主权。第三，开放性与资源共享性。虚拟学习有助于把最新的研究成果反映到培训中，因而是一个开放系统。资源共享对于中小企业而言，提高了学习效率，功效更为显著。

10.4.4 虚拟人力资源管理的困境

虚拟员工可以为企业降低成本，提供很多便利，但是虚拟员工与企业之间的新型雇佣关系也使企业人力资源管理陷入了困境。

1．关系建立以前的管理困境

（1）虚拟员工岗位设置上的困难

虚拟员工能够减少企业的经营成本，这吸引了很多企业积极尝试这种新型的企业与员工关系，但一些企业在雇佣虚拟员工前往往会面对很多难题。第一，一些企业缺乏对本企业经营状况的分析，当出现岗位空缺时，不知道是应该在当地寻找一些具有丰富知识和经验的员工来填补空位，还是通过虚拟人才市场雇佣虚拟员工来完成工作。第二，将自己能力不足的业务交由虚拟员工处理，还是将一些非核心、次要、冗余的业务外包给虚拟员工？哪些岗位适合设置虚拟员工？第三，当一些企业面临"员工荒"时，为了能够让企业正常运转而临时招聘虚拟员工，这种方式往往只能解决燃眉之急，一旦虚拟员工脱离雇佣关系，企业又会再次陷入危机。

（2）难以招聘到合适的虚拟员工

当企业决定招聘虚拟员工时，主要通过企业网站主页或者大型的招聘网站发布招聘信息，但是虚拟员工的招聘并不容易。首先，优秀的虚拟员工争夺成为一种新的人才竞争方式，为了吸引优秀的虚拟员工，企业需要提供具有吸引力的薪酬与奖励；其次，一些中小型企业知名度不高，不具备良好的品牌效应，无法招聘到优秀的虚拟员工；再次，由于信息不对称，求职的虚拟员工是否具有胜任工作的素质难以考证；最后，如何防范竞争对手借助虚拟员工岗位盗取相关商业机密也是企业必须考虑的重要问题。

2．关系建立初期的管理困境

（1）目标难以协调统一

首先，无论是正式员工还是虚拟员工，都存在着与企业目标难以契合的情况。不可否认的是，一部分虚拟员工选择这种灵活、自由的工作方式，是与企业建立一种短暂的"功利性"的经济关系，因此企业很难将这类虚拟员工的目标与组织目标协调一致。其次，即使虚拟员工的个人目标和企业目标存在阶段性的一致，但虚拟员工仅仅接触到了企业的部分工作，由于信息的不完整性，虚拟员工对企业的整体目标并不清楚，因此很多虚拟员工的目标仅仅是完成工作本身，并没有考虑企业相关的社会责任、品牌形象等战略目标。最后，企业雇佣的虚拟员工只是驱动企业发展的外部力量，企业需要将虚拟员工的目标与内部正式员工的目标衔接在一起，协调难度较大，这往往需要人力资源管理者具有很好的目标契合能力。

（2）文化难融合与沟通障碍

企业与虚拟员工可以通过互联网构建工作关系，尤其是很多跨国企业，会通过雇佣非本国的虚拟员工实现业务拓展，搭建新的经营渠道。地域差异、教育差异、不同的文化背景以及不同的思维方式使虚拟员工难以与企业很好地融合。此外，即使企业雇佣本国的虚拟员工，由于虚拟员工具有灵活的工作时间和工作地点，企业很可能无法在正常的工作时间内与虚拟员工进行高质量的沟通与交流。

3．关系互动期的管理困境

（1）信任危机

良好的合作建立在相互信任的基础上。由于虚拟员工很可能是那些未曾谋面而为企业提供服务的人，这种陌生关系产生了彼此的信任危机。从企业角度看，企业与虚拟员工间的信任危机分为两种情况：一种是信任不足，当企业不能充分信任虚拟员工时，企业就不会把工作完全交给虚拟员工，会有意隐瞒一些与工作相关的数据和信息，这使得企业与虚拟员工间形成了无形的障碍，同时企业还需要对虚拟员工的工作进行二次加工；另一种是过度信任，企业在对虚拟员工过度信任，尤其是高估了虚拟员工的道德素质时，将很多重要事务交付给虚拟员工，无形中就埋下了信息泄露的隐患，可能会引发信息泄露危机。从虚拟员工的角度看，虚拟员工与企业之间是一种交易关系。如果虚拟员工存有企业不能及时支付薪资的顾虑，就会采用一些办法来防范，如要求企业先支付部分薪资再提交阶段性工作成果，这种心理博弈加重了彼此的信任危机。

（2）统一管理困难

企业雇佣的每一位虚拟员工都存在空间和时间上的独立性，企业人力资源管理者需要对每一位虚拟员工进行单独管理，很可能针对同一任务要进行多次重复沟通，或者针对不同任务要进行多次非重复沟通，这便形成了统一管理的困难。此外，企业对虚拟员工与正式员工的管理方式存在差异。当虚拟员工出现突发问题，如生病、发生意外事故时，虚拟员工所从事的工作就出现了中断，其未完成的工作很难交付和转移给其他虚拟员工或正式员工。

4．关系结束期的管理困境

（1）工作结果难以令人满意

企业与虚拟员工间的合作并不总是那么令人愉快，可能会出现难以令人满意的结局。一方面，在企业与虚拟员工事先约定好的工作期限结束时，很可能出现虚拟员工工作未完成、不能按时提交工作成果的情况，这会影响企业的工作进度；另一方面，虚拟员工素质不高等原因，都会造成工作质量不符合要求的情况。此外，虚拟员工可能同时接很多不同企业的类似工作，如果虚拟员工敬业度不高、道德水平低，很可能会提交与其他企业类似的工作成果。这既不利于企业创新，也不利于企业与其竞争对手形成差距，严重时可能会给企业造成负面的社会舆论，甚至招致法律纠纷，不仅影响企业的经营利润，还会影响企业声誉等。

（2）虚拟员工工作绩效评价缺失

虚拟员工的工作绩效评价是企业发现问题和解决问题的重要环节。一方面，企业可以通过为虚拟员工人力资源管理的薄弱环节制订有效措施来提高其绩效；另一方面，企业可以进行虚拟员工与正式员工之间的工作效率对比分析，寻找差距，找到提高虚拟员工工作效率的办法。目前，企业对虚拟员工的考核主要参考对传统员工的考核。传统员工考核主要通过行为观察、结果审核、同级互评、员工自评等手段完成；然而企业对虚拟员工进行的是分散式管理，缺乏对工作过程的监控，同时虚拟员工大多独立完成工作，没有工作伙伴，这就造成了传统的绩效考核办法失效。

10.4.5 虚拟员工人力资源管理的策略

虚拟员工的就业潜力，会成为改变劳动力市场前景以及推进经济体系完善的重要动力。目前，企业虚拟员工的人力资源管理尚处于尝试探索阶段，企业与虚拟员工间的关系不断变化。虚拟员工人力资源管理者需要积极采取相应的策略，以帮助企业摆脱困境。

1. 关系建立以前的策略

（1）确认雇佣虚拟员工

企业雇佣虚拟员工实际上可以看作一种业务外包，独特性和价值性可以形成判断准则。价值高、独特性弱的传统活动和价值低、独特性弱的周边活动适合外包，企业可参照这一准则判断是否雇佣虚拟员工。例如，摩根银行和美国大通银行等通过雇佣虚拟团队来获取独特性弱的顾客信息服务，虚拟团队为银行提供最有效的信息技术运作服务，获取大量有效的顾客信息，帮助银行专注于高价值的市场开拓和顾客服务。此外，企业应该进行正式员工、临时员工、虚拟员工的雇佣成本预算与比较，从企业成本最小化与利益最大化的角度考虑是否雇佣虚拟员工。企业还应该配置虚拟员工管理系统和设备，如网络会议、电话会议等设备，做好雇佣准备。

（2）利用大数据技术选择虚拟员工

为保证企业能够雇佣到优秀、合适的虚拟员工，首先，企业应借助大数据技术主动寻找符合要求的潜在虚拟员工并发出岗位邀请，挖掘那些能够补充企业人才库、丰富人才类型的虚拟员工。其次，企业可通过网站主页和其他招聘渠道发布招聘虚拟员工的信息，对投递简历的员工进行相关信息的搜集，利用大数据技术进行虚拟员工胜任素质评价，完成虚拟员工与岗位的匹配。例如，英特尔公司在进行闪存芯片项目的虚拟员工选择时，以虚拟员工的软硬件基础、处理工作与非工作事物的能力、工作所需的沟通设备基础、是否需要额外培训等为主要的甄选标准。最后，为了维持企业业务的连续性，保护企业的人力资本和智力资本，企业应建立虚拟员工信息库，将所能搜集到的所有虚拟员工的信息记录在案，与已经合作过的优秀虚拟员工保持联系，防范有不良记录的虚拟员工，对未合作过的虚拟员工进行能力甄别，考虑是否有合作的潜力。

2. 关系建立初期的策略

（1）积极、有效地沟通

沟通可以帮助虚拟员工明确工作的任务、时间和质量要求。定期的沟通和反馈是企业通过分散式管理建立信任的关键。为了避免沟通不畅导致的问题，企业一方面应制订沟通的时间和周期，形成固定的沟通计划，保证沟通质量；另一方面要借助网络会议、视频会议、电话热线、电子邮件、QQ、微信等沟通手段了解虚拟员工在完成任务过程中遇到的困难和需要改进的地方。尤其是电子邮件和 QQ、微信具有较强的信息处理能力，可以跨越语言障碍，打破时间、空间等的限制。例如，淘宝客服在自己的工作时间结束时都要将在工作时间内处理的商品交易信息、顾客问题解决信息等汇总上报，以方便其他虚拟员工及雇主了解业务情况。

（2）建立经济契约与心理契约

一方面，虚拟员工具有流动性和主体性，企业与虚拟员工的合作基础是短期的经济利益关系。为了防范双方的投机心理，维持和谐的交易关系，在企业与虚拟员工关系建立初期，双方应该制订相关的经济契约，如签订用工合同，以保障企业与虚拟员工的合法权益，减少虚拟员工流失产生的负面效应。另一方面，作为经济契约的补充，心理契约是维系企业与虚拟员工和谐关系的纽带，企业要通过情感激励和成绩鼓励来建立与虚拟员工之间的心理契约，增加虚拟员工对企业的信任度和忠诚度，提高虚拟员工的工作满意度和奉献度。实际上，虚拟员工更加专注于虚拟工作，因为他们注重时间质量并珍惜虚拟工作带来的便利。建立经济契约和心理契约不仅有助于提高虚拟员工的职业操守，还可以避免因虚拟员工的职业道德问题而给企业带来的危机。

3．关系互动期的策略

（1）知识管理

首先，企业应尽可能挖掘虚拟员工的相关知识储备，激发虚拟员工的知识贡献能力；其次，企业要拥有一定的技术设备，以保证知识的获取和存储，企业可依据自己的需求选择知识管理平台、知识管理系统、知识管理技术等对企业虚拟员工的知识进行管理；再次，企业应维护自己获取虚拟员工所提供的智力成果自用的权益，通过约束机制防止虚拟员工将给本企业的工作结果提供给其他企业使用；最后，企业应对虚拟员工的工作成果进行合理应用，建立虚拟社区进行知识分享，凝聚正式员工与虚拟员工的知识和技能，让虚拟员工提供的知识成果效益最大化。

（2）风险控制

在进行虚拟人力资源管理时，建立风险预警管理体系可以使企业时刻关注与虚拟员工之间关系的变化，在风险发生之前做好防范企业发生损失的工作；可以对企业与虚拟员工之间的互动过程做好信息采集、检测、状态分析、判断等，为企业的虚拟员工管理者提供合理的决策依据；可使企业及时关注虚拟员工信息库，以便及时招聘到新的虚拟员工来填补空位，有效防范虚拟员工的突然离职。

（3）双重激励

企业应注重虚拟员工物质与精神方面的激励，激发虚拟员工的忠诚度和奉献精神，提高虚拟员工的工作满意度。一方面，企业通过阶段性的薪酬支付可以有效地督促虚拟员工完成阶段性的工作任务，从而保证虚拟员工能按时完成并提交工作成果。另一方面，企业对虚拟员工工作的认可和鼓励，可以使虚拟员工产生成就感，当虚拟员工感到自己被重视时，其工作绩效就会明显提高，这也增加了虚拟员工对企业的信任度。

4．关系结束期的策略

（1）薪酬结算与员工奖励

企业与虚拟员工间的关系结束时，首先，双方均需遵守合约，虚拟员工按时提交工作成果，企业作为雇佣方对虚拟员工的服务进行合理的薪酬结算。例如，百度地图有专门的审核员对全国各地虚拟员工提供的数据进行一到两天的审核，财务部门采用日结、周结、月结等方式进行虚拟员工的薪酬结算。其次，企业可以对表现优秀的虚拟员工进行奖励，如百度地图为虚拟员工提供了从虚拟兼职员工、虚拟全职员工到加盟商的晋升渠道。最后，为虚拟员工提供有价值的网络培训、推荐虚拟员工担任企业虚拟业务管理者、为虚拟员工提供企业虚拟股份等都是很好的激励手段。

（2）绩效评估与价值询证

虚拟员工绩效评估有利于企业及时发现虚拟员工人力资源管理中的问题，帮助企业修正虚拟人力资源管理的目标和管理方法。绩效评估可以帮助企业更好地衡量虚拟员工的工作成果，制订更合理的虚拟员工薪资标准，使企业能够通过薪资来吸引和激励虚拟员工。虚拟员工的价值询证是企业虚拟人力资源管理中不可或缺的重要环节，企业应不间断地对虚拟员工的工作进度、工作质量、工作中遇到的客观问题进行跟踪和分析，做好测评工作，评价虚拟员工的雇佣价值。企业可以比较分析虚拟员工与正式员工的工作成本与绩效，为是否继续雇佣虚拟员工提供决策依据。

10.5 共享经济背景下的人力资源管理①

当前，移动互联网下的经营模式日益受到企业界的关注和重视，专业化、分工化、互惠化成为共享经济背景下企业生存和发展的不二法则。

企业应深刻认识共享经济带来的新机遇、新变化和新挑战，强化"共治、共生、共赢、共创"的发展思路，全面推动人力资源管理的转型变革。

共享经济又被称为分享经济，最早可以追溯到马丁·L.威茨曼（Martin Lawrence Weitzman）的共享经济理论。所谓共享经济，一般是指组织与组织、人与人之间基于交换和共用等手段实现对某类资源的共同分享，从而达到资源优化配置的经济活动总和。2013年，《经济学人》杂志的封面文章《崛起中的共享经济》为我们描绘了未来共享社会的发展图景。在现阶段，共享经济已不仅仅是一种利润分配制度，而是演变为一种新业态、新理念乃至新革命。

10.5.1 共享经济的特点

① 顾客的多维度需求是共享经济的天然养分。随着生活节奏的日益加快，消费者更加注重快捷、低成本、多样化的需求满足方式，共享经济应运而生。从开始的交通、住房领域到现在的生产、生活领域，共享经济使各个行业呈现百花争艳的局面。《中国分享经济发展报告2017》显示，2016年我国共享经济市场交易额约为34520亿元，分享经济的提供服务者人数约为6000万人。未来几年，分享经济仍将保持年均40%左右的高速增长，到2020年分享经济交易规模占GDP的比重将超10%，到2025年占比将攀升到20%左右。

② 信息革命带来的技术飞跃是共享经济的催化剂。近年来，日益兴起的移动互联网、大数据、云计算、物联网、人工智能等信息革命正在颠覆现有世界，并且潜移默化地改变着我们的生产关系、生活关系以及人与人间的关系。基于共享平台，供需双方可以将闲置的资源随时随地地交易，一方面可满足需求方的生活需求，另一方面又部分实现了供给方闲置资源的价值，网络化效应随之而来。

③ 新型商业模式重构是共享经济的新动力。当前，与共享经济一起裹挟而来的是信息技术更迭、资源配置方式转变、客户需求的及时反馈，以及新型商业模式的重新构建。例如，当今世界最大的出租车提供者优步（Uber）没有车，最大的零售商阿里巴巴没有库存，最大的住宿提供者爱彼迎（Airbnb）没有房产。可以说，面对经济、技术等大趋势的瞬息万变，以往"单打独斗、一家独大"的传统思维已不再适应社会发展的要求。"我为人人，人人为我"不再停留在口号上，"跨界联动、交互协同"的管理理念已经成为社会的共识。

"共享经济"下人力资源管理面临新变化。组织经营模式正日益变革。现阶段，企业间的竞争更多体现为个性化、多元化、定制化产品和服务的竞争。围绕提高资源配置的效率，我们需要重新审视社会资源再组合、再分配等现实问题。

10.5.2 共享经济对组织和人力资源管理的影响

组织的运行方式正日益多元化。当前，共享经济的浪潮使企业外部边界和内部边界逐步淡化甚至消失，并且催生了许多新型组织形式。例如，海尔集团所倡导的"企业无边界"正是基于

---

① 赵曙明. 共享经济下人力资源管理面临新变化. 新华日报，2018-1-17（14）.

互联网视角的共享经济思维模式。以市场为导向，建立更加灵活的组织架构，准确把握客户需求，是企业在日益激烈的市场竞争中立于不败之地的关键。

组织顾客理念正日益丰富。管理学大师彼得·德鲁克曾说过，顾客是企业存在的依据，企业的生存依赖于其服务和产品能否长期得到顾客的充分认同。在共享经济背景下，企业客户不仅包括外部合作者和市场消费者，还包括企业内部员工。尤其是新生代员工不断涌现，这对企业人力资源管理提出了新的要求。为此，我们需要进一步更新顾客理念，全面了解企业客户尤其是内部客户群体的心理需求和社会需求，注重人力资源伙伴角色的拓展和延伸。

共享经济背景下，人力资源管理要有新思维。企业应加快由"传统层级型"向"平台共治型"的组织运行模式转变。当前，企业的组织结构正在从高度集权的金字塔组织形式向扁平化、虚拟化、动态化方向发展。面对共享经济时代，我们要深刻认识到网络软硬件工具对传统治理方式的新要求，以"去中心、去结构、去层级"为主要抓手，重构组织内部的运营模式、组织形态、业务流程、管理机制和工作方式，为组织成员间低成本、零距离、无障碍的交流提供新的平台，进一步优化组织的"运行生态"。

企业应加快从"纯粹雇佣型"向"合作共生型"的劳动契约模式转型。正如《联盟》一书中所强调的："理想的雇佣关系框架应鼓励员工发展个人人脉，勇于开拓实干，管理者真正所要关注的就是为雇佣双方打造利益与命运的共同体，来让新型的合作关系得以延续。"在共享经济时代，我们需要打破原有劳动雇佣的固有框架，强化组织与员工间的互动、互利和互惠，给予员工知情权和话语权，构建协作性、持久性、稳定性更强的合作关系，全面释放组织成员的创新、创造活力。

企业应加快从"成本控制型"向"投资共赢型"的人力资本模式转型。2016 年 11 月 7 日，中共中央办公厅、国务院办公厅印发《关于实行以增加知识价值为导向分配政策的若干意见》，明确提出把人作为政策激励的出发点和落脚点，强化产权等长期激励。在共享经济时代，我们需要摒弃以往的管控理念，将人才资源的优先投资和优先发展放在重要位置，以提高人的价值创造能力为根本，通过人力资本合伙人、员工持股、利润分享等制度，进一步增强企业对人才的吸引力、保留力和发展力。

企业应加快从"保守封闭型"向"开放共创型"的企业文化模式转型。管理学大师彼得·德鲁克曾经指出，企业管理与文化密切相关，管理是一种社会职能，既要承担社会责任，又必须根植于文化之中。在共享经济时代，我们需要从企业长远发展的角度出发，以建立"开放、合作、信任、包容、共享"的组织文化为目标，有效整合组织愿景、价值观和员工个人需求，最大限度地凝聚组织共识和群体智慧，激发组织成员的积极性、主动性和创造性，促进企业人才价值链的延伸和拓展。

【启发与思考】

扫一扫→游戏化管理

【思考练习题】

1. 影响人力资源管理的全球性因素有哪些?
2. 在全球性企业中,如何对员工进行配置与培训?
3. 如何进行全球性薪酬与福利管理?
4. 企业为何进行人力资源管理外包?
5. 企业人力资源管理外包的流程是怎样的?
6. 虚拟人力资源管理的内容包括哪些?
7. 新生代员工的特点是什么?如何对其进行管理?
8. 共享经济背景下的人力资源管理有什么样的特点?

【模拟训练题】

与班里的同学组成搭档,对其进行访谈,了解其各种能力、特征,判断在未来的工作中企业应如何对其进行管理。

【情景仿真题】

你在一家国际贸易公司工作,是公司的人力资源经理,现要将一位员工派驻到美国工作。请写出你要对其做的培训的内容,以及你在派驻的整个过程中需要关注的方面。

情景仿真综合训练

A 公司的工作评价与设计

A 公司是一家金属制品制造公司，8 年前成立时只有 18 人、3 个部门。随着公司的迅速发展，目前员工超过 800 人，许多问题特别是人力资源管理问题日益突显，主要表现在以下几个方面。

一、部门之间、员工之间责权不明

随着规模的壮大，公司的组织机构不断增加，在横向上主要通过业务分享成立新部门，在纵向上主要通过业务复制成立新的项目公司。从老部门分离成立新部门的基本原则是"业务跟着人走"。但随着部门的快速增加，人员特别是部门负责人的流动加快，很多业务没有或不能完全转移，这些业务就同时由两个甚至更多的部门或人员负责；同时，又产生了许多新业务，而大家都没有经验，这些业务也没有明确负责的部门或人员。这种部门之间、员工之间的责权不明直接导致了以下后果。

（1）部门之间、职位之间扯皮推诿不断。部门之间、职位之间的职责与权限缺乏明确的界定，对许多工作大家都负责也就导致谁都不负责，许多工作应有人负责，但实际上没有人负责。一些事因此不了了之。如果后果比较严重，引起了公司的注意，通常部门或人员之间会产生争执，最后公司领导决定由谁负责处理。

（2）业务流程混乱。随着原有业务的不断细化和新业务的大量产生，上下游业务之间关系不明、流程不畅，造成效率低下。

（3）部门之间、职位之间忙闲不均，业务划分不均，责任不明。有的部门和员工抱怨事情太多，任务不能按时保质保量完成；有的部门和员工则无事可做，人浮于事，效率低下。

二、人力资源管理水平低下

公司人力资源管理工作由行政部负责，属于辅助职能。其被动应付公司的要求，完全不能适应公司发展的要求。

（1）招聘员工的人数不清、标准不明。用人部门不清楚应做哪些事情、需要新增几个职位，未明确新职位的职责、任职资格，给出的招聘标准往往笼统含糊。行政部凭自己的理解招来的员工在满足职位要求方面往往差强人意。

（2）员工所需培训的内容不明。行政部和其他各个部门认为需要培训的内容太多，所有方面都需要培训。为提高管理水平，行政部曾花费大量时间和资金组织了一些社会热门培训。员工学的时候很高兴，但好像收获不大。之后，培训工作又回到了以前的状态，行政部基本上不再开展活动。

（3）绩效标准难以确定。没有明确的职责和权力，没有明确的工作关系和业务流程，也就难有明确的绩效标准。虽然公司对绩效考核很重视，每月都考核，但考核的是员工的态度而不是工作成绩，考核的主观性和随意性很强。

（4）薪酬激励不够。由于职位职责不明导致价值难以准确衡量，于是公司的薪酬水平根据行政级别确定。如此同一行政级别的薪酬水平相同，平均主义严重。加上绩效考核不能准确衡量员工的业绩，部门薪酬的激励作用甚微。虽然公司总体薪酬水平在当地同行业中处于较高水平，但激励效果不理想。

（5）员工职业发展路径不明。公司的快速发展、新部门的不断成立，的确给员工提供了很多发展机会，但同时员工不知道公司可能会开展什么业务、自己需要具备哪些知识和技能，无法进行有效规划。由于本职工作职责不明，员工既不能明确业务所需的知识和技能，又难以明确未来发展所需的知识和技能。职业发展只有行政级别上的提升，专业和业务提升的路径不明。

责权不明和人力资源管理水平低下的直接后果是：许多员工不能胜任工作，许多部门人浮于事；员工满意度低，积极性和主动性严重受挫，造成效率低下，优秀员工大量流失。

针对以上问题，假如你是公司的人力资源总监，请你结合人力资源管理知识，提出相应的解决方案。

后　记

本套教材从筹划、编著到出版历时近两年时间。在各界人士的大力支持下，我们精选内容，倾心撰写，经数次修改完善，最终形成了"人力资源管理理论、方法、实务"系列教材。

《人力资源管理——理论、方法、实务（视频指导版）》系统介绍了人力资源管理的一些核心概念、基本原理、技术方法和管理实践中的重点、难点问题，既引入了国外先进的人力资源管理理念和知识体系，又总结了我国企业人力资源管理的实践经验和经典案例，紧跟当前时代发展变化，对新时期企业人力资源管理的新方法、新技术、新趋势进行了比较全面、系统的诠释和分析，非常贴近现阶段我国企业人力资源管理的实际。

招聘甄选与录用是人力资源管理流程中的第一个环节，是针对人员入口关的把控。《招聘甄选与录用——理论、方法、实务》一书对招聘规划与管理、甄选技术、录用评估等环节进行了详细阐述，形成了一个完整的招聘链条，可以让学生系统地掌握如何科学鉴别、选拔和录用适合组织发展需要、有培养潜质的人才。

组织通过培训可传授给员工与工作相关的知识、技能，并通过开发、挖掘员工潜能提高其终身职业能力。《人员培训与开发——理论、方法、实务》以学习原理为理论基础，围绕培训需求分析、培训计划、培训组织与实施、培训评估以及员工开发这一主线，系统阐述了需求调查、课程设计、培训外包、职业生涯规划等方面的理论知识和方法、技术，同时还提供了各类模拟训练、情景仿真等案例体验，辅之以微信学习等新兴形式，使知识关联更为清晰，从而有利于提高学生的逻辑思维能力和实践操作能力。

绩效考核与管理是把组织管理与员工管理高效结合的一种系统化管理体系，是企业人力资源管理的一项重要职能。《绩效考核与管理——理论、方法、实务（视频指导版）》一书中，既有关于绩效目标、指标、方法、制度的设定以及绩效与薪酬、晋升、培训等其他人力资源模块关系的阐述，又有涵盖研发、生产、营销人员以及高管、团队等的绩效考核实例，可帮助学生以多维视角看待企业的绩效管理，避免陷入机械、僵化、空洞的绩效管理学习陷阱。

薪酬管理是组织建立和完善激励机制的核心内容，也是组织吸引和保持人力资源的重要保障。《薪酬管理——理论、方法、实务》一书详细阐述了薪酬管理的基础理论，职位评价，制订流程以及奖金、福利、股权等设计方法，同时论述了战略性薪酬和大数据时代的薪酬管理趋势，以帮助学生更好地形成移动互联网思维和前瞻意识，动态地掌握薪酬管理的解决方案和实施方法。

在人力资源管理实践中，找到合适的人并达到"人事相宜、岗能相配"是非常关键的。《人才测评——理论、方法、实务》一书以人才测评标准的建立和指标体系的设计为基础，详细介绍了笔试测评、面试测评、心理测验等人才测评工具和方法，并且对基于胜任素质的管理能力、领导人员测评等进行了系统化分析，这样有利于加深学生对人才测评理论的理解，使其更好地掌握人才测评的流程和方法。

这套丛书是全体编写人员和出版社编辑同志共同努力的结果。在编撰过程中，大家秉持编写出版一套精品系列教材的信念，投入了大量时间和精力，付出了很多心血和汗水，高质量地完成了编写和出版工作。在此，再次向参与编写的各位老师以及为本套教材的出版给予支持的有关人员表示衷心的感谢。

本套教材由南京大学赵曙明教授和赵宜萱助理研究员担任主编，负责对全套教材进行框架设计、修改完善。各教材的编写人员分别为：《人力资源管理——理论、方法、实务（视频指导版）》由南京师范大学商学院白晓明老师负责编写，《招聘甄选与录用——理论、方法、实务》由南京师范大学金陵女子学院张戊凡副教授和淮海工学院商学院张宏远老师负责编写，《人员培训与开发——理论、方法、实务》由淮海工学院商学院张宏远老师负责编写，《绩效考核与管理——理论、方法、实务（视频指导版）》由南京财经大学工商管理学院秦伟平副教授负责编写，《薪酬管理——理论、方法、实务》由西南交通大学经济管理学院唐春勇教授负责编写，《人才测评——理论、方法、实务》由东南大学经济管理学院周路路副教授负责编写。

当今社会是一个不断创新、快速发展的社会。随着国家创新驱动发展战略的深入实施，企业人力资源管理也面临着变革创新，以适应更加复杂多变的局面。希望本套教材的出版能够对人力资源管理及相关专业的广大师生、业界人士有所助益。

南京大学人文社会科学资深教授、商学院名誉院长、博士生导师

赵曙明博士

南京大学商学院人力资源管理系助理研究员

赵宜萱博士

于南京大学商学院

读者意见反馈

亲爱的读者：

感谢您一直以来对人民邮电出版社的支持，您的信赖是我们进步的不竭动力。在使用本书的过程中，如果您有好的意见和建议，或者遇到了什么问题，我们真诚地希望您能抽出一点宝贵的时间，反馈给我们。打造高品质的教材是我们的不懈追求，您的意见是我们最宝贵的财富。

地址：北京市丰台区成寿寺路 11 号邮电出版大厦 307 室

邮编：100164　　　电子邮件：sunyanyan@ptpress.com.cn

电话：010-81055239

教材名称：人力资源管理：理论、方法、实务（视频指导版）

ISBN：978-7-115-49495-5

个人资料

姓名：　　　　　年龄：　　　　　所在院校/专业：

文化程度：　　　通信地址：

联系电话：　　　电子信箱：

您使用本书是作为：□指定教材　　□选用教材　　□辅导教材　　□自学教材

您对本书封面设计的满意度：

　□很满意 □满意 □一般 □不满意 改进建议

您对本书印刷质量的满意度：

　□很满意 □满意 □一般 □不满意 改进建议

您对本书的总体满意度：

　从语言角度 □很满意 □满意 □一般 □不满意 改进建议

　从知识角度 □很满意 □满意 □一般 □不满意 改进建议

本书最令您满意的是：

　□逻辑清晰　　□内容充实　　□讲解详尽　　□实例丰富

您希望本书在哪些方面进行改进？（可附页）

教学资源支持

敬爱的老师：

为了配合课程的教学需要，助力教学活动的开展，人民邮电出版社致力于立体化教学资源的开发建设，老师可以登录人民邮电出版社人邮教育社区（www.ryjiaoyu.com）查询并免费下载与本书配套的教学资源，也可以与编辑联系了解资源情况。